지역 **일자리 창출**의
미래 전략

사구치 카즈로(佐口和郎) 편저 | 권영석 역
강재호 감수

편저자 **사구치 카즈로(佐口和郎)**

- 학력: 일본 도쿄(東京)대학 대학원 경제학연구과 경제학박사(1984)
- 경력: 일본 도쿄(東京)대학 경제학부 조교수(1984)
  펜실베니아대학 객원연구원(1992)
  일본 도쿄(東京)대학 대학원 경제학연구과 교수(2000~현재, 고용시스템론, 고용정책론)

"JIREI NI MANABU CHIIKI KOYOU SAISEI—KEIZAI KIKI WO KOETE—"
by Kazuro Saguchi

Original Japanese edition published by Gyosei Corporation.

This Korean edition is published by arrangement with Gyosei Corporation, Tokyo in care of Tuttle-Mori Agency, Inc., Tokyo through Eric Yang Agency Inc., Seoul.

머리말

본서는 자치로自治勞(전일본자치단체노동조합)·自治硏작업위원회·지역고용연구회가 작성한 보고서『지속가능한 지역 만들기와 산업·고용: 경제위기를 넘어서』(2009. 12)를 토대로 집필되었다. 지방분권정책의 진전과 그에 대응한 복지·고용 등 여러 정책이 전개되는 가운데, 다양한 분야에서 지역에 대한 관심이 높아지고 양극화와 빈곤문제의 심각성으로 점점 더 격차가 벌어지는 지역의 현실 등이 이 연구회의 발족 배경이다. 동시에 지역이 생활재생의 장으로서 주목받고 지역의 생활기반을 유지·향상시키기 위한 대책이 새로이 모색되고 있는 사정도 고려되었다.

연구회는 지역의 산업, 고용, 생활(복지) 등의 모습에 대해 포괄적으로 재조명하는 문제를 특히 중시하였다. 따라서 이들 영역의 현황과 정책 전개 상황을 포괄적이며 또한, 상호연관성을 깊이 의식하여 검토해 왔다. 본서에서의 논의는 문제의식과 동떨어진 공리공론이 결코 아니다. 오히려 예단을 적극 배제하고 각 지역의 개별사례에 내재한 현황을 분석하고자 하였으며 그 역사적 의미에 대해서도 충분히 유의하였다.

우연히도 연구회의 조사기간 중인 2008년 9월에 금융·경제위기를 맞았다. 이 위기가 지역의 경제와 고용에 끼친 영향은 막대하였다. 정책면에서는 다양한 시책들이 산발적으로 발표되었고 지역의 산업과 고용, 생활에 관련된 제반 문제들이 선명하게 부각되었다. 따라서 이러한 문제들을 구체적으로 기록하는 것도 본서의 중요한 과제가 되었다. 지역에 대한 경제위기의 영향을 분석할 때는 지역의 다양성을 중시하였다. 산업에 대한 충격과 고용·생활에 미친 영향은 지역의 특성에 따라 상당 부분 다르게 나타난다. 본서에서는 일본의 각 지역이 공유하고 있는 문제 상황과 이러한 다양성을 함께 다루고 있다. 경제위기에 대한 단기적인 대응뿐만이 아니라 중기적인 의미에서 지역의 대응능력을 형성하는 데 필요한 것이 무엇인지에 대해서도 유의하면서 분석을 진행하였다.

2007년 12월, 사구치 카즈로佐口和郎(동경대학대학원 경제학연구과) 교수를 중심으로 연구회를 발족하였으며 노동문제, 산업론, 복지정책 등의 전문가들을 멤버로 구성하였다. 또한, 이들 멤버 이외에 연구회의 조언자 중에서 노동행정 실무를 담당하고 있는 분들께도 집필을 부탁하였다. 연구회는 11회에 걸쳐 각 멤버 간 문제의식의 공유, 조사에 대한 중간보고 및 검토, 중앙부처 담당자와의 인터뷰 등을 진행하였다. 실태조사를 위해 나가노현長野県 이나시伊那市, 시마네현島根県 히카와쵸斐川町, 홋카이도北海道 토마코마이시苫小牧市, 미에현三重県 카메야마시亀山市 등 4개 지역을 중심으로 자료수집 및 의견청취를 거듭하였으며, 아울러 시즈오카현静岡県 하마마츠시浜松市의 사례에 대해서도 개별 실태조사를 진행하였다. 그리고 각 지역의 지방자치단체, 지방노동국·공공직업안정소, 민간기업, 대학·고등전문학교, 사회복지협의회 등의 담당자, 관계 지역주민 등 다양한 계층으로부터 의견을 청취하였다.

본서가 항상 지역을 위해 애쓰고 있는 지방자치단체 직원, 나아가 지역의 산업·고용·생활의 제반 문제에 관심을 가진 모든 관계자들에게 애독되기를 바라마지 않는다.

끝으로, 바쁜 중에도 조사에 응해주신 지역주민과 실무를 담당해 주신 미조구치 신이치로溝口愼一郎 씨를 비롯한 연구회 사무국 여러분과 출판을 위해 애써주신 (주)교세이에 감사의 말씀을 드린다.

2010년 3월

(집필자를 대표하여)

사구치 카즈로

역자 서문

일본 오이타현大分県에 인구가 2만 4천여 명밖에 안 되는 작은 도시가 있다. 이 도시의 중심시가지에는 30여 개 점포로 형성된 소규모 상점가가 있는데, 이곳을 구경하기 위해 2007년 한 해 동안 36만여 명의 관광객이 다녀갔다면 믿을 수 있겠는가? 또, 인구 12만 명 정도인 작은 도시의 중심시가지를 보기 위해 한 해 동안 250만여 명의 관광객이 다녀갔다면 믿을 수 있겠는가? 일본 오이타현의 분고다카다豊後高田와 시가현滋賀県의 나가하마長浜라는 두 도시의 사례이다. 이 두 도시의 중심시가지에 이토록 많은 관광객을 불러 올 수 있었던 매력은 무엇일까? 전자는 쇠퇴한 도시의 중심시가지를 일본의 경제성장기(1950년대 이후)인 쇼와昭和시대의 모습으로 재현함으로써 찾아오는 관광객들에게 못살고 가난했던 어린 시절을 회상하게 하여 향수를 불러일으키는 테마로 지역 활성화에 성공한 사례이다. 후자는 쇠퇴한 중심시가지와 공동체를 활성화하기 위해 지역의 상징물이며 역사적 전통이 어린 쿠로카베라는 건물을 유리공예라는 현대적 감각의 산업과 결합시켜 먹고 즐기고 체험하는 복합쇼핑타운으로 성장시킨 사례이다. 주된 관광객의 연령층으로 전자는 나이가 지긋한 중장노년층이 많고 후자는 젊은이들과 여성이 주를 이루는 것으로 보아 사업의 기획·입안 단계에서부터 타깃 고객층을 설정하여 치밀하게 준비하였음을 알 수 있다. 이 두 도시는 일본의 성공한 지역 만들기 사례로 자주 거론되는 지역이다.

필자의 선생님께서는 “지역의 문제는 지역 속에 그 해답이 있으니, 개별 지역의 현장을 가능한 한 많이 보고 가슴으로 느껴라”는 말씀을 자주 하셨다. 그런 연유로 필자는 일본에서 선생님을 따라다니며 많은 자치단체의 지역 만들기 현장을 체험할 수 있었으며 지역을 바라보는 눈을 조금씩 깨우칠 수 있었다. 우리와 비교적 비슷한 점이 많은 일본의 사례가 직접적이지는 않더라도 우리에게 시사하는 바가 크다는 것을 새삼 느끼기 시작한 것도 이즈음이다. 지역의 문제는 종합적인 문제이며 그 해결방법도 다양하지만 무엇보다 중요한 것은 그 지역의 주민들이 생활기반으로서의 지역에 애착을 갖게끔 하고, 주민들의 생각을 결집하여 공동체를 활성화하는 것이며, 이렇게 될 때야 비로소 지역은 살아있다고 할 수 있을 것이다.

본서는 산업과 고용을 중심으로 한 생활기반 집적의 장으로서의 지역 현상과 전망을 분석하는 것이 목적으로, 고용에 대해서는 양적 측면만이 아닌 질적 측면과 생활의 관계를 포함하는 영역의 문제를 취급하면서도 구체적인 처방전을 제시하지는 않는다. 따라서 본문에서 소개되고 있는 일본 지방자치단체의 사례는 기업유치를 통한 고용증대와 지역경제 활성화에 대한 두드러진 실적을 나타내는 사례가 아니다. 이 책은 기업유치가 지역의 고용을 증대시키고, 고용증대가 지역을 부유하게 하여 경제를 살린다는 종래의 도식적인 관점에서 전개되지 않는다. 그러므로 지역에 고용효과가 산술적인 수치로 얼마나 나타났느냐 하는 측면을 중시하지도 않는다.

저출산·고령화 시대가 진전되면서 우리의 라이프스타일이 바뀌어가고 있으며 지역 문제도 진화하고 있다. 지역 사회가 급속하게 변화하는 가운데 미래의 지역 만들기 역할자라 할 수 있는 UI턴 인재를 발굴하여 지역으로 유치하려고 노력하는 고향시마네정주재단의 사례를 통해 일자리 창출을 위한 새로운 전략을 구상할 수 있을 것 같다. 또, 지역사회를 조직화하여 지역의 복지수요와 연계하는 공민관(주민자치센터) 운영사례는 특히, 사회복지 분야에서 일자리 창출의 가시적 효과가 나타날 수 있다는 가능성과 기대를 안겨준다. 그러나 이러한 사례들은 단편적인 일자리 창출이나 고용증대에 대한 방법을 알려주려는 것이 아니라 지역을 살리고 공동체를 활성화시키려는 종합적인 노력의 일환으로 고용문제를 접근하고 있으며 궁극적으로는 지역의 인재를 육성하여야 한다는 당위성으로 집약되고 있다. 이 책에서 소개되는 사례를 통해 앞으로 지역이 역량을 집중하고 대비하여야 할 어젠다를 파악하여 지역공동체를 살리는 일자리 창출 전략수립에 기여할 수 있기를 바라는 마음에서 "지역 일자리 창출의 미래전략"이라는 책이름이 만들어졌다.

일본에서의 생활을 통해 지역을 보고 느낄 수 있도록 지도해주신 강형기 선생님께는 무한한 감사와 존경을 드리고 싶다. 아울러 번역이라는 큰일에 감히 나설 수 있도록 기회를 만들고 기꺼운 마음으로 기획·출판을 맡아주신 한국행정DB센타와 (주)글로벌콘텐츠출판그룹에 감사의 말씀을 드린다.

2011년 6월

역자 씀

목 차

제6장 산·관·학 네트워크 최전선 287

: 하마마츠의 전략적 산업진흥과 인재육성 | 츠지타 모토코(辻田素子)

제7장 공민관을 지역거점으로 한 민관협동의 복지마을 335

: 공설자주운영방식에 의한 마츠에시 공민관의 노력과 지역복지의 융합 | 이노우에 노부히로(井上信宏)

序章

사구치 카즈로 佐口和郎

지역은 '그곳에 살고 있는 사람들의 "생각"이 결집'하는 장소이며 생활기반의 장이다. 지역을 생활기반의 거점으로 삼아 지역재생을 위해 공헌할 수 있는 '역할자'로서의 인재를 양성하고 배출하는 메커니즘이 필요하다. 역할자들에게 지역만들기란, 자신들이 희망하는 삶을 선택할 수 있는 공간을 확보하고 자부심 넘치는 일상생활을 실현하기 위한 경영인 것이다.

序 章

사구치 카즈로(佐口和郞)*

1. 과제와 문제의식

본서의 과제는, 2008년 가을이후의 경제위기를 전후하여 지역의 산업 및 고용실태에 대한 정책분석을 통하여, 지속가능한 지역 만들기의 전망을 가늠해 보는 것이다. 이하, 1절에서는 이 과제의 배경이 되는 문제의식을 설명하고, 2절에서는 지역에 대한 관심과 연구방향을 설명하여 과제설정의 의미를 보다 명확히 한다. 또, 지역고용정책의 진화과정을 살펴보고 현황의 역사적 위치를 분명히 한다. 3절에서는 2절까지의 논의와 조사결과를 토대로 지역의 정책을 평가하는 경우의 시각 등에 대해 편저자의 개인적 견해를 제시하고, 마지막으로 4절에서는 조사 대상지역의 선정이유, 서술순서 등에 대해 설명한다.

2008년 가을의 경제위기와 그 후 일련의 진행과정은 기존 사회시스템 전반에 엄청난 불안을 증폭시켰다. 2008년 말·2009년 초, 간접고용노동자 중심의 비정규고용 노동자에 대하여 계약해지 예고기간을 아주 짧게 하는 등 사실상의 '해고' 및 실업사태를 유발하였을 뿐 아니라, 정규고용

---

* 동경대학대학원 경제학연구과 교수.

노동자에 대해서도 설비·거래 집약 등을 통한 고용조정이 이어지고 나아가 신규채용의 대폭적인 억제도 예상된다. 또, 일하면서도 빈곤해지는 이른바 '워킹 푸어' 문제도 개선의 전망이 보이지 않는다. 이는 고용의 안정성과 생계를 보장할 수 있도록 임금수준을 유지한다는 고용제도의 생활유지기능이 현저히 감퇴하고 있음을 의미한다. 아울러 위기사태에 직면하여 복지제도가 기동적으로 작동하지 않고 있음을 드러내고 있다. 고도성장기 이후 일본사회에서는 실직으로 갑작스럽게 주거를 상실하여 극빈층으로 전락한다는 것을 상상할 수 없었다. 그 상상조차 어려웠던 일에 대한 대책이라는 것이 고작 생활보호라는 당면해 있는 제도에 의존하는 것 말고는 없었다는 것 또한 분명한 사실이다. 동시에 고용정책은 필요 이상으로 남발되었으며 지금까지 겪어보지 못한 미증유의 경제위기는 정책수단의 정교함과 그 효과의 기대수준을 저하시켰다. 국가내부, 국가와 지방간 정책의 중복과 혼란, 집행체제가 수반되지 않고 말만 앞서는 정책 들이 발표되었다.

물론, 이번 경제위기에는 일본경제의 수출의존 체질과 국내 수요의 취약성 등 1980년대 중반부터 이미 지적되어 왔던 구조상의 문제가 그 배경이며, 이런 구조상의 문제를 배경으로 발생하는 충격을 완화시키지 못하거나 또는 증폭시키는 고용·사회보장 시스템 상의 결함이 존재하고 있었던 것이다. 이러한 시스템상의 결함이 예를 들면 임금수준의 계속적인 저하경향 등으로 상징되는 바와 같이 일본경제의 구조상 문제로 순환된다는 점을 지적하지 않을 수 없다.

이와 같은 미증유의 경제위기가 오히려, 경영자들에게 작금의 고용상황을 경제위기에 대한 합리적 대응과정으로 판단하도록 했는지도 모르겠다. 즉, 경제위기를 예측하여 비정규고용을 증가시켜 왔고, '해고' 역시 경영자와 노동자 모두 예상했던 범위 내의 현상이라는 인식이다. 또한, 2003년 이후의 부분적 경기회복을 "특이한 시기"로 인식하여 현황을 수정·조정하는 과정으로 보는 것도 불가능하지 않다. 확실히, 2003년을 전후하여 미국경제의 거품에 대응하는 형태로 제조업에서 비정규고용이 급증하였다. 이러한 비정규고용의 급증은 참여저하나 노동형식의 유연성 결여 등을 고려할 때 경제적 합리성에서 의문이 들고 사회적 비용발생의 위험성도 지적되어왔다. 그럼에도 불구하고 경영자측은 간접고용을 증가시키는 등 사용자로서의 책임을 회피하는 시책을 거듭하였고 대부분의 노동자 또한 반복적인 계약갱신이 계속될 것으로 착각하였다. 그 결과가 '비정규 거품'이었던 것이다.

그러나 일본에서는 1990년대 후반부터 노동시장구조와 고용시스템의 변화가 관찰되고 있었다는 것을 상기하여야 할 것이다. 청년실업률이나 장기실업률의 상승, 그와 연동한 비정규 고용비율의 상승 등이 그것인데, 기업의 단기적인 이해를 별도로 하면 비정규고용을 매개로 하는 종래식 고용조정의 유효성은 높지 않다. 거듭 말하지만, 이미 일본의 고용시스템은 변화를 계속하고 있고, '비정규 거품' 기간 중에도 실업률·실업기간은 높은 수준으로 추이를 유지해 왔다. 구미에서는 1980년대부터 남성중심의 장기고용에 변화가 일기 시작하였다. 1980년대에는 그 특이성이 주목받고 있던 일본에서도 1990년대 후반부터 이러한 추세로부터 자유로울 수 없게 되었다. 기업이 장기고용의 메리트를 희생시키면서 노동자의 채용·훈련·고용보장에 대한 비용을 축소시키는 전략을 선택하기 시작한 것이다. 여기에는 글로벌 경쟁의 격화 뿐 아니라 서비스경제 비중의 증대, 정치적 조건 변화 등이 배경으로 거론된다. 또한, 여성의 노동시장 진출도 남성중심의 20세기적 고용형태에 변화를 촉진하였다. 그리고 이것은 고용제도와 사회보장제도와의 관계변화를 촉진시킨다는 점에 유의하여야 한다. 20세기의 사회보장제도는 장기고용을 전제로 사회보험중심의 빈곤방어기능을 수행해 왔다. 그러한 장기고용이 계속적으로 변화하게 되면 그로부터 발생하는 빈곤리스크를 종래의 사회보장제도로 대응하는 것은 곤란하다. OECD국가에서 고용제도와 사회보장제도의 포괄적 개혁과 Welfare to Work 전략 등이 모색되고 있는 배경에는 이러한 사정이 있다.

결국, 1990년대 후반 이후, 2003년경부터 활발히 추진되었던 경영자

측의 급진적인 시책은 실패로 끝났으나 1990년대 후반 이후의 전개과정에는 불가피하게 수용할 수밖에 없는 타당한 변화도 포함되어 있었다. 경영자 측의 급진적인 시책을 연장하거나, 1990년대 중반 이전의 구체제로 복귀한다하더라도 지속가능한 시스템 구축의 전망이 서지 않는다. 즉 수출지향형 제조업의 발전이 관련기업의 폭넓은 성장으로 이어지고 결과적으로 양질의 고용기회를 산출하며, 이것이 국민 생활의 안정과 향상을 가져온다는 종래의 도식은 더 이상 성립하지 않는다. 오히려 일부 기업은 '성장'하여도 고용기회가 증대되지 않고 실업률이 높아진다. 고용이 실현되어도 비정규고용이 증대하여, 생활의 안정과 향상을 가져오지 않는다. 이러한 구조에서 탈피하여 어떤 형태로든 생활의 안정과 향상을 위한 시스템을 만든다는 목적에 비추어, 지역에서의 산업·고용·생활에 관한 시책이나 경영은 어떤 의미를 가지는 것인가? 본서는 이러한 문제의식을 배경으로 설계되었다.

2. 지역으로의 주목과 정책의 진화

1) 지역으로의 주목

한편, 2000년을 전후로 지방분권정책이 진전되면서 지역적 관점에서 산업·고용·생활관련 정책이 주목을 받았다. 지역복지 영역에서는 사회복지법 개정을 계기로 기초자치단체 차원의 지역복지계획이 수립되었다.[1)] 후술하는 바와 같이 지역고용정책에 대해서도 지역고용개발촉진법이 개정되는 등 큰 움직임이 있었으며, 나아가 양극화·빈곤문제의 진행 중에 지역 간 격차에 의한 문제의 증폭도 사회적으로 주목을 받게 되었다. 즉, 생활상의 문제가 집중적으로 나타나는 현장으로서의 지역

1) 지역복지를 거버넌스의 관점에서 국제 비교한 것으로 야마모토(山本, 2009) 참조.

을 주목하게 된 것이다.

그러나 한편으로는 '왜 지역이라는 관점이 중시되어야 하는가?' 하는 논점에 대해서는 그다지 깊이 논의되지 않았다. '국가정책이 제대로 작동하지 않기 때문에 지역이 중요하다'는 소거법消去法(선택지가 다양한 경우 잘못, 불가능한 것을 순번으로 소거하고 최종적으로 남은 것을 맞는 것으로 생각하는 방법)이나, '지역이야말로 새로운 공공성을 만들 수 있다'는 소박한 직접 민주주의적인 발상만으로는 학문적 검증을 수행할 수 없을 것이다.

여기서, 일본에서의 지역산업, 고용실태·정책에 관한 최근의 실증연구를 보도록 한다. 먼저 지역에서의 산업정책과 고용정책 쌍방을 균형 있게 취급하고 있는 연구로 이토 미노루伊藤實 외(2008)를 들 수 있다. 이 연구에서는 이미 다양한 지역에서 지역고용창조의 일정한 성과가 나타나고 있다는 사실을 전제로 그 성공사례가 소개되고 있다. 또 지역의 산업정책·고용정책을 잘 정리하고 있으며 특히 지방분권형정책으로서 지역이 기획입안기능을 중시하는 방향으로 전환할 필요성이 있음을 지적하고 있다. 다만, 창조된 고용에 대한 내실 있는 분석은 이루어져 있지 않으며, '왜 지역에 주목 하는가?'에 대해서도 명시적이지 않다.

키카와 다케오橘川武郎 외(2005)는 지역에 주목하는 근거로 지역이 산업경쟁력 강화의 거점이 될 수 있다고 설명한다. 산업집적과 중소기업 네트워크의 장으로서의 지역으로 바꾸어 말할 수도 있으며, 이와 관련한 몇 가지 사례가 상세히 분석되어 있다. 그러나 중심과제의 하나를 고용창조와 관련짓고 있음에도 불구하고 그에 대한 분석이 깊지는 않다.

이들 연구와 비교하면 세키 미츠히로関満博 씨의 일련의 업적은 그 느낌이 다르다. 그의 연구에서 지역은 '그곳에 살고 있는 사람들의 "생각"'이 결집하는 장소이다.[2] 이런 입장에서 철저한 현장주의에 입각하여 산업진흥이 곤란한 지역에서의 선진적인 제조업 시도 및 활로모색에 대한 노력을 소개하고 있다. 이러한 사례의 이론화, 일반화에 대해서는 과제

2) 세키 미츠히로(関満博, 2004)에서 인용.

가 남아있을지 모르지만 그 조사량의 압도적인 풍부함과 지역정책에 대한 실천적 공헌은 특기할 만하다.[3)]

사구치佐口(2006)는 오사카부의 지역고용정책이 취업 곤란자에 대한 지원정책으로 수렴되어가는 과정을 분석하였는데, 이는 미국에서 지역 NPO 등에 의한 노동시장 중개기능 실태와 그 분석에 영향을 받은 것이다. 여기서 지역은 생활상의 문제가 집약되는 장소로서 정의되며, 지역고용정책이 지역복지정책과 융합하는 사례도 관찰되지만 산업실태와 정책과의 연관에 대해서는 분석되어 있지 않다.

앞서 서술한 문제의식과 연구경위를 고려할 때 여기서는 지역을 산업·고용 모두를 포함한 생활기반의 장으로 파악하는 것이 적절하다고 생각된다. 따라서 본서의 과제는 산업·고용을 중심으로 생활기반 집적의 장으로서의 지역현상과 전망을 분석하는 것이라 할 수 있다. 또한, 고용에 대해서는 양적측면만이 아닌 질적 측면과 생활과의 관계를 포함한 문제영역도 취급하지만, 구체적인 처방전을 제시하지는 않는다. 최근 연구에서 처방과 관련한 지적은 귀중하며 조사에서도 참고로 하고 싶지만, 선진지역의 사례가 후진지역에 적용가능한가에 대한 판단은 유보할 필요가 있다고 생각한다. 따라서 지역에서 생활기반의 안정·강화를 평가하는 경우 공통의 척도, 혹은 분석시각을 중시하기로 한다.

2) 정책의 진화

다음으로 지역고용정책의 진화과정을 추적하여 고용의 관점에서 지역정책이 어떻게 규정되고 진화되어 왔으며 현황의 역사적 의의가 어떠한지를 명확히 한다. 이는 약간 우회적이지만 본서의 과제설정에 대한 이해를 깊게 하는데 도움이 될 것으로 생각하기 때문이다.

일본에서는 지방자치단체가 주체가 되어 체계적으로 고용정책을 제

---

3) 이에 관한 그의 업적은 방대한데, 최근의 것으로는 세키 미츠히로(関満博, 2007a) 참조.

시하고 전개한다는 의미의 지역고용정책은 이제 시작이라 해도 과언이 아니다. 애초에 고용정책(특히, 적극적 고용정책) 그 자체가 상대적으로 낮은 수준에 있었고 그 마저도 지방자치단체가 아닌 국가가 추진하는 것으로 여겨졌다. 역사적으로 볼 때 먼저, 1960년대 고용정책은 지역 간 고용의 유동화가 정책의 목표였다. 젊은 노동자는 수요지역으로 원활하게 공급하고 중·고년 노동자는 scrap and build에 대응한 유동화를 목표로 하였는데, 전형적으로는 에너지 혁명에 따른 탄광 이직자에 대한 대책이 중심이 되었으며 이후 고용정책 원형의 일부가 여기에서 비롯되었다고 할 수 있다. 1960년대 후반 이후에는 고도성장의 '왜곡'을 시정하고자 균형발전이라는 목표아래 공장의 지방 진출 촉진을 위한 고용정책이 추가되었다. 이어 1970년대 후반이 되자 불황지역·불황산업에 대한 정책이 추진되었는데 구체적으로는 공공사업을 통한 이직자 흡수, 이직자 고용기업에 대한 지원조치 등이다.

이상과 같이 지역을 대상으로 의도된 고용정책은 기본적으로 국가가 추진하였는데 내용적으로도 체계적이지 못하였으며, 지역의 개성과 경제·사회를 총체적으로 감안한 정책이라 할 수 없었다. 그러나 1980년대 후반의 소위 엔고불황기에 이에 대한 상황변화의 조짐이 나타난다. 내수확대를 축으로 한 일본경제의 구조전환이 주장된 시기이다. 지역고용정책이라는 명칭의 시초라 할 수 있는 지역고용개발촉진법(1987)이 제정된 것이 이 시기이며, 이 법이 현재도 지역을 대상으로 한 국가 고용정책의 기본 틀이 되고 있다. 그러나 실제로는 이 분야에서의 커다란 진전을 볼 수 없으며, 예를 들면 지역의 각 주체가 고용정책 협의를 위해 설립한 지역고용개발회의도 유효하게 기능하지 않았다. 노동조합 중에는 지역정책을 표방하는 세력도 있었으나 그러한 운동이 계속되지는 않았다.

물론, 이와 같은 일련의 과정에는 나름의 근거가 있다.[4] 종래 일본의

4) 일본식 고용시스템과 정책의 관계에 대해 사구치(佐口, 2009) 참조.

고용정책 모델과 대응관계에 있던 일본식 고용시스템은 취업과 퇴직에 있어서 중요한 제도적 특징을 가지고 있었는데, 신규졸업자 일괄채용제도와 정년제도가 그것이다. 신규졸업자 일괄채용제도는 '학교로부터 직장'으로의 전환기간을 최소화하여 청년실업률 저하와 고용의 안정성을 확보하였다. 이 제도는 취업알선이나 취업에 임하는 자세의 확립 등 전환기에 수반되는 제 문제를 학교와 기업의 사적연계, 특히 기업의 부담으로 해소하는 구조였다. 한편, 정년제도는 고령자를 비교적 젊은 시기에 일률적으로 강제 퇴직시키는 것으로 이는 일본에서 '직장으로부터 은퇴'로 가는 긴 여정의 개시를 의미하는 것이었다. 또한 이 제도는 자동고용조정 장치로서 성립 시 부터 연공적인 임금제도를 유지하는 기능을 수행해 왔다. 정년제도는 분명한 고용의 중단이며 일본식 고용의 취약한 면이기도 하지만 '직장으로부터 은퇴'까지의 긴 이행과정을 지탱하는 각종 제도 특히, 브리지 잡Bridge Job으로의 이행을 실현하는 메커니즘이 작동한다면 앞서의 취약성을 상당부분 보상할 수 있었다.

고용조정에 있어서는 아무리 혹독한 고용조정일지라도 지명해고를 회피하고 희망퇴직으로 처리한다는 룰이 정착되어 있었다. 그리고 희망퇴직자 모집에 있어 유능한 사람을 잃는 코스트 등이 존재한다는 것은 경영자에 대해 희망퇴직에 의한 고용조정이 반드시 효율적이지는 않다는 것을 의미하였다. 따라서 희망퇴직자 모집의 남용자체도 상당부분 억제되어 있었으며 그 대안으로 기업 내에서의 배치전환, 관련 기업으로의 전출 등 조치가 빈번히 활용되었다. 일시휴업조치도 이에 포함시켜 생각할 수 있다. 이와 같은 소프트한 고용조정이 가능하려면 직장에서의 유연한 이동이 포인트가 된다. 연공임금(직능급제도)이라는 '인적'임금제도 역시 이에 부합하는 제도였으며 고용정책으로서는 이러한 소프트한 고용조정제도를 지탱하는 구조 즉, 고용조정조성금의 급부가 중심이 되는 것이다.

이러한 가운데 1990년대 중반까지 일본의 실업률은 아주 낮은 수치를 보여 왔다. '학교로부터 직장', '직장으로부터 은퇴'라는 이행기의 리스크

경감 메커니즘이 작동하여 실업을 유발하지 않는 고용조정 기능을 수행하였다고 할 수 있다. 다만 앞서 서술한 제도는 모두 정규고용노동자를 대상으로 한 것이다. 비정규고용노동자는 같은 일을 하여도 연공임금이나 고용보장의 혜택을 받을 수 없었다. 그들의 직업·생활에 대한 지원책이 정비되지 않고 스스로의 노력에 의한 정규직화가 기대되었을 뿐이다. 이상과 같이 일본의 고용정책은 일본식 고용시스템의 허점을 메우는데 불과할 뿐 본격적인 지역고용정책으로 발전하지는 않았던 것이다.

지방분권정책이 진행되는 가운데, 2000년 고용대책법의 개정에 따라 지방자치단체는 지역실정에 맞는 고용정책수립의 의무를 지게 되었으며, 2001년 10월부터 시행된 개정 지역고용개발촉진법은 도도부현에 대해 새로 지정된 지역별 고용계획의 수립을 촉구하고 있다. 그러나 현 시점에서는 많은 지방자치단체의 독자적인 고용정책이 체계화되어 있다고 평가하기 어려운 상황이다. 정부 역시 지방자치단체 주체의 지역고용정책에 대한 지원에 거리를 두고 있다. 예를 들면 지역고용개발촉진법 개정에 따른 지역지정·지역별 고용계획에 대한 국가의 동의기준이 엄격하여 지역실정에 맞도록 유연하게 운영되지 않고 있다.[5)] 아울러 지방노동행정의 일원화 조치로 직업안정업무가 도도부현에서 지방노동국으로 이관된 것에 대해 지적하지 않을 수 없다. 이것이 지역고용정책에서 갖는 의미는 복잡한데 단기적으로는 음(−)의 영향을 미친 사례도 있다고 생각된다. 적어도 지방자치단체는 지역고용시책의 입안과 집행 시 어떤 형태로든 직업안정소와의 연계를 필요로 하게 되었다는 의미에서 과제를 떠안았다고 할 수 있다.

이와 같은 제약 속에서도 2000년을 전후로 지방자치단체로부터 몇 가지 고용창출계획이 제시되기 시작했다. 기본적인 산업진흥시책으로서 지역특화산업강화, IT·환경·복지관련 신규 사업 등을 벤처기업과 함께 육성하여야 한다는 것이다. 또 고용관련시책으로 인재육성, 유동화 촉

5) 이에 대해서는 사구치(佐口, 2004) 참조.

진, 사회안전망정비 등이 열거되고 여기에 NPO 육성, 일자리나누기 등이 추가되었다. 다만, 이들 계획의 대부분이 백화점식으로 나열되었을 뿐 지역의 독자성을 충분히 검토한 내용이라고 평가하기는 어렵다.

장기불황과 양극화·빈곤문제, 2003년 이후 부분적인 경기회복과 '비정규거품' 등의 상황 속에서 지역고용정책을 비롯한 관련 정책에 커다란 변화가 보이고 있다. 우선 국가는 2005년도부터 지역고용창조지원사업의 핵심내용으로 지역 제안형 고용창조 촉진사업(패키지사업, 2007년부터는 신 패키지사업)을 시작하였다. 지역의 각 기관과 조직이 협의회를 구성하여 창의적 내용의 사업을 제안하고 이를 경쟁방식으로 선정하는 것인데, 이는 종래에 국가로부터 '강제'된 지역고용정책으로부터의 탈피를 의미하는 것이다. 또, 2008년부터 시작된 지방활력재생사업은 지역주민과 민간단체의 창의적 발상에 근거한 프로젝트를 지원하는 사업이다. 이는 지역의 산업정책에도 지방분권의 흐름에 따라 제안형을 도입하기 시작했다는 것이다. 이 사업의 특징은 초기단계에서 소프트 면을 지원하는 것이다. 지원 금액이 크지는 않지만 자치단체로서는 창의적이고 도전적인 고용창출 시책을 추진할 수 있게 된다. 물론, 주체적인 제안보다 '우선 손이나 들고 보자'는 식으로 대응하는 자치단체도 있지만 이러한 제안형 정책을 적극적으로 이용하는 자치단체의 사례도 나타난다. 이와 같은 국가 시책과 자치단체 시책의 관계변화는 지역의 자율적 움직임 강화가 한 요인이라고 생각된다.

고향고용재생특별기금사업도 그 가능성을 엿볼 수 있는데, 이 사업은 2001년부터 2004년까지의 긴급 지역고용창출 특별 기금사업이 단기 고용에 그치고 지역경제·사회에 공헌하지 못했다는 비판에 따라 실업자구제와 지역재생이라는 두 마리 토끼를 잡는데 정책목적을 둔 것이다. 이 사업은 민간위탁이 의무화되어있어 자치단체 관계자들로부터 '생색용'이라는 비판도 있으나 지역에서 자율적인 전략수립이 가능하다면 유효하게 기능할 수도 있다. 예를 들어 자치단체가 이미 추진하고 있는 산업진흥 프로젝트 관련 사업에 적용된 사례가 있는데 고용기간이 1년에서 3

년인 점을 활용하여 관련분야의 인재를 육성할 수도 있다. 어떤 지역에서는 인재발굴에 어려움을 겪고 있던 환경·관광분야 지역NPO가 이 사업을 통하여(공공직업안정소 경유) 지역에 공헌을 희망하는 구직자를 발견한 사례도 있다.

한편, 국가와 자치단체가 연계한 정책의 집행계획으로 결정된 사례로써 2005년부터 생활보호수급자 등 취로지원 사업이 국가정책으로 시행되고 있다. 이는 소위 일본판 Welfare to Work 사업으로 자치단체의 복지사무소와 공공직업안정소가 연계하여 생활보호수급자 등의 취로를 지원하는 시스템이다. 이러한 시스템이 어떻게 기능하는지는 네비게이터라 불리는 지도원의 개성이나 생활보호 수급 층의 내용에 따라 지역별로 큰 차이를 보이고 있다.[6] 또 이 계획 외에도 민간위탁을 이용하여 비슷한 취로지원 사업을 하는 자치단체도 있는데 그 유효성에 대해서는 앞으로 검토가 필요하다. 그렇지만 공공직업안정소와 지방자치단체 복지부문과의 연계 그 자체는, 예를 들어 실업상태에 있는 비정규고용 노동자 등 고용보험적용 제외자의 지원과 관련해서도 앞으로 그 중요성이 더욱 증가할 것으로 생각된다.

국가와 지방자치단체의 시책관계 변화와 함께 몇몇 자치단체가 특징 있는 지역고용시책을 전개하기 시작했다는 사실도 주목할 만하다. 예를 들면 2004년부터 자치단체가 무료 직업소개기관을 둘 수 있게 되었는데, 그 결과 특정 직업이나 대상자를 취급하는 자치단체에 의한 무료 직업소개기관이 백 수십 개소가 기능을 수행하고 있다는 것이 좋은 예이다. 또 한 예로 오사카부大阪府에서는 빈곤문제에 집중하여 정책을 체계화하고 있다.[7] 2005년 5월에 발표한 '고용·취로지원 프로그램'에서는 고용형편이 다소 개선되고 있는 가운데 계속적인 생활문제의 심각성을 고려하여 고용혜택을 받지 못하는 계층을 위한 시책이 마련되었다. 이 '지

---

6) 이에 대해서는 사구치 카즈로(佐口和郎), 「고용과 복지의 연계에 관한 종합연구」(2005~2007년도 과학연구비 보조금, 연구 성과 보고서) 참조.

7) 사구치(佐口, 2006) 참조.

원프로그램'에는 각 대상별(장애자·모자가정의 모친·중고령자·청년·노숙자·생활보호수급자 등) 시책이 체계적으로 정리되어 있으며 동시에 노동국(공공직업안정소), 시정촌과의 업무분담 관계도 명시되어 있다. 기존에 개별 시책으로 대응해 왔던 취업저해요인을 가진 계층을 취업 곤란자 형태로 한데 모아 고용·복지시책 등을 일체화하여 대응해 나가도록 명확히 나타내고 있다. 제2장에서 다루는 시마네현島根県의 예에서는 중심산업이 육성되지 않아 단지 지역으로만 남을지 모른다는 위기감에서 현県이 중심이 되어 신산업육성을 축으로 하는 산업진흥정책과 이에 수반한 고용정책을 수립하였다. 이것이 '제조기술산업 활성화전략' 실현을 위한 '노동력공급 확대'이다. 구체적으로는 산업을 담당하는 인재육성과 확보, 현県 내의 청년취업촉진을 내세우고 있다. 산업인재 확보대책 중에는 현과 고향 시마네 정주재단에 의한 무료직업소개 조직도 포함되어 있다. 다른 한편으로는 공공사업의 축소에 직면해 있는 건설업의 과잉 고용상태가 주목받고 있다. 오사카부大阪府의 고용정책이 취업 곤란자에 대한 지원시책으로 체계화되어 있는 것과는 전혀 다른 내용이다.

이와 같이 자치단체나 지역의 NPO조직 등이 국가에서 정한 지역을 대상으로 다양한 정책을 유효하게 시행하는 사례가 보이고 지역의 형편에 맞는 고용정책을 추진하는 자치단체가 나타나기 시작했다는 점 등을 고려하면 지역고용정책의 제반 상황이 종래와는 크게 다른 양상을 보이고 있다고 할 수 있다. 그 중에서도 산업진흥정책과 고용정책을 지역의 실정에 맞게 결합하고 고용정책을 복지정책과 연계하려고 시도하고 있다.

2008년 가을의 경제위기 및 그에 따른 고용위기는 이러한 상황 속에서 발생하였으며 긴급 고용대책이 국가정책으로 다시 전면에 등장하게 되었다. 지역 만들기, 산업진흥대책과 결합한 지역의 고용정책은 직접적인 고용효과가 크지 않고 중기적인 효과가 기대되는 것이 많기 때문이다. 현재, 각 지역의 고용은 휴업조치에 대한 고용조정조성금(중소기업분)의 보상으로 유지되고 있으며 향후에는 2000년대 초기와 같이 긴급고용창출사업에 의한 단기고용이 이러한 고용유지기능의 핵심을 담당할 것이 확실하다. 다만 유의할 점은 고용조정조성금이 1970년대 중반의 석유위기 당시에 만들어진 정책이라는 것이다. 지금과 당시의 고용시스템의 내실 및 환경조건이 크게 다르며 이 정책자체가 노동저장labor hoarding(기업이 비용을 투자하여 종업원을 교육·훈련하는 경우, 가령 과잉고용상태이더라도 장래에 수요가 회복되어 고용부족의 가능성이 있다면 이미 교육·훈련된 종업원을 계속 고용하는 것이 합리적일 수 있다. 어쩌면 이것이 장래의 교육·훈련비용을 절약하는 것일 수 있는데 이를 거시경제학의 경기순환이론에서는 노동저장이라고 함. ─〈위키피디아〉 '종신고용' 내용 중에서)을 심각하게 하여 노동력의 합리적인 재배치에 장해가 될 것이라고 지적되어 왔다.

또한 긴급고용창출사업은 6개월의 한정된 고용으로 구 실업대책사업의 재판이며 여기에는 환경·교육관련 사업도 있으나 대량으로 고용을 흡수하는 것은 하천·삼림정비 등의 사업이다. 이곳에서 일하는 노동자에게는 경력 축적을 위한 기술습득이 어렵기 때문에 자치단체의 독자적 시책에 이들 조성금이나 사업을 연계하는 것이 과제이다.

3. 연계와 역할자

1) 두 가지 시각

1절, 2절에서의 현상인식과 연구동향, 정책진화에 대한 정리를 토대로 지역의 산업·고용정책을 생활의 관점을 중시하여 평가하는 경우 포괄성과 자율성에 대한 척도가 중요하게 된다. 산업·고용·생활 간 양호하지 못한 연계현상의 극복을 위해서는 이를 연결할 포괄적인 정책수단이 필요하다. 그런 의미에서 지역을 포괄적인 생활기반의 집적거점으로 삼을 필요가 있으며, 지역의 고유사정에 맞는 포괄적인 정책은 그 수립과 집행의 자율성이 확보되지 않으면 실현할 수 없다.

이런 포괄적인 정책을 보다 구체적인 수준에서 평가할 때 각 조직 간의 연계에 대한 시각이 필수적이다. 기존의 시스템 속에서 기능하던 개별 조직만으로는 앞서 서술한 바와 같은 의미에서의 새로운 정책을 실현할 수 없다. 각 조직 간의 밀접한 연계는 새로운 정책의 실현가능성을 개척하는 요소가 된다. 실제 실행 시에는 두 가지 형태에서의 연계에 유의할 필요가 있다. 첫째는 공적성격의 조직이 개입하여 기존에 없던 밀접한 연계관계를 실현하는 경우로 구체적으로는 중소기업 간 연계, 기업과 학교의 연계 등이다. 또 한 가지는 지금까지 개별논리로 작동해온 공적조직 간의 연계이다. 예를 들면 이직자·실업자를 위한 훈련조직·직업소개조직과 생활지원조직간의 연계이다.

한편, 지역의 정책자율성을 실질적으로 뒷받침하는 것이 이러한 각 조직간 연계를 담당하는 역할자들이라 할 수 있다. 이들은 지역재생을 위해 공헌할 수 있는 인재, 즉 넓은 의미에서 '지역공공인재'로 표현할 수 있는 존재이다. 이들 역할자는 다양한 차원에서 존재할 필요가 있다. 지역을 사람들의 '생각'을 결집시키는 장으로 파악하는 세키 미츠히로關滿博의 견해는 이런 의미에서 지역 만들기 역할자의 중요성을 강조한 것으로 생각된다. 평가의 시각에서는 이러한 역할자의 존재사실만이 아니라 이들을 끊임없이 양성하고 배출하는 메커니즘의 유무를 중시할 필요가 있다. 이들이 핵심인재로서 우연히 '발견'되기만을 바라는 것은 불가능하기 때문이다.

지역에서 포괄적인 정책을 실현하는 각 조직의 연계와 이를 지원하는 역할자의 존재 및 양성메커니즘이라는 두 가지 시각은 2008년 가을과 같은 강한 외생적 충격과 관련하여서도 중요하다. 이런 경우 지역에서의 유연한 대응능력이 요구되며 또한 그 강약은 각 조직간 연계정도나 역할자의 존재유무에도 상당정도 영향을 받는다고 생각된다. 이하에서는 이 두 가지 시각에 대해 구체적으로 설명한다.

2) 각 조직의 연계

기업 간 연계촉진은 주로 중소기업을 대상으로 각 자치단체가 진행하여 왔다. 자치단체가 주도적으로 설치한 센터가 경영력·개발력·판매력, 현장의 기술력을 종합적으로 향상시킬 목적으로 각종 시책을 추진하는 것이 거의 공통적다. 그러나 이러한 연계가 충분히 기능하는 사례가 많지는 않은데, 중소기업에게는 기업 간 경쟁, 연계체제에 참가하는 단기적 비용이 크다는 것을 이유로 들 수 있다.

한편, 성공사례는 기본적으로 일정정도의 산업집적 기반이 있는 곳에 중소기업이 참여시 인센티브 부여 등을 효과적으로 지원하는 경우에 볼 수 있다. 이의 전형적인 사례가 제6장에서 자세하게 다루는 하마마츠시浜松市의 하마마츠산업창조센터 사례이다. 동 센터 사업의 일부인 인재육성대책에서는 20대 후반에서 30대 전반의 기술자·기능자를 대상으로 한 '핵심인재육성'과 '부문관리자'를 대상으로 한 '신소재·신성형 기술 강좌' 등을 진행한다. 이들 시책은 수송용 기기 관련 중심으로 기존의 산업집적이 탄탄하다는 호조건 속에서 차세대 자동차에 대응하는 기술력을 지역 차원에서 향상시키고자 하는 강한 문제의식이 공유되어 추진되고 있다. 또한 발주처인 대기업이 기술 지도를 담당함으로써 참가기업은 업무에 직접 관련되는 정보를 얻을 수 있는 인센티브가 부여되고 사업화를 강하게 의식하여 시스템을 구축한 점 등이 주목받고 있다. 이러한 것들이 기업 간 경쟁을 넘어 지역전체의 기술력 향상으로 연결된다고 생각된다.

다음으로 자치단체나 그 관련조직이 중개하는 기업과 학교의 연계를 들 수 있다. 대학이나 공업고등전문학교와 기업과의 연계는 기능훈련이나 연구개발 분야에서 다양하게 전개되어 왔다. 앞서 예를 든 하마마츠시 산업창조센터에서의 기능훈련에 있어서도 시즈오카静岡대학이나 시즈오카이공과대학이 장소나 강사의 제공 등을 통하여 참여하고 있다. 고등전문학교도 제3장에서 다루는 토마코마이苫小牧고등전문학교의 예와 같이 향토기업과의 공동연구를 추진함으로써 인재육성사업에 참여하고 있다. 한편, 지역의 공업고교와 기업이 연계하는 사례는 아주 적다. 그러나 지역의 인재확보를 뒷받침하기 위해서는 앞으로 이러한 측면에서의 연계를 강화시켜 나아갈 필요가 있다. 가끔씩 소수사례로 거론되는 야마가타현山形県 나가이시長井市에서는 향토기업이 나가이공업고교에 대해 기기제공이나 인재육성 협력이라는 형태로 지원하는 시스템이 구축되어 있다.[8] 이곳에서는 개별 중소기업에게 부담이 큰 초기훈련을 고교재학 중에 실시하며 기능검정응시로까지 연동시키고 있다. 또 이러한 사례를 참고로 공업고교에 대한 기업의 수요를 파악하고 여기에 맞는 프로그램에 기업실습을 포함시켜 이를 기능검정 응시로 연결시키는 정책을 채택하는 자치단체도 있다. 아직까지는 초기단계에 있으나 이와 같은 시스템이 작동된다면 고교재학 중에 조기 진로결정과 실무기술의 습득, 나아가 이 과정에서 기업은 개별 인재정보를 집약할 수 있게 된다. 이는 기존의 신규졸업자 일괄채용제도와 비교할 때 큰 변혁인 것이다. 현재, 고졸자 채용에서 신규졸업자 일괄채용제도가 동요하고 있고 고졸채용 자체가 둔화하는 가운데 주목할 만한 영역인 것이다.

훈련조직·직업소개조직과 생활지원조직과의 연계는 정책의 진화 부분에서 언급한 생활보호수급자 등에 대한 취업지원에 있어 공공직업안정소와 복지사무소를 연계하는 것이다. 이와 같은 형태의 연계를 활성화하는 것은 고용보험적용제외자 등의 리스크요인이 누적되는 것을 피하기 위한 적극적인 지원으로서 필요하다. 그런 의미에서 현재 진행되고 있는 긴급인재육성·취업지원기금에 의한 급부제도 등은 이러한 연계를 촉진하는 획기적인 정책이라 할 수 있다.[9] 한편, 이 급부제도는 현장

---

8) 이에 대해서는 세키(関, 2007) 참조. 나가이시에 대해서는 이토(伊藤) 외(2008)에서도 다루고 있다.

9) 2008년 여름에 동경도가 시작한 '생활 안정화 종합대책 사업'은 넉넉한 훈련수당과 생활자금을 융자하는 선구적인 것이었다. 그러나 실제로는 이용제한 문제 등 의도대로 기능을 하지 않고 있다. 또, 자치단체와 공공직업안정소가 연계하여 포괄적으로 지역에서의 생활을 지원하는 센터의 설치는 필자자신도 사구치(佐口, 2006)에서 주장해 온 바이다.

에서의 집행체제가 정비되어 있지 않은 가운데 성급하게 시행된 약점이 있는데 이를 경시할 수는 없다.[10)] 조사기간의 제약 상 이번 조사에서는 이 문제가 대상이 되지 않았으나 현장에서 어떤 룰이 축적되는 지는 지역에서의 생활기반을 평가함에 있어 주시할 만한 대상이다.

3) 역할자 양성메커니즘

이상과 같이 각 조직간 연계를 포함한 지역에서의 전략을 입안하고 실행하기 위해 이를 담당할 인재가 필요한 것은 자명한 사실이다. 몇 가지 예를 들어 보기로 한다.

먼저 경영능력을 가진 자치단체 직원이라는 역할자가 필요하다. 기업간, 기존에 교류가 없었던 조직 간에 새로운 형태의 연계를 위해서는 대상에 대한 수요파악능력과 조직능력이 필요하다. 또 기업유치 만이 아니라 유치 후의 세세한 서비스 제공은 기업의 역외유출을 방지하거나 증설을 촉진하기 위해서도 불가결하다. 지금까지 이러한 활동은 키 퍼슨key person의 '핵심역량(名人芸: 명인만이 할 수 있는 고도의 기예)'에 의존하는 경우가 많았다. 그러나 이러한 경영능력을 조직적으로 승계·발전시켜나갈 필요가 있다. 이를 위해 민간기업 출신자를 중심으로 팀을 만든 사례도 있다.

지역에서는 의욕 있는 경영자로서의 역할자도 중요하다. 자치단체 중에는 기업유치 활동을 비롯한 모든 기회를 활용하여 지역의 의욕 있는 경영자를 수도권·간사이권關西圈 경영자와 연결시키려고 시도하는 사례도 있다. 향토 중소기업의 연계를 도모하는 사업 중에는 이를 통하여 의욕 있는 경영자를 양성하려는 목적도 있다. 또한, NPO 등이 중심이 되는 주민이라는 역할자의 의의에 대해서도 종종 지적되는데 이러한 활동을 희망하는 계층은 잠재적으로 아주 많은 것으로 생각된다. 예를 들면

---

10) 노동행정 현장으로 부터의 문제제기는 본서 제8장에서 다루고 있다.

지역에서의 생활에 기반을 제공하는 넓은 의미의 복지활동에 퇴직 공무원·교원 등이 적극적으로 참가하는 사례는 많다. 고향고용재생특별기금 사업의 사례에서와 같이 효과적인 방법이 있다면 지금까지 간과되었던 의욕적인 주민을 동참시킬 수 있는 가능성이 높다.

이들 역할자를 확보하는 수단은 지역에 한정되지 않는다. 수도권이나 지방으로 이주한 사람의 귀향(U턴), 혹은 원래 수도권이나 지방 등의 타 지역에 거주하던 사람의 전입(I턴)도 유력한 수단이 되고 있다. 실제, 지역의 산업진흥과 인재육성 전략의 수립에 관련되는 역할자 중에는 그런 계층이 보인다. 중견 기술자로 이들 지역을 담당할 가능성이 있는 인재에 대해서도 또한 같다. 자치단체가 무료 직업소개조직을 통하여 이를 촉진하는 경우도 있다.

U턴 계층 중에는 현재 및 장래생활의 질 특히, 가족을 포함한 생활의 질을 고려해서 직업이나 기업을 선택하는 계층이 존재한다고 생각된다. 그들은 높은 생활의 질을 선택한 계층으로 업무 면에서 지역을 지원할 뿐 아니라 지역 만들기의 적극적인 역할자가 될 가능성도 높다고 할 수 있다.

4) 시스템 변혁의 가능성

이상을 바탕으로 여기서는 '왜 지역이라는 시점이 중시되어야 하는가?'에 대해 언급하고자 한다. 먼저, 산업·고용·빈곤·양육·교육·의료·간호 등의 실제문제가 포괄적으로 나타나는 곳이 지역에서의 생활이라는 사실에 주목한다. 그런 의미에서 문제를 해결하는 최전선의 장소로 어울리는 곳을 지역으로 파악하는 것이다. 또 정보의 밀도와 신뢰성, 시책의 기동성 등을 고려하면 지역 차원에서 각 조직 간의 연계가 유효하게 기능한다고 상정하는 것에 대한 타당성을 인정할 수 있을 것이다. 더욱이 가까운 인간관계나 전통, 자연환경 등에 대한 애착 없이 지역 생활기반의 집적을 담당해 나아갈 계층을 상정하는 것이 어렵고 그들은 지역에 있음으로 해서 양성될 수 있다. 여기서 중요한 것은 이와 같은 역할자에게 지역 만들기란, 단지 획일적·금전적 최소보장의 확보가 아니라 자신들이 희망하는 삶을 선택할 수 있는 폭을 확보하는 것, 자부심을 가진 일상생활을 실현하는 경영이라는 것이다. 따라서 지역 만들기는 주민의 임파워먼트empowerment를 불가분의 요소로 하며 또 지역이기 때문에 이 임파워먼트의 가시화가 가능하게 되는 것이다.

그런데 본서가 생활의 안정·향상을 위한 새로운 시스템을 구축한다는 목적에 있어 지역에서의 각 시책·경영은 어떤 의미를 가지는지에 대한 문제의식을 배경으로 하고 있음은 앞서 서술한바와 같다. 고용시스템에 대해 생각해 보자. 이미 언급한 것처럼 일본에서는 1990년대 후반부터 기업이 장기고용의 메리트를 희생하더라도 노동자의 채용·훈련·고용보장에 대해 부담하는 비용을 줄이는 전략을 선택하기 시작했다. 따라서 고용시스템의 재생을 위해서는 노동시장의 중개기능이나 훈련기능에 대한 비용을 기업이외의 조직에도 일정부분 분담시킬 필요가 있고 기동성을 가진 다양한 공적생활지원도 필요하다. 이는 지역에서의 각 조직간 연계내용과 중복되는 부분이 많다. 오랫동안 침체되어온 일본의 지역고용정책은 생활기반의 안정·강화기능을 수행하면서 고용시스템 전반의 재생을 위한 근간이 될 가능성을 부정할 수 없다. 나아가 U 턴에서 보듯이 생활의 질을 중시한 직업선택이 증가하게 되면 일본에서의 근로방식에 커다란 변혁을 가져오리라 생각된다. 장시간 노동이나 높은 생활비용을 전제로 한 임금제도 등 일본의 고용시스템을 특징짓는 제반 요소에 미치는 영향이 작지 않을 것이다.

또한, 지역에서 생활기반의 안정·강화를 위한 정책이나 그의 실천은 기업의 새로운 모델을 시사하고 있는지도 모른다. 예를 들어 공적성격이 강한 조직의 중개에 의한 기업 간 연계는 활동의 공개성이나 지역경제에의 공헌이라는 목적을 수반하고 있다. 이러한 연계에 참여하는 것은 결과적으로 기업 활동의 공공성을 높이게 된다. 중요한 것은 기호가 아니라 경제적 합리성에서 이러한 길이 선택된다는 점이다. 나아가 지역에 공헌하고 있는, 지역에서의 질 높은 생활을 실현하고 있다는 '평판'은 고객, 투자가, 그리고 무엇보다 유능한 노동자의 확보에 있어 더욱 중요한 요소가 된다는 것도 생각할 수 있다. 21세기 들어 대항세력의 취약화라는 환경조건에서 자기억제기능을 내재시키지 않는 영리기업이 안정적으로 계속되려면 새로운 형태의 사회적 승인이 필요하다. 이것이 현재의 CSR 문제의 핵심이다. 지역에서의 '평판' 메커니즘이 생성되어 간다면 그것이 기업에 대한 사회적 승인의 새로운 모델로서 중요한 구성요소가 될 것이다.

여기에서의 논의는 본조사에서 밝혀진 사실에 일정정도 근거를 두고 있지만 편저자의 문제의식에 따라 한발 앞서 진행되는 논의임을 다시 한 번 상기시켜 두고 싶다. 어쨌든 지역 생활기반의 안정·강화를 위한 실천에는 보다 넓고 긴 역사적 간극의 시스템 변혁에 관한 영역이 내재하고 있는지도 모른다. 만일 그렇다면 변혁의 주체는 지역 만들기의 역할자로서 계속 양성될 것이다.

4. 본서의 개요

본서는 기업유치에 관련된 문제를 안고 있는 지역을 조사대상으로 선정한다는 것이 전제였다. 지역의 산업·고용·생활에 대하여 고찰할 경우 상당부분은, 기업유치가 어떻게 진행되었고 그것이 지역의 경제·사회에 어떤 결과를 미쳤는지, 또한 자치단체는 그 결과를 어떻게 활용하고자 하는지 등에 대한 문제가 일반성을 지닌다고 생각되었기 때문이다.

이를 상대적인 관점에서 볼 때, 지역에 정착한 중소기업이 자생적으로 발전을 이루어온 측면이 강한 사례로 나가노현長野県 이나시伊那市 지역을(제1장), 이어서, 이와는 대조적으로 자치단체가 주도적으로 산업·고용을 추진한 사례로 시마네현島根県과 히카와쵸斐川町 지역을 조사대상으로 하였다(제2장). 또한, 기업유치라는 관점에서는 일찍이 시의 동부지역 문제를 비롯, 다양한 해결책을 모색해온 사례로 홋카이도 토마코마이시를(제3장), 그리고 최근의 초대형 기업유치의 상징적 사례로 미에현三重県 카메야마시亀山市 지역을 조사대상으로 하였다(제4장).

당연히, 기업유치의 과정과 효과, 유치 뒤의 조치 등에 대한 분석 및 서술에 있어서, 그리고 본장에서 설명한 각 조직의 연계와 역할자에 대해 일정한 시각을 공유하여 왔으며, 나아가 단일 수출지향형 산업에 대한 의존에서의 탈피라는 논점과 지역 산업구조의 전환에 대해서도 문제의식을 공유하여 왔다.

그런데 이번 조사가 진행 중이던 2008년 가을, 경제위기와 고용위기를 맞았다. 이러한 위기가 미친 영향, 특히 각 지역의 분석에서 공통적으로 고용 실태에 대한 영향을 중심으로 취급하고 있다. 또한, 조사과정에서는 생활면으로부터의 지역고용이라는 논점과 관련하여 UI턴의 중요성이 부각되었다. 이에 대해서는 각 지역에 대한 분석에서도 언급되지만 특별히 별도의 장을 마련하였다(제5장). 시즈오카현静岡県 하마마츠시의 기업을 초월한 네트워크 형성사례를 다룬 제6장, 시마네현島根県 마츠에시松江市의 지역에 대한 복지거점 만들기를 다룬 제7장은 각각 지역만들기의 중요한 영역으로서 선진사례를 분석한 것이다. 아울러, 조사과정에서는 지방노동행정이 직면한 제반 과제도 부각되었는데, 제8장에서는 노정·직업훈련·공공직업안정소라는 노동행정 현장으로부터의 문제제기를 다루고 있다.

마지막으로 본서의 한계에 대해 언급하고자 한다. 지역에서의 생활문제를 고려할 때 중요한 고용과 복지의 연계에 관련된 영역은 이번 조사에서 대상이 되지 못하였다. 조사기간의 제약을 감안하더라도 경제위기 후 긴급대책의 효과 및 집행상황의 분석이 불충분 하였다. 이들에 대해서는 앞으로의 연구과제로 남겨두고자 한다.

참고문헌

Crane, Andrew, et al.eds.(2008), *The Oxford Handbook of Corporate Social Responsibility*, Oxford University Press.

Fitzgerald, Joan(2006), Moving Up in the New Economy, Ilr Pr.

伊藤実 外(2008), 『地域における雇用創造ー未来を拓く地域再生のための処方箋』, 雇用開発センター.

橘川武郎 外 編著(2005), 『地域からの経済再生ー産業集積・イノベーション・雇用創出』, 有斐閣.

佐口和郎(2004), 「地域雇用政策とは何か」, 神野直彦, 『目立した地域経済のデザイン』, 有斐閣.

________(2006), 「大阪府における地域雇用政策の生成ー就業支援策への収斂」, 田端博邦, 『地域雇用政策と福祉: 公共政策と市場の交錯』 東京大学社会科学研究所研究シリーズ22.

________(2009), 「雇用制度の生活維持機能」, 『社会福祉研究, 106号』, 鉄道弘済会.

関満博(2004), 「モノづくり復権への新たな戦略展開」, 神野直彦, 『目立した地域経済のデザイン』, 有斐閣.

同編著(2007a), 『地方圏の産業振興と中山間地ー希望の島根モデル・総合研究』, 新評論.

______(2007b), 『地域産業振興の人材育成塾』, 新評論.

山本隆(2007b), 『ローカル・ガバナンスー福祉政策と協治の戦略』, ミネルヴァ書房.

제 1 장

입지기업과 향토기업의 창의로 일군 자주적 경제발전

: 나가노현 이나시의 산업과 고용

츠다 나오코 汁田素子

기업이 입지함으로써 인재와 기술이 지역으로 유입되고 지역기업의 기술력을 향상시키며 지역의 수요를 창출한다. 그 수요는 지역에 중소기업을 집적시키며 그런 집적이 신규 기업의 유치와 자주적 창업을 촉진시키는 자생적 발전을 유발시킨다. 또, 지역기업이 성장한 선례는 새로운 기업집적의 가능성을 내포하므로 지역기업의 성장을 지원하는 맞춤형 기업유치활동을 가능하게 한다.

제1장
입지기업과 향토기업의 창의로 일군 자주적 경제발전
: 나가노현 이나시의 산업과 고용

츠다 나오코(汁田素子)*

나가노현 남부에 위치한 이나시伊那市는 남알프스 산맥과 중앙알프스 산맥으로 둘러싸인 7만 명을 상회하는 지방소도시이다. 텐류天竜강을 따라 남북으로 뻗어있는 이나계곡 분지 북부의 중심도시로 2006년 3월 말, 구 이나시와 구 다카도오마치高遠町, 구 하세무라長谷村가 합병하여 탄생하였다.

비옥한 토지와 양질의 용수를 활용한 농업의 발달과 전기, 정밀기계, 식료품 등의 제조업이 활성화되어, 같은 카미이나上伊那 지역의 코마가네시駒ヶ根市, 나아가 스와諏訪 지역의 중심인 스와시諏訪市, 오카야시岡谷市와 함께 국내 유수의 산업지대를 형성하고 있다.

코마가네시, 스와시, 오카야시가 일찍이 산관협력을 통한 산업진흥을 위해 노력하였다면 이나시는 기업의 자력에 의존하는 경향이 강하였다. 이나시가 독자적인 산업진흥을 위해 나선 것은 2004년 이후이다. 본장에서는 자생적인 지역경제 발전의 전형적인 사례로써 이나시의 노력을 소개하기로 한다.

---

* 류코쿠(龍谷)대학 경제학부 준교수.

이하, 제1절에서 이나시의 개요를 살펴보고, 제2절에서는 산업구조와 고용현황을 분석하며 제3절에서 향토기업을 둘러싼 산업지원체제를 정리한다. 제4절에서는 2008년 가을 이후 세계동시불황의 영향을 다루며 제5절에서는 이나시에 입지하고 있는 개별기업에 초점을 두어 발전경위와 경제 불황에의 대응을 상술하기로 한다. 마지막으로 제6절에서는 외부충격에 대한 대응력과 역할자 양성·연계 등의 시점에서 지역의 과제를 검토하기로 한다.

1. 이나시 개요

1) 인구

이나시는 카미이나지역(이나시, 코마가네시, 카미이나군)의 중심도시로 면적은 667.81km^2, 인구 71,788명, 세대수는 25,043이다(2005년 통계). 최근 20년간 인구는 2.3%, 세대수는 23.5% 증가하였고 인구 구성은 연소자 15.1%, 생산연령인구 60.6%, 노령인구가 24.3%이다.

평균수명은 남성이 79.8세, 여성 86.5세로 전국평균(남성 78.8세, 여성 85.8세)을 상회하는데,[1] 1인당 노인의료비(2007)는 68만 5,629엔으로 전국평균(86만 9,604엔)보다 훨씬 적다.[2] 건강한 고령자가 많은 건강장수 지역인 것이다. 한편, 총 특수출생률은 1.55%로 나가노현(1.47) 및 전국(1.34) 수준보다도 높다.[3]

---

1) 厚生労働省, 「2005年市町村別生命表の概況」.

2) 厚生労働省, 「2007年度老人医療事業年報」; 長野県, 「2007年度国民健康保険事業状況」.

3) 伊那市, 「伊那市統計書2008年版」.

[도표 1-1] 카미이나지역

• 출처: 나가노현 홈페이지(http://www.pref.nagano.jp/kamiina.htm)

2) 입지조건

이나시는 동경과 나고야名古屋의 거의 중간에 위치한다. JR이이다선飯田線(아이치현愛知県 토요바시豊橋~나가노현長野県 타츠노辰野)이 이나시 중심부를 남북으로 가로지르지만 편의성이 떨어지는 한편, 중앙자동차도나 국도153호 등의 간선도로는 잘 정비되어 있다. 중앙자동차도는 1976년에 이나시까지 연결되었고 1982년에는 전구간이 개통되어 수도권 및 중부권, 간사이권関西圏으로의 접근성이 크게 개선되었다. 철도의 보완수단으로 동경, 나고야, 오사카, 나가노 방면으로의 버스도 연결되고 있다.

3) 산업구조

이나시는 15세 이상인구가 6만 917명인데 비해 취업인구가 3만 6,881명이다(2005년 통계). 취업률은 60.5%로 전국평균(57.8%)을 크게 웃돌고 있다. 제1차 산업에 종사하는 취업자 비율이 전체의 10.8%, 제2차 산업이 동 35.2%로 농업과 제조업이 발달한 지역이다. 취업종류를 산업별로 보면 제조업이 9,822명(구성비 26.6%)으로 가장 많고 도·소매업 5,205명(동 14.1%), 서비스업이 4,440명(동 12.0%)이다. 농업도 3,945명으로 전체의 10.7%를 차지하고 있다.[4)]

2. 이나시의 산업구조와 고용현황

1) 산업의 발전경위

카미이나 지역의 제조업발전 계기는 製絲業이다. 스와지역은 민간 기업에 의해 주도되었으나, 카미이나 지역은 용수사竜水社로 대표되는 제사製絲조합에 의해 발전하였다. 또, 이 지역을 특징짓는 산업으로서 농림업으로부터 공급되는 원료를 사용한 식료품과 목재·가구 등의 재래산업은 戰前부터 존재해 왔다.

이 지역 제조업이 획기적으로 발전하게 된 계기는 전시戰時 중에 진출한 KOA(당시 興亞電工)와 올림푸스(당시 다카치호高千穂광학공업)였다. KOA의 창업자인 무카이야마 카즈토向山一人 씨는 "이나 계곡에 태양을"이라는 '농공일체론'을 이념으로 내걸고 1941년 고향인 이나에서 저항기抵抗器와 콘덴서 생산을 시작하였다.[5)] 전황이 악화된 1944년에는 올림푸스도 진출하여 용수사의 제사製絲공장을 양도받아 현미경 생산을 시작하였다.[6)] 용

---

4) 伊那市, 「伊那市統計書2008年版」.

5) KOA의 발전경위는 KOA 50주년 기획실 편(1991), 『KOA 50년사』를 참조함.

6) 올림푸스 사보 『50년의 발자취』(1969)에 의하면 후보지로 나가노현 외에 군마현(群馬県), 사이타마현(埼玉県), 후쿠시마현(福島県)이 검토되었으며, 최종적으로 카미이나郡 잠사판매구매이용조합연합회 용수사의 이나공장이 선정되었다. 1944년 2월 교섭이 타결되고, 2월1일 이나공장이 설립되었다. 임차부지 1만 7,586m^2, 건물면적 5,643m^2, 매수가격은 35만 엔이었다. 제사(製絲)공장으로부터 인계받은 종업원은 약 250명(이 중 여성이 200명 상회)을 3개 반으로 나누고 순차적으로 동경으로 보내 기술실습훈련을 받게 하였다. 종전

수철 생산회사인 日本發條(미야다무라宮田村, 1943). 터빈 생산회사인 이시카와지마石川島범용기계(타츠노쵸辰野町, 1944)도 이 시기에 진출한 회사이다. 카미이나지역의 전후 발전은 이와 같은 입주기업에 의해 방향성이 정해지면서 전자·전기 중심의 집적지가 형성되었다.[7)]

1970년대 이후에는 인접 스와諏訪지역에서 풍부한 노동력과 광대한 공업 용지를 찾아 이전해오는 기업이 눈에 띄게 늘면서 농촌지역공업도입 촉진법 등으로 정비된 공업단지로의 입지가 진행되었다.[8)] 키츠KITZ(당시 기타자와北沢 밸브, 1973), 일본전산 산쿄(당시 三協精機, 1974)가 대표적이다. 또, 중앙자동차도의 개통은 NEC나가노(당시 나가노일본전기, 1976)와 같은 수도권 기업의 진출도 촉진되었다.

나아가 1980년대 중반이후 중앙자동차도의 편의성을 최대한 살린 이나인터체인지공업단지(1986년 조성)에 음향기기의 나가노 켄우드, 된장류의 하나마루키 이나공장 등 다양한 업종이 진출해 왔다.

2) 주력산업의 변천: 전자·전기의존에서 탈피

공업통계조사에서 이나시 제조업 실태를 확인해 보면, [도표 1-2] 및 [도표 1-3]은 종업원 수와 제조품출하액 등의 추이를 업종별로 정리한 것이다. 1985년부터 2007년에 걸쳐 이나시 제조업의 중심인 '전기'업의 규모가 축소되었다. 1985년 당시 '전기'업 종사자 수는 3,000명을 넘어 전 종업원 수에서 차지하는 비율도 35.1%였으나, 2007년에는 2,000명 수준으로 감소하여 그 비율도 27.9%로 낮아졌다. 제조품출하액 등의 비율 역시 일시적으로는 50%를 넘었었으나 2007년에는 26.3%까지 내려

시 이나공장의 인원은 207명으로 이중 공원이 176명(여성 127명)을 차지하였다.

7) 카미이나지역의 기계금속관련 집적(集積)에 대해서는 아카하네(赤羽, 1975), 아오노(青野, 1982), 이케다(池田, 1977a·1977b·1978a·1978b·1978c·1980·1982), 쿠메노(粂野, 1994·2001·2003) 등의 연구가 축적되어 있다. 중앙대학 경제학연구소 편(1982)은 지역노동시장을 포함하여 폭넓게 논의한 것으로 유용하다.

8) 스와지역에서 카미이나지역으로의 진출에 대해서는 야마구치(山口, 2003a·2003b) 참조.

갔다. '전기' 다음으로 규모를 자랑하던 '정밀' 분야도 최근 20년간 종업원 수가 1,000명 이상 감소하였고 그 비율도 12.3%로 낮아졌다.

이에 비해 규모를 확대한 것이 '기계·수송·식료'업이다. '기계'는 종업원 수에서 약 300명, 제조품출하액 등에서 약 250억 엔이 증가하여 전체 비율이 각각 16.9%, 21.9%로 상승하였다. 1985년 당시 제로에 가깝던 '수송' 분야도 종업원 수에서 400명, 제조품출하액 등에서 100억 엔을 초과할 때까지 성장하였다. 아울러 '식료'업도 호조를 보이며 종업원 수가 927명으로 늘어 '전기', '기계'에 이어 3위로 부상하였으며 제조품출하액 등의 비율도 5.8%에서 11.8%로 크게 신장하였다.

이와 같이 이나시의 제조업은 서로 다른 산업이 복합적으로 대두하여

[도표 1-2] 이나시의 제조업 추이(종업원 수)

	1985		1990		1995		2000		2005		2007	
	인원수	비율(%)	인원수	비율(%)	인원수	비율(%)	인원수	비율(%)	인원수	비율(%)	인원수	비율(%)
합계	8969	100.0	9123	100.0	8376	100.0	6919	100.0	6476	100.0	7251	100.0
식료	717	8.0	677	7.4	783	9.3	574	8.3	784	12.1	927	12.8
목재	232	2.6	154	1.7	133	1.6	119	1.7	90	1.4	167	2.3
가구	451	5.0	552	6.1	425	5.1	340	4.9	233	3.6	249	3.4
인쇄	221	2.5	219	2.4	225	2.7	172	2.5	149	2.3	149	2.1
플라스틱	252	2.8	X		X		340	4.9	325	5.0	364	5.0
금속	228	2.5	340	3.7	375	4.5	305	4.4	210	3.2	297	4.1
기계	922	10.3	1284	14.1	1176	14.0	1029	14.9	1092	16.9	1228	16.9
전기	3151	35.1	2965	32.5	2770	33.1	2354	34.0	1943	30.0	2020	27.9
↳전기									166	2.6	90	1.2
↳정보									1306	20.2	607	8.4
↳전자									471	7.3	1323	18.2
수송	130	1.4	265	2.9	450	5.4	423	6.1	437	6.7	453	6.2
정밀	2043	22.8	1735	19.0	1152	13.8	870	12.6	822	12.7	889	12.3
기타	622	6.9	932	10.2	887	10.6	393	5.7	391	6.0	508	7.0

• 주: 2001년 이후는 종업원 수 3명 이하 사업장을 포함하지 않은 수치.
• 출처: 나가노현「공업통계조사」각 연도판으로부터 작성.

[도표 1-3] 이나시의 제조업 추이(제조품출하액 등) (단위: 억 엔)

	1985		1990		1995		2000		2005		2007	
	금액	비율(%)	금액	비율(%)	금액	비율(%)	금액	비율(%)	금액	비율(%)	금액	비율(%)
합계	2178	100.0	2571	100.0	3234	100.0	2639	100.0	2325	100.0	2151	100.0
식료	126	5.8	136	5.3	177	5.5	137	5.2	261	11.2	238	11.1
목재	44	2.0	31	1.2	42	1.3	25	0.9	13	0.6	22	1.0
가구	97	4.5	211	8.2	149	4.6	130	4.9	82	3.5	94	4.4
인쇄	20	0.9	29	1.1	33	1.0	27	1.0	29	1.2	29	1.3
플라스틱	41	1.9	65	2.5	69	2.1	87	3.3	41	1.8	66	3.1
금속	27	1.2	42	1.6	43	1.3	35	1.3	33	1.4	42	2.0
기계	228	10.5	418	16.3	411	12.7	381	14.4	470	20.2	470	21.9
전기	993	45.6	951	37.0	1842	57.0	1308	49.6	871	37.5	565	26.3
↳전기									26	1.1	15	0.7
↳정보									710	30.5	258	12.0
↳전자									135	5.8	292	13.6
수송	32	1.5	56	2.2	124	3.8	110	4.2	119	5.1	119	5.5
정밀	490	22.5	515	20.0	258	8.0	334	12.7	334	14.4	392	18.2
기타	79	3.6	118	4.6	87	2.7	66	2.5	73	3.1	113	5.3

• 주: 2001년 이후는 종업원 수 3명 이하 사업장을 포함하지 않은 수치.
• 출처: 나가노현 「공업통계조사」 각 연도판으로부터 작성.

전기에 대한 의존도가 낮아지고 상대적으로 균형 잡힌 산업구조로 변화하여 왔다.

3) 제조업의 주요 종사자 변화

산업구조의 변화 속에 고용의 질과 양, 형태도 변화하였다.[9] '통계조사'(산업대분류, 연령 5세 단위, 남녀별 15세 이상)에 의하면 이나시의 제조업 종사자 수는 1990년부터 1995년에 걸쳐 약 200명 증가한 1만 1,013명이

9) 2000년대 전반 카미이나지역의 고용상황에 대해 오오스(大須, 2005)의 연구가 있다.

었으나, 그 후 10년간 약 3,000명이 감소하였다. 그동안 제조업에서 일하는 여성 수는 일관되게 감소하여 그 비율이 44.1%(1990)에서 36.7%(2005)까지 낮아졌다. 조립공정 등에서 주로 여성이 활동한 전기, 정밀 분야의 비중저하가 한 원인으로 짐작된다.

연령층의 변화에서 [도표 1-4]는 남성의 변화추이를 나타낸 것이다. 1990년대 전반은 25~29세 및 30~34세, 35~39세가 노동력의 중심을 이루고 거기에 20~24세의 젊은 세대가 새로 참여하였는 데 비해 1990년대 후반에는 20~24세의 신규참여가 급감하였다. [도표 1-5]에서 나타나는 바와 같이 20~24세의 급감은 여성에서도 현저한데, 이는 경기의 급속 악화로 신규채용이 대폭 감소되었던 "최대 취업빙하기"를 증명하는 것이라 할 수 있다. 여성은 40대(40~44세, 45~49세) 비율이 38.1%(1990)에서 23.1%(2005)으로 크게 저하하는 경향이었다.

젊은 세대의 감소는 지역의 취업희망자 감소와 밀접한 관계가 있다. 이나시에는 4개의 고교가 있는데, 매년 800명 전후의 졸업생 중에 대학 등으로의 진학률이 60%를 넘는다.[10] 2007년도는 졸업생 806명 중 502명(62.3%)이 대학 등에 진학하고, 이 중 76.1%인 382명이 현외로 진학하

[도표 1-4] 제조업 취업자의 연령층(남성)

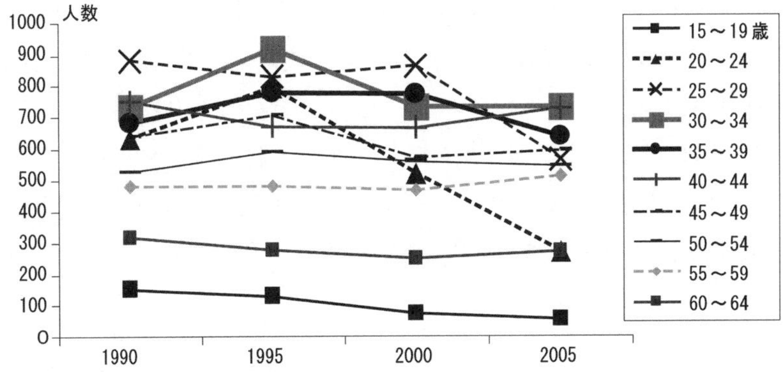

• 출처: 총무성 「國勢調査」(연령 5세 계층, 남녀별 15세 이상)로부터 작성.

10) 이하의 기술은 伊那市, 「伊那市統計書2008年版」에 기초함.

[도표 1-5] 제조업 취업자의 연령층(여성)

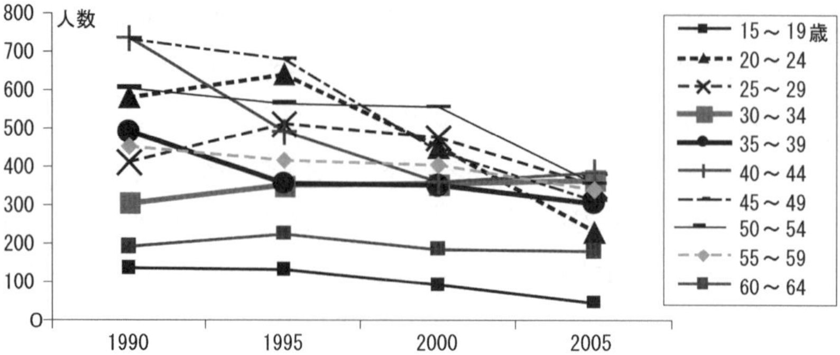

• 출처: 총무성 「國勢調査」(연령 5세 계층, 남녀별 15세 이상)로부터 작성.

였다. 교육훈련기관 등에의 입교자도 209명(25.9%)에 이르러 취업자는 77명(9.6%)에 불과하였다. 현내 취업자 77명 중 80.6%가 제조업에 취업하였고 제조업은 여전히 신규 고졸자의 주요 일자리가 되고 있는데 높은 진학률 속에 절대 수는 감소하고 있다.

4) 파견노동자·외국인 고용

1990년대 이후 고용의 유연성을 가능케 하는 수단으로 파견노동자와 외국인 노동력 활용이 확대되었다. 1999년에 제조업을 제외한 파견노동이 원칙적으로 자유화되고 2004년에는 제조업 파견마저 허용되어 파견노동자가 획기적으로 증가하였다. 나가노 노동국이 정리한 「노동자 파견사업 운영현황」에 의하면 2007년도 파견노동자 수가 전년대비 32.2% 증가한 4만 6,502명이고, 상용환산파견노동자 수는 동 47.5% 증가한 2만 8,183명이었다.[11] 또한, 파견처는 동 71.3% 증가한 1만 4,782건, 파

11) 2009년 2월 27일 발표자료. 파견노동자 수는 일반노동자파견사업의 상용고용노동자 1만 1,924명, 등록자 3만 622명, 특정노동자파견사업의 상용고용노동자 3,956명을 합산한 것이다. 또, 상용환산파견노동자 수는 상용고용노동자 1만 1,924명, 상용고용이외의 노동자(상용환산) 1만 2,303명, 특정노동자파견사업의 상용고용노동자 3,956명을 합산한 것이다. 등록자 수는 전년대비 37.9% 증(전국 19.3% 증), 상용고용이외 노동자의 상용환산은 동

[도표 1-6] 나가노현 내 외국인 등록자 수(광역별) (2008년 말)

		브라질	중국	한국·조선	필리핀	타이	기타	합계
현 합계		14278	11146	4589	4415	2515	5225	42168
1	마츠모토	2664	2028	1536	923	325	791	8267
2	카미이나	4400	1139	305	842	84	630	7400
3	죠쇼	2330	1346	559	128	375	1326	6064
4	나가노	806	2285	1002	437	582	740	5852
5	스와	1807	1076	415	784	141	593	4816

• 출처: 나가노현 인권·남녀공동참여과.

견사업의 매출액은 동 55.9% 증가한 998억 1,800만 엔에 달한다. 파견노동이 원칙적으로 자유화된 직후인 2000년을 보면 파견노동자 수 1만 203명, 상용환산파견노동자 수 6,359명, 파견처 3,151건, 매출액 220억 200만 엔이다. 나가노현의 노동자 파견 사업은 7년간 4배 이상으로 확대되었다. 특히 나가노현에서는 제조업에 대한 파견이 눈에 띄며, 2007년 6월 1일 현재 제조업 종사 파견노동자 수는 1만 4,217명(상용고용자 8,305명)이다.

나가노현에는 외국인도 많다. 나가노현 인권·남여공동참여과의 조사에 의하면 현의 외국인 등록자 수가 1989년 말 8,646명에서 2008년 말 4만 2,168명으로 약 5배 증가하였다. 이를 국적별로 보면 브라질 1만 4,278명(구성비 33.9%), 중국 1만 1,146명(동 26.4%), 한국·조선 4,589명(동 10.9%), 필리핀 4,415명(동 10.5%)이다([도표 1-6]).

카미이나지역의 외국인은 7,400명으로 마츠모토松本지역의 8,267명에 버금가는 규모이며, 브라질과 필리핀 사람이 많다. 이를 시정촌별로 보면 이나시는 우에다시上田市(5,219명), 마츠모토시(4,277명), 나가노시(3,607명), 이이다시(2,950명)에 이어 5위(2,679명)이다. 카미이나지역의 외국인노동자 고용은 버블경제 시기의 일손부족 대책으로 시작되었다.[12)]

100.1%가 증가(전국 11.6% 증)하여 일시적인 파견노동자가 두드러진다.

12) 카미이나지역의 외국인노동자에 대해서는 나스노(那須野)·아오야마(青山)·야하타(八幡,

나가노 노동직업안정부가 정리한 「외국인 고용실태 신고현황」(2008. 10)의 현 내 외국인노동자 실태를 보더라도 비슷한 경향이다.

현 내 외국인 노동자 수는 1만 292명으로 브라질(4,069명, 구성비 39.5%)이 가장 많고 중국인(3,542명, 동 34.4%)이 다음이다. 브라질은 정주 및 영주자가 많아 일본사회에서의 생활을 전제로 하지만 중국은 재류자격이 '특정 활동'인 기능실습생으로 일하는 경우가 많다.

외국인 노동자가 취업하고 있는 산업은 제조업이 6,041명으로 전체의 58.7%를 차지한다([도표 1-7]). 식품, 금속제품, 일반기계는 사업장 직접고용이 기본이며 전기기계와 수송용 기계는 간접고용으로 파견이나 하청 취업의 경향이 강하다. 또, '기타 사업 서비스업'에 취업한 외국인은

[도표 1-7] 나가노현 산업별 외국인 노동자 수

	외국인 노동자		
	인원 수	파견·하청사업장(비율,%)	구성비(%)
전 산업	10292	4635(45.0)	100.0
제조업	6041	1886(31.2)	58.7
ㄴ식품제조업	771	42 (5.4)	7.5
ㄴ금속제품제조업	346	19 (5.5)	3.4
일반기계제조업	429	4 (0.9)	4.2
ㄴ전기기계기구제조업	709	332(46.8)	6.9
ㄴ수송용기계기구제조업	617	198(32.1)	6.0
도매·소매업	399	78(19.5)	3.9
서비스업(달리 분류되지 않은 것)	2711	2571(92.8)	26.9
ㄴ전문서비스업(달리 분류되지 않은 것)	336	322(95.8)	3.3
ㄴ기타 사업서비스업	2204	2128(96.6)	21.4

• 주1: 전문서비스업(달리 분류되지 않은 것)에는 건설설계업, 디자인업, 법률사무소 등이 포함됨.
• 주2: 파견·하청사업장(비율,%)란은 노동자 파견·하청 사업을 행하는 사업장에 취업하고 있는 외국인 노동자 수 및 당해 산업의 외국인 노동자에 대한 비율을 나타냄.
• 주3: 「구성비」란은 외국인 노동자 총수(전 산업 합계)에 대한 당해 산업의 외국인 노동자수 비율을 나타냄.
• 출처: 나가노노동국「외국인 고용현황 신고상황(2008년 10월말 현재)」에서 작성.

2001)와 야마구치(山口, 2003a·2003b)가 설명하고 있다. 노동력의 유연성을 위해 일본계 브라질인에게 초점을 둔 본격적인 연구로 와타나베(渡辺) 편저(1995a·1995b), 탄노(丹野, 2007)가 있다.

2,204명으로 이중 96.6%는 노동자 파견사업장이다.

파견·하청사업장에 취업한 외국인은 전체의 45.0%에 해당하는 4,635명에 달하며 앞의 조사와 비교하면 파견·하청 노동자의 10%는 외국인으로 추측된다. 외국인이 취업한 현내 사업장은 1,550개소로 이중 215개소가 파견·하청사업장이다. 이나공공직업안정소 관내에서는 160개 사업장에 1,868명의 외국인이 취업하고 있다.

이상과 같이 이나시에는 제조업을 중심으로 파견, 업무하청과 같은 불안정한 고용형태가 증가하며 여기에는 외국인 노동자도 포함되어 있음을 알 수 있다.

3. 이나시의 산업지원체제와 기업입지

본절에서는 이나시의 기업에 대한 산업지원체제를 정리하고자 한다. 결론부터 말하면 동 지역은 산업지원체제가 취약하여 기업은 자생력으로 발전해 왔다. 기업진출 또한 관의 적극적인 유치활동에 의한 성과라기보다는 넓은 공업용지, 교통 편리성에 기인한 측면이 강하다.

1) 지역산업 활성화계획

1980년대, 통상산업성(현 경제산업성)이 주창한 테크노폴리스 구상이 각 지역에서 추진되었는데, 나가노현에서는 아사마淺間·우에다上田 지역이 그 대상이었다. 이를 위해 나가노현은 스와諏訪나 이나지역의 발전을 위해 1984년, 테크노하이랜드 구상을 발표하였다. 카미이나上伊那·시모이나下伊那 지역에서는 1984년, 이나시, 코마가네시駒ヶ根市, 이이다시飯田市외 7쵸町 6촌村이 참여하여 2000년을 목표 연도로 하는 '이나 테크노밸리 개발계획'을, 1989년에는 카미이나지역 독자적으로 '카미이나지역 공업진흥계획'을 수립하였다. 지역진흥과 중소기업육성 추진조직으로 (재)카미이나

산업진흥회(기본재산 3,000만 엔)를 설립하고, 1991년에는 산업지원의 거점으로 이나 기술형성센터를 개원하였다. 그러나 버블경제붕괴 후 동 지역에서는 대규모 구조조정이 실시되어 산업공동화가 심각해지고 각각의 계획은 목표를 달성하지 못한 채 좌절되었다.

카미이나지역에서 현재 진행하고 있는 것은 기업입지촉진법에 의한 '카미이나지역 산업 활성화계획'이다. 동 계획은 이나시, 코마가네시 외 3정 3촌을 대상으로 2008년 2월에 시행하였다. 2012년을 목표연도로 하여 ① 신규입지 50건, ② 粗付加價置증가액 300억 엔, ③ 제조품출하액 등 증가액 700억 엔, ④ 제조업 종사자 수 1,000명 증가라는 수치목표를 내세우고 있다. 실현전략으로 동 지역의 강점인 '고도 가공기술 산업'과 '건강 장수 관련 산업'[13]을 중심으로 기존산업의 고도화 및 새로운 기업입지를 촉진하고 있으며, 카미이나지역 산업 활성화 협의회가 추진 모체로 되어있다.

2) 현·시 등의 산업지원체제

제조업에 대한 나가노현 공립시험연구기관으로는 나가노시에 재료기술부문과 식료기술부문, 마츠모토시에 정보기술부문, 오카야시에 정밀전자기술부문이 설치되어 있으며 카미이나 지역에는 없다. 또, 산관학교류나 기술개발 등의 추진을 위해 나가노시에 나가노현 테크노재단이 있으며, 그 분원격인 이나테크노밸리 지역 센터가 이나 기술형성센터 내에 설치되어 있는데 소프트사업이 중심이다.

카미이나지역의 유일한 공업거점인 이나 기술형성센터 역시, 운영모체인 카미이나산업진흥회가 사업자금과 직원 등에 대한 제약을 많이 받고 있어 연수와 세미나 같은 인재육성 사업을 주로하고 기업경영과 기

---

13) 식품, 식료, 의약품, 대학, 각종 연구기관 등에 의한 농공연계, 의공연계를 추진하여 장수관련 산업의 지역브랜드화를 목표로 함.

술, 판매개척 등에 대한 지원체제는 갖추고 있지 못하다.

이나시가 지역산업의 진흥을 위해 노력하기 시작한 것은 2004년으로 일찍이 공업단지조성에 힘을 쏟았으나 인접 코마가네시나 오카야시와 비교할 때 행정과 산업계의 관계가 소원하였다.

예를 들면, 코마가네시는 1980년대 중반 이후 기업유치에 주력하며 전문부서 설치, 기업체 방문, 시장의 세일즈 운동 등 실적을 거두어 왔다. 1990년대에 시작한 다업종 교류활동 '테크노네트 코마가네'는 경영자와 중견사원의 창조적 인재육성에 주안을 두었으며, 기업과 지역사회가 함께 발전하고자 하는 참신한 시도로 높이 평가되고 있다.[14] 또, 스와지역에서는 다업종 교류그룹이 다수 생겼으며, 상공회의소와 자치단체 등이 매년 주최하는 '스와권 공업전시회'는 지방개최 공업전시회로는 최대 규모를 자랑한다.

이나시가 뒤처지기는 하였으나 ① 넓은 공업용지, ② 수도권·중부권과의 접근성, ③ 관련 산업과 기업의 존재, ④ 풍부한 노동력과 같은 우위성이 있어 시의 기업유치 노력 없이도 기업입지는 계속되었으며, 기존의 기업들도 국내에서의 생산을 위해 일관되게 자주적인 노력을 기울여 왔다.

한편, 이나시는 2004년 4월 회계출납장으로 민간기업 출신자를 영입하고, '재정기반 강화를 위한 산업진흥이 불가피'하다는 방침을 내세우면서 동년 9월 상공관광과에 산업입지계를 신설하는 등 전환을 모색하였다. 산업입지계는 2008년 4월 산업입지추진과로 승격되어 과장 이하 5명이 업무를 담당하고 있다.

이나시는 기존기업의 입지(留置)에 중점을 두고 특정 산업으로 특화된 집적보다는 경제변동에 강한 균형 있는 집적을 목표로 하고 있다. 동 시의 '산업입지'란, 산업을 그 지역에 정착화 시키는 것이며 산업에는 농림

14) '테크노네트 코마가네'의 자세한 내용은, 강사를 역임한 시오야 미치(塩谷未知) 씨와 사무국 멤버인 고하라 마사미(小原昌美) 씨의 공저인『地域を育てる普通の会社ードメイン経営/地方小都市からのメッセージ』를 참조.

업, 상업, 관광도 포함하고 있다. 구체적으로는 식품, 의료품(건강장수), 에너지(태양광, 바이오매스biomass)와 같은 내수형 산업의 발전을 상정하고 있다.

이 활동은 산업입지추진과가 중심이 되며 시의 부·국장이 연 2회 시내 기업을 방문하고 있다. 이를 통해 기업의 경영실태를 파악, 공장증설 등의 정보를 얻게 되면 시가 용지의 취득 등에 적극 협력한다. 이런 신속한 대응으로 타지 전출을 검토하던 기업의 잔류에 성공한 사례도 있다고 한다.

3) 기업입지 현황

이어서 최근의 기업입지 현황을 살펴보자. [도표 1-8]은 나가노현 및

[도표 1-8] 나가노현 공업입지 건 수

	전체 건 수	카미이나지역으로의 입지 건 수	
		건 수	비율(%)
1995	35	8	22.9
1996	66	10	15.2
1997	47	7	14.9
1998	46	7	15.2
1999	28	7	25.0
2000	47	8	17.0
2001	47	4	8.5
2002	21	2	9.5
2003	24	5	20.8
2004	39	7	17.9
2005	28	5	17.9
2006	52	15	28.8
2007	44	17	38.6
2008	47	16	34.0

• 출처: 나가노현 「공업입지동향조사」 각 연도판에서 작성.

카미이나지역으로의 공장입지 건수이다. 1998년에서 2007년까지 10년간, 나가노현의 공장입지는 376건, 이중 카미이나지역이 77건(20.5%)이다. 같은 기간 현외기업의 입지는 59건, 이중 카미이나가 24건(40.7%)이었다. 특히, 2006년 이후 카미이나 지역으로의 입지기업 건수, 비율이 증가하고 있다. 카미이나 지역이 현외를 포함한 많은 기업으로부터 입지장소로서 높은 평가를 얻고 있음을 알 수 있다.

[도표 1-9]는 2006년 이후의 이나시 입지기업 일람이다. 19개사 중 90%는 시내에 입지하고 있는 기업의 신·증설이며, 일정 수의 시외기업도 입지하고 있다. 의료용처치구개발제조업체인 메디칼 리브는 오카야시내의 본사공장이 협소해지자 이나시에 본사공장을 신설하였는데,[15] 이나시 소재 의료기관과 연계한 신제품개발 등을 고려하여 새로운 거점으로서 이나시를 선정한 것이다. 또한, 2009년 4월 오사카에 본사를 둔 식품메이커 마로니가 이나시 입지를 결정하였는데,[16] 장래에는 연구개발 기능도 오사카에서 이전해 온다고 한다.

이와 같이 이나시의 산업입지추진대책은 기존기업의 증설, 시외기업의 유치 모두 순조롭게 진행되고 있다.

4. 2008년 가을 이후의 고용실태

그러나 카미이나지역의 고용현황은 2008년 가을 이후 급격히 악화하였다. 전기, 정밀 등 주요산업이 수출급감과 내수저조로 크게 침체되었기 때문이다. 본절에서는 세계동시불황이 이 지역에 미친 영향에 대해 검토한다.

15) ≪日経産業新聞≫, 2008. 8. 22, 11面.

16) ≪日経産業新聞≫, 2009. 4. 14, 地方経済面(長野).

[도표 1-9] 이나시 입지기업 일람(신·증설, 2008. 9. 4)

기업명	입지 장소	면적 (㎡)	용지 계약일	사업 내용
(주)티비엠	이나 인터공업단지	45,458	2006.3	각종 터빈블레이드 가공
(주)난신(南信)화성	로쿠도하라(六道原) 공업단지	2,802	2006.6	정밀 플라스틱 성형
일본전산산쿄(주)	우에노하라(上ノ原) 공업단지	11,483	2006.7	산업용 로봇제조
(주)이나리서치	이나 인터공업단지	4,628	2006.8	의료품, 식품안전성시험 등
(주)고마츠(小松) 종합인쇄소	도리이자와(鳥居沢) 공업단지	6,807	2006.8	각종인쇄, 정보제공
(주)프론티어	이나 인터공업단지	6,612	2006.9	정밀기계부품가공, 금형·야공구설계제작
(주)나가노 켄우드	이나 인터공업단지	14,437	2006.10	카 내비게이션 설계·제조
산 공업(주)	이나 인터공업단지	13,672	2007.2	각종표면처리(도금)
(주)하이데크스	공업집적특별인정지역	1,869	2007.3	초정밀부품가공
(주)사카이야	이나 인터공업단지	8,855	2007.3	정밀스크린인쇄 및 고성능 수지성형
다이메이(大明)정기(주)	후쿠시마(福島)공업단지	3,699	2007.3	파츠피다, 검사장치 등 제조판매
타스만(주)	기타노하라(北の原) 공업단지	5,409	2008.2	스프레이어, 플라스틱 용기 등 제조
도와(東和)공업(주)	히가시하라(東原) 공업단지	9,041	2008.2	표면처리(도금)장치제조
(주)사카이야	이나 인터공업단지	6,781	2008.3	정밀스크린인쇄 및 고성능 수지성형
일본전산산쿄(주)	우에노하라(上ノ原) 공업단지	10,209	2008.3	산업용 로봇제조
(주)다무라(田村)철공소	히가시하라(東原) 공업단지	2,883	2008.3	철골가공
(주)다무라(田村)철공소	히가시하라(東原) 공업단지	2,241	2008.5	철골가공
메디칼 리브(주)	오오가야(大萱)산업적지	5,388	2008.8	의료용처치구 개발제조
(주)고마츠(小松) 종합인쇄소	도리이자와(鳥居沢) 공업단지	3,316	2008.9	각종인쇄, 정보제공

• 출처: 이나시.

1) 유효 구인배율 추이

[도표 1-10]은 카미이나, 나가노현 및 국가의 월간 유효구인배율을 비교한 것이다. 카미이나지역은 나가노현에서 가장 고용환경이 좋은 지역이었는데 경기변동의 영향을 받기 쉬운 지역이기도 하다. 2005년에서 2008년 가을까지 카미이나지역의 유효구인배율은 거의 일관되게 국가나 현의 평균치를 크게 상회하였으나, 2008년 9월 이후 급속히 악화하여 2008년 12월에는 0.69까지 떨어져 현 평균(0.72) 및 국가 평균(0.72)을 밑돌았다. 2009년 들어서도 고용형편은 한층 악화되어 2009년 5월에는 0.27로 과거 최저치를 갱신하였다.

카미이나지역의 유효구인배율이 큰 폭으로 감소한 것은 기업의 구인자 수 급감과 신규 구직자 수의 급증이 동시발생 하였기 때문이다([도표 1-11]). 신규구인자 수는 일찍이 매월 1,500명 전후였으나 2008년 초부터 서서히 감소하여 동년 11월에는 1,000명을 밑돌았으며, 월간 유효구인자 수도 11월에 3,000명, 2009년 3월에는 2,000명으로 줄었다. 한편, 700명 전후로 추정되던 신규구직자 수는 1998년 12월 이후 매월 1,000명을 넘었으며, 월간 유효구직자 수도 2009년 1월 4,000명대에서 2월에는 5,000명대를 돌파하였다. 또, 사업주의 사정에 의한 이직이 급증하여 2008년 9월에서 2009년 7월까지 3,661명에 달하였다([도표 1-12]).

2) 파견근로자 고용 중단

파견근로자에 대한 고용 중단문제도 심각하다. 나가노현 전체에서 2008년 10월부터 2009년 9월까지 1년간 비정규근로자에 대한 고용 중단 또는 이를 예정하고 있는 사업장 수는 모두 244개소이며 대상인원은 1만 157명에 달하였다.[17] 아이치현愛知県의 3만 9,244명에 이어 전국에서

17) 나가노현, 「日正規労働者の雇止め等の状況について(8月報告)」, 2009. 8. 28. 동 데이터는 공

[도표 1-10] 이나지역의 월간 유효구인배율 추이

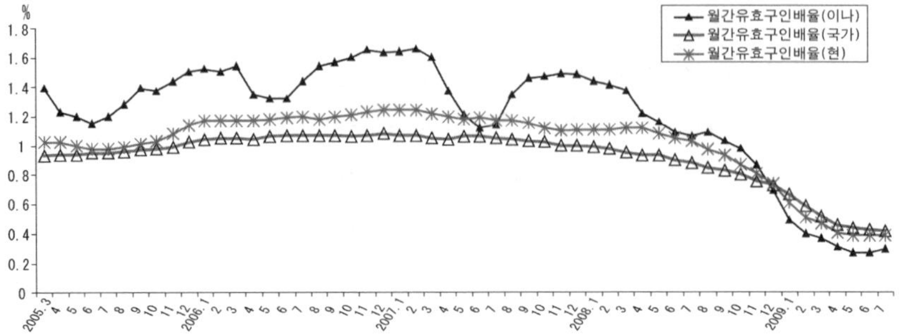

• 출처: 이나공공직업안정소「업무월보」, 나가노노동국「최근고용정세」 각 월판.

[도표 1-11] 이나지역 노동시장 개황

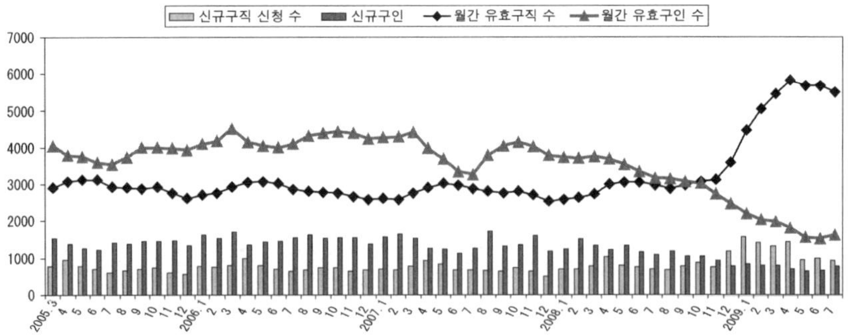

• 출처: 이나공공직업안정소「업무월보」 각 월판.

[도표 1-12] 이나지역의 사업주 사정에 의한 이직(고용보험 피보험자 자격상실 데이터)

연월	2008년				2009년						
	9	10	11	12	1	2	3	4	5	6	7
인원 수	111	81	136	315	681	706	562	535	223	184	127
전년 동월 대비	326.9	30.6	67.9	1475.0	3305.0	2841.7	1046.9	369.3	145.1	196.8	188.6

• 출처: 이나공공직업안정소「업무월보」 각 월판.

공직업안정소가 사업장에 대해 임의청취 등의 방법으로 파악한 수치이며 모든 것을 망라하고 있지는 않다.

두 번째로 많다. 1만 157명을 취업 형태별로 보면 파견 7,440명(전체의 73.2%), 계약(기간공 등) 1,129명(동 11.1%)으로 파견직에 대한 고용 중단이 두드러지며 또한, 제조업이 전체의 95.9%이다.

고용 중단된 비정규근로자 1만 157명 중 현 남부지역이 2,859명, 85 사업장으로 북부지역(2,930명, 87사업장) 다음으로 많고, 또 남부지역은 파견비율이 특히 높아 81.1%에 달한다.

시기적으로는 2008년 11월부터 2009년 3월까지 매월 1,000명 이상 고용이 중단되고 가장 많았던 12월에는 2,841명이 일자리를 잃었다. 특히 고용 중단을 '중도해제(또는 해고)'와 '계약기간 만료(계약 불갱신)'로 분류하면 전자가 전체의 59.7%를 차지한다.

2008년의 불황은 파견·하청 등 노동력을 통해 이 지역 제조업을 지탱해 온 외국인 근로자의 생활에도 직접적인 영향을 미쳤다.

일본어가 자유롭지 못하여 재취업도 어렵고 생활이 어려운 외국인이 적지 않다. 때문에, 동포들이 모여 사는 다른 지역으로의 이동 또는 모국으로의 귀국을 선택하는 사람이 늘고 있다. [도표 1-13]은 2008년 5월과 2009년 5월 기준 나가노현 외국인 등록자수를 비교한 것이다. 브라질 국적 등록자는 겨우 1년 만에 2,371명이나 줄었으며, 이 중 카미이나 지역이 879명이다.

[도표 1-13] 나가노현 외국인 등록자 수(광역별)

		시기	브라질	중국	한국·조선	필리핀	타이	기타	합계
현 합계		2009.5	12958	11808	4551	4345	2466	4950	41078
		전년동월대비	▼2371	85	▼29	▼21	▼46	▼264	▼2646
주요지역	마츠모토	2009.5	2482	2027	1507	904	311	777	8008
		전년동월대비	▼393	25	▼38	▼1	▼4	▼11	▼422
	카미이나	2009.5	3939	1076	301	803	75	582	6776
		전년동월대비	▼879	▼29	▼9	▼24	▼5	▼82	▼1028
	죠쇼	2009.5	2190	1345	573	125	361	1323	5917
		전년동월대비	▼350	69	▼28	4	▼13	▼11	▼273

• 출처: 나가노현 인권·남녀공동참여과.

3) 이나시 기업실태 조사결과

정부와 현의 통계를 중심으로 나가노현과 카미이나지역의 상황을 볼 때 이나시 소재 기업에 미친 영향은 무엇일까? 이나시는 '이나시 긴급 경제·고용대책 본부'를 2008년 11월 28일에 설치하고, 현황파악을 위해 이나상공회의소 및 이나상공회와 연대하여 2008년 12월(제1회)과 2009년 6월(제2회)에 시내 소재 사업장을 대상으로 경기 동향 조사를 실시하였다.[18] 이하에서는 2개의 조사결과를 비교하면서 시내 제조업(건설업 포함) 현황을 보기로 한다.

2008년 12월 시점의 수주량은 전년 동기대비 '80%'로 응답한 사업장이 33.9%로 가장 많고, '변동 없음'(25.0%)이 그 다음이다. 그러나 2009년 6월 시점에서는 수주량 '60%이하'인 사업장이 2008년 12월 시점의 32.2%에서 49.0%로 증가하였다. 조업도에서도 '60%이하'로 응답한 사업장이 2008년 12월 시점의 33.7%에서 57.2%로 증가하였다. 특히, 조업도 '20% 이하'인 사업장이 2008년 12월 시점에서는 4.7%에 불과하였으나 2009년 6월 시점에서는 20.0%의 큰 폭으로 증가하였다. 반 년 사이에 상황이 더욱 심각해 졌음을 알 수 있다.

한편, 수주량이 '증가'한 사업장이 2008년 12월 시점에서는 8.9%였으나 2009년 6월 시점에서는 16.7%로 늘었으며, 향후 3개월의 수주량도 '증가'로 전망하는 사업장이 2009년 6월 시점에서는 10.6%였다. 일부 회복의 기미가 있음을 알 수 있다.

2회의 조사에서 공히 '수요침체'와 '하청, 제품(가공)단가의 하락 및 인상불가'를 경영상 과제로 꼽는 사업장이 많았는데, 이러한 현실을 바탕으로 '거래처 개척·확대'(20.4%), '경비 삭감'(17.9%), '품질향상에 의한 고

---

18) 동 조사는 방문조사를 중심으로 실시하였다. 2008. 12월 조사에는 공업 112(응답률 88.9%), 상업(상업·서비스업·음식업) 96(동 80.7%), 2009. 6월 조사에는 공업 108(동 77.1%), 상업 99(동 74.4%)개 사업장이 응답하였다. 1, 2회 조사대상 사업장은 기본적으로 동일하며 본문에서는 공업에만 초점을 두었다. 자세한 내용은 시 홈페이지 참조. http://www.city.ina.nagano.jp/list.rbz?nd=1182&ik=1&pnp=39&pnp=1182

부가가치화'(11.5%)를 대책으로 내세운 사업장이 눈에 띈다.

고용에 대해서는 정규직, 파트, 파견으로 분류하여 질문하였는데 2008년 12월 시점에서 정규직을 '현상유지'로 응답한 사업장은 77.9%, 파트 72.0%였으며, 파견은 39.3%로 낮았다.

그러나 반년후인 2009년 6월에는 정규직을 '현상유지'로 응답한 사업장이 69.7%, '감축'한 사업장이 18.2%에 달하였다. 한편, 파견은 '현상유지'가 75.0%로 증가하였다.

기술한 바와 같이 이나시 소재 기업에서도 파견직을 경기의 조정판으로 우선 활용하고, 정규직의 일부를 구조조정 대상으로 삼았다. 다만, 향후의 고용계획에 대해 '감축'으로 응답한 사업장은 정규직, 파트, 파견 공히 10% 미만으로 구조조정은 거의 완료된 것처럼 보인다. 정규직을 늘릴 예정인 사업장도 11.6%였다.

'임금조정'을 실시한 사업장은 32.0%로 전체의 약 3분의 1, '출근조정'을 실시한 사업장은 47.6%로 전체에서 거의 반수를 차지하였다. 그러나 '중소기업 긴급고용 안정조성금'을 신청한 사업장이 27.9%, '불황대책자금'을 이용한 사업장도 31.4%에 그쳐, 자력으로 위기를 극복한 사업장도 적지 않음을 알 수 있다.

이상에서 이나시의 제조업(건설업 포함)에서 수주량이 급감한 사업장은 임금조정이나 출근조정, 구조조정 등을 통해 대응하였음을 알 수 있다. 구조조정에 있어서는 먼저 파견 직원이 대상이 되고, 파견 직원만으로 대응할 수 없는 경우 정규직도 대상으로 하였다. 그러나보다 흥미로운 것은, 2008년 가을 이후의 세계적인 동시불황에도 불구하고 수주량이나 고용이 '증가' 혹은 '변화 없음'인 사업장이 적지 않다는 점이다.

카미이나지역은 일찍이 전자부품·전기의 '모노컬쳐monoculture적' 산지였으나, 앞서 지적한 바와 같이 1980년대 중반 이후 식료품, 기계 등의 업종이 신장하였다. 그 결과 세계적인 동시불황의 영향을 받지 않는 업종이나 기업이 존재하여 지역 전체로서의 대응력을 높이고 있는 것으로 보인다.

5. 개별기업 실태

본절에서는 이나시에 입지하고 있는 기업의 실태를 현지조사를 통해 확인한다. 2009년 1월과 7월, 7개사에 대한 청취조사를 실시하였다. 각 사별로 조사시간은 2시간 전후로 대표자 혹은 그에 준하는 입장에 있는 사람에게 응답을 받았다. [도표 1-14]는 조사대상인 7개사의 개요를 정리한 것인데 향토기업이 4개사, 진출기업이 3개사이며, 기업규모별(전사 기준)로는 종업원 수 '300명 이상'이 4개사, '30~299명'이 3개사이다. 아래는 지역의 핵심기업을 대상으로 분석한 내용이다.

[도표 1-14] 조사기업 일람

기업명	업종	주 사업	종업원 수	본사	입지/창업시기	공업단지명	방문시기
A사 이나사업장	정밀	현미경 개발·생산	510	동경도	1944		2009.7
B사 이나사업장	기계	산업로봇	205	스와군 시모스와쵸	1973	우에노하라	2009.7
C사	전자	알루미늄전해 콘덴서	630	이나시	1952		2009.1
D사	식품	한천	399	이나시	1958		2009.1
E사	금속	도금	66	이나시	1949	이나 인터	2009.7
F사 이나공장	기계 가공	터빈블레이드 가공, 항공기부품	195	카미이나군 미야다무라	2007	이나 인터	2009.1
G사	기타	시험약 등 비임상검사서비스	211	이나시	1974	이나 인터	2009.7

• 주: 종업원 수는 정규직만으로 파견, 파트, 아르바이트 등 비정규직은 불포함. 그리고 입지기업 중 A사, B사의 종업원 수는 이나 거점, F사는 전사기준.
• 출처: 2009년 1월 및 7월 청취조사로부터.

1) 대기업 완성품 메이커(정밀): A사 이나 사업장

(1) 연혁·개요

1919년 동경에 설립된 A사가 이나시에 진출한 것은 제2차 세계대전 중이었다. 당시 이나쵸伊那町(현 이나시)나 현 당국의 적극적인 유치운동과 군부의 강한 의지가 있었다고 한다. 1944년, 동경에서 30명 정도의 기술자가 이나시로 왔으며 옛 제사製絲공장의 종업원을 그대로 채용하여 현미경 생산을 시작하였다. A사는 전후에도 그대로 이나에 남아, 2009년 현재 이나 사업장은 A사가 직할하는 유일한 국내공장이 되었다.

이나 사업장은 3번의 큰 변혁기를 겪어왔다. 첫 번째는 1970년대로 환율이 고정변동제로 전환된 때이다. 급격한 엔고로 현미경 수출이 어려워지자 국내시장 비중을 높임으로써 극복하였다. 두 번째는 버블붕괴 후인 1990년대 전반으로, 같은 카미이나지역에서 현미경을 생산하고 있던 관련회사를 흡수·합병하여 고용과잉 때문에 어려움을 겪었다. 세 번째가 2004년으로 A사는 카메라 사업의 부진이 계속되자 창업이후 처음으로 고용조정(희망퇴직)을 대규모로 실시하였다. 이때, 이나 사업장에서는 10명이 희망퇴직에 응하였다. 그러나 이나 사업장은 A사의 모 공장으로서 현미경 생산 뿐 아니라 카메라, 내시경을 포함한 신제품의 출시기능을 맡고 있다. 때문에 현미경이 부진할 때는 카메라나 내시경 관련 사업으로 견디어 나감으로써 현미경 수주변동에 대응해 왔다. 또, 이나 사업장은 1995년에 'TM(테크니컬 마스터)제도'로 불리는 독자적 기능인재 육성제도를 도입하였다. 고도의 기능인재를 계획적으로 양성하여 공장 전체의 기능수준을 높여감으로써 해외 거점과의 차별화를 도모하고 있다.

(2) 고용

이나 사업장에는 2009년 7월 현재, 710명이 일하고 있다. 남녀 성비는 8대 2이고, 710명 중 정규고용이 510명이며 나머지 200명은 아르바이트, 파견 등 비정규직이다. 비정규직은 2004년경, 숙련자의 계속되는 퇴직으로 기 퇴직 사원을 아르바이트로 재고용 하면서 증가하기 시작하였다. 비정규직 중 약 40명은 기 퇴직 사원으로, 사원에 의한 소개나 연고도 적지 않다. 파견은 대부분 지역출신자로서 인력회사로부터 공급받는다.

이나 사업장의 종업원 수는 2008년 여름 820~830명을 정점으로 정규직 540명, 비정규직 300여 명이었다. 그러나 가을 이후 업무량 감소에 따라 비정규직 파견을 100여 명 줄이고 조업단축을 실시하며 고용조정 조성금도 이용하였다.

이나 사업장에는 영업부문 이외의 전 기능을 갖추고 있다. 정규직 510명 중 현업부문에서 일하는 것은 200명이다. 현업부문은 90% 이상이 고졸자이지만, 개발기술부문을 중심으로 하는 비현업부문은 대졸자가 많다. 채용은, 단기대학, 전문학교, 고교까지는 사업소, 고등전문학교 이상은 본사에서 진행한다. 그러나 2007년부터는 중도채용에 한해 사업소에서 대졸채용이 가능해져 이미 대졸자 10명이 현업부문에서 일하고 있다.

(3) 외주

당초 현미경은 자체생산으로 시작하였으나 1950년대 전반부터 외주제작을 육성하였다. 현재 5개 사인 주요 외주제작사 모두 이나 사업장의 OB가 1940년대부터 50년대에 독립적으로 창업한 기업으로 현미경 기술을 기초로 다른 분야의 사업까지 진출하고 있다.

외주제작사 수는 2007년이 가장 많고 해외를 포함 450개사가 있었으나 이후 180개사로 집약시켰으며, 외주생산제품은 현미경에 조립하는 부품이다. 약 180개의 외주제작사 중 남부지역(스와지구 포함)이 거래액, 기업 수에서 과반을 차지하는데 이는 외주제작사를 집약시킴에 따라 남부지역의 비율이 상승한 것이다. 다만, 현미경이 전자화, 레이저화함에 따라 지역에서는 조달하기 어려운 전자부품도 적지 않은데, 이런 부품은 현 외에서 조달한다.

2) 스와지역에서 진출한 대기업 분공장(기계): B사 이나 사업장

(1) 연혁

B사는 시모스와쵸下諏訪町에 본사를 두고 있으며 1973년, 전용기 사업 확대를 위해 이나시에 공장을 신설하였다. 스와지역에서의 공장용지 확보가 곤란하여 이나시에 문의한 결과 현재 부지를 소개받았다.

당초, 이나 사업장은 자동차 엔진부품과 비디오 부품 등을 가공하는 전용기를 생산하였으나 1980년대 후반 이후 산업용 로봇사업을 시작, 현재는 액정유리기판을 운송하는 산업용 로봇의 전용공장이다.

이나 사업장은 2000년대 초반에 최대의 위기를 맞았다. 경영부진에 빠진 B사는 재건계획의 일환으로 산업용 로봇사업에서 손을 떼고 이나 사업장 매각을 결정하였으나, 이후 소형 모터 최대메이커인 X사에 매수되자 장래성이 높은 산업용 로봇사업의 철수계획도 폐기되었다. 대형 액정제조사의 설비투자가 급증하기 시작한 것은 그 반년 후이다. B사는 액정유리기판 운송용 로봇을 대량으로 수주하였으며, 이후 산업용 로봇사업(이나 사업장)은 동사의 주력 수익사업으로 탈바꿈하여 2009년 3월 결산기준으로 산업용 로봇사업이 매출액의 20%, 이익의 약 80%를 차지하게 되었다.

(2) 고용

이나 사업장의 종업원 수가 가장 많았던 때는 전용기를 양산하던 1970년대 후반으로 약 450명이었으며, 반대로 가장 적었던 때는 전용기 사업에서 철수한 2002년에서 2003년으로 100명을 밑돌았다.

2009년 7월 현재 종업원 수는 정규직 205명, 비정규직 87명이고, 비정규직은 액정유리기판 운송용 로봇시장이 확대된 2003년부터 활용하기 시작하여 일시적으로는 113명까지 늘었으나 2008년 가을 이후 수요 급감 등을 감안, 계약(6개월 계약 기본)을 갱신하지 않았다([도표 1-15]). 비정규직은 수 개의 지역 인력회사에 의뢰하여 확보하고 있으며 지역출신이

[도표 1-15] 이나 사업장의 매출액 및 종업원 추이

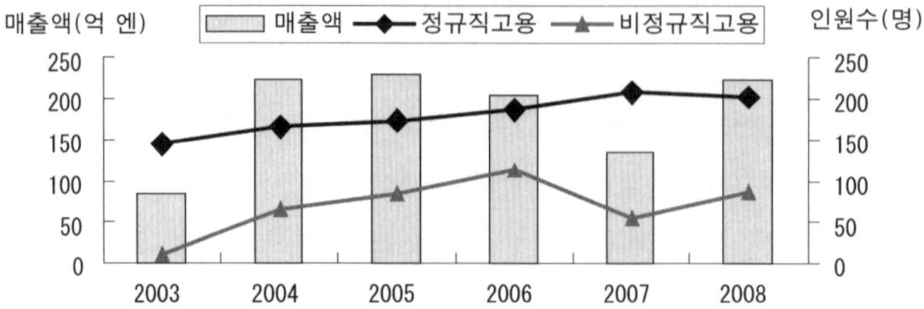

• 출처: 동사 제공 자료로 작성.

반을 넘고 나머지는 전국단위로 모집하고 있다고 한다.

이나 사업장은 산업용 로봇의 개발·설계, 구매, 생산, 품질보증 등의 공정을 담당하고 있다. 정규직 205명은 개발·설계 기술자가 100여 명, 기타 간접부문과 생산현장이 각각 50여 명이다. 개발·설계부문 등의 대졸자는 본사에서 채용하여 이나 사업장으로 배치하며, 고졸자는 이나 사업장에서 매년 5명 정도를 정기적으로 채용하고 있다. 또, 2008년에는 3명을 중도채용 하였는데, 이들이 U턴이나 I턴 해당자 라는 점이 눈에 띈다.

(3) 외주

이나 사업장은 기본적으로 조립공정만 취급하고 부품은 외주로 생산한다. 외주처는 300개사 전후로 이 중 약 20개사와는 특별히 긴밀한 관계에 있다. 이전에는 사업장 내에서 부품의 일부를 가공하였으나 산업용 로봇으로 전환하는 시점에서 100% 외부에 의존하게 되었다. 여기에는 로봇부품의 자체제작을 위해서는 새로이 가공설비를 구입할 필요가 있는데 채산성 확보를 위해서는 24시간 가동이 곤란하다는 판단이 작용하였다.

일찍이 외주처는 향토기업이 대부분이었으나 후계자가 없어 폐업하는 곳이 많아 현재, 남부지역 외주처는 전체의 50% 정도이다. 남부지역

외주처의 30%는 B사의 OB가 경영자이거나 종업원인 기업이며, 규모로는 40~50명 이하인 곳이 많다. B사의 로봇은 약 500개의 부품으로 구성되며, 비용절감을 위해 '부품설계변경'이나 '일괄발주'를 하고 있다.

(4) 생존전략

B사는 X사 그룹에 편입된 이후 급속히 경영체질을 강화하였다. 불과 1년여 만에 약 150억 엔 적자를 약 150억 엔의 흑자로 전환시키는 경이적인 실적을 올렸으나 그 요인의 약 80%가 비용 삭·절감의 효과였다고 한다.

이나 사업장은 2009년 7월 현재, X사 그룹의 '신제품, 신분야, 신시장'이라는 3新프로젝트를 전개 중이다. '동 프로젝트'는 국내 생존을 위한 제품을 어떻게 만드느냐가 최대의 과제로써 사업부, 사업소와 같은 현장에서 개발안건을 결정하고 제품화를 도모한다. 이나 사업장은 섬세한 것을 정확하고 빠르게 이동시키는 등 운송기술에 장점을 가지고 있어 그러한 축적기술을 활용한 태양전지용 기판의 반송로봇이나 복지관계 로봇 등에 주목하고 있다.

아울러 '더블·프로핏·레시오(WPRTM)'라는 생산성 개선을 위해 노력하고 있는데, 이는 X사 그룹차원의 경영혁신으로 '매출액을 전성기 시절 수준으로 회복하면 경영이익률이 2배가 된다'는 이익률 배증계획이다. 경영기반을 강화하고 경기변동에 강한 기업을 목표로 하고 있다.

3) 지역의 대형 부품메이커(전자): C사

(1) 연혁·개요

창업자는 전자부품메이커인 KOA를 거쳐 1952년에 이나시에서 창업, 알루미늄전해콘덴서 제조를 시작했다. 초소형의 고성능, 초박형인 시트형 콘덴서가 주력 상품으로 디지털카메라의 스토로보 플래쉬용 콘덴서는 세계 시장 점유율 95%를 자랑한다. 연간 생산규모는 80억 개이며 용도, 사이즈 별로 약 3,000개 품목을 라인 업하고, 거래기업 수는 5,000개를 넘는다.

사훈은 '모든 분야에서의 일본 최고'인데, 알루미늄전해콘덴서 메이커로서 매출액과 이익만이 아니라 종업원의 대우까지도 포함하여 일본 제일이 되자는 목표를 담고 있다.

C사는 소재, 설비를 포함하는 일관생산체제이다. ① 주력제품인 알루미늄전해콘덴서 등을 개발·생산하는 전자부품제조부문(C사), ② 콘덴서 생산설비를 개발·제조하는 설비제조부문(자회사 CA사), ③ 콘덴서의 주재료인 알루미늄 電極箔을 개발·제조하는 소재부문(자회사 CB사) 등 3부문이 카미이나지역에 근접하여 입지하고 있다. 즉, 자회사인 CA사 종업원은 155명으로 소니, 세이코 앱슨 등으로 판매도 하며, 매출액은 49억 5,000만 엔(2008. 9월 말 실적)에 달한다. 자회사인 CB사도 알루미늄 電極箔 제조공장으로는 세계 제일의 규모를 자랑하며 180명의 종업원을 두고 있다.

이와 같이 국내에서는 카미이나지역이 중심이고 니이가타현新潟県, 후쿠시마현福島県, 아키타현秋田県에도 생산거점을 가지고 있으며 해외는 인도네시아로 생산거점을 일원화하고 있다. C사는 1972년 싱가포르와 한국에 생산거점을 설치, 이후 대만, 인도네시아로 진출하였으나 1994년에 해외의 전 생산거점을 인도네시아(종업원 수 2,500~3,000명)로 집약시켰다. 전자부품산업이 해외로 이동하는 추세 속에서도 C사는 창업지에 계속 뿌리를 두고 있는 향토기업이라 할 수 있다.

(2) 고용

C사의 종업원 수는 2008. 4. 1 시점에서 정규직 648명, 비정규직(파견)이 18명이다. 비정규직은 가장 많았던 2006년에도 30명에 불과하였다. 정규직 비율이 높은 C사는, 수주량이 급감하면 경상비 부담이 가중됨에도 비정규직을 적극적으로 활용하지 않은 것은, 생산성 향상을 위해서는 숙련기술자나 기능자가 반드시 필요하다는 인식 때문이다. C사는,

로트 수가 1만개를 넘는 양산품은 기계를 쓰지만 로트 수가 작은 특수품은 수작업으로 처리한다. 또, 간단한 육안검사나 오퍼레이터라 해도 숙련기술과 노하우를 활용한다고 한다.

정규사원의 출신지는 현 내 84%, 현 외 16%이고 카미이나지역이 전체의 72%를 차지한다. 현 외 출신자 대부분은 기술이나 영업부문에 배속되어 있다.

최근의 채용실적(중도채용 포함)은 2004년 30명, 2005년 20명, 2006년 59명, 2007년 69명, 2008년 41명이다. 2008년의 내역을 보면 대학·대학원졸 19명, 단기대졸 4명, 전문학교졸 3명, 고졸이 15명이다. 2009년 4월 입사는 10명으로 예년과 비교하면 적었다.

C사의 수주량은 2008년 9월까지 전년대비 플러스 추이를 보이고 10월에도 수주잔량이 있었으나 11월 이후 급감하여 2009년 1월 현재 조업률은 50%를 보이고 있다. 그룹차원에서 고용조정조성금을 신청하는 외에 관리직이나 간부의 보수를 삭감하였으나, '고용유지'가 C사의 기본이념이므로 정규사원을 감축하지는 않을 방침이다.

4) 지역의 대형 식품메이커: D사

(1) 연혁·개요

D사는 1958년 설립하여 자본금 9,680만 엔, 연 매출 165억 2,200만 엔(2007), 사원 수 399명의 중견기업이다. 전통산업이었던 한천寒天(우뭇가사리)을 삶은 물을 동결·건조시킨 식품을 재료로, 다양한 용도로 개발하여 창업 이래 48년간 계속적인 수익을 올리고 있다. 수년 전의 한천 붐으로 수익률 증가 기록은 중단되었으나, '모범회사건설'을 사훈으로 매출액과 이익의 크기보다 영속성에 가치를 두고 환경정비, 고용, 납세, 메세나mecenat, 지역 만들기와 같은 다방면의 사회공헌에 힘쓰고 있다. 『일본에서 가장 소중히 하고 싶은 회사』, 『왜 이 회사는 발전 하는가』와 같은 비즈니스 잡지에 수차례 등재되었으며, 2009년 세계적인 동시불황

에도 별로 영향을 받지 않았다.

D사 발전의 주역은 현재의 회장으로, 20대 때 근무처인 목재회사로부터 경영부진 상태이던 D사로 전출명령 되었다. 현물상품이자 일본과 자로 쓰이는 외에 커다란 용도가 없었던 한천을 '양산에 의한 공급과 가격안정 도모', '한천의 새로운 용도개발'이라는 새로운 발상으로 한천사업을 발전시켰다.

현물상품에서 탈피하기 위해 해외에서 양질의 원료를 개발·수입하고 생산설비의 합리화와 확대로 안정공급을 이루어 냈다. 현재, 칠레, 모로코, 인도네시아, 한국 등지에 공장이 있고 해외공장에서 생산한 한천을 일본공장에서 가공하고 있다. 병행하여 연구개발에도 주력하며 한천과 다른 천연물을 브랜드화한 새로운 타입의 한천제제製劑를 개발한다던가, 한천을 이용한 가정용 제품을 '한천파파' 브랜드로 판매하였다. 또, 약 10만m^2에 이르는 적송림을 '한천파파 가든'으로 개발하여 본사, 공장, 연구소 나아가 레스토랑이나 인테리어 상품점, 미술전이나 연주회 장소로 이용할 수 있도록 다목적 홀을 병설하여 지역에 개방하고 있다.

(2) 고용

D사는 창업 이래 구조조정을 한 적이 없으며, 정규직을 기본으로 하고 비정규직인 파트나 파견은 가능한 한 활용하지 않는다는 방침을 세웠다. 여기에는 '인건비를 경비로 생각하는 한, 기업의 발전은 없다. 사원의 의욕이 우선이다'라는 현 회장의 강한 신념이 있었다. '기업의 목적은 한 사람이라도 더 행복하게 하는 것이고, 기업의 이익이나 성장은 이를 위한 수단에 불과하다'는 것이다. 사람을 중요시하는 기업풍토를 전면에 내걸면서도, 한천이라는 전통산업에 종사하여 몇 수 십 년 간 실적을 올리고 있다는 것이 이 회사의 매력일 것이다.

D사에서는 스탠드 플레이stand play 보다도 팀웍이 중시 되고, 승진이나 승급도 연공서열이 기본이다. 어설픈 능력주의가 만연할 여지는 어디에도 없다. 채용은 신규 졸업자를 기본으로 매년 20명 정도를 채용하며

2009년 봄에도 16명이 입사하였다.

D사의 안정성장을 가능하게 한 것은 연구개발력이며, 영업력, 브랜드의 힘이다. 연구개발 팀은 약 50명으로 종업원의 10%정도가 상시 연구개발에 종사하고 있다. 또, D사는 전국 8개소(삿포로札幌, 센다이仙台, 도쿄東京, 나가노長野, 나고야名古屋, 오사카大阪, 오카야마岡山, 후쿠오카福岡)에 영업거점을 설치, 제조사나 영업점에서 한천을 소재로 사용할 수 있도록 제안형提案型 영업을 하고 있다. 단순히 상품을 판매하는 것이 아니라 고객과 함께 상품개발에 참여하려는 자세인 것이다. 한천의 종류나 용도의 다양화에 따라 거래처도 식품에서 화장품, 의약품, 공업 분야로 확대되었다. 나아가 '한천파파' 등 소비자를 위한 자사 상품은 할인이 상시화되어있는 슈퍼에서의 판매를 피하고 통신판매나 자사 점포를 통해 주로 판매함으로써 매출액에 대한 경상 이익률 10% 초과라는 높은 수익을 올려왔다.

5) 연구개발형 도금업자: E사

(1) 연혁·개요

E사는 1949년에 창업하였으며 당초, 카스가春日전기(코마가네시)나 이시카와지마石川島범용기계 등이 주요 거래처였다. 이나 인터체인지 공업단지 내의 현 부지로 이전한 것은 1986년이었다. 신 공장건설의 목적은 젊은 사람들이 일하고 싶어 하는 밝고 청결한 도금공장이었다. 그러나 같은 시기에 최대 거래처였던 키츠로 부터의 수주가 끊기자 심각한 경영악화가 반 년 이상 계속되었다. 이 회사의 표어인 "YES I CAN"은 이 시기의 경험이 토대가 되어 만들어졌으며, 어떤 일도 마다하지 않고 열심히 노력하는 것을 기본으로 삼아왔다.

1990년대 이후는 비교적 견조하게 1996년 제2공장, 2007년 제3공장을 증설, 종업원도 60명을 넘어섰다. 현재의 취급품목은 자동차부품 23%, HDD부품 22%, OA부품 12%, 기타가 43%이다. 2000년 전반의 IT 버블 붕괴 시 HDD 관련 부품의 수주가 급감하여 타격을 받았으나, 자동차 관련분야를 신규 개척, 자동차 산업호조에 힘입어 실적이 확대되었다. 매출액은 최근 4년간 4억 엔 정도가 증가하여 2008년 9월에는 16억 7,700만 엔에 달하였으며, 수주처 또한 현 외로부터가 60~70%를 점하게 되었다.

(2) 고용

E사의 정규사원은 2004년부터 2008년까지 13명 증가하여 70명이고, 비정규직은 22명으로 변화가 없다. 비정규직은 전원 파견으로 지역출신은 1명도 없다. 오키나와沖縄나 동북지방 등 타지역 출신자가 두드러진다. 2008년 가을 이후의 수주감소 때는 비정규직 감축으로 대응하여 2009년 7월에는 5명까지 줄었으나 수주량 회복에 따라 재차 비정규직을 늘릴 계획이다.

정규사원은 약 10년 전부터 매년 대졸자를 채용하고 있는데, 리크나비(주) 리크루트가 제공하는 취업 포털사이트에 등록을 계기로 I턴이나 U턴에 해당하는 대졸·대학원 졸업자들이 응모하게 되었다. 정규사원 70명 중 지역출신자는 58명, 신슈대학信州大学 졸업생은 10명이다. 2008년 정기채용에서는 약 50명이 응모하여 5명을 채용, 이 중 4명이 대졸자였다.

(3) 개발·거래처

E사는 일본에서 중소기업이 생존하기 위해서는 독자적인 기술 밖에 없다는 판단으로 1990년대부터 납을 포함하지 않은 도금을 비롯한 환경친화형 기술 등을 축적해 왔다. 대졸·대학원 졸업자로 구성된 팀이 연구·개발의 중심을 이루었는데 예를 들어, '샤프트용 도금 자동기'는 대졸인 공장장과 개발과장이 중심이 되어 개발하였다. 이 자동기는 OA기기에 사용되는 종이배출 축의 도금작업을 자동화한 것으로 환경친화형이다. 개발 멤버는 '일본장인대상'에서 우수상을 받았다.

E사는 문부과학성 지식클러스터 창조사업의 일환으로 신슈대학 공학부(엔도 모리노부遠藤守信 교수·아라이 스스무新井進 준교수)와 공동연구를 통해 카

본 나노 튜브를 은도금에 넣어 마찰저항과 접촉저항, 열전도성, 전기전도성을 향상시키는 기술을 개발, 2006년에는 특허까지 취득하였다. '연료전지용 분리기 수명연장, 저 비용화한 금형기술, 금속프레스 가공기술, 도금기술의 고도화 연구개발'을 테마로 한 공동연구(경제산업성 전략기반기술 고도화 지원 사업)에도 참여하고 있다. 이러한 노력이 평가를 받아 2007년에는 '활력 있는 장인기업 300'에 선정되었다.

(4) 인재육성

E사는 '기업은 사람', '기업의 성장력은 사원의 성장력'이라는 현 사장의 인식에 따라 인재육성에 힘을 쏟고 있으며, 2000년부터는 매월 첫째 토요일에 스텝 업의 날을 의미하는 'SUNDay STEP UP NO DAY'라는 연구모임을 계속하고 있다. 연구모임에서는 도금교과서 또는 작업 표준서를 작성하거나 전문가의 지원을 받아 도요타 생산방식을 습득하여 왔다. 사원이 기본기술이나 기법을 익히고, 회사의 과제를 공유하여 해결책을 모색하는 장이 되었다. E사는 이러한 "인간투자"에 매년 수백만 엔을 투입하고 있다.

6) 고도가공기술을 가진 입지기업: F사 이나공장

(1) 연혁·개요

F사는 1947년, 현재 사장의 아버지가 카미이나군上伊那郡 미야다무라宮田村에서 창업한 철공소가 그 기원이다. 1952년 이시카와지마 범용기계의 협력공장으로서 선박용 터빈블레이드와 공기압축기 부품 등의 가공을 시작, 1971년부터는 키츠 이나공장의 협력공장으로서 대형 밸브의 부품 가공에 착수하였으며, 이 터빈블레이드와 밸브가공이 F사 발전의 토대가 되었다.

F사는 창업이후 일관되게 부품기계가공을 하고 있으며 그 중에서도 화력발전소나 원자력발전소에서 사용되는 터빈블레이드 가공기술은 타

의 추종을 불허한다. IHI와 미츠비시三菱중공업 등 국내 대형메이커는 물론 미국 제너럴 일렉트로닉스사와도 거래가 있다. 경쟁력의 원천은 오랫동안 축적해온 고도의 가공기술과 최소 수천만 엔 가량의 가공설비, 200명에 가까운 인원 등 '고정밀도'와 '기동력'을 무기로 발전해 왔다.

이나시로의 입지를 결정한 것은 2005년으로, 이나 인터체인지 공업단지에 미야다 공장의 2.5배 넓이인 45,500㎡ 토지를 취득하였다. 이나시에 대규모 공장을 신설한 것은 ① 업무량 증가와 미야다 공장의 협소, ② 이나시청 및 거래처로 부터의 권유 등이 있었기 때문이다. 이나공장은 이나시로의 본사 이전을 염두에 둔 신공장이며, 2007년에 조업을 개시하였다.

F사는 2008년, 사단법인 중소기업연구센터가 주최하는 '좋은 회사 대상 우수 기업상'에 선정되었다.[19)]

(2) 고용

F사는 2001년 말에 발생한 미국의 대형 에너지회사인 엔론의 파탄으로, 2002년은 발전설비의 수주 급감으로 적자를 보았으나, 2002년 후반부터는 순조로운 실적을 보이고 있다. 2003년부터 2007년까지 매출액은 3배 가까이 증가하고, 2007년은 역대 최고인 30억 3,300만 엔을 기록하였다. 또, F사는 고객사로부터 제공되는 재료를 가공하고 있으며 매출액은 모두 가공임加工賃에 해당한다.

높은 실적을 배경으로 종업원 수도 2003년부터 2007년까지 약 30명이 증가한 180명이 되었으며 이 중 여성은 25명이다. 정규사원이 기본원칙으로 파트나 파견사원은 없으며 2009년 1월 현재, 미야다 본사에 180명, 이나공장에 15명이 근무하고 있다. 2008년 가을 이후에도 공장은 24시간 체제로 가동하고 있다.

---

19) 이 상은 경제적·사회적으로 우수한 성과를 거둔 기업에 수여되는 것으로 경제산업성, 문부과학성, 상공회의소 등의 추천을 받아 선정된다.

매년 정기채용이 진행되며 고졸 12~13명, 대졸 3~4명 기조로 신입사원을 영입한다. 정규사원 기본원칙을 고수하는 이유는 숙련이 되기까지 5~10년의 경험을 요하며 또, 강한 책임감이 따르는 업무이기 때문이다. F사는 원자력발전소에서 사용되는 터빈블레이드와 항공기용 부품을 가공하고 있다. 정밀도나 품질에 대한 고객의 요구는 매우 엄격하기 때문에 지급된 재료를 정규사원 한 사람 한 사람이 책임을 가지고 가공·납입하며 외주는 이용하지 않는다.

F사는 수년전부터 중국·산동성 출신 연수생을 받아왔다. 2009년 7월 현재 22명의 연수생은 기계가공 후의 완성공정을 주로 담당하고 있다.

7) 의약품에 대한 비임상시험 전문수탁회사: G사

(1) 연혁·개요

G사는 1974년에 현재의 사장이 이나시에 창업한 기업이다. 의약품 승인신청에 필요한 안전성 시험이나 약효약리시험 등을 의약품개발기업으로부터 의뢰받고 있다. 의약품은, 의약품후보물질의 제약을 위한 기초연구, 실험동물 등에 의한 안전성이나 유효성 확인을 위한 비임상시험, 사람에 대한 안전성이나 유효성을 평가하는 임상시험·치료를 거쳐 승인신청, 심사라는 개발 프로세스를 거치는데, G사는 이 중 비임상시험을 전문으로 취급한다.

신약의 승인신청은 안전성 시험에 관한 실시기준 'GLP Good Laboratory Practice'에 적합한 시설로써, GLP에 의해 실시된 시험데이터의 제출이 요구된다. G사는 GLP 적합성평가 'A'를 취득하고 신뢰성 높은 고품질 시험을 실시해 왔다. 또한, 동물윤리 면에서는 세계기준인 AAALAC The Association for Assessment and Accreditation of Laboratory Animal Care International/국제실험동물관리공인협회 인증을 일본에서 처음으로 취득하였다. 동 업계에서는 이러한 기준의 취득 유무가 생사를 가르는 중요한 일인데 G사는 1983년 GLP 시행에 민첩하게 대응하여 급성장 하였다.

현재의 본사가 있는 이나 인터체인지 공업단지에 거점을 마련한 것은 1988년이다. 제2연구소와 작은 동물 실험동을 건설하였으며 1991년에는 단지 내에 큰 동물 실험실을 건설, 다음 해 부터는 원숭이를 활용한 시험을 의뢰 받기 시작했다. 또, 2003년에는 본사 및 본사연구소를 이나 공업단지 내에 통합하였다.

G사는 해외에도 진출하고 있는데 1994년, 수탁시험회사 'INA RESEARCH PHILIPPINES, INC. INARP'를 필리핀에 설립하고 1998년부터는 필리핀에서 실험용 원숭이를 육성하고 있다.

사업은 순조롭게 진행되어 2008년 6월, 자스닥JASDAQ에 주식을 상장하였다. 2008년 가을 이후의 세계적 동시 불황과 무관하게 2009년 3월 기준 연결매출액은 전기 대비 9.7%가 증가한 35억 6,600만 엔이었다.

나고야에서 나고 자라서 신슈대학 농학부를 졸업한 현 사장이 이나시에서 창업한 이유는, 이전에 근무했던 실험동물 생산회사의 연구소가 이나시에 있었던 인연 때문인데 실험동물 생산회사와 근접해 있음으로 인해 동물 확보가 용이하다는 장점이 컸기 때문이기도 하다.[20)]

G사는 업무 특성상 학회에 참여하거나 논문작성이 주된 업무인 시험관리부(16명 체제)를 두고 있는데 이곳이 중심이 되어 전문가와의 관계구축에 힘쓰고 있다.

(2) 고용

G사가 일찍부터 안전성 시험에 관한 실시기준인 GLP에 대응할 수 있었던 것은 우수한 인재가 있었기 때문이다. G사 창업 시의 주 멤버는 신슈대학 농학부나 의학부 졸업생들이었다. 전문교육을 받은 수십 명의 대졸자들이 G사의 기초를 만든 것이다.

2009년 7월 기준 종업원 수는 284명으로 남녀 성비는 거의 반반이다

---

20) 예를 들면, 임신한 동물의 유산을 염려하지 않고 확보하여 어미나 태아에 미치는 영향을 즉시 실험할 수 있는 환경이다.

[도표 1-16] G사의 종업원 수 추이와 내역

	합계	남녀별		정규·비정규별	
		남	여	정규	비정규
2005年	217	118	99	181	36
2006年	208	118	90	175	33
2007年	215	118	97	178	37
2008年	256	127	129	201	55
2009年	284	137	147	211	73

• 출처: 동사 제공 자료로 작성.

([도표 1-16]). 정규직 211명에 대해 비정규직은 73명으로 비정규직의 비율이 높다. 동 사의 비정규직은 파트타임이며, 자녀양육 등 개인사정으로 파트타임을 선택한 사람들이 많다.

비임상실험에서는 동물에 약을 투여하고, 투여 후 증상을 관찰하여 전문용어로 기록한다. 최종적으로는 동물을 해부하여 어느 곳에 어떤 영향이 있었는가도 확인한다. 전문지식이 필수적인 업무이므로 정규직의 80% 이상이 대졸·대학원 졸업자인 고학력 집단이다.

정규사원의 채용은 중도채용과 신규채용을 병용한다. 동물의 실험, 검사라는 특수기술을 요하므로 동업자, 제약회사, 해외의 현지법인 등 비슷한 경험을 가진 사람들을 즉시 활용할 수 있도록 중도채용 한다. 신규졸업자의 경우 2008년 주식공개를 계기로 상황이 변하는데, 주식공개 전에는 매년 10명 전후의 응모자 밖에 없어 5명 밖에 채용할 수 없었으나, 2009년에는 200명 규모의 응모자 중에서 약 10명을 내정하였다.

G사의 큰 특징은 필리핀인이 많다는 것인데 여기에는 두 가지 루트가 있다. 하나는 필리핀에 있는 시험시설 INARP로 부터의 전입조직이며, 또 다른 하나는 G사가 직접 고용한 약 20명의 전문가 들이다. 직접고용자는 필리핀대학 등의 졸업생으로 수의사나 임상검사기사 자격을 가졌으며 취업비자로 일본에 와서 정사원으로 근무한다. G사가 필리핀인의 직접고용에 나선 것은 특수기술을 가진 고급인재를 비교적 안정적으로

고용할 수 있고, 또 그들의 성실성을 INARP에서 경험하였기 때문이다.

6. 이나시의 함의

본장에서는 이나시의 산업과 고용에 초점을 두면서 지금까지의 발전 경위와 현황을 검토하여 왔다. 마지막으로 외부충격에 대한 대응력과 역할자 양성·연계 등의 시점에서 지역의 발전과 재생을 위한 새로운 가능성과 과제를 논의한다.

1) 기업유치의 유효성

이나시의 기간산업은 전후, 제사업製絲業에서 전자·전기를 중심으로 하는 기계금속공업으로 크게 전환되었다. 최초의 견인차 역할을 한 것은 동경에서 진출한 기업이었다. 1970년대 이후에는 스와지역의 잉여 노동력과 넓은 공업용지의 필요성에 따른 이전이 두드러졌으며, 모터와 전용기, 밸브 등을 생산하는 공장이 진출하였다. 또, 1970년대 중반, 중앙자동차도의 개통 후 수도권 대기업이 진출하였다.

이러한 대기업 입지공장은 지역에 부품 및 조립가공 수요를 가져왔으며, 입지기업의 종업원이 독자적으로 창업하는 일이 많아졌다. 이 지역에서는 입지기업이 중소기업군 형성을 촉진하고 그런 중소기업군의 존재가 더욱 역외 기업을 불러들이는 선순환 기능을 하였다. 이 지역에 진출한 공장으로는 개발기능을 겸비한 모공장이 적지 않았으며, 생산기능만 가진 공장에 비해 높은 자율성이 인정되었다.

이나시의 입장에서 보면 대기업이 지역에 수요를 창출함으로써 고도의 제조기술이 축적되고 하청 중소기업을 활용한 효율적 분업구조가 구축되었다. 그 결과, 버블경제 붕괴 후 기업생산거점의 해외이전이 급속히 진행될 때도, 이나시를 중심으로 하는 카미이나지역은 '국내 최후의 조립 집적지'로서 자리매김하며 NEC나가노, KOA, 올림푸스 등의 대기업은 지속적인 생산혁신으로 생존을 모색하였다.[21)]

즉, 지역의 수요를 창출하고, 향토기업의 기술력향상과 종업원의 자주창업을 촉진하는 기업이 진출함으로써 중소기업 지대가 형성되고 그런 중소기업 지대의 존재가 기존기업의 유지 및 신규기업의 유치로 연결되는 자생적 발전을 유발시켰다. 경기불황기에는 대기업이 중심이 되어 경영을 혁신하고 거래관계에 있는 중견·중소기업 역시 경영체질을 강화하였다.

특히, 최근에는 식료품과 의료관련 지역자원을 활용한 기업이 성장함으로써 역외로부터의 기업입지를 촉진시키고 있다.

이나시가 기업유치에 적극적이었던 것은 아니지만, 기업 입지로 인해 새로운 수요와 인재, 기술이 지역으로 유입되고 입지기업이 향토기업과 함께 발전하여 일대 집적지가 형성되었다. 외부로부터의 기업입지는 고용과 세수증가라는 직접적인 경제효과를 훨씬 넘는 과실을 안겨주었다. 또, 성장한 향토기업의 선례는 새로운 기업의 집적 가능성을 안고 있으므로, 향토기업의 성장을 지원하는 맞춤형 기업유치활동은 그 유효성에서 시사하는 바가 크다.[22)]

2) 수출의존에서 탈피

이나시의 기간산업인 전자부품이나 전기는 해외시장에 크게 의존하여 발전하여 왔다. 때문에, 이나시 경제는 환률 변동이나 해외시장 동향에 민감한 경향이 강했으나 최근, 수출에 대한 의존도가 저하되고 있다.

---

21) 예를 들면, NEC나가노는 1993년, 도요타 생산방식을 기반으로 한 생산시스템으로 다품종 소량생산체제를 구축, NEC그룹의 생산혁신 활동에 불을 지폈다. 코지마 다케시(小嶋健史)의 「超リーン革命」에는 혁신적인 장인정신으로 높은 생산성을 실현하는 기업으로 NEC나가노와 함께 KOA도 소개되어 있다.

22) 최근의 지역경제, 중소기업, 자치단체 기업유치 등의 실태와 과제에 대해서는 상공종합연구소 편(2009)을 참고.

나가노현의 전체 제조사업장(단, 종업원 10명 이상)을 대상으로 한 2007년 수출생산실태조사결과에 의하면 2007년 나가노현 수출 출하액은 1조 6,177억 500만 엔이고, 이나시의 수출 출하액은 392억 8,600만 엔이었다([도표 1-17]). 이나시의 제조품 출하액 등에서 차지하는 비율은 18.3%로 나가노현의 23.6%보다 낮다.

제조업에서 수출형 산업 점유율이 떨어지고 식료품을 비롯한 내수형 산업의 신장이 한 원인이다. 식료품 이외에는 실험용 동물생산회사, 신약에 대한 비임상시험 수탁서비스회사, 의료기구제조회사와 같은 의료관련 산업이 집적되고 있다. 또, 고도의 가공기술을 무기로 전국단위로 수주를 하는 중소가공업자의 출현으로, '카미이나지역 산업 활성화 계획'에 명시된 건강장수관련 산업(식료품, 의료 등)과 고도가공기술 산업에 대한 집적지 형성가능성이 보인다.

농업, 건강장수와 같은 지역자원을 활용하면서 내수형 산업의 집적을 추진하면 수출의존도는 더욱 낮아지고, 수출과 내수의 균형이 맞는 산업구조로 전환되어 환경변화에 대한 대응력이 높아질 것이다.

그러나 이를 위해서는 지역에 입지한 중소기업의 성장이 필요하고 지역 차원에서 기업의 제반 문제를 해결하려는 노력이 필요하다.

[도표 1-17] 제조품 출하액 대비 수출 출하액 비율

지 역	항 목	2007
이나시	수출 출하액(B) (백만엔)	39,286
	제조품 출하액 등(A)	215,150
	비율(%) (B/A)	18.3
나가노현	수출 출하액(B) (백만엔)	1,617,705
	제조품 출하액 등(A)	6,848,329
	비율(%) (B/A)	23.6
국가	비율(%) (B/A)	25.0

• 주: 나가노현의 수출 출하액·제조품 출하액 등은 종업원 10명 이상 사업장, 이나시 및 전국의 제조품 출하액 등은 종업원 4명 이상 사업장.

• 출처: 나가노현「2007년 수출생산실태조사결과보고서」, 나가노현「공업통계조사」에서 작성.

3) 지역 네트워크의 구축

비즈니스거래 면에서 볼 때 카미이나지역에서는 대형 전기·전자메이커를 중심으로 한 하청 분업구조가 형성되어 왔다. 그러나 지역 외로의 발주도 적지 않다. 이 지역은 조립 및 기계가공 등이 뛰어나지만 전자나 금형 등의 기술은 그다지 축적되지 못하였다. 대형메이커의 생산품목이 바뀌고 기술이 고도화·복잡화되어 지역중소기업이 기존의 기술로 대응할 수 없는 분야가 확대되고 있다. 이러한 미대응 분야 중 지역의 장래에 반드시 필요하다고 판단되는 기술은 지역화를 추진하여 거래 네트워크 속으로 포함시킬 것이 요구된다.

이나시는 기초자치단체, 산업지원기관, 연구교육기관, 금융기관 등의 협조체제가 취약하다. 이번 조사에서도 도전의욕이 높은 중소기업은 거래처 개척이나 대학과의 공동연구 등을 거의 독자적으로 진행하고 있음이 밝혀졌다. 이나지역의 산업네트워크에 관한 최대 과제는 멤버간의 연계가 형성되어 있지 않은 점이다. 카미이나지역에 입지하고 있는 공업계 연구교육기관이 공업고교와 기술전문학교 뿐이라는 것은 분명히 문제이지만 또한, 대학을 유치한다고 해서 해결될 문제도 아니다.

앞서 지적한 바와 같이 이나시의 대기업은 플라자합의 후의 엔고나 버블붕괴 후의 불황기에도, 지속적인 생산혁신을 통해 생존을 모색해 왔다. 분업 하청구조에 편입되어 있던 중소기업도 대기업과의 거래관계를 통한 기술력과 노하우 향상으로 위기를 극복한 곳이 적지 않았다. 이 때문에 상대적으로 지역의 관계 당국자들은 위기의식을 공유하면서 지역산업의 진흥을 위해 노력할 기회를 갖지 못하였다. 특히, 테크노폴리스, 클러스터와 같은 국책사업 대상지역에서 제외된 것도 지역의 관계 당국자들이 협력의 기회를 만들지 못한 한 원인이 될 것이다.

이러한 반성을 토대로 이나시는 지역의 산업진흥을 위해 본격적으로 나서기 시작하였다. 시의 간부가 솔선하여 기업을 방문하고 경영자와 대화하며 지역기업의 현황과 과제를 파악하려고 노력하였다. 이런 활동을 통하여 지역의 장래를 책임질 전략적 산업진흥은 무엇인지, 기업의 수요에 부응하기 위해 어떤 산업지원체제가 필요한지에 대한 문제의식이 공유되고 해결 방법이 강구될 것이다.

현 상태로는 사람, 물건, 돈, 정보 등의 경영자원이 풍부한 소수의 기업만이 환경변화에 자력으로 대응할 수 있을 뿐, 경영자원이 빈약한 대부분의 기업은 뒤처질 가능성이 높다. 환경변화에 대응할 수 있는 강한 기업이 1곳이라도 늘어나는 것이 지역의 역량과 지속가능성을 향상시킬 수 있는 만큼, 관계자들이 긴밀히 협력하면서 지역의 산업전략을 수립하고 실천을 위한 지원네트워크를 구축하는 것이 시급하다.

4) 지역재생의 역할자 양성 메커니즘

그렇다면, 이러한 역할을 앞장서 수행할 사람은 누구인가? 이나시가 산업진흥을 위해 본격적으로 나선 것은 커다란 진전이지만 기업에서도 강한 리더십을 발휘하여 일치단결된 대응이 필요한 때이다. 인접한 코마가네시는 산업공동화가 심각했던 1996년, 상공회의소 부회장이었던 덴류정기天竜精機사장의 강한 리더십 하에, '현상유지는 공멸'이라는 위기감을 관계자들이 공유하면서 경영체질 강화를 위한 중소기업 연대를 추진하였다. 이나시에서도 위기의식을 공유하며 혁신을 위한 연대형성을 촉진할 수 있는 리더가 필요하다.

한편, 지역경제의 진정한 파수꾼은 기업이기 때문에 도전의욕이 강한 경영자나 사원이 반드시 필요하다. 유능한 인재를 모으고 육성할 필요가 있다.

많은 지방도시가 기업유치에 성공하더라도 고졸이나 파견사원을 활용해야 하는 생산기능만 중심이 되는 경우가 많다. 이에 비하면 이나시는 대졸인재를 활용할 수 있는 다양한 루트가 존재한다. 이나시에 본사를 둔 대기업이나 중견기업은 물론 타 지역에 본사가 있는 대기업의 사업장도 단순한 생산거점이 아니다. 이나시에는 본사 기능과 연구개발

기능이 있어 전국에서 인재를 모집할 수 있다. 특히, 중소기업도 200명의 대졸·대학원 졸업자가 근무하고 있는 신약검사수탁서비스업자 등 연구개발형 기업은 대졸자들이 중심인재로서 활약하고 있으며, 지역에서 요구하는 인재의 질 역시 고도화·다양화하고 있다.

아울러 이나시는 사람을 중시하는 '좋은 회사'가 많다. '이나 계곡에 태양을'·'농공일체론'을 이념으로 이나지역 전자부품산업의 기반을 구축한 KOA나, '기업의 목적은 사람을 행복하게 하는 것이며, 인건비는 경비가 아니다'라며 사원의 생활을 제일의 책무로 삼는 식품메이커가 그 대표적인 사례이다. 현미경을 생산하는 대기업의 이나사업장은, 역시 현미경을 생산하는 현지법인과의 차별화를 위해 고도기능자 육성에 힘을 쏟고, 도급업자는 종업원 상호간의 연구모임을 지속하고 있다. 파견직을 고용조정의 완충지대로 활용하는 한편, 정규사원의 육성에 상당한 투자가 이루어지는 것이 거듭 확인되고 있다.

그러나 지금까지 U턴이나 I턴 등에 의한 유능한 인재의 확보와 육성은 개별기업의 노력이 중심을 이루었다. 지역기업의 경쟁력 강화를 위해 지역 차원에서 역외의 유능한 인재를 확보하여 육성하는 시스템 구축이 요구된다.

5) 2008년 경제 불황에 대한 대응

2008년의 경제 불황 시, 뜻밖에도 외부충격에 대한 이나시의 대응력이 시험대에 올랐다. 카미이나지역의 유효구인배율은 2005년에서 2008년까지 거의 일관되게 국가 및 현의 평균치를 크게 웃돌았으나, 2008년 9월 이후 급속히 악화되었다. 전기·전자를 중심으로 수주량이 급감하고, 회사의 형편에 의한 실업자가 급증하였기 때문이다.

이 지역에서는 2000년대 중반 이후 전기·전자를 중심으로, 수주량 증가로 파견인력을 활용하는 기업이 늘었는데, 2008년부터 수주량이 급감하자 유연성이 있는 파견인력이 우선 감축되었다. 파견인력만으로 대응할 수 없는 경우에는 정규사원도 대상이 되었으나 실제 정규사원을 감축한 기업은 소수이며 대부분은 임금조정이나 출근조정 등으로 대응하여 2009년 여름까지는 개별기업의 인원정리가 거의 완료되었다.

기업은 정규사원, 고령자 재고용, 주부의 파트타임, 파견, 외국인 노동자 등을 종합하여 회사에 최적의 노동력 포트폴리오를 구축하고 있다. 단기적인 전망에서 파견인력을 적극적으로 활용하는 기업이 있다면 장기적인 관점에서 외국인 노동자를 직접 고용하는 기업도 있는데, 독자적인 상품이나 서비스 제공을 통하여 치열한 비용경쟁에서 살아남는 기업일수록 정규사원의 비율이 높아지는 경향이다.

그러나 카미이나지역에서는 적지 않은 기업이 파견인력을 경기의 조정판으로 활용한 탓에 정규사원의 고용이 유지된 측면이 있다. 기업, 그리고 지역사회는 심각한 불황의 타개를 위해 비정규직 특히, 파견근로자에게 크나큰 부담을 전가시켰다고 할 수 있을 것이다. 글로벌화된 경제체제에서는 비용 삭감에 대한 압력이 매우 강하다. 파견근로자는 필요한 때에 필요한 양만큼 '구입'할 수 있는 부품과 같은 존재였다. 과연 이것이 옳은 것일까? 기업, 그리고 지역사회는 글로벌경제에서 생존의 의미를 보다 진지하게 검토할 시기가 되었다.

한편, 몇 차례의 경제불황을 극복하면서 고수익 체질로 전환한 기업도 적지 않다. 산업용 로봇을 생산하는 B사의 이나사업장이 그 전형이다. B사는 매출액 영업이익률이 높아 2007년의 경우 8.7%(연결)였으며, 후반에 수주가 급감했던 2008년에도 동 4.7%로 흑자를 이루었다. 이번 불황기 역시 '경영체질 개선을 위한 절호의 기회'로 삼고 수익구조의 개혁에 나서고 있다.

이와 같이 개별기업 수준에서 보면 경기변동에 대한 대응력이 확실히 높다. 특히, 지역 차원에서 보더라도 경기변동에 좌우되지 않는 상품이나 서비스를 제공하는 기업이 늘고 있다. 카미이나지역은 일찍이 전기·전자의 '모노컬처적的' 산지였으나 개별기업의 경영체질 강화와 업종, 기술, 노하우의 다양화로 외부충격에 대한 지역의 강인함이 형성되었다고 할 수 있다.

참고문헌

赤羽孝之(1975), 「長野県上伊那地方における電子部品工業の地域構造」, 『地理学評論』 48(4), 275~296쪽.

青野寿彦(2005), 「農山村地域における下請機械金属工業の実態ー長野県上伊那郡長谷村の事例」, 『中央大学経済研究所年報』 13, 1~24쪽.

池田正孝(1977a), 「低成長下の農村工業問題ー長野県上伊那地域の農村工業調査報告」, 『調査月報』 196.

________(1977b), 「電子機器産業におけるコストダウン合理化と下請企業再編成の動き」, 『経済学論纂』 18(5), 65~122쪽

________(1978a), 「電子部品専門メーカの生産自動化と系列·下請企業の再編成」, 『経済学論纂』 19(4), 1~41쪽

________(1978b), 「低成長下における大企業の生産合理化と下請政策について」, 『商工金融』 28(3), 18~41쪽.

________(1978c), 「下請け再編成が進む電子部品工業ー上伊那地方にみる合理化の実態」, 『エコノミスト』 56(47), 16~21쪽.

________(1980), 「電子機器産業における生産自動化の実態」, 『中央大学経済研究所年報』 11, 221~236쪽.

________(1982), 「電子部品工業の生産自動化と農村工業再編成」中央大学経済研究所編, 『兼業農家の労働と生活·社会保障ー伊那地域の農業と電子機器工業実態分析』, 中央大学出版部.

伊那公共職業安定所, 「業務月報」, 各月版.

伊那市(2009), 「伊那市統計書 2008年版」.

大久保武(2005), 『日系人の労働市場とエスニシティー地方工業都市に就労する日系ブラジル人』, お茶の水書房.

大須真治(2005), 「地域における最近の雇用情勢についての考察ー長野県上伊那地域の実態に関連して」, 『経済学論纂』 45(1/2), 231~244쪽.

オリンパス光学工業(1969), 『50年の歩み』, オリンパス光学工業.

KOA50周年企画室編(1991), 『KOA50年史ー1940~1990 伊那谷に太陽』, KOA.

厚生労働省(2008), 「2005年市町村別生命表の概況」.

__________(2009), 「2007年度老人医療事業年報」.

小嶋健史(1999), 『超リーン革命』, 日本経済新聞社.

粂野博行(1994), 「地域活性化と中小企業ー長野県上伊那地区を事例として」, 『商工

金融』44(3), 25~36쪽.

＿＿＿＿(2001),「長野県上伊那地域の工業集積ー組立型工業集積の事例として」,『地域と社会』4, 145~179쪽.

＿＿＿＿(2003),「地方都市型産業集積の変化ー長野県諏訪·岡谷地域と上伊那地域」,『地域と社会』6, 25~74쪽.

塩谷未知·小原昌美(2007),『地域を育てる普通の会社ードメイン経営/地方小都市からのメッセージ』, 新評論.

商工総合研究所(2009),『地域力を支える中小企業』, 商工総合研究所.

総務省,「国勢調査」客年版.

丹野清人(2007),『越境する雇用システムと外国人労働者』, 東京大学出版会.

中央大学経済研究所編(1982),『兼業農家の労働と生活·社会保障ー伊那地域の農業と電子機器工業実態分析』, 中央大学出版部.

長野県(2009),「2007年度国民健康保険事業状況」.

＿＿＿(2009),「2007年度輸出生産実態調査結果報告書」.

＿＿＿(2009),「非正規労働者の雇止め等の状況について(8月報告)」.

＿＿＿,「工業統計調査」各年版.

＿＿＿,「工業立地動向調査」各年版.

長野労働局(2009),「外国人雇用状況の届出状況(2008年10月末現在)」.

＿＿＿＿＿,「最近の雇用情勢」各月版.

那須野公人·青山秀雄·八幡一秀(2001),「長野県上伊那地域における電子·通信機器産業の現状」,『新作経営論集』10, 15~33쪽.

渡辺雅子 編(1995a),『共同研究 出稼ぎ日系ブラジル人ー論文編 就労と生活』, 明石書店.

＿＿＿＿＿(1995b),『共同研究 出稼ぎ日系ブラジル人ー資料編 体験と意義』, 明石書店.

山口通之(2003a),「長野県の南信三地域(諏訪, 上·下伊那)の戦後の工場立地とその展開からみた空間構造(1)ー三地域の製造業の立地関連と海外進出を中心に」,『信濃』[第3次] 55(11), 791~814쪽.

＿＿＿＿(2003b),「長野県の南信三地域(諏訪, 上·下伊那)の戦後の工場立地とその展開からみた空間構造(2)ー三地域の製造業の立地関連と海外進出を中心に」,『信濃』[第3次] 55(12), 901~917쪽.

≪日本経済新聞≫, 2008年8月22日, 11面.

＿＿＿＿＿＿＿＿, 2009年4月14日, 地方経済面(長野).

【청취조사 일정】

방문처	일시
이나시청	2009년 1월26일 9:00~10:45
이나공공직업안정소	2009년 1월26일 11:00~12:00
C사	2009년 1월26일 13:00~14:30
F사	2009년 1월26일 15:00~17:00
이나기술형성센터	2009년 1월27일 9:00~10:00
D사	2009년 1월27일 10:30~12:00
A사 이나사업장	2009년 7월 2일 9:00~10:15
G사	2009년 7월 2일 10:30~12:00
E사	2009년 7월 2일 13:30~15:15
B사 이나사업장	2009년 7월 2일 15:30~17:00

제 2 장

자치단체 주도의 전개와 그 가능성

: 시마네현 및 히카와쵸의 산업과 고용

사구치 카즈로 佐口和郎

시마네현의 고용정책은 산업 활성화를 위한 인재공급에 초점이 맞추어져 있다. 기업의 수요에 맞는 인재를 육성하고 공급하기 위해 산업인재육성·확보정보센터를 설치하였다. 산업인재코디네이터가 학교와 기업을 연결하여 기업의 수요에 맞는 지역차원의 훈련시스템을 구축한다. 입지기업의 수요에 맞는 인재공급과 UI턴 촉진을 위한 무료직업소개는 주목할 만한 시책이다.

제2장
자치단체 주도의 전개와 그 가능성
: 시마네현 및 히카와쵸의 산업과 고용

사구치 카즈로(佐口和郎)*

1. 들어가는 말: 과제·대상·시각

지역경제나 지역정책에 대해 시마네현島根県이라는 지역을 소재로 한 연구는 많지 않다. 지역개발과 기업유치, 역내 산업과 관련하여 소위 '선진지역'으로 인식되지 않았기 때문이다. 그러나 최근 전혀 별개의 관점에서 연구가 진행되기 시작했다. 예를 들어, 세키關(2007a)의 연구에서는 고령화와 인구감소로 고민하는 시마네현에 대해 "'후진"으로 취급되는 시마네야 말로 실제는 새로운 시대의 "선진" 지역'으로 파악하여 실태를 분석하고 있다. 구체적으로는 산업집적·기업유치·신규창업의 실태나 지역비즈니스의 전개에 대한 사례가 자세히 소개되어 있다. 이러한 관점을 더욱 철저히 한 세키關(2009)의 연구에서는 동 지역 중산간지에서의 농·상·공 연계실태를 규명하고 있다. 시마네현립대학 지역정책연구그룹(2007)에는 행정담당자의 집필도 많고 산업진흥과 복지에 대한 지역정책의 전개과정을 알 수 있는데, 여기서도 시마네현을 시대를 앞서가는 '定常型社會'로

* 동경대학대학원 경제학연구과 교수

파악하는 관점이 가설적으로 제시되어 있다. 본장에서도 이들 연구로 규명된 사실을 정당한 논거로써 분석에 활용하고 있다.

序章에서의 논의와 위의 연구에 입각하여 본장의 과제를 다음과 같이 설정하고자 한다. 첫째, 대상지역의 산업·고용정책의 체계와 실태를 밝히는 것이다. 지금까지의 연구에서는 지역의 산업과 산업진흥정책에 대한 소개는 있었지만 지역고용에 대해서는 실태나 정책의 분석이 거의 진행되지 않았다. 또, 현 내 특정지역에 대한 산업과 고용분석도 충분하지 않다. 본장에서는 현 전체 및 현 내 특정지역 쌍방의 산업과 고용에 대한 정책과 그 실태를 분석하고자 한다.

둘째는, 2008년 가을의 금융위기, 그 이후 경제위기의 충격을 대상지역으로 내재시켜 밝히는 것이다. 지금까지는 최근의 경제위기가 일본 노동시장에 끼친 영향에 대한 전국적인 통계치 또는 지역에서의 단편적 사실 이상의 정보는 없었다. 여기서는 그런 한계를 불식시키고 특정지역에 있는 기업의 고용조정과 비정규고용 동향 등을 규명하여 시마네현 및 현 내 특정지역 고유의 고용문제를 도출하고자 한다.

셋째는, 시마네현 지역의 발전가능성을 조명하는 것이다. 전술한 바와 같이 지금까지의 연구에서는 중산간지의 농·상·공 연계가 시대의 선구적 시도로 인식되어 왔다. 여기서는 그와는 별도의 가능성에 착안하여 검토하고자 한다. 구체적으로는 생활의 질적 수준이라는 브랜드에 대한 가능성이다. 그 내용과 의의에 대해서는 논의를 진행하면서 살펴보기로 한다.

여기서는 대상을 한정하여 논의를 진행하고자 한다. 먼저, 선행연구에서 중시되어 온 농·공·상 연계정책과 중산간지를 여기서는 직접대상으로 하지 않는다. 또, 실태를 검토하는 대상지역은 이즈모出雲(시마네현의 동부지역) 지방이 중심이며, 그런 의미에서 시마네현 전체를 파악하는 데는 중대한 한계를 가지고 있다. 보다 상세한 검토사례로서는 히카와쵸斐川町를 대상으로 하는데, 나중에 살펴보는 바와 같이 동 지역은 현 내에서도 두드러지게 제조업이 신장하였으며 현과는 별도의 산업정책을 추진하고 있기 때문이다.

서장에서 서술한 관점은 본장의 분석에서도 유효하다. 첫째, 지역경제의 발전에 있어 기업유치는 어떻게 평가 되는가? 둘째, 수출의존형 경제에서 어떻게 탈피하여야 하는가? 셋째, 경영력 강화나 종업원 훈련 등 기업을 초월한 연계 및 각 조직의 협력은 어떻게 강구되고 있는가? 넷째, 실제 지역재생은 어떤 계층이 담당하고 그런 계층을 창조하는 메커니즘은 존재하는가? 하는 점이다.

이 장의 논의는 다음과 같이 진행한다. 먼저 2절에서 시마네현 지역의 각종 지표를 개관하며 산업·고용정책의 구도를 살펴본다. 이를 바탕으로 3절에서는 지역산업 진흥정책이 검토된다. 특히, 현의 산업육성정책과는 상대적으로 독자 추진되어온 프로그래밍언어 Ruby를 축으로 하는 집적에 대해서도 소개한다. 4절에서는 시마네현의 고용정책에 대해 분석하고, 5절에서는 히카와쵸의 산업과 고용에 대해 분석하며, 6절에서는 2008년 9월 이후의 경제위기가 시마네현 전체와 히카와쵸에 미친 영향을 고용의 관점에서 검토한다.

7절에서는 본장의 내용을 총괄적으로 정리한다.

2. 시마네현의 각종 지표와 지역정책 개요

1) 각종 지표

시마네현의 경제상태는 종종 '定常型社會'로도 표현된다. 이에 대해 몇 가지 지표를 검토해 본다. 먼저 인구는 미세하게 감소하고 있으며 그러한 경향에는 큰 변화가 없다([도표 2-1]). 산업별 인구는 서비스업 비율이 높은데 비해 제조업과 건설업은 감소경향에 있다([도표 2-2]). 제조품 출하액도 불황속의 저조함은 전국 동향과 비슷하게 보이지만 1990년대 이후에 큰 변화가 있었다고는 할 수 없다([도표 2-3]). 이어서 유효구인배율 동향을 98년부터 보면, 당초에는 전국평균을 상회하였으나 2003년 이후는 전국의 경기회복 경향에서 뒤쳐지고 만다. 그리고 2008년은 다시 전국평균 수준을 회복한다([도표 2-4]). 또한, 실업율 저하도 일관된다([도표 2-5]). 이상의 수치는 시마네현의 경제·사회를 '정상형사회'로 표현하는 것과 모순되지 않는다.

[도표 2-1] 인구의 추이

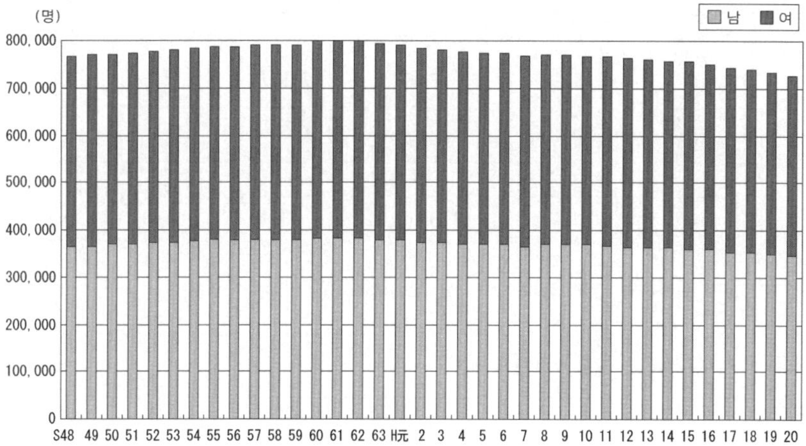

• 출처: 시마네현 『시마네현의 인구이동과 추계인구, 2008년』.

[도표 2-2] 산업별 종업원 구성 추이

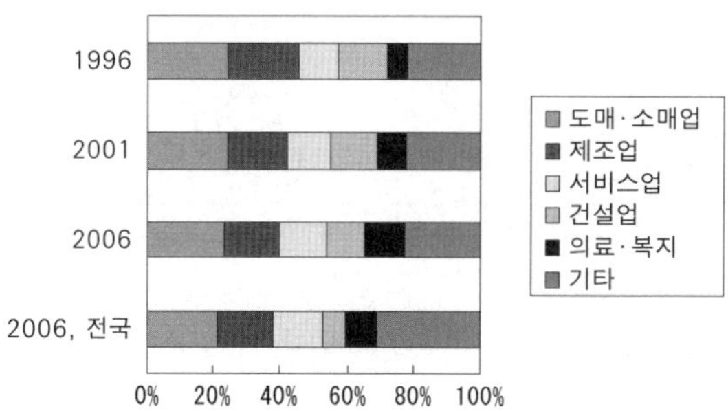

• 주: 1996년은 구 산업분류를 신 산업분류로 재편한 추계치 임.
• 출처: 시마네현 상공노동부 『시마네의 산업과 노동, 2008』.

[도표 2-3] 제조품 출하액 추이

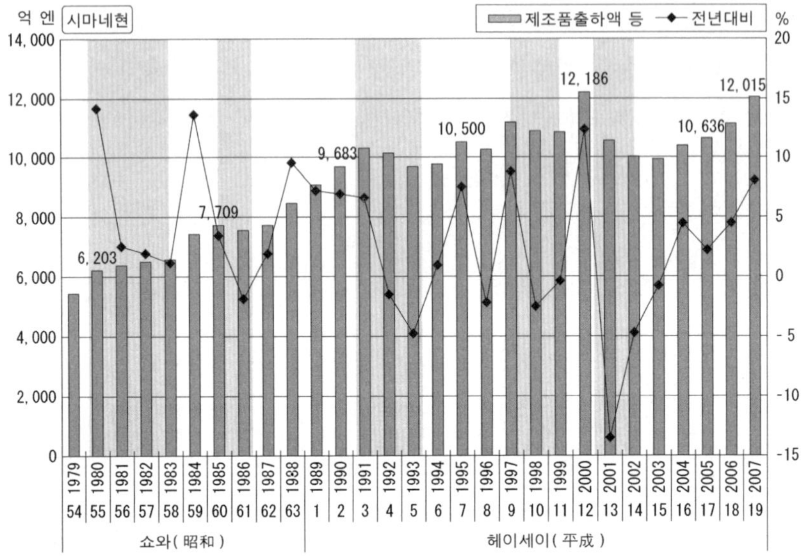

• 출처: 시마네 통계정보 데이터베이스에서 인용, 원 자료는 경제산업성 『공업통계』.

[도표 2-4] 시마네현 유효구인배율 추이

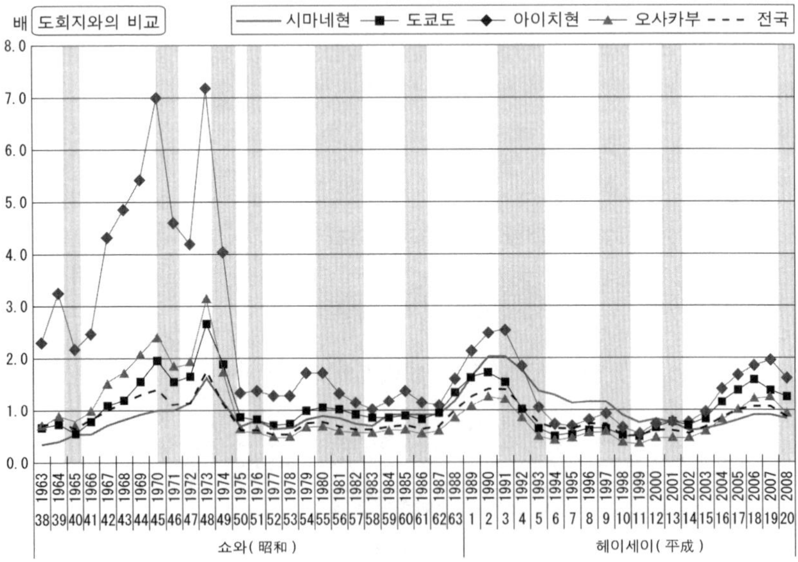

• 출처: 시마네 통계 데이터베이스에서 인용, 원 자료는 후생노동성 『직업안정업무통계』.

[도표 2-5] 완전 실업률 추이

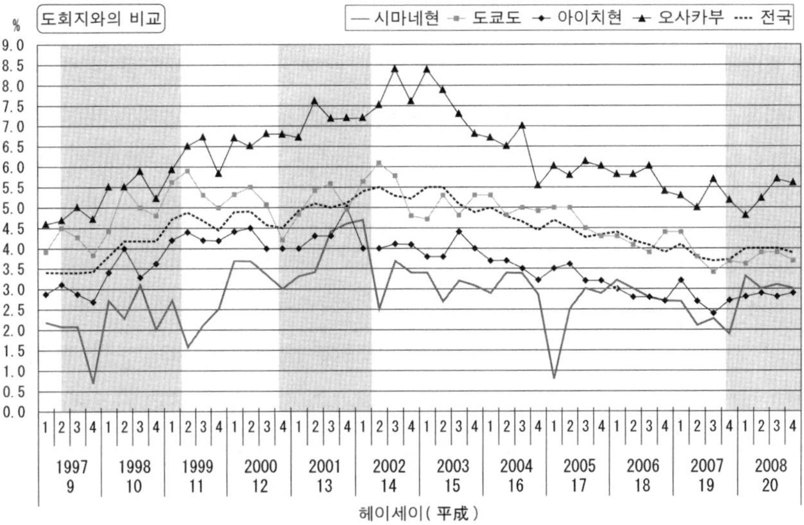

• 출처: 시마네 통계정보 데이터베이스에서 인용, 원 자료는 총무성 『노동력조사』.

[도표 2-6] 지역별 총생산 추이(1996년도부터 2006년도)

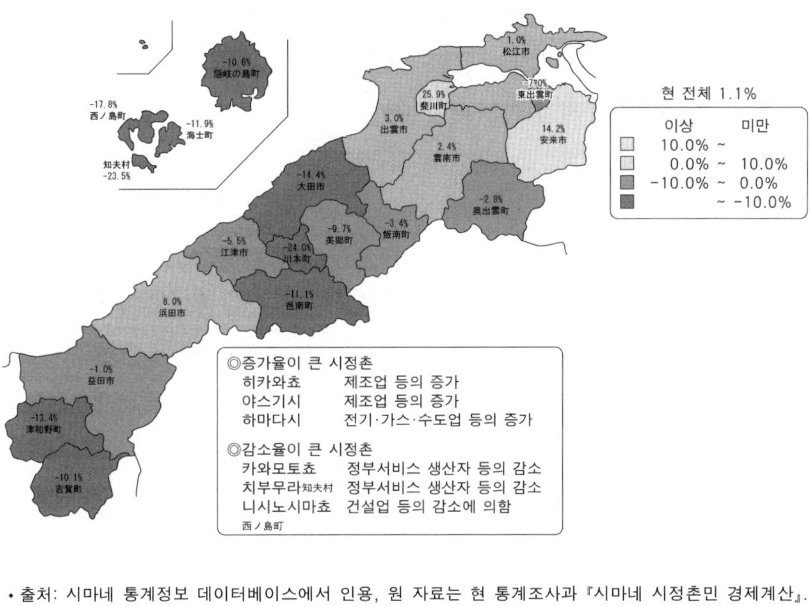

• 출처: 시마네 통계정보 데이터베이스에서 인용, 원 자료는 현 통계조사과 『시마네 시정촌민 경제계산』.

여기서 주목할 것은 현 내의 지역간 격차이다. 96년도부터 10년간 총생산 증가율을 보면 플러스는 히카와쵸斐川町·야스기시安来市·하마다시浜田市·이즈모시出雲市·운난시雲南市·마츠에시松江市이며 다른 지역은 마이너스이다([도표 2-6]). 특히, 히카와쵸는 +25.9%로 두드러진다. 이러한 요인은 동 지역에서의 제조업 신장에 있는데, 자세한 내용은 후술하기로 한다.

2) 산업·고용정책의 구도

현재의 시마네현 산업정책과 고용정책에 대해, '시마네 산업 활성화 전략(제1차)'(2007. 11, 이하 '활성화 전략')과 '시마네현 종합고용대책의 방침'(2007. 11, 이하 '종합고용대책') 등을 기초로 기본적 구도를 정리해 두고자 한다.

먼저, 산업정책에서 '활성화 전략'을 수립함에 있어서의 문제의식은 시마네현 제조업의 취약성과 공공사업 의존체질이었다. 현 전체에서 제조업은 활성화 조짐이 없고, 공공사업에 대한 계속적인 의존 또한 여의치 않아 건설업의 침체현상도 나타났다. 또, 인구정체와 고령화도 지역경제가 '負의 순환'에 빠지는 불안요소로 파악되고 있었다.[1] 그 중에서도 산업구조를 어떻게 전환하여 '지역의 경제적 자립'을 이룰 수 있는지가 검토과제였다.

시마네현의 산업진흥은 2007년 '활성화 전략' 이전부터 진행되고 있었다.[2] 본격적으로는 1992년 시마네현 상공업진흥계획(소프트 비즈니스파크 시마네, 테크노아크 시마네 등의 정비)부터 시작되었다고 하며, 2000년부터는 시마네현 산업진흥프로젝트를 시작하여 소프트 시책의 강화를 목표로 하였다. 2007년부터의 '활성화 전략'에 내용상 직접 연결되는 정책은

---

1) 65세 인구비율은 27.6%(2008년)로 전국 최고 수준이다. 「통계지표로 보는 시마네 모습」(시마네 통계정보 데이터 베이스) 참조.

2) 이 정책의 내용부분에 대한 사실관계는 시마네현립대학 지역정책연구그룹(2007)의 카지노 히로카즈(梶野弘和) 씨 담당 분을 기초로 함.

2003년 이후부터 본격화된 신산업창출프로젝트와 산업경쟁력강화프로젝트 등 두 가지이다.

이러한 과정을 거쳐 앞의 '활성화 전략'은 2007년 5월 설립된 시마네 산업 활성화 전략회의에서 체계화되었다. 이 회의에는 향토기업의 대표만이 아니라 이미 퇴직한 대기업 경영간부도 참가하여 논의를 주도하였다고 한다.3) '활성화 전략'에서 전략목표로 세운 것은 첫째, '글로벌 경쟁력을 가진 기업 형성', 둘째, '지역자원을 활용한 산업육성'이며([도표 2-7]), 이를 구체화하기 위하여 ① 제조업 진흥, ② IT산업진흥, ③ 지역자원을 활용한 산업진흥 등 세 가지 세부목표를 제시하고 있다. 또, ①의 제조산업 진흥대책으로는 신산업창출전략, 현 내 기업의 경쟁력 강화(경영력·기술력·판매력), 기업유치 등을 내세우고 있다.

이에 대해서는 뒤에서 검토하겠지만, 여기서는 신산업창출전략을 전

[도표 2-7] 시마네현 산업 활성화 전략 개요

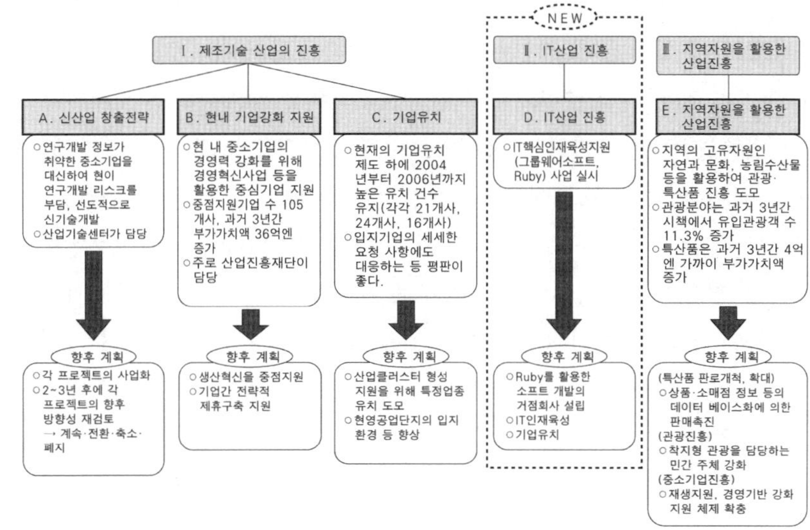

• 출처: 시마네현 홈페이지에서 인용.

---

3) 고문으로 전 샤프 부회장인 사사키 마사(佐々木正) 씨가 참가하였고, 위원의 한 사람인 야노 진(矢野仁, 시마네현 산업창출프로듀서) 씨도 샤프의 전 상무였다.

면에 내세운 것에 주목하고자 한다. 이는 기존산업의 발전에만 의존할 수 없는 시마네현의 특징이기도 한데, 종업원 100명 이상 사업장의 종업원 비율이 전국 최하위에 가까운 것을 예로 들 수 있다.[4] ②의 IT산업진흥은 후술하는 바와 같이, 2006년경부터 Ruby를 축으로 한 각종 시책이 본격 시행되기 시작하였음을 반영한 것이라 할 수 있다. 또한, 두 번째의 지역자원을 활용한 산업진흥에서 지역자원은, 관광업이나 농림수산업을 말하는데 전국적 차원의 정책동향과 연동한 농·공·상 연계의 필요성도 제기되고 있다.

한편, 같은 시기에 작성된 '종합고용대책'도 특징적이라 할 수 있는데, 중점은 '활성화 전략'을 실현하기 위한 '노동력공급 확대'에 두고 있다. 구체적으로는 2007년도 이후 기업유치 등을 통해 3년간 2,298명의 대량채용계획(이 중 1,092명은 이즈모시·히카와쵸)이 예정되어 있음을 전제로, 산업을 이끌 인재육성, 산업인재의 확보, 청년층의 현 내 취업촉진 등이다. 특히, 산업인재 확보대책 중에는 주목할 만한 내용이 포함되어 있는데 이는 후술하기로 한다. 이와는 달리 과잉 고용으로 주목받는 것이 공공사업의 축소위기에 직면한 건설업이었다. 시기적인 차이는 있으나 2000년대 초반 취업 곤란자를 위한 지원 대책을 체계화하는 오사카부의 고용정책과는 전혀 다른 내용이었으며 또한, 파견 노동자의 증가에 대한 지적이 있었으나 그에 대한 직접적인 대책은 수립되지 않았다.[5]

이상과 같이 적어도 2007년 11월 이후 시마네현의 산업·고용정책의 중점은 명확하였다. 2003년을 경계로 시작된 급속한 경기회복 과정에 편승하기 위해 현에서 산업진흥을 주도하고, 고용정책 역시 이를 실현하기 위한 수단으로 삼는 것이었다. 이하에서는 보다 구체적인 내용에 대해 검토해 본다.

---

4) 주 1)과 같음.

5) 시마네노동국이 현의 시책과 병행하여 청년실업대책을 추진하여 왔으나(「시마네노동국 고용시책 실시방침」) 여기서는 주로 현의 고용시책을 중심으로 한다.

3. 지역산업진흥정책

1) 시마네현산업기술센터

시마네현의 산업진흥을 담당하는 실무부서의 하나가 시마네현산업기술센터(이하 '산업기술센터')이다. 2000년에 산업기술센터로 개칭 및 조직이 개편되었으며 2001년에 마츠에시의 테크노아크시마네로 이전하였다. 중요한 것은 2003년부터 현 주도로 시작된 신산업창출프로젝트의 중심역할을 산업기술센터가 맡았다는 점이다. 대규모 기존산업의 타파를 전제로 장래 시마네현의 산업개척을 위해 신산업프로젝트가 시작된 것이다. 산업기술센터에서는 인적자원의 반수를 프로젝트추진부 산하 신산업창출 프로젝트팀으로 배치시키고 기존기술의 강화업무는 기술부에서 담당하고 있다.

현재 추진되는 프로젝트는 ① 열 제어시스템개발 프로젝트, ② 신에너지응용제품개발 프로젝트, ③ ICT기술개발 프로젝트, ④ 기능성식품 산업화 프로젝트, ⑤ 플라즈마 열처리 기술개발 프로젝트 등 5가지이다. 이를 통해 2012년까지 제조품 출하액 1,000억 엔. 고용창출 5,000명을 목표로 하고 있다.

상품화·사업화는 2009년 당초시점에서 26건이지만 제조품 출하액·고용창출은 반드시 목표대로 진행되지는 않는 것이 현실이다. 상품화·사업화 건수 중 19건은 ④의 기능성식품 산업화 프로젝트의 성과이며, 이 자체가 농·상·공 연계와 관련된 제품으로 중산간지역의 입장에서는 중요한 성과이고 향후 판로확대가 기대되는 제품이기도 하다. 다만, 이미 존재하는 제품에 대한 기능성의 해석·인정이라는 측면을 고려할 때, 이 성과를 산업기술센터가 기술개발 기능을 풀가동하여 파급효과가 높은 산업기술을 개발한 성과라고 단언할 수는 없을 것이다.

다섯 가지 프로젝트 중 선진사례라 할 수 있는 것은 ⑤의 플라즈마 열처리 기술개발 프로젝트이다. 구체적으로는 복합코팅 기술과 플라즈마 침탄浸炭기술의 개발·실용화가 진행 중이다. 상품화·사업화 건수는 적지만 동 프로젝트가 진전되고 있는 이유를 몇 가지로 생각해 볼 수 있다. 첫째, 원래 시마네현에 존재해 왔던 기계금속제조라는 산업의 관련기술 개발이라는 점이다. 이는 프로젝트의 중심·거점이 되는 기업이 존재하고 현 내 경제에의 파급효과가 크다는 것을 의미한다. 둘째, 기업을 초월한 협력·연계가 시도되어 일정정도의 성과를 거두고 있는 점이다. 여기에는 현 외 기업도 포함된다. 셋째, 연구개발 거점의 설립과 함께 추진된다는 점인데, 이는 당해지역이 다른 지역 기업의 하청으로서가 아니라, 오히려 사업장을 유치할 가능성을 내포하는 것이다. 구체적으로 복합코팅기술은 야스기시의 A사가 2005년에 소프트비즈니스파크 시마네에 표면개량센터를 개설함으로써 새로운 사업이 시작되었다. 2009년에는 A사의 코팅사업과 동 계열 B사의 같은 사업이 통합되어 B사 마츠에표면개량센터(종업원 20명)가 설립되었고, 그 인접지에 B사의 연구부문이 집약된 형태로 기반기술연구센터가 설치될 예정이다.

플라즈마 침탄기술은 유한책임사업조합(LLP)의 플라즈마기술 연구개발센터가 중심이 되어 개발과 샘플수탁가공이 진행되고 있다.[6] 여기에는 6개사가 참여했는데 이 중에는 열처리사업부가 있는 C사도 포함되어 있다. 이 회사는 아이치현에 있으며 제철·자동차 관련 대기업과 관계를 맺고 있다. 복합코팅기술과 플라즈마침탄기술은 자동차용품과 금형부품에의 적용이 목적이며 잠재적으로는 파급효과가 클 것으로 판단된다. 다만, 이에 대응할 현 내 기업의 기술수준과 고용효과 등에 대한 검토는 이번 조사에서 진행되지 않았다.

이에 대해 전자기기 기능향상을 위한 고열전도성복합재료(방열재료) 개발을 추진하는 ①의 열 제어시스템개발 프로젝트와, 실리콘을 사용하지 않고 비용이 들지 않는 차세대 태양전지(색소증감태양전지) 개발을 추진하

6) 이의 전제로 2006년에 합동회사(LLC, 4개사 출자) 플라즈마열처리센터가 설립되어 있다. LLC와 LLP는 지역에서 기업연대의 새로운 유형으로 주목된다.

는 ②의 신에너지응용제품개발 프로젝트는 기업과의 공동개발이 일부 진행 중이지만, 상품화·사업화는 약간의 사례를 제외하고는 향후의 과제로 남아있다. 특허출원 수가 양쪽 모두 42건으로 많고, 기술적으로도 주목할 만한 내용이 포함되어 있다고 하지만, 앞의 플라즈마 열처리개발기술 프로젝트에서의 조건과는 다르다는 점이 제품화측면에서 진행속도에 영향을 미치는지 모른다.

③의 ICT기술개발 프로젝트는 다른 4개의 프로젝트와는 약간 성격이 다르다. 디지털 콘텐츠계의 종합적 신산업육성을 목표하는 것으로 기기 등 하드와 시스템 등 소프트의 개발 뿐 아니라 인재도 육성하고 있다. 특히, 2008년부터는 대학·고등전문학교 학생을 대상으로 디지털 콘텐츠 개발자 인재양성사업(국가보조사업)을 추진 중이다. 뒤에 후술하는 바와 같이 마츠에시 지역에서는 IT관련 기업·인재가 계속 집적되고 있으며 이 프로젝트는 커다란 파급효과를 가질 가능성이 있다.

2) 시마네 산업진흥재단,[7] 기업유치

현의 산업진흥과에 의하면, 제조기술이 주가 되는 시마네현의 산업진흥정책은 산업기술센터를 중심으로 하는 신규산업창출 프로젝트와 시마네산업진흥재단(이하, 산업진흥재단)을 중심으로 하는 시마네 제조 산업 활성화 프로젝트, 그리고 기업유치 등 3가지로 이루어진다. 산업진흥재단은 핵심기업 등을 적극적으로 지원하는 시마네 제조 산업 활성화 프로젝트의 실무부서라 할 수 있다. 1999년에 업무를 시작하여 2001년에 산업기술센터와 함께 테크노아크시마네로 이전하였다(같은 건물 내).

산업진흥과에 따르면 시마네 제조 산업 활성화 프로젝트는 ① 제조기술 고도화 지원 사업, ② 전략적 거래처확보 추진사업, ③ 시마네 산관학 연계촉진지원 사업으로 이루어진다. 따라서 산업진흥재단은 기존 기업의

7) 시마네 산업진흥재단에 대한 직접조사는 진행하지 않았으며 문헌에 의거한 기술임.

경쟁력 강화와 관련된 모든 사항을 관장하고 있다고 할 수 있다. 「2008년도 사업보고서」상의 사업내용은 경영력 종합강화 지원, 경영기반 강화, 연구개발 지원, 판로개척 지원, 국제거래 지원, 정보산업 지원 등으로 열거되어 있다.

몇 가지 구체적인 사업을 보자. 예를 들어, 경영력 혁신지원 사업은 경영혁신계획수립지원과 순회조사에 의한 어드바이스·팔로우 업 등을 진행하는 것이다. 2008년도는 133개사에 대한 지원이 이루어졌다. 또, 제조기술 아카데미개최 사업의 내용은 생산기술·설계, 제조기술, 판로개척을 테마로 한 세미나 개최이다. 이 중 제조기술 생산혁신리더·후계자 의식 개혁반, 공장관리실천반에서는 생산현장의 관리자와 기업후계자를 대상으로 생산성·품질·납기관리 향상을 위한 실천적인 세미나가 개최되었다. 이 세미나는 뒤에 후술하는 히카와쵸 등의 실정에 맞는 형태로 진행된 것이다. 이어서, 제조기술 생산혁신 어드바이저 파견사업은 전문가를 현장으로 파견하여 공장진단, 과제추출, 개선제안 등을 하는 사업으로 2008년도에는 47개사·137회의 실적을 올렸다. 또, 산업진흥재단은 기업입지촉진법에 따라 시마네 산업 활성화 협의회 사무국의 사업으로 주로 기술자를 대상으로 하는 인재육성 사업을 실시하였다. 이는 고등전문학교·대학·기술센터와 연계하여 진행된 것으로 2008년도는 연간 1,114명이 참가하였으며 수강자의 만족도가 상당히 높다.

이상은 산업진흥재단 사업의 극히 일부에 지나지 않는다.[8] 동 재단에서는 2008년도 개별기업 상담대응 총 건수가 1,015개사(4,244회), 이 중 지원이 실행된 기업은 108개사(1,126회)이다. 또, 지원이 실행된 기업의 부가가치 증가액을 22억 엔으로 시산하고 있다. 물론, 이 중 산업진흥재단의 공헌도가 어느 정도인지 분명하지는 않지만, 산업진흥재단을 통하여 현이 중소기업 체질강화를 적극적으로 진행하고 있음은 확인할 수

8) 예를 들어, 사업화로 연결되는 연구개발은 산업개발센터가 주가 되고 산업진흥재단도 관리 법인으로서 관여하고 있다.

있다. 인재육성 대책과 관련한 타 지역의 선진사례를 보면 대상을 분류하고, 그 분류별 인재육성방식을 체계화하면서 이를 계속적으로 진행하고 있다. 또, 이런 사업에 참여하는 것을 부담으로 느끼는 중소기업에 대해서는 비교적 단기참여이자 비즈니스로 연결되는 인센티브를 강구하고 있다. 이와 같은 사례와의 비교검토는 앞으로의 검토과제로 남겨 놓기로 한다.

한편, 현에서는 기초자치단체의 산업진흥시책 수립을 촉진하기 위하여 노력하고 있다. 2002년에 NPO법인 비즈니스 서포트 히카와를 설립한 히카와쵸斐川町(이에 대해서는 후술함), 2003년 12월 산업진흥비전을 수립한 운난시雲南市(시내에 산업진흥센터 설치)가 선진적인데, 2005년부터는 지방주재원 제도를 활용하여 현에서 산업진흥정책에 관련된 직원을 2년간 기초자치단체로 파견하고 있다. 그 후 야스기시安来市(2006. 3), 이즈모시出雲市(2007. 3), 오오다시大田市(2007. 3), 하마다시浜田市(2007. 3), 고우츠시江津市(2007. 12), 히가시이즈모시東出雲市(2008. 12) 등이 산업진흥비전을 수립하였다.[9] 이와 같은 기초자치단체의 움직임은 특기할 만한 것이다. 산업진흥재단이 구체적인 목적과 전망을 제시하면서 기초자치단체간 연계를 강화해 나가는 토대가 이루어졌다고 할 수 있을 것이다.[10]

시마네현의 제조기술을 중심으로 한 산업진흥정책은 신산업창출(산업기술센터가 주도역할), 현 내 기업강화(산업진흥재단 주도역할)와 함께 기업유치를 또 하나의 축으로 하고 있다.[11] 적극적인 유치활동의 성과로 [도표 2-8], [도표 2-9]와 같은 추이를 보이고 있으며 2007년 기준 유치기업은 현내 제조품 출하액의 55.2%, 종업원 수의 37.9%를 점하고 있다. 유치기업은 그야말로 산업의 중심적 존재라 할 수 있다. 2008년 말 현재 업

9) 현 상공노동부 제공 자료에 의함.

10) 이미 세키 미츠히로(関満博) 히토츠바시 대학(一橋大学) 교수를 중심으로 한 「立志塾」 등에서 이러한 시도가 시작되었다.

11) 여기서 기업유치의 정의는 '1962년 이후 시마네현공업개발촉진조례(현, 시마네현기업입지촉진조례)에 따라 공장 등의 신·증설에 대해 소재지 시정촌과 각서를 체결한 기업'이다.

종별 건수를 보면 '전기기계·정보통신기계·전자부품'이 16.9%, '수송기계'가 13.8%를 차지한다.[12] 다만, 추가종업원 수에 기여하고 있는 업종으로 콜센터가 있음은 이미 지적한 바와 같은데[13] 예를 들어 2008년도에는 추가종업원 수의 27%를 차지하고 있다.

[도표 2-8] 유치기업 건수 추이

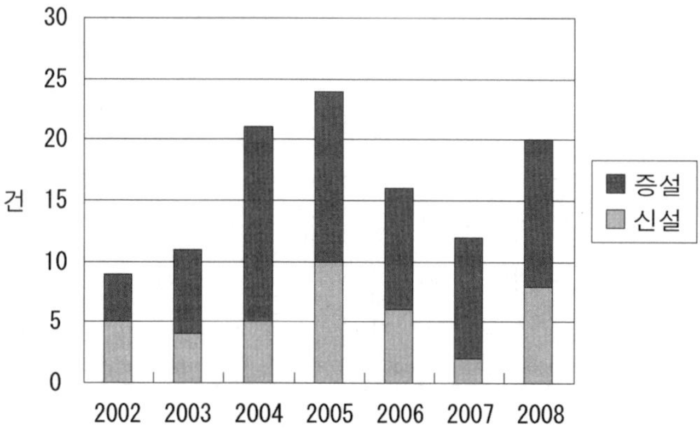

• 출처: 현 상공노동부 제공자료.

[도표 2-9] 유치기업의 투자액·추가 종업원 수 추이

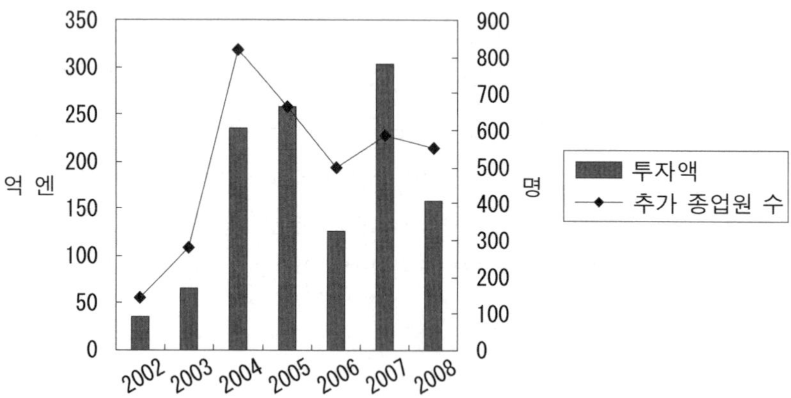

• 출처: 현 상공노동부 제공자료.

12) 현 상공노동부, 「시마네현의 산업과 노동, 2009년」 참조.

13) 세키(関, 2007a) 참조.

현의 기업입지과는 유치담당직원 13명(현 내외), 기업유치전문원 19명(민간기업 OB)으로 구성되어 적극적인 기업 방문활동을 전개하고 있다. 직원 수는 2008년도에 대폭 증원 되었다. 히카와쵸에서 기업유치 업무로 많은 실적을 남긴 후쿠마 사토시福間敏 씨도 이러한 활동에 관여하고 있는데, 2009년도는 2,500건의 기업방문을 목표로 하고 있다. 또, 유치기업에 대하여 계속적으로 우대조치를 강구하는데 2008년도에는 소프트계 IT산업 유치를 위한 각종 지원제도가 정비되고, 2009년은 제조업에서 산업클러스터 형성에 기여하는 업종에 대한 지원액을 증액하는 등의 조치가 추가되었다. 소프트계 IT는 후술하는 바와 같이 서서히 실적이 오르고 있으며 2008년도에는 2개사가 진출하였다.

[도표 2-8]에서 알 수 있듯이 향후 신규 기업입지의 증가를 기대할 수 있는 상황이 아니다. 오히려 이미 입지한 기업의 사후관리를 강화하여 증설을 촉진하는 것이 필요하다. 특히, 연구개발 부문 강화는 새로운 관련 산업을 창출하는 계기가 될 수 있다. [도표 2-10]을 보면, 경영자가 지역출신이던지, 현 관계자와의 인적관계가 있는 등이 기업진출 사유로

[도표 2-10] 유치기업의 입지사유(100개사 앙케이트 결과)

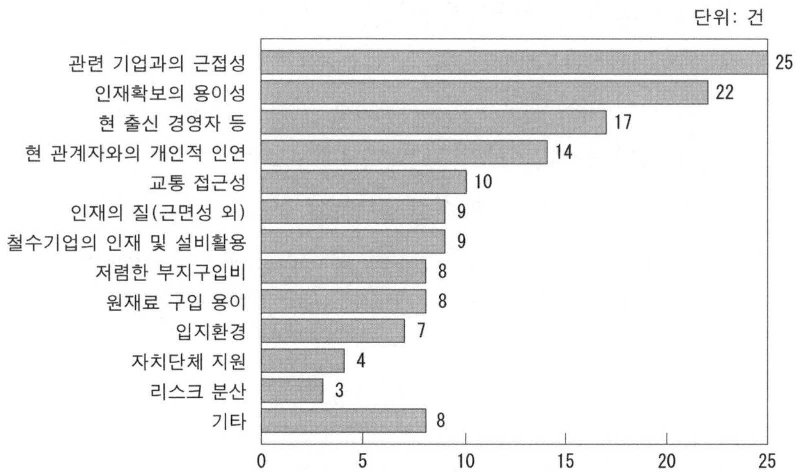

• 출처: 『시마네의 산업과 노동, 2009』에서 인용, 원재료는 기업입지과의 팔로우 업 조사에 의함.

상위를 차지하고 있다. 후쿠마 씨의 예처럼 모든 기회를 통하여 인맥을 만들고 이를 적극 활용하는 자세가 효과적임을 확인할 수 있다. 후쿠마 씨는 지역의 의욕 있는 경영자와 동경, 오사카의 경영자가 만나는 것에 대한 의의를 강조하였다. 시마네현에서는 일단 유치부터 하고보자는 것이 아니라, 유치과정에서의 정보축적과 인재교류 자체의 활성화도 염두에 두고 유치활동을 전개하고 있다고 할 수 있다.[14)]

3) Ruby중심의 전개

이상, 시마네현의 제조기술을 중심으로 한 산업진흥정책에 대해 검토하였다. 이것은 대규모 제조업을 중심으로 한 자생적 추진이 불충분하다는 조건 하에서 현이 문자 그대로 견인차가 되어 추진한 것이라 할 수 있다. 이에 비해 Ruby중심의 정책전개는 약간 대조적인데, 이는 독자적으로 자생적 활로를 모색하는 기업의 노력을 현이나 시가 측면에서 지원하는 구도이다.

Ruby는 마츠에시 거주 마츠모토 유키히로 씨에 의해 개발된 오픈 소스의 프로그래밍 언어이다. 마츠에시 지역은 특히 소프트 계열의 IT관련 기업이 집적되지 않은 곳이었는데, 97년 D연구소(뒤에 유한회사에서 주식회사)가 설립되면서 OSS(오픈 소스 소프트웨어)의 기반이 조성되었다. 그러던 중 2004년에 발표된 Ruby on Rails가 주목을 받으면서 Ruby를 중심으로 한 다양한 움직임이 시작되었다.[15)] 2006년도 들어 마츠에시는 Ruby를 축으로 한 커뮤니티의 장을 제공하는 형태로 지원을 시작하였다. 구체적으로는 미츠에역 앞에서 마츠에 오픈 소스 라보laboratory를 개설하여 OSS 관련 경영자·기술자·연구자 교류의 거점으로 삼았다. 같은

14) 인재교류라는 점에서는 지역의 기술자를 선진지역으로 파견하는, 고우츠시의 산업인재 환류를 통한 '내발형 기업입지 시스템' 구축사업(지방 활력재생사업)이 주목된다.

15) 이에 대한 경위는 다나카 테츠야(田中哲也), 「ITによる地域活性化の推進」, 『LASDEC』, 2008. 4 참조.

시기에 현에서는 민간기업·현·시·대학·고등전문학교를 발기인으로 한 시마네OSS협의회를 설립하였다.

2007년에는 마츠모토 씨를 이사장으로 하고 대형 IT기업도 운영위원회로 영입하여 합동회사(LLC) Ruby Association을 설립하였는데, 이는 Ruby를 비즈니스면에서 원활하게 이용하면서 공적기관·기업·커뮤니티와 연계하여 Ruby의 유지·개발, 유저커뮤니티 지원, 이벤트 개최 등을 목적으로 한 것이다. 2009년 9월에는 Ruby Association이 중심이 되어 국제회의Ruby World Conference를 개최하였으며, 비즈니스 현장에서의 이용 확대와 진화가 계속되는 가운데 어떻게 국제 표준화 작업을 실현할 것이지가 중점적으로 논의되었다. 내외의 연구자·비즈니스관계자 등 참가자가 1,000명을 넘어서는 등 Ruby의 국제적 확산이 가시화되었다.

이러한 일련의 전개과정은 지역의 산업진흥·고용 면에서 어떤 의미를 가지는 것일까? 당초, 소프트계열 IT관련 사업이라는 성격상, 기업집적에 의한 효과는 별로 없고 산업진흥으로 직접 연결되지는 않을 것이라는 예상도 있었다. 그러나 관련 회의·연구회·연수의 개최도 지역경제에는 플러스가 되며, 실제로는 Ruby 관련 기술습득과 시스템 개발을 목적으로 입지하는 기업도 있다(2008년도에 2개사). 또, OSS라는 성격상 기업을 초월한 연대가 강해진다는 것도 주목할 점이다. 앞서 서술한 Ruby Association도 그 중심에 있는데, 2008년에 설립된 시마네 소프트산업 비즈니스 연구회에는 현 내 소프트계열 IT기업 34개사(종업원 수 900명)가 참여하고 있다. 이 연구회는 현 외의 Ruby개발 안건을 수주하여 공동개발하는 Ruby개발 분과회, 현 외의 시스템 개발안건을 수주하여 공동개발하는 시스템개발 분과회, 자사의 패키지 솔루션을 현 외의 판로로 확대하는 패키지영업 분과회 등 3개의 분과회를 두고 있다. 이러한 활동을 통하여 2·3차 하청업체에서 개발업무를 도급하는 기업으로의 탈바꿈을 지향하고 있다.

이미 서술한 바와 같이 마츠에시는 Ruby를 지역 활성화를 위한 하나의 축으로써 산관학 연계를 추진하는 한편, 실제 산업진흥시책에 있어서는 현이 중심이 되고 있다고 한다. 구체적인 내용은 OSS/Ruby 엔지니어 양성강좌 등 인재육성사업, 실천형 OSS개발능력강화 지원 사업, 소프트산업 비즈니스연구회 지원 사업, 판로확대 지원 사업, 현 내 정보계열 학생 대상의 Ruby 강좌를 통한 현 내 취업지원 사업 등이다. 이 중 수주능력 강화를 목적으로 한 실천형 OSS개발 인재지원 사업의 경우 2008년도에 IT엔지니어 컨설팅 팀을 5개사로 파견하여 지원하였다. 또, IPA(독립행정법인 정보처리추진기구)가 자치단체·기업 등의 정보시스템에 대한 Ruby의 적용가능성을 조사하였는데, 마츠에시는 2007년도에 기간基幹업무에 대한 적용을 검증하여 지역기업 2개사가 여기에 참여하고 있다.

이러한 지원이 Ruby의 가치와 마츠모토라는 키 퍼슨을 축으로 한 민간기업 간 연대를 기반으로 하는 점에 주목할 필요가 있으며, 공적인 지원도 일반적 지원이 아닌 비교적 단기에 업무로 연결되는 형태로 정교하게 이루어진다. 이는 제조기술 산업에서의 기업연대 유형과 공적지원 시책의 방향성에 대해 시사하는 바가 있다고 생각된다.

이상의 지원 사업이 매출액·고용 수에 어느 정도 영향을 미쳤는지 반드시 명료한 것은 아니지만, 2009년도 시마네 정보산업협회의 조사에 의하면 현 내 소프트계열 IT관련 종사자 수·매출액 모두 순조롭게 증가하고 있다([도표 2-11]). 또, 동 협회의 조사에서는 종업원 중 정규사원 비율이 93.8%로 증가하여 양호한 고용기회를 제공하고 있는 것으로 추측할 수 있다.[16)]

그런데, Ruby를 주축으로 한 소프트계열 IT기업에는 U 턴·I 턴 기술자가 있음이 종종 언급되어 왔다. 2008년부터 시작된 시마네 스타일 프로모션 사업은 이와 같은 사례를 더욱 촉진함을 목적으로 한 것이다. '시마네 스타일'이란 주로 소프트계열 IT기업의 유치와 인재확보를 목적으로 풍요로운 자연과 여유로운 생활환경에서 '기업·기술자·지역이 이익을 함께 향수할 수 있는 모델'로 제안 되었다. 이것은 어느 정도는 이

16) 이 분석에는 금회 대상이 되지 않았던 개별기업의 조사가 필요하다.

[도표 2-11] 시마네현 IT산업 종사자 수 추이

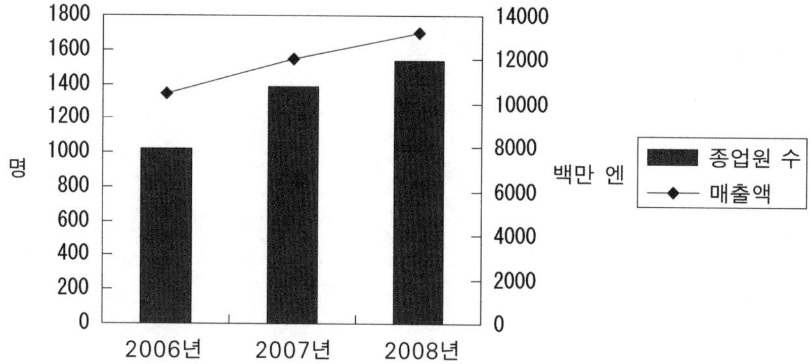

• 출처: 시마네정보산업협회 『2009년 소프트계열 IT관련 종업원 수 앙케이트조사』(동 협회 홈페이지)를 기초로 작성.

미 진행되고 있는, 실체적 타당성 있는 움직임을 촉진시키는 조치라는 의미에서 효과가 기대된다. 물론, Ruby의 비즈니스적 가치와 OSS에 의한 커뮤니티 형성이라는 전제가 있지만 그것과 시마네(특히 마츠에시 지역 주변)의 생활의 질 수준을 연결 짓는 점이 주목할 만하다. 지역의 생활의 질을 브랜드화하는 일이라 할 수 있는데, 이런 점에서도 Ruby와 관련된 일련의 사업은 포괄성을 가진 시사적인 것이다.

4. 지역고용정책

이미 서술한 바와 같이 시마네현의 고용정책은 산업진흥에 대응한 인재공급 대책에 초점이 두어져있다. [도표 2-12]와 같이 신규고졸자의 현내 취업률은 전국 수준보다 낮은데, 2008년 3월 졸업자의 경우 전국 37위로 하위에 머무르고 있다.

산업인재의 공급능력 강화를 위해 노동시장의 중개기능 일부를 현이 담당하는 방향으로 검토가 진행되고 있다. 2008년 11월에 수립된 '종합고용대책'의 내용은 이미 살펴보았는데, 2008년부터 시작된 지역산업인

[도표 2-12] 신규고졸자의 현 내 취업률 추이

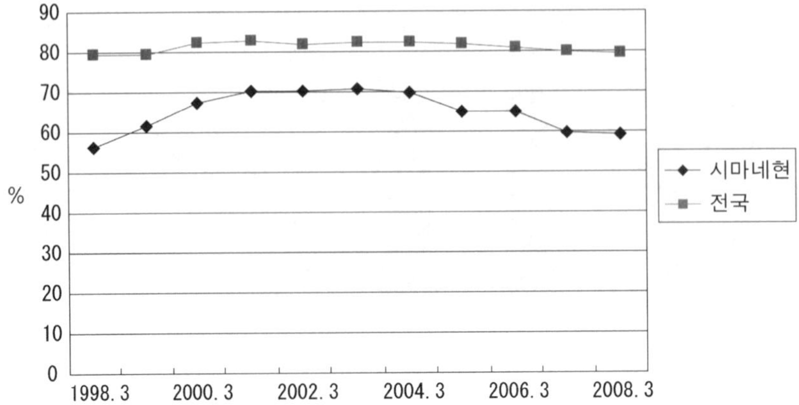

• 출처: 현 상공노동부 제공자료. 원 자료는 문부과학성 『학교기본조사』.

재육성·확보 추진사업이 중점시책 중 하나이다. 이 사업은 산업인재 코디네이터와 산업인재육성·확보정보센터의 설치에서 시작된다. 산업인재 코디네이터는 학교와 기업을 연결하여 기업의 수요에 맞는 지역 차원의 훈련시스템 구축을 도모하는 것이다. 즉, 지역 산업계와 (전문)고교와의 네트워크를 구축하고 기업실습을 포함한 교육프로그램을 만들어 그 실행과 사후관리를 목적으로 하는 것이다. 고교와 지역기업과의 연계는 야마가타현山形県 나가이시長井市 나가이공업고교와 지역 산업계의 연계활동이 잘 알려져 있는데, 시마네현에서도 이를 참고로 대응해 나간다고 한다.17)

이것이 완전히 실현되면 일본에서의 취업과정 특히, '학교에서 직장'으로의 이행과정을 근본적으로 바꾸게 된다. 어쩌면 이 모델은 지역의 NPO 등이 중심이 되는 미국의 구조나 독일의 소위 듀얼시스템과도 다른 독특한 것이다. 다만, 이 모델의 획기적인 면에서 보면 2명의 코디네이터를 둔다는 것이 중요한 요소이기는 하나, 목표달성까지의 과정이

---

17) 나가이공업고교의 사례는 세키(関, 2007b) 참조.

용이하지 않음을 지적하지 않을 수 없다. 구체적으로는 이 모델의 실현을 위해 학교가 변화할 수 있는지, 중소기업을 중심으로 수용(실습 등) 시스템의 구축이 가능한지, 참여하는 조직의 신뢰관계 형성이 가능한지 등의 과제가 많다. 또한, 실제 고용으로 연결되는 확률을 어떻게 높이고, '종합고용대책'에서의 기능평가인정제도는 어떻게 만들 것인지 등도 의문시된다. 그러나 거듭 강조하지만 이 시책의 방향성 자체는 주목할 만한 것이다.

두 번째의 산업인재육성·확보정보센터와 관련하여 2009년에 시마네 산업인재육성 내비게이션이 설치되었다. 이것은 현 내의 각 기관(현, 산업진흥재단, 고용·능력개발기구 등)이 실시하는 기업대상 연수의 개최·모집정보를 정리하여 제공하는 것이다. 이 정보 사이트에서는 분야·개강지역·개강월 등에 따라 연수나 세미나 정보를 검색할 수 있다. 정보 사이트 자체의 편의성도 중요하지만 이러한 정보의 집중을 계기로 각 기관에 혼재하여 제공되는 훈련정보가 보완성을 강화하면서 정제될 가능성도 있다. 또, 이것은 기업지원용 사이트이지만 이·전직자나 미취업자용 훈련정보를 포함한 포괄적인 인재육성정보의 제공도 필요할 것이다.

그런데, 시마네현에서는 2006년부터 산업인재확보추진사업으로 산업인재 무료직업소개사업 및 유료직업소개 사업자에 대한 위탁을 실시해 왔다. 구인에 대해서는 유치기업·시마네 제조기술 산업 활성화 프로젝트기업·신산업창출 프로젝트기업에 한정시키고 있는데, 이러한 기업의 구인, 특히 공공직업안정소 등에서는 파악하기 어려운 기술자 등의 구인에 신속히 대응함을 목적으로 한 것이다. 주지하는 바와 같이 목적을 특정하여 자치단체가 직업소개를 하는 것이 최근 급속히 확대되고 있는데, 이런 추세를 따라 시마네현은 산업인재의 공급이라는 '종합고용대책'의 취지에 맞게 설계를 하였다. 주로 구인자 측의 수요에 맞는 형태로 기존의 중개조직(공공직업안정소, 학교)의 한계를 극복하는 중요한 시도로 평가할 수 있다. 무료직업소개 실적은 [도표 2-13]과 같이 일정정도 성과를 거두고 있다. 다만, 유료직업소개사업자를 통한 인재확보사업은 현재 시행착오를 겪고 있다고 할 수 있다. 향후, 구직자 측의 수요에 부응하는 것도 중요하며 이를 위해서도 고용계속성과 임금수준의 변화, 만족도 조사 등을 통해 매칭검증을 상세하게 진행할 필요가 있을 것이다.

[도표 2-13] 산업인재 무료직업소개 실적 (단위: 명)

	2006년	2007년	2008년
구인 수	243	142	133
신규 구직 등록 수	87	124	79
취직자 수	45	64	49

• 출처: 동사 제공 자료로 작성.

구직자 측의 수요에 대응하는 중개조직이라는 점에서는 UI 턴을 다루는 무료직업소개기관이 주목된다. 이에 대해서는 제5장에서 상세히 검토하게 되는데, 여기서는 본장에서 지금까지의 논의와 관계된 중요한 점만을 확인해 두고자 한다. 먼저 UI 턴 무료직업소개사업은 고향 시마네 정주재단(이하, 정주재단)에 의해 2006년도부터 시작되어 2009년 6월 말까지 263명을 취업시켰다. 구직등록 수는 699명(반 수 이상이 대졸·대학원졸), 구인표 상의 구인자 수는 716명이다. 유의할 점은, UI 턴이라는 형태의 전직은 기업과 직업에 대한 본인의 선택 뿐 아니라 가족을 포함한 생활, 라이프스타일의 선택이라는 의미를 가진다는 점이다. 정주재단의 UI턴은 농업을 포함한 넓은 의미의 전직을 대상으로 하는데 이는 앞서 설명한 '시마네 스타일'의 제안과도 기본적으로는 같은 방향의 전략이다. 그래서 이것을 정주재단의 무료직업소개사업이 담당하고 구직등록자에게 기업정보만이 아닌 시마네의 '고향정보'까지 정기적으로 제공하는 것이다. 또, 정주재단에서는 고교졸업 후 현외로 진학하는 학생에게 기업과 지역에 관한 정보를 송부하는 시마네 학생등록 제도를 운영하고 있다. 2008년 유효 등록자 수는 3,000명에 달한다. 여기에는 대학졸업 후 혹은 취직 후에라도 U 턴을 촉진시키는 목적이 있는 데 비용면에서 대형 구인 사이트를 이용할 수 없는 중소기업에 유효한 인재확보 수단이 될 수 있다.

이러한 노동시장의 중개조직 운영은 단지 사람을 모으는 것이 아니라 지역에서 생활의 질을 브랜드화하는 작업이라는 점이 주목할 만하다. 따라서 IT기술의 발전 등 지리적 조건의 제약을 덜 받는 기업에게는 입지의 동기가 될 수 있다. UI 턴에 의해 지역자원인 농업·농촌이 새로이 발전하면 지역에서 일하는 사람들의 생활의 질도 그에 연동하여 더욱 향상될 가능성이 있다고 할 수 있다.

이와 같은 시책을 추진하는 한편, 현의 독자적 고용정책으로 산업진흥과 직접 관계없는 문제 특히, 비정규직 고용정책은 깊이 있게 추진되었다고 할 수는 없다. 확실히, [도표 2-14]의 수치는 시마네현의 비정규직 고용 비율이 전국적으로 볼 때 높다고는 할 수 없다는 것을 나타내지만, 추세로서는 시마네현에서도 비정규 고용비율이 상승하고 있다. 또, 5절에서 보듯이 히카와쵸를 포함하는 이즈모 관내는 비정규직과 외국인 노동자 고용이 상당 정도의 수준에 달하고 있다. 밝혀진 범위 내에서 외국인 노동자의 직종 내용을 보면 대부분이 '생산 공정 작업원'으로 현의 제조업 일정 부분이 외국인 노동자에 의해 유지되고 있음을 알 수 있다([도표 2-15]). 현이 독자적으로 비정규직 고용에 대해 깊이 있는 정책을

[도표 2-14] 비정규 고용비율 추이

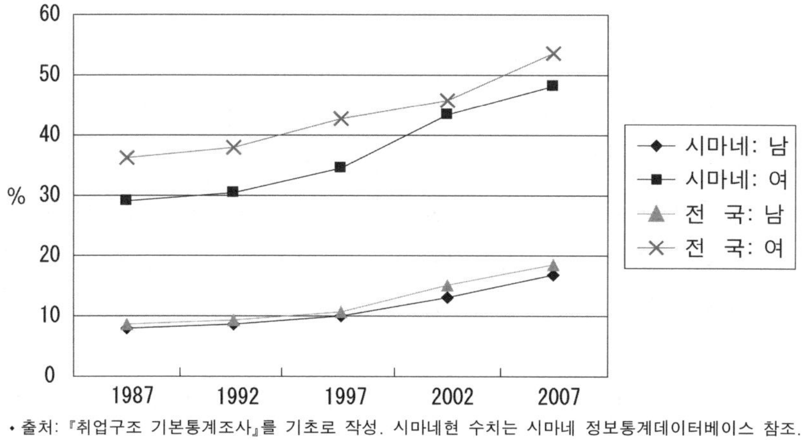

• 출처: 『취업구조 기본통계조사』를 기초로 작성. 시마네현 수치는 시마네 정보통계데이터베이스 참조.

수행하지 못한 배경에는, 오사카부와는 달리, 그에 관련된 문제가 지역에서 현재화顯在化하기 어려운 구도가 형성되어 있는지 모른다.[18] 이 점은 2008년 가을 이후의 과정에서 조금씩 밝혀지고 있다.

[도표 2-15] 외국인노동자 직종

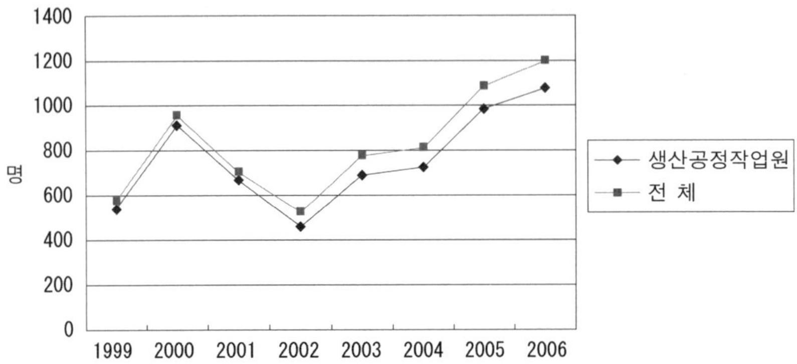

• 출처: 현 상공노동부 제공자료.

5. 히카와쵸 사례

1) 산업진흥

이어서 히카와쵸를 사례로 시정촌 차원의 지역산업·고용현황, 자치단체의 정책추진을 분석한다. 히카와쵸는 이미 세키(2007a)의 연구에서도 산업진흥 시책의 선진성이 소개되어 있다. 제조업을 보면 종업원 수, 제조품 출하액 모두 현 내에서의 비율이 상승하고 있다([도표 2-16]). 특히, 제조품 출하액의 현 내 비율은 30% 전후에 달하며 인구 3만에도 미치지 않는 도시로서는 특기할만한 사례라 할 수 있다.

18) 시마네노동국과 어떤 형태로든 정책상 분담관계가 있을 가능성도 있다. 이 점은 앞으로의 분석과제이다.

[도표 2-16] 시마네현에서 히카와쵸의 위치

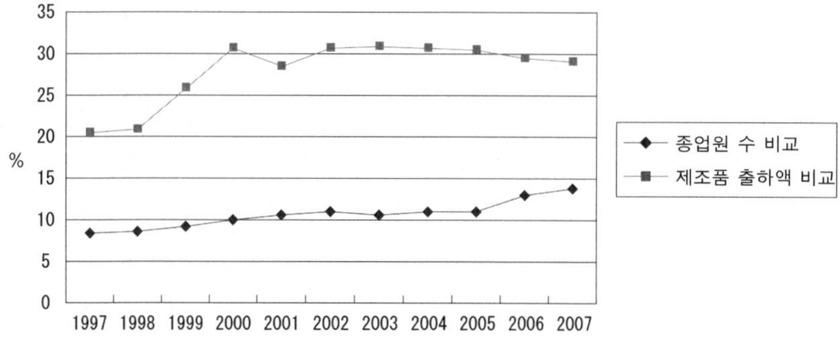

• 출처: 히카와쵸 상공관광과 제공자료.

역사적으로 보면, 역시 1983년 G사(세라믹콘덴서 제조)의 입지가 가장 크고, 다음 연도에 H사(노트북 제조), 그 후 J사(1990, 산업용 로봇 제조), I사(1997, 의료관련기기 제조) 등 대기업의 입지가 계속되었다.[19] 기업유치와 관련하여 현의 지원 외에 쵸町 독자의 입지조성금·용지취득조성금·고용촉진조성금이 있다. 2008년 4월 기준 입지협정을 체결한 기업은 32개사이고 종업원 수는 7,227명에 달하였다. 다만, I사의 입지 이후는 대기업 입지가 없었고 주로 기존 입지기업의 증설로 종업원과 제조품 출하액의 증대가 이루어졌다.

2001년에 쵸의 산업진흥시책은 "기업유치+내발형으로"라는 슬로건을 내걸며 새로운 단계로 접어든다. 기업유치를 계속 진행하면서도 그에 과도하게 의존하지 않고 성과를 살려나가는 방향으로 목표를 설정하였다. 구체적으로는 2001년에 기업화지원임대공장의 설치, 2002년에는 기업화지원센터, NPO법인 비즈니스서포터 히카와(이하, BS히카와)를 설립하였다. 기업화지원임대공장 사업은 '자립형기업'을 목표로 하는 제조업자에게 5년 후의 '졸업' 계획을 근거로 부스를 임대하며, 하나마키시花巻市 모델을 참고로 하고 있다. 2008년 7월 기준 4개사 12실이 사용되며 2개

19) 이런 유치활동의 중심역할을 담당한 사람이 전술한 후쿠마(福間) 씨이다.

사가 실제로 자립을 이루었다. 기업화지원센터는 쵸의 조직으로 지역기업의 육성·지원을 담당하고, 행정의 범위를 넘어 주변지역의 기업지원을 목적으로 하는 것이 BS히카와이다. 그러나 실제로는 양자 모두 중소기업지원이 중심업무이다. BS히카와의 넓은 사업범위 중에서 중심이 되는 것은, 종업원의 기술향상에 신경 쓸 여력이 없는 기계금속분야 기업에 대해서 직업훈련지도원이 연수기회를 제공하는 제조기술 지원 사업이다. 2006년부터 제조기술 실천 공부방을 만들어 기초지식연수코스, 범용선반기술연수코스, 플라이스선 기술지도코스, NC선반기술지도코스 등이 개강되었다. 수강자 수는 2006년부터 2008년까지 3년간 127명(31개사), 수강시간은 30~60시간이다. 또, 수강 후에 기계가공기능검정실기시험(플라이스반 2, 3급 등)에 응시하여 합격하는 수강생도 생겼다. 수강료는 회원의 경우 5,000엔부터 22,000엔인데, 3분의 1을 보조받는 캐리어형성촉진조성금(고용·능력개발기구)을 활용하는 기업도 있다.

2009년부터는 제조기술 실천 공부방의 노하우를 살려 제조기술 양성공부방이 신설되었다. 이는 경제산업성의 기업입지추진 등의 보조사업인 시마네현 동부지역 기계금속 관련 산업 활성화 인재양성사업을 활용하여 진행되는 사업으로, 보다 전문적인 지식과 기술습득을 목표로 하며 히카와쵸·운난시·이즈모시 등지의 기업이 참가하고 있다. 내용적으로는 범용선반·립 플라이스 반·NC선반 등에 대한 기술지도와 기능검정코스가 개설되어 있고 수강료는 교재비만 부담하며, 제조기술 실천 공부방은 기초지식연수코스를 담당하게 된다. 또, 1코스당 수강생이 적어 문자 그대로 맨 투 맨 방식으로 지도하고 있으며 여기에는 시설이 부족한 사정도 있다. BS히카와에서는 좋은 제품 만들기 지원 사업 이외에도 인재육성·경영지원사업, 교류사업, 정보수집·제공사업 등을 추진한다.

이상에서 본 바와 같이 히카와쵸와 BS히카와에 의한 사업진흥정책이 히카와 단위는 물론 기업을 초월하여 연대를 실현하고 있는 점에서 선진사례라고 할 수 있다. 특히, 제조업에 익숙하지 않는 초보자에 대한 훈련이 기업들로부터 환영받고 있다고 한다. 한편, 자치단체의 규모 면에서 보더라도 하나의 쵸·NPO단위에서 할 수 있는 일에는 한계가 있다. 그런 의미에서 산업진흥재단이 2008년도에 운난시와 공동으로 주최한 대규모 세미나는 그 의의가 크다. 구체적으로 〈제조기술 절삭가공 세미나〉(4일간), 〈제조기술 생산혁신리더·후계자 의식개혁 공부방〉(2일간), 〈제조기술 공장관리 실천 공부방〉(6일간)이 개최되어 각 세미나별로 30~50명이 참가하였다. 또, BS히카와와 동이즈모쵸의 히가시이즈모 산업지원센터가 연계하여 양 지역의 향토중소기업을 모집, 오사카 등의 선진지역으로 견학을 보내기도 하였다. 앞으로, 인재육성이나 기업 간 거래 면에서도 이즈모시·마츠에시·운난시·야스기시 등지로 확산되는 네트워크를 의식적으로 형성해 나아갈 필요가 있다. 이미 살펴본 바와 같이 마츠에시 지역에서는 몇 가지 신산업과 관련된 싹이 자라고 있다. 이러한 시책들이 연계되어 중심산업의 육성과 지역진흥에 대한 비전이 만들어지리라 생각되며, 이것을 현에서 주도할 필요가 있다.

현재, 히카와쵸의 대기업은 다른 지역(예를 들면 산요山陽지역: 효고현兵庫県 서남부에서 야마구치현山口県까지 본토의 내해에 접한 지역일대)으로의 발주를 계속 늘리고 있다고 하며, 지역중소기업과의 관계 강화에 적극적이라고는 할 수 없다. 동시에 내제화內製化를 강화하기 위한 움직임도 일부 보인다고 한다. J사의 연구개발센터가 2008년 10월에 완성되는 등 적극적인 움직임도 보이는데, 중심 대기업을 이러한 연계의 중심으로 어떻게 유인할 것인가가 과제이다.

2) 고용효과

현의 고용정책은 산업진흥을 위한 인재의 육성과 확보가 중심이었다. 인접한 이즈모공항과 함께 지역 내는 물론, 이즈모시·마츠에시에서 풍부한 노동력의 조달이 가능했던 것이 히카와쵸 기업유치의 성공요인이라고 한다. 여기서, 2006년 시점에서 입지기업으로의 통근현황을 보자([도표 2-17]). 히카와쵸에서의 통근자는 전체 44%이고, 반 수 이상이 다른

[도표 2-17] 히카와쵸 기업으로의 통근현황

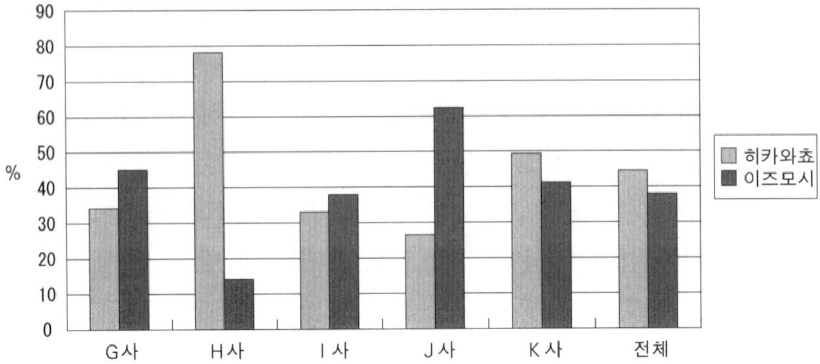

• 출처: 히카와쵸 상공관광과 제공자료.

지역에서 통근한다. 이어서, 이즈모시에서의 통근 비율이 38%로 양 지역이 80%를 차지한다. 도표에는 없으나 마츠에시로부터는 12%, 운난시에서는 5%이다. 종업원 수가 가장 많은 G사는 이즈모시에서의 통근이 히카와쵸에서의 통근자보다 많은데, 거꾸로 H사의 경우는 80% 가까이가 히카와쵸에서 통근한다. 다만, 이 조사에서 파견노동자의 경우 파견사업장을 주거지로 취급하였기 때문에 정확히 파악된 수치라고는 할 수 없다. 그러나 파견노동자가 거의 없는 J사, K사, I사는 히카와쵸에서의 통근자가 26%, 50%, 34%로 어느 쪽도 50%를 넘지 않으며 이즈모시로부터의 통근자가 많은 점을 유의해야 할 것이다. 그리고 쵸의 상공관광과에 의하면 H사 정규고용노동자의 30%가 히카와쵸, 40%가 이즈모시에서 통근한다. 어쨌든, 히카와쵸와 이즈모시의 노동시장이 중복됨을 확인할 수 있으며, 히카와쵸에는 독신자용 아파트가 적다는 것이 통근자 비율 50%를 밑도는 요인으로 생각된다.

그러나 전성기에는 주변지역을 포함하여 7,000명이 넘는 고용을 창출하였다는 사실과, 입지대기업의 경우 정규사원 약 3분의 1정도를 지역에서 채용하였다는 사실을 볼 때 기업유치의 고용효과는 매우 높았다고 할 수 있다.

[도표 2-18] 히카와쵸 유치기업의 고용형태

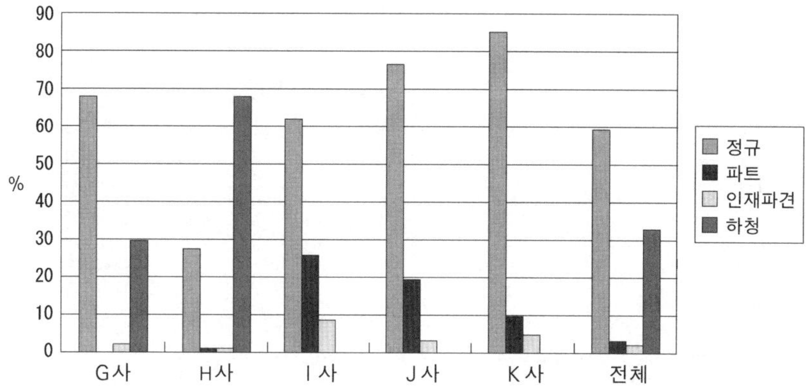

• 출처: 히카와쵸 상공관광과 제공자료.

고용형태 면에서는 대기업의 비정규직 고용비율, 특히 간접고용비율이 높다는 점에 주목하여야 한다. 본장에서는 간접고용노동자도 종업원 수에 포함하고 있는 것을 감안, [도표 2-18]에서 2008년 4월의 수치를 보면, G사는 정규 68%, 하청이 29.8%, H사에서는 정규 27.5%, 하청 67.8%이다. 한편, 전체의 간접고용비율은 35%정도로 다른 기업에서는 간접고용비율이 높지 않음을 나타낸다. 예를 들어, I사에서 비정규 고용의 중심은 25.8%를 차지하는 파트타임이며, 이러한 경향은 K사, J사도 같다고 할 수 있다.

또, 파견·하청노동자 중에는 일본계 브라질인이 상당 수 포함되어 있다고 한다. 현 전체의 외국인 노동자 수는 2008년 6월 말 1,367명(234개사)인데 기업별 수치는 불명확하다.[20] 아주 간접적 지표이지만, 이즈모시의 외국인 등록 추이를 보면 2008년 3월 말 절정기가 2,000명에 가까운데([도표 2-19]), 이 수치는 당시 히카와쵸·이즈모시 지역에 1,000명이 넘는 일본계 브라질인이 거주하고 있었다는 사실과 모순되지 않는다.[21]

20) 시마네노동국 자료에 의함.

21) 「언어의 벽, 재취업 곤란」, ≪산인(山陰: 일본 본토 서부지역 중 동해에 면해있는 지역)중앙신보≫, 2009. 2. 16 참조.

[도표 2-19] 이즈모시 외국인 등록자 수

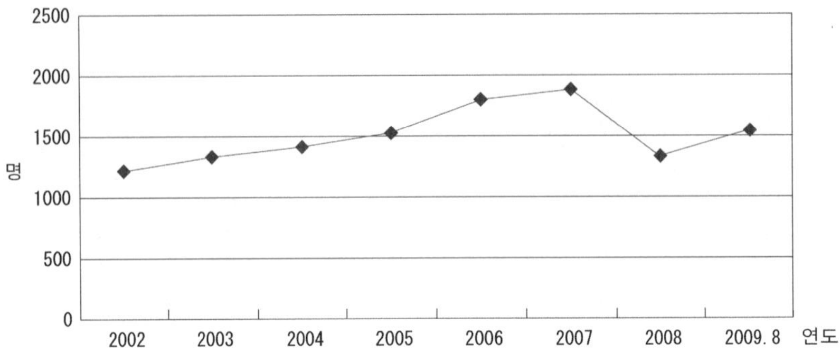

• 주: 수치는 2009년 8월 말을 제외하고는 모두 연도 말 기준임.
• 출처: 이즈모시청 홈페이지.

2003년 이후 일본의 수출지향 제조업 중심의 성장을 견인해 온 것이 비정규고용 노동자와 외국인 노동자의 증가였는데, 히카와쵸도 그 예외가 아니었음이 확인된다. 특히, 간접고용의 비중이 높은 것이 주목되는데, 이는 일시고용 상태가 악화되면 단기적으로 일거에 실업자가 될 수 있는 계층이 대량 포함되어 있음을 의미한다. 또, 직장에서 비정규고용 노동자의 처우상 문제가 존재할 가능성도 높지만 그런 문제가 지역에서 표면화되지는 않았다. 이런 계층에 속한 노동자의 근로조건에 대한 자세한 분석은 앞으로 검토할 과제이나, 많은 비정규고용·외국인 노동자의 직장과 주거지 소재 기초자치단체가 서로 분리되어 있기 때문에 이들의 생활실태에 대한 통일적인 파악이 어려웠는지 모른다. 혹은 이 때문에 자치단체가 문제를 '간과'할 수 있었다고도 할 수 있다.

6. 경제위기의 영향과 대책

1) 고용실태

2008년 가을 이후 경제위기는 시마네현 지역의 고용에 어떤 영향을 미쳤을까? 먼저, 시마네노동국 자료를 근거로 검토하면, 2008년 이후, 시마네현에서도 유효구인배율이 저하되었으나 전국적인 하락추세보다는 크지 않다. 2009년 5월 시점으로 시마네현이 0.58인데 대해 전국적으로는 0.44였다(계절조사치). 이미 지적한 바와 같이 시마네현에서 낮은 수준의 안정이 재확인 된 것이다.

히카와쵸가 포함된 이즈모 관내에서는 2008년도에 평균 0.89로 현 전체보다는 위였으나, 2009년 5월의 수치는 0.52로 현 전체와 비슷한 수준으로 떨어져 이 지역에서의 하락의 크기를 보여 준다.[22] 다만, 아이치현愛知県과 같이 2008년 평균 1.27에서 2009년 5월에 0.44로 하락한 지역에 비하면 그 변화가 심하지는 않다.[23] 또, 7월의 집계에서는 0.61로 현 전체를 상회하는 수치로 회복되었으며, 전국적인 유효구인배율의 하락이 계속되는 가운데 상승한 것이다.

현 전체의 신규 구인동향을 보면 2008년 10월부터 전년대비 13.6% 감소되고, 2009년 5월 시점에서도 28.3% 감소하였다([도표 2-20]). 이즈모 관내에서 2009년 5월의 수치는 전년대비 49.8% 하락하여 현 내에서는 가장 크게 하락하였다. 이 수치는 전국 30% 감소보다 크고, 가장 심각한 지역의 하나였던 아이치현에서의 같은 시기 51.7% 감소에 필적하는 크기이다. 경제위기 때를 포함하는 집계인 2008년도 신규 구인 상황을 산업별 비율로 보면, '제조업'비율이 크게 감소하고, '의료·복지', '정보통

---

22) 시마네노동국 직업안정부, 「시마네 직업안정속보」 참조. 이후, 이즈모 관내 수치는 이를 근거로 함.

23) 「최근의 고용정세(속보)」(아이치노동국 홈페이지) 참조. 이후, 아이치현 수치는 이를 근거로 함.

[도표 2-20] 신규 구직·구인, 전년 동월 증감비

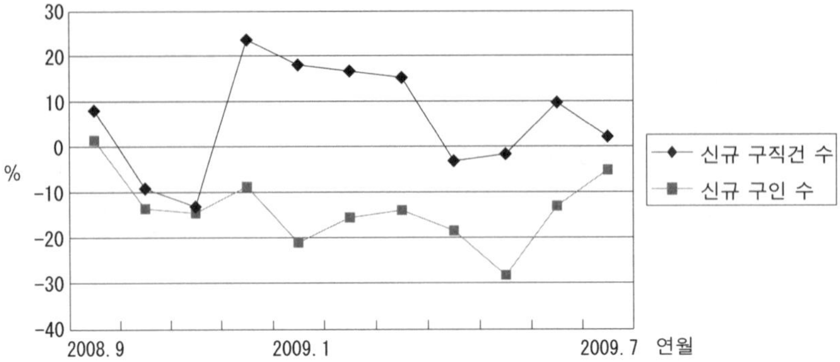

• 출처: 「시마네 직업안정업무속보」.

신업'이 증가하고 있다. 이 경우의 '정보통신업'에는 마츠에 관내의 콜센터가 많이 포함되어 있다고 생각된다.[24]

여기서, 2006년부터 2008년까지 이즈모 관내에서의 구인 수 하락을 보면, '전자부품·장치제조업'이 564명, '정보통신기계기구제조업'이 229명 감소하고 있는데, '서비스업(다른 것으로 분류되지 않은 것)'의 1,056명 감소가 현저하다.[25] 이 지역의 '서비스업(다른 것으로 분류되지 않은 것)'에는 업무 도급 기업분이 상당 수 포함되어 있다고 생각된다. 실제, 이 산업에서의 구인 수는 시마네현 전체로서는 498명 감소에 머무르고 있다. 어쨌거나, 히카와쵸 주요 기업의 직·간접 고용에서의 구인감소를 반영하고 있다고 생각된다. 다만, 현 전체의 신규 구인 감소가 2009년 6월 이후 계속 억제되어, 7월 수치에서는 전년대비 5.2% 감소에 머물렀다. 특히, 이즈모 관내는 0.9%감소까지 회복되었다. 한편, '정규사원'만의 유효구인배율은 회복경향 없이 2008년 10월의 0.49에서 2009년 5월의 0.32로 침체되어 있다. 더욱이, 신규 구인 전체에 대한 정규사원 비율은 이전부터 침체되어 2005년 이후를 보더라도 거의 40% 전후에서 움직이

24) 「시마네현, 신규 구인 산업별 비율」(시마네노동국 직업안정부 자료)에 의함.

25) 「산업별 신규 구인 현황」(시마네노동국 직업안정부 자료)에 의함.

고 있다.[26)]

이어서, 구직 건수에 대해 검토해 보자([도표 2-20]). 신규 구직 신청건수가 급증한 것은 2008년 12월경으로 전년대비 23.5% 증가하였으며 전국 수치에 가깝다. 아이치현도 같은 시기부터 급증하여 전년대비 80% 증가를 기록하는데 시마네현보다는 훨씬 높다. 아무튼, 2008년 9월의 경제위기에 연동하여 12월, 1월경부터 고용조정이 본격화한 것으로 생각된다. 다만, 그 후의 신규 구직 신청건수는 4·5월과 전년대비 마이너스를 보이는 등 비교적 안정된 추이를 보이고 있다.

여기서 신규 상용구직자의 '유형별 현황'을 보면, '사업주 형편'에 의한 이직자는 2008년 12월 이후 증가하며 특히, 2009년 1월에 급증한다([도표 2-21]). 도표에는 없으나, 전년대비 두 배 가까이 증가한 수치이다. 다만, 정리해고 대상자가 된 노동자가 그대로 신규 구직자가 되었다고는 한정할 수 없다. 실제, 정리해고 상황이 '사업자 형편'에 의한 이직자의 구직상황을 명확히 반영하고 있다고는 할 수 없다. 또, 2009년 5월 이후는 수치상 안정세를 회복하고 있음에도 유의하여야 한다.

구직자 연령에 대해서는 1980년도까지의 자료밖에 없는데, 35~39세

[도표 2-21] 신규 상용구직자의 유형별 현황

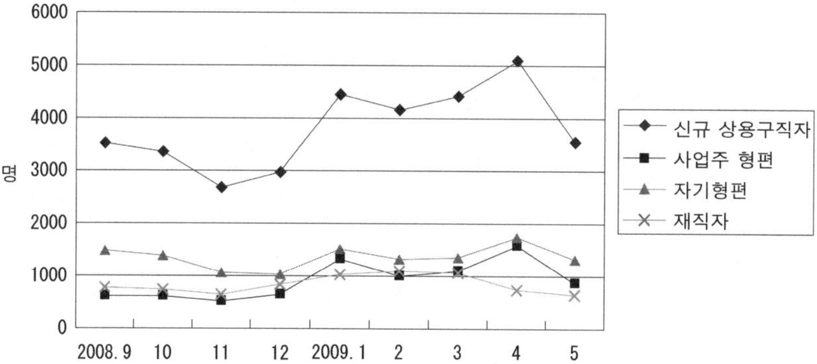

• 출처: 「신규 상용구직자의 태양별 현황」(시마네 노동국 직업안정부 제공자료).

26) 「정규사원 직업소개 현황」(시마네노동국 자료)에 의함.

[도표 2-22] 인원정리 수의 추이

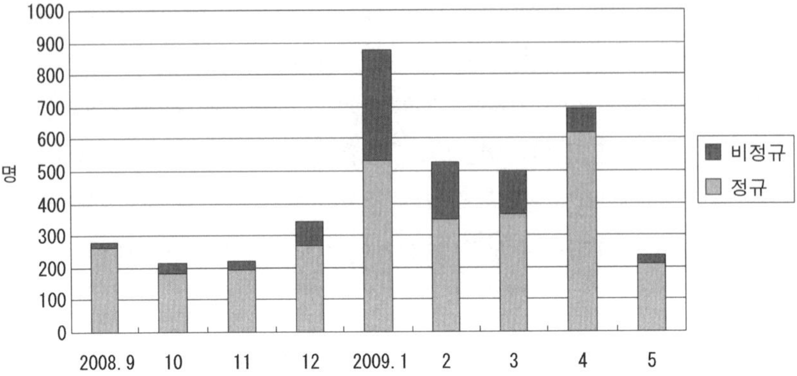

• 출처: 「시마네현 내 인원정리 현황」(시마네 노동국 직업안정부 제공자료).

층과 40~44세층의 비율이 상승하고 있다.[27] 분명히, 사람 수로나 비율로나 25~29세층이 1위를 차지하고 있으나 35~44세층의 비율상승은 고용위기시의 구직자=젊은 비정규고용 노동자라는 등식이 반드시 정확한 것은 아니라는 것을 의미한다.

그렇다면, 실제 인원정리는 어떻게 되었던 것일까? 인원정리는 본격적으로 2009년 1월에서 4월까지 계속되었다([도표 2-22]). 6월, 7월의 수치는 도표에 없으나 각각 158명, 127명이다. 이 점에서는 4월 이후 안정세를 회복하던 신규 구직신청 건수의 추세와 모순되지 않는다. 유의할 것은 '정규고용'[28]의 인원정리 비율이 일관되게 높다는 것이다. '비정규고용'에 대한 인원정리가 가장 높았던 2009년 1월에도 '비정규고용'이 차지하는 비율은 39.4%였다. 2008년도 누계치에서는 27.4%이다. 또, 1개 사업장 당 해고자 수는 2007년 누계치로 2.8명인데, 2009년 1~3월에는 5.7명, 4.4명, 3.7명으로 다소 많은 경향을 보인다.

2008년까지의 수치이지만 산업별 인원정리 현황을 보면, '제조업'에서

---

27) 「연령별 신규 구직신청자 추이」(시마네노동국 직업안정부 자료)에 의함.

28) 여기서의 '정규고용'은 '노동자 파견사업소·업무하청사업소, 임시 및 파트를 제외한 상용노동자'를 뜻한다.

의 증가가 현저하다. 또, 지역별로는 이즈모 관내가 가장 많다. 동 관내에서는 2007년에 406명이었던 인원정리 수가 2008년에는 1,324명이고, 증가된 반 수 이상이 '제조업'이고, 그 다음이 '서비스업'이다.29)

이즈모 관내의 2008년 말 이후 인원정리 동향을 살펴보자.30) O사(전자부품·장치제조업)를 제외하면 인원정리의 주력은 제조업(혹은 운수관계)으로의 파견·업무하청기업인 P사, Q사이다. 양사의 인원정리는 12월부터 본격화하여 정점인 1월에는 합계 200명 가까이 상승하였다. 이외에도, 1월에는 R사, S사가 각각 50명을 초과하는 인원정리를 실시하였다. 따라서 2009년 1월의 시마네현 전체 인원정리의 비정규부문 대부분은 이즈모 관내에서의 파견·업무하청기업이었다고 생각된다. 다만, 반복하자면 타 지역에서는 직접고용·상용에 대해서도 인원정리가 계속되었으며, 2009년 1월 이후 20명 규모를 해고한 기업도 눈에 띈다.

그런데, 파견·업무하청·유기계약(직접고용)의 기간만료를 포함한 비정규 고용의 '고용 중단 등'에 대한 수치는 2008년 10월부터 2009년 9월 말까지 48개 사업장 2,154명이다. [도표 2-23]을 보면, 이 중 대부분이

[도표 2-23] '고용 중단 등'의 내용

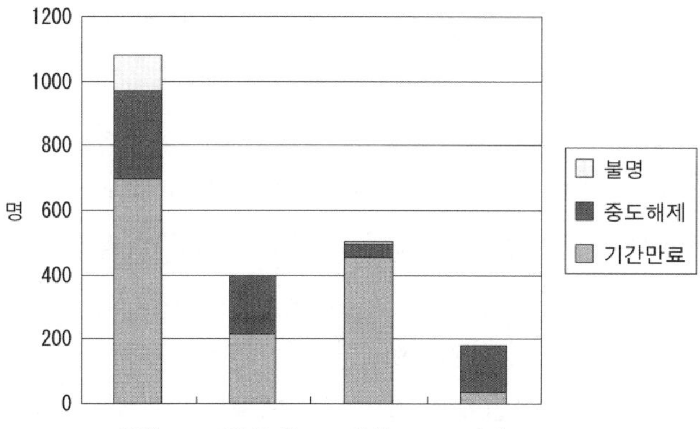

• 출처: 「비정규고용 노동자의 고용중단 등 현황」(시마네 노동국 홈페이지).

29) 「인원정비현황」(시마네노동국 직업안정부 자료)에 의함.

30) 「기업정비현황」(시마네노동국 직업안정부 자료)에 의함.

[도표 2-24] '고용 중단 등'의 추이

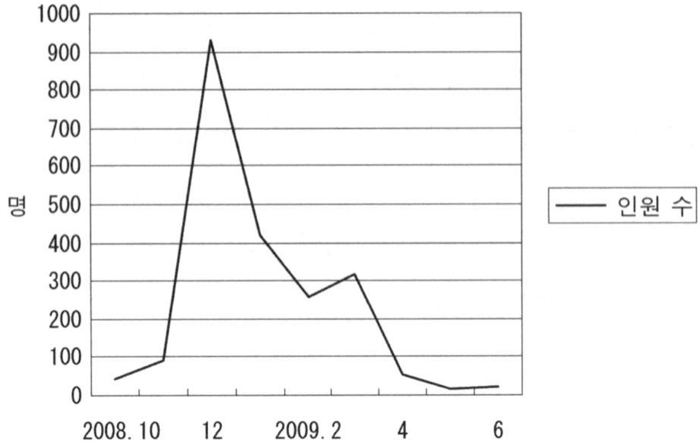

• 출처: 「비정규고용 노동자의 구용중단 등 현황」(시마네 노동국 홈페이지).

기간만료에 의한 것으로 특히, 하청에서 그것이 현저하다. 이 수치가 임의 청취조사에 의한 결과임을 고려하면, 앞의 인원정리에 대한 수치와의 정합성에 대해 검토의 여지가 남는다. 그러나 중도해제에 의한 실업이 많지 않았다고 한다면, 고용조정 과정에서의 집단적 이해관계의 충돌은 없었던 것으로 생각된다.

또, '고용 중단 등'이 가장 많았던 것은 2008년 12월로 인원정리가 정점이었던 때 보다 1개월 빠르다([도표 2-24]). 금융위기를 전후하여 3개월의 계약기간이 만료 되었을지도 모른다.

파견·하청사업장으로부터의 구직상황을 보면, 1월이 구직자 수 430명으로 정점을 이루고 2월부터 하락하기 시작하여 5월에는 급감하게 된다.[31] 구직자의 주거에 대해서는 현 전체에서 '기숙사 이외'가 많았으나, 이즈모 관내에서는 60%가 '기숙사'였다. '이직에서 퇴거까지의 기간'은, '즉시'와 '2주 이내'가 40%가까이 차지하여, 어려운 상황에 내몰린 파견·업무하청 노동자가 많았음을 확인할 수 있다. 다만, 4~5월이 되자 '기숙사'에서의 구직자는 급감하게 된다.

31) 「파견·하청사업장으로부터의 구직신청 현황」(시마네노동국 직업안정부 자료)에 의함.

[도표 2-25] 유치기업의 종업원 수 추이

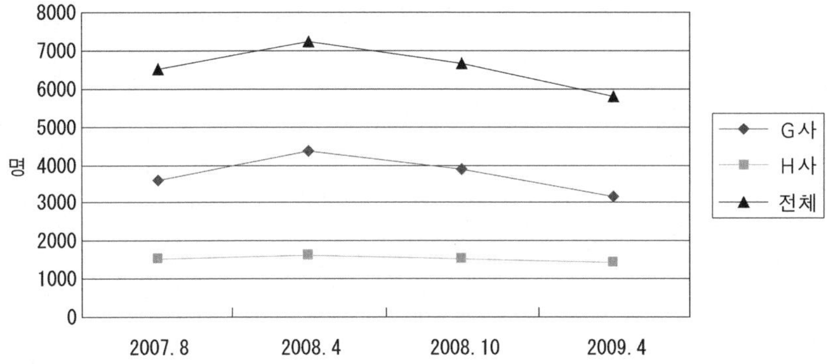

• 출처: 히카와쵸 상공관광과 제공자료.

2) 히카와쵸의 상황

히카와쵸에서는 2008년 가을 이후, 입지기업의 도산·퇴출은 없으나 감산 등의 영향을 받아 2008년도의 경우 제조품 출하액이 전년대비 20~30% 감소하였고, 산업진흥 시책인 임대공장의 공실도 증가하였다.

이즈모 관내에서의 고용동향은 비정규 고용을 중심으로 이미 검토하였다. 여기서는 히카와쵸 입지기업의 고용변화를 살펴본다. 먼저, 총 수는 2008년 8월 13일 현재 6,533명에서 2009년 4월 1일 현재로 7,227명까지 증가하지만, 동년 10월 30일 현재 6,650명으로 감소하고 2009년 4월 1일 현재는 5,783명으로 하락한다. 1년 전에 비하여 1,444명이 감소하였는데([도표 2-25]), 고용인수가 가장 많은 G사가 중심이 되어 1년간 1,204을 감소하였다. 다음으로 감소 수가 큰 것은 H사로 202명을 감소하였으며 이 두 회사가 전체 감소 수의 대부분을 차지한다. 한편, 고용조정이 비정규고용에 집중된 결과 정규고용비율은 상승하였다. 2007년 8월에는 정규고용비율이 57.5%였던 것에 대해 2009년 4월에는 75.4%로 상승하였다([도표 2-26]).

비정규 고용의 내용은 G사, H사 공히 업무하청과 인재파견 등 간접

[도표 2-26] 유치기업의 고용형태 추이 (단위: %)

	고용형태	2007년 8월	2008년 4월	2008년 10월	2009년 4월
G사	정규	65.1	68	77.1	94.4
	파견	2.8	2.1	8.5	2.2
	하청	31	29.8	14.4	0.2
H사	정규	27	27.5	29.3	37.4
	파견	1.3	1	0.9	22.5
	하청	67.8	67.8	65.9	22.2
전체	정규	57.5	59.2	64.7	75.4
	파견	2.7	2.2	5.8	7
	하청	33.3	33.1	23.4	6.3

• 출처: 히카와쵸 상공관광과 제공자료.

고용이 많고, 간접고용 중에서도 업무하청이 압도적으로 많은 것은 이미 서술하였다. 그 후 G사의 고용형태 구성 비율 동향을 보면 먼저, 10월에 업무하청 감소와 인재파견 증가가 보이고 다음 해 4월에 양쪽 모두 급감한다. 한편, H사에서는 10월에는 큰 변화가 없었고 다음 해 4월에 업무하청이 급감하고 인재파견과 파트, 정규고용이 증가하는 움직임을 보였으며, 총 수에서는 G사 만큼의 감소는 없다. 또, H사의 정규 고용비율 증가는 절대 수의 증가를 동반하며 신규 졸업자 채용분과 비정규 고용직의 정규직 등용 분이라고 한다. G사는 조기에 간접 고용자를 고용 중단·해고하였고, H사는 정규직화와 비정규직의 다양화를 의도했다고 할 수 있다. 기타 기업의 경우, K사·I사는 인재파견을 감소시키고 J사는 파트의 감소로 대응하였다. 각각의 기업 간에는 기술과 직장조직의 유형, 경영전략 등의 영향에 따라 대응방법에 차이가 난다. 간접고용을 줄여나가는 움직임은 자동차 산업을 중심으로 2008년 가을 이전부터 있었으나, H사의 정규직화·비정규직 다양화 움직임은 매우 흥미가 있으며 앞으로의 검토과제이다.

일본계 브라질인 노동자는 상당 수가 G사에서 근무한다고 하는데 그 실태는 파악되지 않고 있다. 또, 일본계 브라질인이 많이 거주하던 이즈모시의 인구통계상 외국인 등록자 수는 2007년 3월 말 1,916명이며, 1년 후는 1,354명으로 감소하고 있다([도표 2-19] 참조). 다만, 이즈모시 주변에서는 전성기에 1,000명(가족 포함)을 넘던 일본계 브라질인이 경제위기 후에 120명 정도로 감소하였다고도 하는데,[32] 이 정보가 현실에 가깝다고 생각하는 것이 타당할 것이다.

여기서 주의를 촉구할 것은, 히카와쵸를 포함하는 이즈모 관내에서는 2008년 가을 이후 실직한 비정규 고용노동자나 일본계 브라질인 노동자가 반드시 구직자로 넘쳐나는 것은 아니라는 점이다. 확실히, 신규 구직신청 건수나 월간 유효구직자 수도 전년 동월에 비해 상회하고 있으며, 2009년 5월은 +4.3%와 +21.3%이다. 그러나 이 수치는 전국수준(+23.6%, +37.5%)보다 낮고, 아이치현의 수치(+40.9%, +77.0%)보다는 훨씬 낮다. 한편, 이미 언급한 바와 같이 신규 구인자 수는 2009년 5월 시점에 전년 동월 대비 −49.8%로 아이치현과 거의 같은 수준이었으나, 7월 시점에서는 −0.9%로 회복되고 있다. 이들 수치를 조합해보면 유효구인배율이 일정정도 개선된 결과로 생각된다. 이들은 이미 7월 기준으로 G사에 일본계 브라질인 노동자가 돌아오기 시작했다는 정보와 정합한다.[33]

그런데, 현재 시마네노동국과 히카와쵸의 담당자들이 가장 심각한 고용문제로 인식하고 있는 것이 신규고졸채용의 하락이다. 시마네노동국도 히카와쵸도, 2010년 3월 졸업예정자에 대한 구인이 전년도의 3분의 1정도가 될 것으로 예측하고 있다. 2009년 3월 졸업자의 현 내 취업내용을 보면 53.6%가 '제조업'이다. 상위는 '전자부품·장치제조업', '식료품제조업', '정보통신기계기구제조업', '정밀기계기구제조업', '일반기계기구제조업', '철강업' 등이다.[34] 신규 학교졸업자의 구인 수치는 아니지만,

---

32) 주 21)과 같음.

33) 이즈모시 외국인 등록자 수가 2009년 8월 시점에서 약간 증가하고 있는 것도 그것을 반영하는 증거인지 모른다.

34) 「신규 고등학교졸업자의 산업별·직업별·규모별, 구인, 취업현황」(시마네노동국 직업안정

이들 업종의 구인현황은 이미 2008년도 집계수치에서 '정밀기계기구제조'를 제외하고 전년도 집계와 비교하여 마이너스였다.[35] 노동수요의 침체가 그대로 신규 고졸채용의 억제로 이어질 가능성이 높다고 생각된다. 산업구조상 특히, 히카와쵸에의 영향이 클 것이다.

3) 긴급 고용대책

이번 경제위기에 대한 고용대책은 현의 독자적 고용정책이 아니고, 지역에 대한 국가의 대책이 전면에 세워졌다. 그 전형적인 예가, 고용조정조성금이라는 구 제도가 기능한 것이며, 구체적으로는 휴업조치에 대한 조성금으로, 제1차 석유위기의 대책으로 마련된 조치이다. 시마네현도 전국적인 상황에서 보면 조금 빠른 2008년 12월부터 '실시계획 수리건수'가 상승하였다. 당초, 대기업이 차지하는 비율이 높았으나 2월, 3월 이후는 중소기업의 비율(중소기업 긴급고용안정 조성금)이 압도적이다([도표 2-27] 자료)에 의함.

[도표 2-27] 고용조정조성금·계획수리상황(대상자 수)

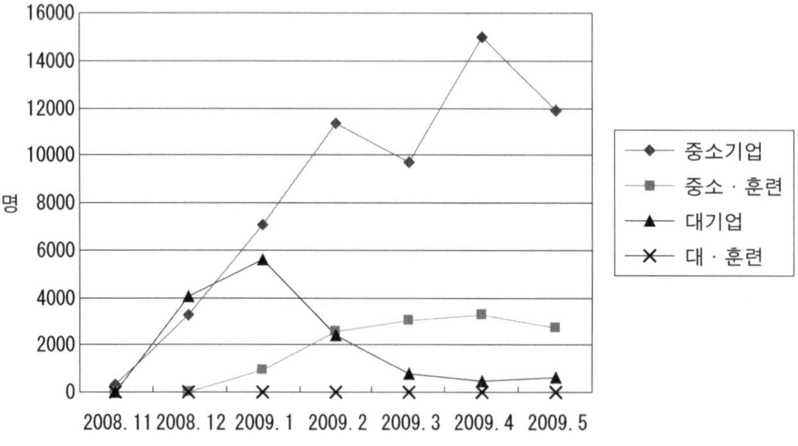

• 출처: 히카와쵸 상공관광과 제공자료.

35) 주 24)와 같음.

2-27]). 업종으로서는 거의가 제조업이고 여기에 운수업이 약간 더해지는 정도라고 한다.

중소기업에서 특징적인 것은 '휴업 등에 관한 교육훈련비' 신청이다. 이것은, 휴업에 대한 지원을 활용하여 교육훈련을 실시한 경우 1인 1일 6,000엔(대기업은 4,000엔)이 가산되는 것이다. 이 계획에 따라 각 고등기술학교에 교육훈련지도원이 배치되어 훈련을 진행한다. 훈련내용은 '품질향상', '경영철학', 'ISO' 등의 이론과 '컴퓨터 코스', 'CAD/CAM' 등이다.

히카와쵸 역시 BS히카와에서 기계금속 조직과 경영활성화를 위한 훈련, 세미나를 실시하고 있다. 자사 사업장 밖에서 진행되는 이와 같은 형태의 교육훈련의 경우 1회 3시간이 기준이 된다. 그러나 이것은 중소기업 노동자에 대한 사실상의 수당보조 인상으로 기능할 가능성은 있지만, 예를 들어 3시간 이론 강좌가 정말 도움이 되는지, 교육훈련 실시과정의 점검이 필요하지는 않은지와 같은 의문을 불식시킬 수는 없다. 공적자금의 운용이라는 관점에서도 보다 현실의 업무에 직결되는 교육훈련의 정비가 필요하다.

긴급고용창출 사업은 2011년까지 사업기금으로 52.6억 엔이 적립되며, 2009년에는 여기에 현 독자적으로 8억 엔을 추가 한다.[36] 그리고 현 사업과 시정촌 사업을 합계하여 4,605명의 고용창출이 계획되어 있다. 이것은 이직자에 대한 단기(6개월 미만)고용 제공을 목적으로 한 것이다. 2009년도 사업 중 고용인원이 많은 것을 조금 예시하면, '마을 동산 재생지원 사업'(마츠에시 상공과, 90명), '송해충 등 피해 목 긴급제거 대책사업'(현 삼림정비과, 58명), '임시직원 고용'(마츠에시 상공과, 47명), '공공시설 재생사업'(운난시 재정과, 30명), '이즈모시 관광객 수 실태조사사업'(잡 스테이션 이즈모, 28명) 등이다.

종래의 실업대책사업에서 보이는 공원의 제초작업 등과 사실상 같은

---

36) 일련의 긴급고용대책에 대해서는 「긴급고용대책사업에 대하여」(시마네현 상공노동부 고용정책과 자료)에 의함.

사업도 있으나, 환경이나 교육 등과 연계된 사업도 있다. 이것은 2000년대 초반의 긴급 지역고용창출 특별기금사업의 경우에도 볼 수 있었던 경향이다.

이에 대해 고향 고용재생 특별기금 사업은 과거 기금사업의 반성에서 출발한 것이다. 즉, 단기고용이 아니며 단기의 장소 한정 사업도 아닌, 지역에 계속적인 고용기회의 창출과 지역재생이라는 두 가지 목적을 실현하고자 하는 것이다. 따라서 고용기간도 1년이 원칙이고 필요에 따라 갱신이 가능하다. 시마네현에서의 사업은 2011년까지 41.1억 엔의 기금을 적립하며 현 사업과 시정촌 사업을 합하여 822명의 고용창출을 목표로 하고 있다. 또, 이 사업은 전부 민간기업·NPO 법인 등으로의 위탁에 의해 진행된다. 지역재생을 목적으로 하고 있는 관계로, 앞에서 검토해 온 현의 산업진흥정책 등에 관련된 사업도 많이 보인다. 일부를 예로 들면, '신기술·신산업진출 실증모델사업'(현 산업진흥과, 고용인원 5명), '산업기술센터 연구개발 위탁사업'(산업기술센터, 8명), '시마네발! 기능성식품 직판지원 사업'(현 산업진흥과, 2명), 'Ruby e-러닝 연수시스템 구축사업'(현 산업진흥과, 2명), 'Ruby 활용보급사업'(마츠에시 정주추진과, 3명) 등이다. 그러나 이와 같은 사업은 고용인원도 적고, 지역재생사업과 실업자에 대한 계속 고용기회의 제공이라는 과제가 양립하기 어려움을 반영하고 있다. 현장에서는 위탁처 확보의 어려움과 함께 3년 후에도 사업이 계속되고 발전해 나갈 전망을 어떻게 세울 것인지가 과제로 인식되고 있다. 한편, 다른 지역의 예에서와 같이, 지역재생을 위한 자생적인 활동이 이미 추진되고 있는 경우에는 프로젝트 관련 인재육성과 의욕적인 노동자를 발굴하는 수단으로 유효하게 기능할 것으로 생각된다. 어쨌든, 이러한 고용정책상의 사업이 무의미하게 반복되지 않도록 하기 위해서도 참가자들에 대한 지속적인 모니터링이 필요할 것이다.

현의 독자적인 긴급시책으로는, 2회에 걸친 기업조사와 주택확보대책, 각종생활지원에 대한 관련 기관의 대응 지시, 상담체제 강화, 포르투갈어 통역 확보 등 거의 전국적 차원의 조치가 취해졌다.

히카와쵸의 사례에서는 대부분의 사람이 직업을 찾고 있으므로 공공직업안정소를 선호하여 특별 상담창구를 방문한 사람은 많지 않았다고 한다. 공공직업안정소와 기초자치단체 창구와의 연계, 또는 공공직업안정소의 기능강화가 요구되고 있음을 말해 준다. 또, 현에서는 간호복지사·IT프로그래머 등 40개 코스·610명을 대상으로 한 이직자 훈련을 준비하였다. 이 중 고등기술학교가 실시하는 훈련을 보면, 많게는 3~4개월이 실시기간으로 되어 있는데 간호복지사 양성과는 2년이다. 한편, 이직한 현 내 거주 일본계 브라질인을 대상으로 '간호코스'(30명), '금속가공코스'(20명), '목재가공코스'(20명)를 개강하였다.[37] 실시기관은 이즈모 고등기술학교 및 폴리테크센터 시마네이고 훈련기간은 6개월에서 9개월이다.

이상, 이번 고용위기와 관련하여 시마네현이 취해온 정책은 전국적으로 볼 때 거의 표준적인 내용이었다고 할 수 있을 것이다. 따라서 실업자 또는 예비실업자의 실태파악 필요성이나 국가·현·시정촌의 제사업간 분담관계의 정리·통합 필요성 등 어느 지역에서나 발생할 수 있는 문제들을 시마네현에서도 발견할 수 있다. 그러나 한편, 이러한 긴급대책을 통해 현과 지방노동국과의 연대가 강화될 가능성도 있다. 실제, 2009년 이후 시마네현과 시마네노동국은 긴급 지역공동 취업지원 사업이라는 틀에서 연대하고 있다. 이번에는 이런 현황에 대한 조사와 검토가 진행되지 않았지만, 긴급인재육성·생활지원사업의 집행이 본격화되는 가운데 이와 같은 연대의 필요성은 공공직업안정소 기능강화를 축으로 하여 더욱 높아지고 있다.[38]

이와 같이 시마네의 고용지표는 단기간 심각했던 시기를 거쳐 일정정도 개선이 이루어졌다. 그러나 이 지역에서의 고용문제 그 자체가 해결방향을 찾고 있다고는 말할 수 없을 것이다.

---

37) 시마네현 문화국제과 「현 내 거주 일본계브라질인을 대상으로 한 긴급고용대책사업의 실시에 대하여」(2009. 3. 13, 시마네현청 홈페이지)에 의함.

38) 공공직업안정소의 기능강화는 사구치(佐口, 2006) 참조.

이번에 예상만큼 문제가 심각화·장기화되지 않은 배경은 상당부분 비정규 고용노동자와 일본계 브라질 노동자가 지역에서 퇴출된 것에 기인한다고 추측된다. 향후에도 경기변동 속에 이러한 과정을 되풀이 하는 것이 지역의 경제·사회에 플러스가 될지 의문시 될 것이다. 중·장기적으로 유능한 지역의 일꾼이 될 수 있는 인재를 잃어버리는 사태가 올지도 모르기 때문이다. 비정규 고용노동자를 둘러싼 제 문제, 구체적으로는 기능·취업조건·주거 등의 문제에 대해 어떤 형태로든 상담 및 해결시스템을 만들어 가는 것이 하나의 선택지로서 고려할 가치가 있을 것이다. 지역을 그들이 계속적으로 살아가면서 기능을 연마하고 싶은 장소로 만들어 간다는 의미이다. 앞으로는 지금까지와 같이 극단적인 간접 고용화 현상은 보이지 않을지라도, 경기회복에 따라 비정규고용이 다시 증가할 것이라는 것은 충분히 생각할 수 있다. 정책당국이나 지역의 각 조직들이 문제를 간과하지 않고 의식적으로 찾아내려는 노력이 필요하다. 또, 정책당국 입장에서 신규 고졸채용의 하락에 대해 강한 위기감을 가지고 있는 것은 전국적인 동향과 큰 차이가 없다. 다만, 이즈모 관내와 같이 제조업에 크게 의존해온 지역은 그런 위기감이 극단적인 형태로 나타날 위험성이 있음을 부정할 수 없다. 이에 대해서도, 신규고졸자의 현 외 유출이라는 문제를 '해결'할 수 있는 선택지는 제한적일 것이다.

7. 맺는말

본장의 마지막으로, 지금까지 논의에 대한 서두의 시각을 견지하면서 정리하기로 한다. 대규모의 제조업과 그것을 축으로 한 관련 산업이 기존에 형성되어 있지 않았던 시마네현에서는, 현 주도 신산업 육성을 주 내용으로 하는 특징적인 산업진흥정책이 추진되어 왔으며, 그 핵심역할을 산업기술센터가 맡아 왔다. 현의 고용정책도 산업육성과의 연동이라는 목적을 위해 노동력 확보·육성시책이 중심이었다는 것이 특징이다. 이와 같이 산업진흥정책과 고용정책이 망라적이지 않고 명확한 문제의식을 가지고 수립되었다고 할 수 있다.

유의할 것은, 신산업의 창출정책 중 실제 순조롭게 진행되고 있는 것은 종래 산업기반과의 연속성이 인정되는 프로젝트라는 점이다. 또, Ruby 관련 집적의 추진도 키 퍼슨의 존재를 축으로 한 자생적 전개라는 기반과 이에 대한 공적지원이 유효하게 진행된 결과라고 생각된다. 자생적 전개라는 기반이 어느 정도 있고, 실제로 공적지원이 단기적으로도 비즈니스에 연결되는 인센티브를 포함할 경우, 자치단체 등이 중재하는 기업 간 연계가 유효하게 기능할 수 있을 것이다.

분명한 목적을 가지고 있던 고용정책은, 노동시장에서 중개역할을 담당하는 무료직업소개기관이 설치되어 일정 정도의 기능을 하고 있다. 유치기업에 대한 인재공급을 목적으로 하는 현의 무료직업소개기관과 함께, UI턴 촉진을 위한 정주재단의 무료직업소개기관도 주목할 만하다. 후자는 가족을 포함한 라이프스타일·질 높은 생활을 선택하기위한 전직을 촉진하는 것이다. 또, 질 높은 생활을 선택한 계층은 지역 만들기의 역할자(지역공공인재)가 될 잠재적 가능성도 크다. 노동시장에서 중개조직의 이러한 동향은, 기업과(전문)고교와의 연대를 추진하는 시책과 함께 일본 고용시스템의 질적 변화를 모색하는 움직임이라는 점도 주목된다.

사례로 소개된 히카와쵸에서는, 기업유치에 성공하고 입지기업은 제조품 출하액이나 종업원 수 등의 상승에 공헌하였다. 그러나 동 지역에서는 대규모 기업유치에 성공했던 과거에 만족하지 않았다. 내생적 발전을 위해 지역중소기업의 육성에 노력해온 NPO법인 중심의 활동은, 훈련비용 부담이 어려운 중소기업의 수요에 대응하고 있다는 점에서 성과를 거두고 있다. 한편, 대규모 입지기업은 파견·하청 등 간접고용을 중심으로 한 비정규 고용의 비율이 높고, 지역 중소기업과의 거래도 반드시 순조롭다고 할 수 없는 사정이다. 또, 시마네 현에서는 각 기초자치단체가 산업진흥을 위해 노력하고 있는데, 향후 선진지역과의 인적교류를 포함하여 이들의 연계를 더욱 강화해나갈 필요가 있다.

이어서, 2008년 가을의 충격에 대해 살펴보자. 시마네현 전체로서는 2008년 가을 이후 고용지표의 하락은 있었지만 전국적 동향과 비교하면 상대적으로 경미하고, 유효구인배율에서는 역전현상도 보인다. 다만, 지역차가 있으며 이즈모 관내에서의 구인배율 하락은 큰 것이었다. 히카와쵸의 사례에서는 기업별 대응의 차이가 두드러졌는데, 간접고용축소, 정규화, 비정규직 다양화 등 여러 가지 대책이 강구되었다. 또, 이즈모 관내에는 비정규 고용문제, 외국인 고용문제를 심각화·장기화하지 않고 '해소'하는 시스템이 있었으나, 이런 시스템의 지속이 지역경제·사회에 반드시 플러스가 되지만은 않는다고 생각된다.

그런데, 본장에서는 검토되지 않은 시마네현의 유력산업의 하나로 식품산업이 있다. 업계에서는 국내만이 아니라 2009년, 중국·대만으로의 수출을 염두에 두고 식품수출 콘소시엄을 구성하는 등 해외 판로확대에 대한 의지가 강하다.[39] 또, Ruby를 축으로 한 소프트계열 IT업계도 국내외라는 지리적 조건을 특별히 한정하지 않으며, 새로운 것의 창출이 목적인 신산업에서도 국제경쟁력의 우위확보를 전제로 하고 있다. 따라서 수출 의존형 산업구조에서의 탈피라는 것이 지역의 직접적인 과제는 아니라 할 수 있다. 오히려 국제화를 전제로서, 단일 수출지향 산업에 의존하지 않는다는 의미에서 균형 잡힌 산업구조를 형성하는 방향으로 진행될 것으로 생각된다.

마지막으로, '시마네 스타일'이라는 모델이 가지는 의미를 다시 강조해 두고 싶다. 이 자체는 Ruby를 중심으로 한 소프트계열 IT기업·종사자들에게 제시된 것이다. 그러나 자연환경이나 농업과의 근접성을 전제로, 양육·노인복지의 충실을 통해 질 높은 생활을 실현하는 것은 양질의 노동자·기술자와 기업을 유치하는 가능성을 높인다. 물리적으로 수도권 입

39) 콘소시엄 사무국은 현의 시마네브랜드추진과 무역촉진지원실에 있다.

지의 합리성이 높지 않은 기업도 있고, 질 높은 생활을 중시하여 직업을 선택하는 계층이 늘어날지도 모른다. 거듭 말하지만, 질 높은 생활을 선택한 UI턴 계층은 지역 만들기의 역할자(지역공공인재)가 될 잠재적 가능성이 크다. '시마네 스타일'에는 산업의 틀을 넘어서 생활의 질의 선택과 대칭이 되는 새로운 직업선택의 가능성을 개척해 나갈 것이 기대된다.

참고문헌

松江工業高等専門学校学生支援GP出版委員会編(2009),『島根の技術者ー地域に生き世界に挑戦する』, 山陰中央新報社.

佐口和郎(2006), 「大阪府における地域雇用政策の生成ー就業支援策への収斂」, 田端博邦 編,『地域雇用政策と福祉』 東京大学社会科学研究所研究シリーズ 22.

関満博編(2007a),『地方圏の産業振興と中山間地ー希望の島根モデル·総合研究』, 新評論.

________(2007b),『地域産業振興の人材育成塾』, 新評論.

関満博·松永桂子編(2009), 『中山間地の「自立」と農商工連携ー島根県中国山地の現状と課題』, 新評論.

島根県立大学地域政策研究グループ(2007),『島根の未来を考えるー島根地域政策の課題と展望』, 山陰中央新報社.

【청취조사 일정】

방문처	일시
마츠에시 산업경제부	2008년 9월 1일
시마네현 기업입지과 참여, 후쿠마 토미 씨	
동 상공노동부 산업진흥과	
동 고용정책과	
Z사(히가시이즈모시[東出雲市])	
히카와쵸 상공관광과	2008년 9월 2일
고향 시마네 정주재단	2009년 7월 11일
시마네현 상공노동부 산업진흥과	
동 고용정책과	
시마네현 산업기술센터	
시마네노동국 직업안정부	
히카와쵸 상공관광과	2009년 7월 12일
K사(히카와쵸[斐川町])	

※ 말미에서 나마, 본장의 집필에 있어 인터뷰에 응해주신 분들과 자료를 제공해 주신 분들께 감사를 드립니다.

제 3 장

'개방적'인 산업진흥과 고용창출

: 토마코마이의 대응·과제·가능성

우종원 禹宗杬

홋카이도 토마코마이시는 산업기반이 취약한 지역이 외부자원을 활용하여 산업진흥과 고용을 창출한 전형적인 사례이다. 기반이 취약하기 때문에 특정 산업의 집적이 곤란하므로 평범하지만 가능한 것은 '무엇이든 해낸다'는 자세로 일관하였다. 개별자원과 힘을 지역차원에서 결집시킬 수 있는 '지역역량'의 형성이 미래를 가늠하는 척도가 된다. 지역역량의 근원은 서로 다른 자원과 사고를 융합시키는 것이며 입지기업과 지역기업의 연계가 그 기본이다.

제3장
‘개방적’인 산업진흥과 고용창출
: 토마코마이의 대응·과제·가능성

우종원(禹宗杬)*

1. 들어가는 말

토마코마이苫小牧는 공업기반과 기술축적이 별로 없었던 지역이다. 그러나 공항개발과 기업유치를 통해 외부자원을 모으고 풍부한 노동력 등 내부자원과의 결합을 시도하면서 산업진흥과 고용창출을 도모해 왔다. 본장은 이 독특한 토마코마이의 사례분석을 통해 외부자원을 활용한 ‘개방적’인 지역진흥과제와 가능성을 분석하여 유사한 조건에 놓여있는 다른 지역에 필요한 시사점을 얻고자 한다.

그런데, 토마코마이에 대해서는 이미 몇몇 선행연구가 있다. 예를 들면, 『지역개발과 사회구조』가 그 하나이다.[1] 다만, 이것은 ‘토마토우苫東’으로 불리는 토마코마이 동부지역의 개발을 주 대상으로[2] ‘국가 및 자본, 홋카이도, 토마코마이시 등 개발자의 논리’와 ‘이와는 대조적인 토마

---

* 사이타마(埼玉)대학 경제학부 교수.

1) 元島邦夫·庄司興吉 編,『地域開発と社会構造ー苫小牧東部大規模工業開発をめぐってー』, 東京大学出版会, 1980.

2) ‘토마동’ 개발경위는 토마코마이 동부개발주식회사의『10年のあゆみ』(1982) 및『苫東の二十年: この10年のあゆみを中心として』(1992)을 참조.

토우 개발 반대운동의 논리'의 검토를 통하여 '지역개발의 방향을 재고' 하려는 것으로, 지역의 시각에서 산업진흥과 고용창출을 입체적으로 파악하고자 하는 본고와는 거리가 있다. 한편, 이 지역에 입지한 기업에 대해서는, 사카이 도시후미坂井俊文·우치다 준이치內田純一의 「DYNAX: 부품 메이커에서 클러스터 형성의 중심기업으로」와 같은 연구가 있다.[3] 유익한 정보를 얻을 수는 있으나 어디까지나 경영조직에 대한 비즈니스모델의 검토가 중심과제로 지역전체를 조감할 수 있는 연구는 아니다.

본장은 첫째, 지역 만들기의 역사 속에서 스스로 산업진흥과 고용창출을 도모하는 주체적인 지역경영을 중시하며 둘째, 지역경영의 일환으로 외부자원을 활용하는 자세를 평가하면서도 내부자원과의 융합여하에 초점을 맞춰 토마코마이의 사례를 분석한다. 서술 순서는, 2절에서 토마코마이의 성장과정과 현황을 개관하고, 3절에서 토마코마이의 산업과 고용현황을 살펴본 뒤, 4절에서 외부자원 활용의 핵심이 되는 기업유치를 분석하며, 5절에서는 기업유치를 둘러싼 과제를, 그리고 6절에서 외부자원과 내부자원의 융합가능성을 검토하여 마지막 7절에서 시사점을 간단히 정리한다. 본장은 주로 지역의 각 주체에 대한 자세한 청취조사에 의거하여 작성되었다.[4] 말미에 그 대상·일시 등을 기록해 둔다.

2. 토마코마이의 성장과정과 현황

1) 토마코마이의 성장과정

먼저, 토마코마이의 개요를 소개하자. 토마코마이는 홋카이도의 남해

3) 大東和武司·金泰旭·内田純一 編著, 『グローバル環境における地域企業の経営: ビジネスモデルの形成と発展』, 文真堂, 2008에 수록.

4) 청취조사에 대해 관계자 여러분에게 큰 도움을 받았다. 일일이 이름을 열거하지는 않지만 이 지면을 빌어 깊은 감사를 드린다.

안에 위치한 인구 17만의 크지 않은 도시이다. 바다의 현관인 '토마코마이항'과 하늘의 현관인 '신치토세공항'이 있고, 철도·국도·고속도로 등 교통접근이 편리한 곳이다. 유후츠 초원勇払原野(홋카이도 서부 토마코마이시를 중심으로 한 초원) 등 풍부한 자연환경을 보유한 한편, 종이·펄프, 자동차 부품, 금속 등의 공업단지와 석유비축기지가 있는 도道내 유수의 공업도시이다. 그 발전의 자취를 간단히 나타내면 [도표 3-1]과 같다.

[도표 3-1] 토마코마이시 연표

연도	주 요 사 항
1800	하치오지(八王子)千人同心, 原新助 일행 유후츠(勇拂)로 이주
1873	유후츠군 개척사 출장소를 토마코마이로 이전(開基기념일)
1892	국철 무로란(室蘭) 본선 개통, 토마코마이역 개청
1910	오지(王子)제지(주) 토마코마이공장 조업개시
1938	토마코마이쵸는 「공업항 토마코마이의 장래와 그 사명」을 발행. 다음 해인 1939년, 홋카이도청에서 '유후츠 공업항 개축계획서' 수립. 다음 1940년에 쵸가 '토마코마이공업지대계획' 수립
1948	시제 시행(초대시장 다나카 쇼타로(田中正太郎) / 인구 33,000명)
1951	토마코마이 공업항 기공식
1963	토마코마이항에 제1선(船) 입항 / 오오이즈미 겐로(大泉源郎) 2대 시장 취임
1968	서부공업단지진출 제1호 기업인 히노데(日の出)화학공업(주) 조업개시
1969	도 종합개발위원회에서 토마토우 대규모 공업기지개발계획안 결정
1984	이스즈자동차(주) 홋카이도공장 조업개시 / 국가석유비축기지에 오일공급 개시
1993	치토세·토마코마이지방 3시 4쵸가 지방거점도시로 지정됨 / 토요타자동차 홋카이도(주) 준공
1999	누마노하시(沼ノ端) 클린센터·리사이클플라자 토마코마이 오픈 / 東港에 일본해항로 페리취항
2005	東港區 중앙부두 다목적 국제터미널 제1船 입항
2006	이와쿠라 히로부미(岩倉博文) 6대 시장 취임 / 신토마코마이시립병원 개원

• 출처: 토마코나이시 HP(http://www.city.tomokomai.hokkaido.jp/history.htm).

표에서 보듯이 토마코마이는 전전戰前에는 '항구'를 발판으로 건설·물류·기업유치로 성장을 이루어 왔으나,[5] 최근 들어 성장이 침체되고 있다. 인구동향을 통해 성장궤적을 살펴보면,[6] 토마코마이시의 인구는 2008년 현재 8만 686세대 17만 3,895명이다. 시의 인구는 시제가 시행된 1948년 3만 3,131명을 기록한 이후, 시의 성장과 함께 계속 증가하여 1960년 이후는 연 5%를 넘는 증가율을 보여 왔다. 항구의 건설과 함께 임해부 등에 조성된 공업용지에 기업입지가 진행되던 시기이다. 그러나 이런 추세가 일단락된 1970년대 후반에는 증가율이 3%대로 떨어지고, 1982년에는 전반적인 사회적 인구이동이 마이너스를 기록하더니, 1980년대 후반에는 인구증가율 자체가 0%대에 머무르게 되었다. 1990년대 들어 사회적 이동이 일시적으로 플러스로 전환, 인구 증가율도 다소 회복되었으나 2000년대에는 사회적 이동이 다시 마이너스가 되어 인구는 거의 정체상황에 놓여 있다([도표 3-2]).

2) 공공사업 주도의 성장

기업유치를 통해 공업도시로 변모는 했지만, 홋카이도의 다른 도시와 마찬가지로 토마코마이는 국가 및 도가 주도하는 공공사업을 기본적으로 활용하는 한편, 스스로도 공공사업에 관여하면서 발전해 왔다. 무엇보다도 토마코마이항 자체가 공공사업이었다. 항만개발이 대규모 투자를 유발하여 토목과 건축을 활성화 시켰던 것이다. 또, 기업유치를 위한 공업용지 조성도 공공사업의 일환이었다. 다만, 근년 들어 공공사업은 급격히 축소되고 있다. [도표 3-3]은 홋카이도 예산에서 공공·투자 단독사업비 추이를 나타낸 것으로, 최근 10년간 규모가 약 8,000억 엔에서 4,000억 엔대로 거의 반감하였음을 알 수 있다. 이와 같은 축소현상이

---

5) 토마코마이항 개발경위에 대해서는 토마코마이항개발주식회사 『苫小牧港開発株式会社二十年史』(1980) 및 토마코마이부두주식회사 『苫小牧埠頭株式会社二十年史』(1980)를 참조.

6) 토마코마이시, 『토마코마이시 통계서』, 2008, 12~13쪽.

[도표 3-2] 근년 토마코마이시의 인구추이

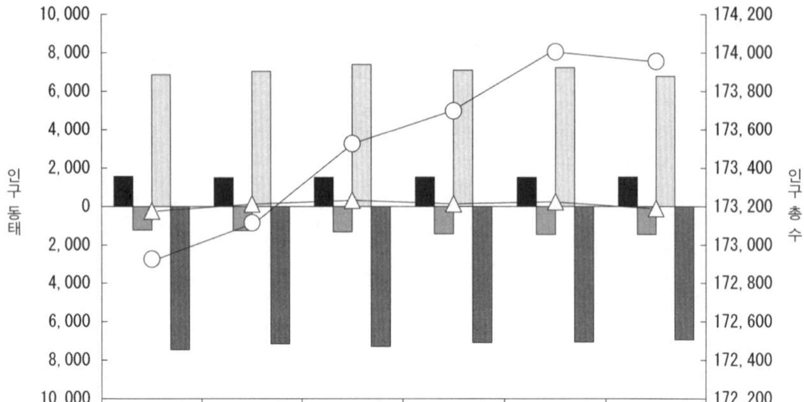

	2003년	2004년	2005년	2006년	2007년	2008년
출 생	1,570	1,501	1,519	1,533	1,517	1,537
사 망	1,221	1,257	1,320	1,415	1,454	1,448
전 입	6,866	7,040	7,399	7,099	7,230	6,785
전 출	7,455	7,153	7,290	7,086	7,058	6,936
인 구	172,913	173,108	173,495	173,700	174,008	173,968
증가수	-173	195	387	205	308	-40

• 주: 매년 12월 말 현재 수치임.
• 출처: 토마코마이시, 「토마코마이시 통계서」, 2008, 9쪽에서 인용.

홋카이도 전역의 성장을 둔화시키는 한편, 산업구조의 전환을 촉진시키는 계기가 되고 있다.

홋카이도의 '공공사업의존' 체질은 자치단체의 재정상황에서 단적으로 나타난다.

2007년도 토마코마이시 일반회계 세입총액은 660억 7,928만 엔이다.[7] 이 중 시세는 286억 6,506만 엔으로 43.4%를 차지한다. 그 외 제수입이 70억 2,425만 엔으로 10.6%, 국고지출금이 90억 1,626만 엔으로 13.7%, 도 지출금이 30억 749만 엔으로 4.6%, 시 지방채가 48억 4,125만 엔으로 7.3%를 차지한다. 또, 지방교부세 57억 6,791만 엔 등 '기타1'이 14.4%를 차지한다. 이와 유사한 조건에 있는 아이치현 안조시安城市의

7) 이하, 토마코마이시 결산에 대해서는 토마코마이시, 「2007년도 각 회계 결산상황」 참조.

[도표 3-3] 홋카이도 예산의 공공·투자 단독사업비 추이

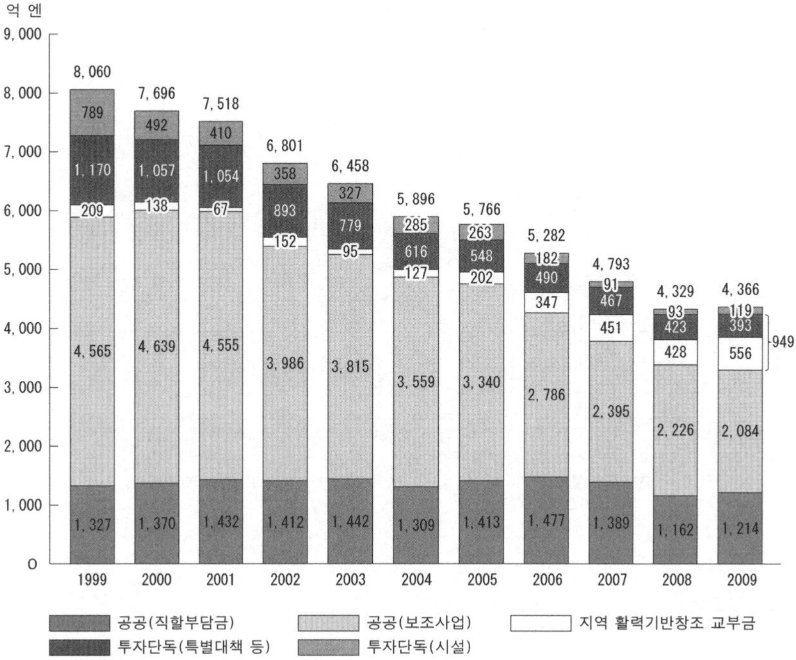

• 출처: 홋카이도 「2009년도 예산 개요」에서 인용.

세입과 비교하여 보면 [도표 3-4]와 같다. 안조시[8]에 비해 토마코마이시의 시세 비율이 더 낮고, 지방교부세 외에 지방소비세 교부금 등 '기타1'과 '국고지출금' 및 '시 지방채' 비율이 높다는 것을 알 수 있다. 이와 같이 어려운 재정상황 속에서 지역산업을 어떻게 재건하고, 동시에 고용을 유지·확대할 것인가 하는 과제가 주어져 있다고 할 수 있다.

8) 안조시는 1952년에 시제가 시행되었다. 당시 약 38,000명이었던 인구는 현재 17만 명 이상으로 성장하였고, 자동차관련 기업을 비롯한 대기업 입지, 주택단지 건설이 활발히 진행되어 급속히 도시화가 진행되었다. 2007년도 세입총액은 612억 4,070만 엔, 세출총액은 580억 9,946만 엔이다.

[도표 3-4] 토마코마이시와 안조시의 세입비교(2007년)

(단위: %)

	토마코마이시	안조시
시세	43.4	64.0
이월금	0.9	6.9
기타1	14.4	6.4
제수입	10.6	3.6
시채	7.3	1.9
국고지출금	13.7	7.3
도지출금	4.6	5.1
기타2	5.1	4.9
계	100.0	100.0

• 주1: '기타1'은 지방교부세 외 지방소비세 교부금, 지방양여세 등임.
• 주2: '기타2'는 분담금 및 부담금, 사용료 및 수수료, 재산수입 등임.
• 출처: 토마코마이시「2007년도 각 회계 결산상황」 및 안죠시「홍보안죠」 2008년 12월 1일.

3) 새로운 지역 만들기 모색

이와 같이 기존의 성장노선이 벽에 부딪치자, 토마코마이시는 새로운 길을 모색하며 2008년에 '기본구상'을 개정하였다.[9] 개정 취지는 "시대의 변화에 유연하게 대처하면서 다양한 시민의 요구를 수렴 …… 종합계획에 기초한 지역 만들기를 추진"[10]하는 것이었다. 여기서 전자의 '시대의 변화'란, '저출산·고령화 사회의 도래, 국제화·정보화의 눈부신 발전, 글로벌 환경문제, 규제완화와 지방분권의 추진 등'을 의미한다. "본 시에 있어서도, 급속한 저출산·고령화의 진행과 인구감소의 도래가 예측됨은 물론, 경기회복의 지체와 지방세 재정제도의 개혁에 따라, 여전히 행·재정환경의 어려움이 계속될 것으로 생각된다"는 것이다. 인구감소와 어

9) 토마코마이는 1973년, 시의 '기본구상'을 수립하고, 1988년에 이를 개정하였으나 이번에 이를 다시 개정하였다.

10) 이하, 기본구상의 취지에 대해서는, 이와쿠라 히로후미(岩倉博文) 시장, 〈머리말〉, 토마코마이시, 『토마코마이시 종합계획(기본구상·제5차 기본계획)』, 2008, i쪽 참조.

려운 재정상황이 축소지향의 결과를 초래했다고 할 수 있다. 다만, 후자의 '다양한 시민의 요구'가 무엇인지는 명확하지 않다. 표면적으로는 '각종 앙케이트 조사 등'을 통해 나타난 의견을 말하지만, 그것이 기본구상과 계획에 어느 정도 반영되었는지는 분명하지 않다. 어쨌든, 신 구상의 가장 큰 특징은, 이전과 달리 시의 '확대'를 목표로 하지 않는다는 것인데, 이는 2017년까지 시의 인구를 현재와 같은 수준인 '약 17만 명'으로 상정한 것에서 단적으로 나타난다.

신 구상 하에, 2008년도부터 2017년까지를 목표기간으로 '제5차 기본계획'이 수립되었다.[11] 이 기본계획은 '총론'과 '자치단체 운영' 외 6개의 '부문별 계획'으로 구성된다. 총론에서는 '지역 만들기의 기본시각'으로 '물류거점으로서의 지역 만들기', '내실 있고 지역의 특성을 활용한 지역 만들기', '저출산·고령화, 개방형 사회에 대응한 지역 만들기', '행정개혁과 효율적인 지역 만들기', '환경부하 경감, 자연과 조화로운 지역 만들기'를 열거하고 있다. 지금까지 구축해 온 '물류거점'이라는 특성을 살리면서도 인구감소에 따라 '시가지 확대 억제를 의식한', '내실 있는' 지역 만들기를 목표로 하는 것이다. 이와 같은 자세는 외연을 확대해 온 기존의 주택지 개발정책을 수정하여 '중심지 거주'에 힘을 쏟고 있는 데서도 나타난다.

6개의 부문별 계획을 구체적으로 보면, 「1. 건강하고 안전한 도시」, 「2. 배움의 즐거움이 넘치는 문화향기의 도시」, 「3. 활력 있는 산업과 풍성한 도시」, 「4. 자연과 환경친화적인 도시」, 「5. 쾌적한 공간생활의 도시」, 「6. 손잡고 걷는 긍지의 도시」로 구성된다. 이들 계획은 각각 시설정비 등 하드웨어 측면과 콘텐츠 구축 등 소프트웨어 측면의 비중이 달라 일률적으로 말할 수는 없지만, 1,375억 엔으로 예상되는 「제5차 기본계획」 총 사업비의 배분상황을 보면([도표 3-5] 참조), 「3. 활력 있는 산업과 풍성한 도시」(437억 엔, 31.8%) 및 「5. 쾌적한 공간생활의 도시」(547

11) 이하, 제5차 기본계획에 관하여는 위의 자료, 17~145쪽 참조.

억 엔, 41.8%)에 자원이 중점적으로 할당되어 있다고 할 수 있다.

현재는, 제5차 기본계획 하에, 2008~2009년을 실시기간으로 하는 '제1기 실시계획'이 시행되고 있다. 그 사업비를 보면, 총 사업비 415억 엔 중 위의 부문 3이 99억 엔(23.9%), 부문 5가 227억 엔(54.7%)을 차지한다. 다만, 후자의 반 정도(116억 엔)를 차지하는 것이 '주택사업'으로, 그 대부분은 '내 집 마련 지원 사업'에 드는 은행융자금이다. 따라서 부문 5의 사업비가 시 재정에서 차지하는 비중은 수치만큼 높지 않다고 할 수 있다.

한편, 부문 3 「활력 있는 산업과 풍성한 도시」는, 「1. 지역산업의 육성과 미래를 개척하는 산업거점도시 실현」, 「2. 지역의 특성을 살린 농림수산업 육성」, 「3. 안정된 생활 실현」, 「4. 매력과 활력이 있는 거리 창출」 등의 세부계획으로 구성되어 있는데, [도표 3-6]에 나타난 바와 같이 1과 4에 많은 사업비가 배분되어 있다.

다만, 4의 대부분을 차지하는 '상업'에 대한 사업비는 주로 '중소기업 진흥자금 대부와 신용보증료 보급사업'이다. 따라서 재정적으로는 「1. 지역산업의 육성과 미래를 개척하는 산업거점도시 실현」의 '공항'과 '항

[도표 3-5] 제5차 기본계획 사업비 (단위: 백만 엔)

	필요자금	재원내역			
		국고지출금	지방채	기타	일반재원
자치단체 운영	2,924	0	0	7	2,917
분권시대의 지역 만들기	2,924	0	0	7	2,917
부문별 계획	134,616	23,687	47,485	33,257	30,187
1. 건강하고 안전·안심 사회	13,630	1,667	8,227	487	3,249
2. 배움의 기쁨이 넘치는 문화도시	17,194	2,588	5,012	4,610	4,984
3. 활력 있는 산업과 번창하는 도시	43,689	2,053	132	23,587	17,917
4. 자연과 환경에 친화적인 도시	2,401	225	699	153	1,324
5. 쾌적한 공간도시	57,429	17,123	33,415	4,420	2,471
6. 공생의 자긍심이 넘치는 도시	273	31	0	0	242
계	137,540	23,687	47,485	33,264	33,104

• 출처: 토마코마이시 「토마코마이시 종합계획(기본구상·제5차 기본계획)」, 2008, 19쪽.

만', 특히 '항만'에 가장 많은 자원이 배분되어 있다고 할 수 있다. 그 내용은 주로 "토마코마이항 항만정비사업 경비의 일부를 홋카이도와 토마코마이시가 부담하고, 동서 양 항구의 특성을 살린 항만정비 사업을 위해 노력"하는 '토마코마이항관리조합부담금'이다. 여기서도 시 사업의 중심은 항만임이 확인된다. '항港'은 토마코마이의 개방성을 상징한다. 변함없는 항港을 견지하면서도 새로운 지역 만들기 전략을 어떻게 조합할 것인가가 앞으로의 과제라 할 수 있다.

[도표 3-6] 제1기 실시계획 사업비 (단위: 천 엔)

시 책 구 분	합계(2008년~2009년)				
	총사업비	국고지출금	지방채	기타	일반재원
제3장 활력 있는 산업과 번창하는 도시	9,906,312	1,158,255	524,400	4,647,949	3,575,708
제1절 지역산업 육성으로 미래를 개척하는 산업거점도시 실현					
1. 공항	1,378,882	642,300	524,400	21,000	191,182
2. 항만	2,975,849	0	0	0	2,975,849
3. 공업	202,994	0	0	0	202,994
4. 토마토우	0	0	0	0	0
제2절 지역특성을 활용한 농림수산업 육성					
1. 농업	11,429	963	0	2,949	7,517
2. 임업	524,440	502,992	0	4,000	17,448
3. 수산업	900	0	0	0	900
제3절 안정된 생활 실현					
1. 노동	268,608	12,000	0	140,000	116,608
제4절 매력과 번영하는 도시 창출					
1. 상업	4,512,550	0	0	4,480,000	32,550
2. 관광	25,660	0	0	0	25,660
3. 중심시가지활성화	5,000	0	0	0	5,000

• 출처: 토마코마이시 「토마코마이시 종합계획 실시계획(2008년~2009년)」, 2008, 4쪽에서 인용.

3. 산업 및 고용현황

1) 산업의 특질

토마코마이이의 산업별 인구구성은 [도표 3-7]과 같은데, 건설업 비중이 11.4%로 상대적으로 크다는 것을 알 수 있다. 이는 공공사업에 의존하여 발전해 온 시의 역사를 반영하는 것이다. 제조업 비중도 13.1%로 크다. 기업유치 성과의 일단을 보여준다 하겠다.

근년, 토마코마이이의 제조업 사업장 수, 종업원 수 및 출하액 추이를 나타내면 [도표 3-8]과 같다. 전반적으로 2004년까지는 정체 경향이고 2005년 이후, 사업장 수는 감소하지만 종업원 수와 출하액은 회복세로 전환됨을 알 수 있다. 그 중에서도 출하액의 신장이 눈에 띄는데 최근, 수출중심의 호황을 반영한 것이라 할 수 있다. 토마코마이이 제조업의 특징 중 하나는 출하액의 규모가 크다는 것이다. 2007년 현재, 토마코마이이

[도표 3-7] 토마코마이시의 산업별 인구(2007)

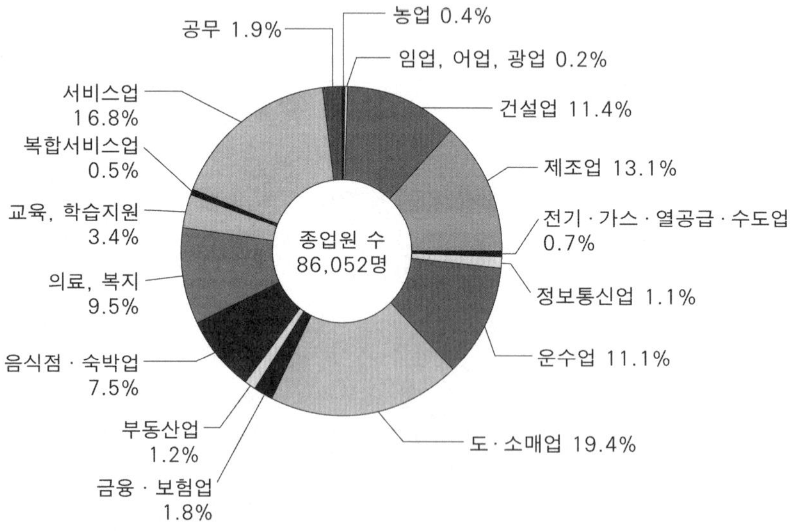

• 출처: 토마코마이시 「시세요람」 2008년도 판에서 인용.

시의 사업장 수·종업원 수·출하액은 각각 232개소·1만 1,500명·10,432억 엔인데 같은 해, 홋카이도 전체는 각각 6,752개소·18만 9,900명·57,396억 엔이고, 삿포로시札幌市는 각각 1,173개소·3만 1,300명·5,502억 엔이다.[12] 토마코마이시의 출하액 합계가 삿포로시의 2배로 도내에서 18%를 차지하고, 사업장별 출하액이 상대적으로 크다는 것을 알 수 있다. 후술하는 바와 같이 대기업을 다수 유치한 결과라 할 수 있다. 다만, 규모 간 격차가 크다는 점도 유의할 필요가 있다. 10,432억 엔의 출하액 중 80%를 차지하는 8,402억 엔은 300명 이상의 사업장에서 발생된 것이다. 반면, 사업장의 약 80%를 차지하는 30명 미만 182개소에서 산출한 출하액은 600억 엔 정도로 전체의 6%에 불과하다.[13] 이 격차가 유치기업과 지역기업의 갭을 일정정도 반영한다고 하면, 양자 간 융합이 충분히 이루어지지 않고 있음을 나타낸다고 할 수 있다.

토마코마이 제조업 출하액의 산업별 구성을 전국 및 도와 비교하여 나타내면 [도표 3-9]와 같다. 도의 경우, 홋카이도의 지역적 특성을 반영

[도표 3-8] 토마코마이시(苫小牧市)의 제조업 사업장 수, 종업원 수 및 출하액 추이

연차	사업장 수	종업원 수(명)	제조품출하액 등(만 엔)
1998	291	11,290	67,253,231
1999	271	10,451	62,563,621
2000	273	10,283	77,655,768
2001	262	10,296	68,172,844
2002	251	9,661	66,317,550
2003	259	9,801	61,906,724
2004	253	10,335	56,257,334
2005	259	10,258	74,631,422
2006	240	10,575	92,186,556
2007	232	11,486	104,322,840

• 주: 종업원 4인 이상 사업장.
• 출처: 토마코마이시 제공자료.

12) 토마코마이시, 『토마코마이시 통계서』, 2008, 64쪽.

13) 위의 자료, 61쪽.

하여 식료품 제조업의 비중이 특히 높은데, 토마코마이에서는 그 비중이 아주 낮고 대신, 펄프·종이, 석유제품, 그리고 수송용 기계기구의 비중이 극히 높음을 알 수 있다. 펄프·종이의 비중은, 원래 제지업이 발전했음을 반영하며, 석유제품의 비중은 '항구'를 활용한 이데미츠出光의 유치와 국가석유비축기지 입지 등의 결과이다. 그리고 수송용 기계기구의 비중은 특히 최근에 주력해 온 자동차산업 유치의 결과이다. 어쨌든, 기업유치의 성과가 수치로 나타났다고 할 수 있다. 다만, 일반기계기구 비중이 아주 낮은 것은 애초에 산업기반이 취약한 것을 반영하며, 자동차산업 등에 진출해온 기업과의 접점이 지역 내에서 별로 형성되지 않았음을 나타낸다.

[도표 3-9] 전국, 도, 토마코마이시(苫小牧市)의 제조업 출하액 산업별 구성(2005)

산업별	전국 (백만 엔)	구성비 (%)	전도 (백만 엔)	구성비 (%)	토마코마이시 (백만 엔)	구성비 (%)
총 수	314,834,621	100.0	5,749,592	100.0	921,866	100.0
09 식료품제조업	22,673,228	7.2	1,796,153	31.2	13,835	1.5
10 음료·담배·사료제조업	9,596,711	3.0	230,351	4.0	33,091	3.6
13 목재·목제품제조업 (가구 제외)	2,502,482	0.8	161,041	2.8	13,659	1.5
15 펄프·종이·종이가공품제조업	7,201,471	2.3	430,936	7.5	155,603	16.9
17 화학공업	26,199,536	8.3	135,344	2.4	15,936	1.7
18 석유제품·석탄제품제조업	15,682,031	5.0	880,215	15.3	408,684	44.3
23 철강업	18,472,703	5.9	491,456	8.5	24,556	2.7
25 금속제품제조업	14,451,016	4.6	281,914	4.9	17,144	1.9
26 일반기계기구제조업	33,331,312	10.6	128,784	2.2	15,946	1.7
30 수송용기계기구제조업	59,835,573	19.0	276,978	4.8	197,389	21.4
기 타	104,888,558	33.3	936,420	16.3	26,023	2.8

• 주: 종업원 4인 이상 사업장.
• 출처: 토마코마이시 『토마코마이시 통계서』 2008년판 65쪽에서 인용.

2) 고용현황

토마코마이시의 노동자 연령별, 성별, 정규/비정규별 구성은 [도표 3-10]과 같다. 조사대상 약 2만 1,000명의 노동자 중 정규직이 1만 5,000명정도, 비정규직이 6천 400명 정도로 비정규 비율이 30%이다. 비정규직 중 '파견'이나 '기타'에 20~30대가 상당 수 포함되어 있는 것은 최근의 일반적 경향을 나타내는 것이라 할 수 있으며, '임시·계절'에 50~60대가 많은 것은 건설업에 크게 의존해 온 이 지역 특성의 일단을 나타낸다고 할 수 있다.

고용동향을 보면, 홋카이도는 [도표 3-11]에서 보는 바와 같이 전체적으로 고용형편이 어렵다. 최근 10년간 유효구인배율이 0.60을 넘지 못하고, 완전실업율도 5~6%대에서 높이 형성되어 있다. 토마코마이도 예외는 아니어서, 유효구인배율은 2000년부터 2003년까지 0.40대 전반에 머물고, 2004년부터 겨우 0.50대를 회복하였으나, 2008년에는 경제위기의 영향으로 재차 0.40대로 떨어져 2009년 8월 현재 0.33으로 침체되어

[도표 3-10] 토마코마이시의 노동자 현황(2008) (단위: 명)

	정규			비정규					정규·비정규 합계
	상용			파트	임시·계절	파견	기타	소계	
	남	여	계	남	여	계	남	여	계
20세 미만	150	59	209	36	33	69	5	4	9
20~29세	1,722	966	2,688	75	245	320	26	31	57
30~39세	3,108	821	3,929	49	493	542	48	44	92
40~49세	2,742	635	3,377	31	828	859	70	86	156
50~59세	3,277	517	3,794	44	836	880	107	112	219
60세 이상	723	102	825	191	309	500	185	44	229
계	11,722	3,100	14,822	426	2,744	3,170	441	321	762

• 주: '기타'(촉탁·계약 등): 채용이나 노동조건이 정규 종업원과는 다른 기간의 정함이 있는 고용계약을 체결한 사람, 파트, 임시·계절 분류에 속하지 않는 종업원.

• 출처: 「2008년도 노동기본조사보고서」(조사시점: 2008년 10월 1일). 토마코마이시 기업유치과 제공자료에서 재인용.

[도표 3-11] 홋카이도의 완전실업률·유효구인배율 추이

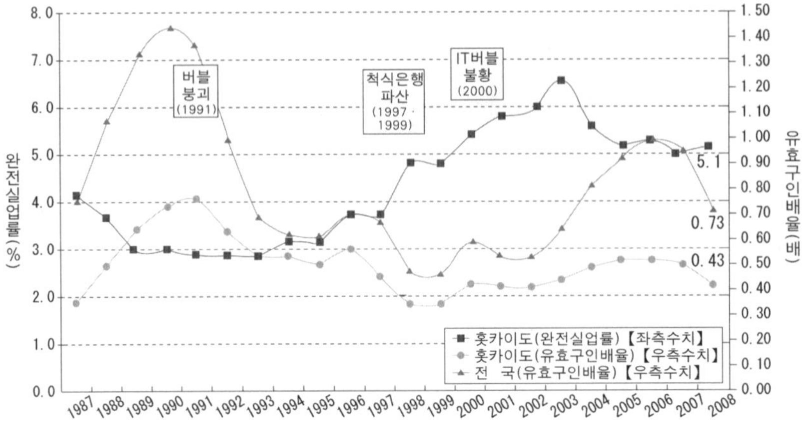

• 주: 완전실업률은 연평균, 유효구인배율은 연도 수치임.
• 출처: 홋카이도 노동국, 「노동자 편지」, 2009년 10월 2일에서 인용.

있다.[14)]

이와 같은 상황을 감안, 개정 지역고용개발촉진법에 따라 2007년 10월부터 도내 전역이 고용개발촉진지역이 되었고, 사업주에 대한 국가지원이 가능하게 되었다.[15)] 토마코마이의 경우 같은 시기에 이부리胆振·히다카日高 지역을 대상으로 2010년 3월 말까지를 계획기간으로 하는 '이부리·히다카지역 고용개발계획'이 수립되었다. 그 개요를 보면,[16)] "석유정제, 종이·펄프, 철강·자동차부품 제조업이 집적하여 도내 최대 공업지대를 형성하고 있는 …… 지역의 특징을 감안하여, 지역산업의 고도화, 활성화 및 신산업 창출을 촉진하고, 지역고용개발촉진법의 지원시책을 최

14) 홋카이도노동국, 「공공직업안정소별 월간 유효구인배율(상용) 추이」(http://www.hokkaido-labor.go.jp/4graph/graph08.pdf).

15) 고용개발촉진지역이란, 고용형편이 전국과 비교하여 특히 어렵고 일정 요건을 충족하는 지역으로, 지역고용개발촉진법에 따라 도도부현이 지역고용개발계획을 수립하여 후생노동대신의 동의를 얻은 지역을 말한다. 고용개발촉진지역은 사업주에 대한 지역고용개발조성금과 경력형성촉진조성금(지역고용개발능력개발기금)의 국가지원 대상지역이 된다. 홋카이도 경제부 노동국 고용노정과, 「고용개발촉진지역에 대한 지원 안내」, 2007. 10.

16) 홋카이도 경제부, 「이부리·히다카지역 고용개발계획 개요」, 2007. 10.

[도표 3-12] 홋카이도의 신규 고교졸업 예정자 구직·구인동향 추이

년도	2000 (3졸)	2001 (3졸)	2002 (3졸)	2003 (3졸)	2004 (3졸)	2005 (3졸)	2006 (3졸)	2007 (3졸)	2008 (3졸)	2009 (3졸)	2010 (3졸)
① 구직자 수	14,803	14,242	13,850	12,782	11,592	11,415	11,012	10,687	10,360	10,176	9,561
② 도내 구인수	4,681	4,691	4,633	3,541	3,480	3,672	3,860	4,553	5,352	5,058	3,235
③ 도내구인배율(②/①)	0.32	0.33	0.33	0.28	0.30	0.32	0.35	0.43	0.52	0.50	0.34

• 주: 각년 8월 말 현재 수치임.
• 출처: 후생노동성 홋카이도 노동국「도내 구인수는 3,235명으로 전월에 이어 어려운 상황」2009년 9월 30일에서 인용.

대한 활용함으로써 고용기회 창출을 통한 양질의 고용서비스를 지역의 구직자에게 제공하여 역내 고용구조 개선을 도모한다"고 하여, 지역고용개발조성금 활용에 따른 고용창출 수치목표를 470명으로 하고 있다. 지역고용개발촉진을 위한 시책으로는, ① 새로운 고용개발기회 촉진, ② 직업능력개발, ③ 원활한 노동력 수급 촉진, ④ 각종 지원조치의 주지 철저, ⑤ 효과적인 지역고용개발의 추진과 함께, ⑥ 홋카이도의 독자적인 노력으로 '민간주도 자립형 경제구조로의 전환을 추진하는 산업시책과 연계함으로써 고용의 창출과 유지·안정 추진' 등이 있다.

고용에 있어 특히 심각한 문제는, 젊은층의 일자리가 결정적으로 부족하다는 것이다. [도표 3-12]는 홋카이도 신규 고교졸업예정자의 구직·구인동향 추이를 나타낸 것인데, 지역 지향성이 강한 이 계층에 대해[17) 도내의 구인 수가 극히 적다는 것을 알 수 있다. 그 결과 도내 구인배율은 0.3전후이고, 호황기 채용에 해당하는 '2008년 3월'과 '2009년 3월' 졸업자의 경우에도 0.5정도에 지나지 않는다. 또, 신규졸업자의 희망직종은 남자가 '기능공·생산 공정의 직업'(21.0%), '전문적·기술적·관리적 직업'(17.0%), '서비스직업'(11.8%)의 순이고, 여자가 '사무직'(27.1%), '판매직'(21.0%), '서비스직'(18.9%)의 순이다.[18)]

17) 희망퇴직자 중 도내 취업을 희망하는 사람의 비율은 91.3%(남자 86.2%, 여자 96.3%)이다. 후생노동성 홋카이도 노동국,「2010년 3월 신규 고등학교 졸업자의 구직동향 조사결과」, 2009. 6. 26.

18) 각주 17과 같음.

[도표 3-13] 2010년 3월 신규 고졸 예정자의 도내 사업장 규모별 구인 수

	2010년 3월 졸	2009년 3월졸	전년동월비
합계	3,235	5,058	▲36.0
29명 이하	460	901	▲48.9
30~99명	780	1,297	▲39.9
100~299명	875	1,161	▲24.6
300~499명	271	316	▲14.2
500~999명	268	441	▲39.2
1,000명 이상	581	942	▲38.3

• 출처: 후생노동성 홋카이도 노동국「도내 구인수는 3,235명으로 전월에 이어 어려운 상황」2009년 9월 30일에서 인용.

여기서, 2008년 가을 이후의 경제위기 영향에 대해 간단히 언급해 두고자 한다. 위기 후의 채용인 '2010년 3월' 졸업자의 경우 도내 구인 수는 3,235명으로 전년대비 1,800명이나 감소하였다. 산업별 내역을 보면 제조업 구인 수가 614명으로 전년도 1,094명에 비해 480명이나 감소하였다. 이외 도·소매업, 음식·숙박업, 기타 서비스업에서 200~300명 규모의 구인감소가 발생하였다. 건설업은 전년대비 88명 감소한 388명으로 비교적 튼실하다.[19] 이러한 구인 수 급감상황을 기업규모별로 정리한 것이 [도표 3-13]이다. 100명 미만과 500명 이상에서 변화가 심하고, 100~499명에서 상대적으로 안정되어 있음을 알 수 있다.

요컨대 제조업을 중심으로 한 고용창출이 경기변동에 취약할 수 있다는 것과 지역기업을 포함한 중견기업의 고용 유지력이 높을 가능성을 시사한다고 할 수 있다.

19) 후생노동성 홋카이도 노동국,「도내 구인 수는 3,235명으로 전월에 이어 어려운 상황」, 2009. 9. 30.

[도표 3-14] 공업용지·주택용지 분양실적 (단위: 천m^2, 백만 엔)

연도	공업용지			주택용지		
	건수	면적	매출액	구획	면적	매출액
1999	4	31	397	85	25	583
2000	3	52	456	45	14	332
2001	2	28	352	21	6	135
2002	2	2	26	7	2	44
2003	1	0	0	11	9	207
2004	1	0	3	6	2	39
2005	4	8	67	11	3	64
2006	4	37	168	16	4	90
2007	6	68	563	9	2	44
2008	7	58	536	18	19	332
계	34	284	2,568	229	86	1,870

• 출처: MN사 제공자료.

4. 기업유치

1) 기업유치 개요

이렇게 지역주민에게 일자리를 제공하는 것이 무엇보다 급선무이며 공공사업 의존에서 탈피할 것이 요구되는 상황에서, 토마코마이가 지역산업의 진흥과 지역고용창출을 위해 가장 힘을 쏟아온 것이 기업유치였다. 먼저, 토마코마이의 공업단지 개요를 보자. 토마코마이 공업단지는 크게 '서부공업기지 및 동부지역', 그리고 토마코마이시가 자체적으로 조성한 공업용지로 구성된다. '서부공업기지'에는 '이리후네入船 단지', '잇폰마츠一本松 단지', '우토나이 주택·상공업단지', '아케노기타明野北 공업단지' 등이 속한다. '동부지역'은 특히 '임해공항' 및 '임해'지구로 나뉜다. 한편, 시가 조성·분양한 것으로는 '누마노하타沼ノ端 중소기업단지', '누마노하타 남공업단지', '아케노경공업단지', '킨세이錦西 뉴타운경공업단지', '우토나이 공업단지' 등이 있다. 이들의 입지를 나타낸 것이 [도표 3-15]이다. 시 중심부에서 특히 동쪽으로 공업단지가 발달해 있음을 알 수 있다.

[도표 3-15] 토마코마이의 공업단지 입지

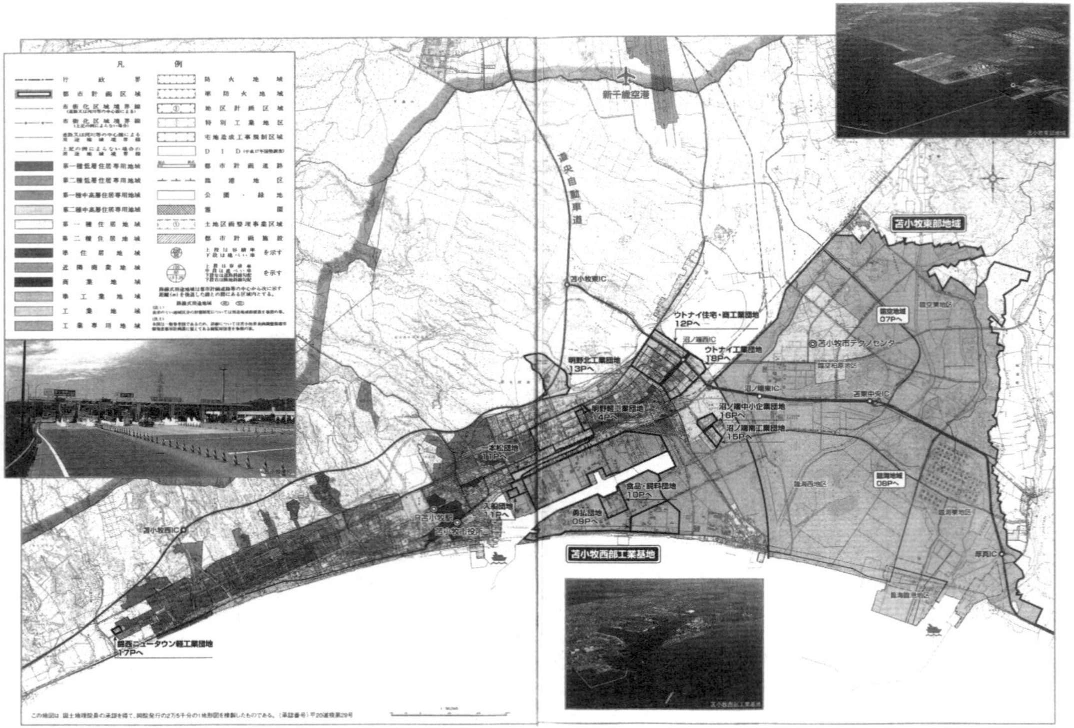

• 출처: 토마코마이지구 기업유치 연락협의회, 「토마코마이시 기업유치 안내」에서 인용.

가장 빨리 조성되고 현재에도 집적도가 높은 '서부공업기지'는 '토마코마이항 개발주식회사'가 사업주체이다. '석유정제, 화학공업, 전력, 목재, 일본의 뼈대인 자동차 산업 등 다종다양한 기업의 입지에 의한 임해공업지대가 형성되고, 물류거점을 겸비'[20]하고 있어, 분양율 95.2%, 총 201개사가 입지하고 있다. 대표적인 것으로 이데미츠興産(주), 석유자원개발(주), 도요타자동차홋카이도(주), 일본경금속(주), 홋카이도소다曹達(주), 유키지루시雪印종묘(주) 등이 있다. 상대적으로 늦게 조성된 '동부지역'은 '주식회사 토마토우苫東'(국가·지방공공단체·민간출자의 제3섹터)가 사업주체로 공업용지 등 5,500ha의 광대한 면적을 자랑하며 현재 분양률 18.6%, 입지기업 87개사이다. 대표적인 것으로 아이싱홋카이도(주), 이스즈엔진제조홋카이도(주), 홋카이도 에코리사이클시스템즈(주), (주)다이낙스 토마코마이 공장 등이 있다.

전체적으로 보면, 분양율[21]이 '서부공업기지'(임해부)와 '누마노하타 중소기업단지'가 90% 이상, '아케노 경공업단지'가 80% 이상을 보일 뿐, '우토나이 주택·상공업단지'(7.8%), '아케노기타 공업단지'(50.5%), '킨세이 뉴타운 경공업단지'(34.2%) 등 다른 곳은 아직 충분히 입지가 되어 있지 않음을 알 수 있다. 특히, 광대한 면적을 가진 '동부지역'에 생각보다 기업입지가 진행되지 않은 것이 토마코마이의 가장 큰 고민거리 중 하나이다. 또, 최근의 서부공업기지를 중심으로 한 공업용지·주택용지 분양실적을 나타내면 [도표 3-14]와 같다. 경기 동향과 상관관계를 가지며 2004~2008년에 분양건수·면적·매출액 모두 비교적 양호함을 알 수 있다.

이어서, 토마코마이시로의 입지 동기가, 시에서 실시한 '공장 등 입지 앙케이트 조사'에 의하면 ① 기업 간 집적가능, ② 교통접근성, ③ 인재·노동력 풍부, ④ 우수한 입지조건 순이다.

①의 기업집적을 보면 통상, 중심 기업이 먼저 입지하고 관련 기업이

20) 토마코마이지구 기업유치연락협의회, 「토마코마이시 기업유치 안내」

21) 각각의 공업단지에서 '분양 완료' 면적을 분양 가능한 면적(공장 등 용지)로 나눈 것이 '분양율'이다.

후속으로 온다. 예를 들어, 1968년에 이데미츠가 입지하자 관련 기업이 따라온 식이다. 자동차의 경우도 2007년까지 이스즈와 도요타를 포함 19개사가 입지하였다. 이들 기업은 아이치 등에 거점을 가지고 토마코마이에 공장·사업장을 개설하는 형태로 사업을 전개하고 있다. 한편 T사가 입지할 당시의 첫 번째 이유가 '접근성'이었던 것처럼, 중심기업 자체가 토마코마이에 오는 이유는 주로 ②의 교통이다. 또, 후술하는 개별 기업 사례에서 자세히 보겠지만 ③의 풍부한 인재·노동력도 입지기업에게는 매력적인 요소이다.

입지기업에게는 다양한 우대조치가 부여된다. 먼저, 국가로부터는 지역고용개발조성금이 교부되는데, 구체적으로는 지역의 구직자를 고용할 경우 임금의 일정 비율을 지원하는 '지역고용장려금'과, 지역의 구직자를 계속 고용하는 조건으로 시설·설비의 설치비용 일부를 지원하는 '지역고용특별장려금'이 교부된다. 이어, 홋카이도에서 '홋카이도기업입지촉진조례'에 따라 최고 37억 엔의 보조금이 교부된다. 그리고 토마코마이시에서 기업입지에 필요한 인프라정비 외에 '토마코마이시기업유치진흥조례'에 의한 '사업장 설치 조성금', '고용조성금', '녹화조성금'이 각각 교부된다. '사업장 설치 조성금'은 신·증설 모두 대상이 되는데, 신설의 경우 3,000만 엔 이상의 고정자산 취득·10명 이상 고용을 조건으로 3년간 2억 엔 한도의 고정자산세 상당액이 지원된다. '고용조성금'은 고용 1명당 30만 엔, 1억 엔을 한도로 지원된다. '녹화조성금'은 1,000만 엔을 한도로 녹화사업비 30% 상당액이 지원된다. 최근 10년간, 시에서 교부한 조성금 총액은 총 57개사 21억 8,566만 엔에 달한다. 이 중, 최대기업인 T사가 1개사 당 조성한도액인 10억 엔을 받았고, 전체의 절반 가까이를 차지한다. 이외에 기업유치로 입지한 대표적 기업인 IS사, ID사, A사 등이 상당액의 조성금을 받았다. 다만, 조성금은 새로 입지한 기업만이 아니라 기존기업이 증설한 경우에도 교부되는 까닭에 지역의 대표적인 기업인 O사가 교부액 2위에 올라 있다.

통상, 기업유치에서 시가 얻을 수 있는 성과의 대표적인 것이 세수이다. 시 전체의 법인 시민세는 2007년이 30억 1,100만 엔이고, 2008년도가 28억 5,900만 엔이다(예산기준, 이하 같음). 고정자산세는 2007년이 137억 600만 엔이고 2008년이 139억 5,800만 엔이다. 기업유치에 의한 고용창출 효과는 전체를 파악하기 어려운 부분도 있어 자세한 것은 개별 사례를 통해 볼 수밖에 없다.

2) 입지기업 T사의 사례

그럼, 토마코마이시 기업입지의 가장 성공사례인 T사의 사례를 보자. T사는 일본 유수의 완성차 메이커인 T자동차(주)가 100% 출자하여 1991년 2월에 설립되었으며, 현재, 자본금은 275억 엔이다. T사가 토마코마이에 진출한 이유는 교통접근성 외에 고용이라는 요소가 컸는데, 유효구인배율이 낮고 인재가 풍부했기 때문이다. 홋카이도 중에서는 비교적 눈과 태풍이 적은 편이라 조업·수송에 지장을 초래하지 않는 점도 고려되었다. T사의 주 생산 품목은 오토매틱 트랜스미션, CVT, 알루미늄휠, 트랜스퍼 등으로 1993년 9월 준공 이래 생산량을 늘려, 2008년 10월에는 트랜스미션(오토매틱 트랜스미션 및 CVT) 생산누계 1,000만 대를 달성하였다. 최근 T사의 매출액 추이를 보면 2004년 1,188억 엔, 2005년 1,165억 엔, 2006년 1,234억 엔, 2007년 1,756억 엔이다. 세계적 호황에 따른 자동차 수출증가에 힘입어 순조롭게 매출액을 향상시켜 왔음을 알 수 있다.

매출액 신장과 더불어 종업원 수도 늘었다. [도표 3-16]은 T사의 종업원 수 추이와 종업원의 출신지별 구성을 나타낸 것이다. 이를 보면, 2004년 4월(1,862명)부터 2008년 4월(3,498명)까지 4년간 1,600명 이상이 늘어 고용창출효과가 컸다고 할 수 있다. 출신지별 구성에서는 2008년 10월 1일 현재, 3,568명의 종업원 중 이부리 지역이 59%, 이시가리石狩 지역 14%, 소라치空知 지역 5%, 기타 도내가 16%로 전체의 94%를 도내 출신자가 차지한다. 지역 출신자 채용을 기본으로 삼고 있음을 알 수 있

[도표 3-16] T사의 종업원 수 추이 및 출신지별 구성

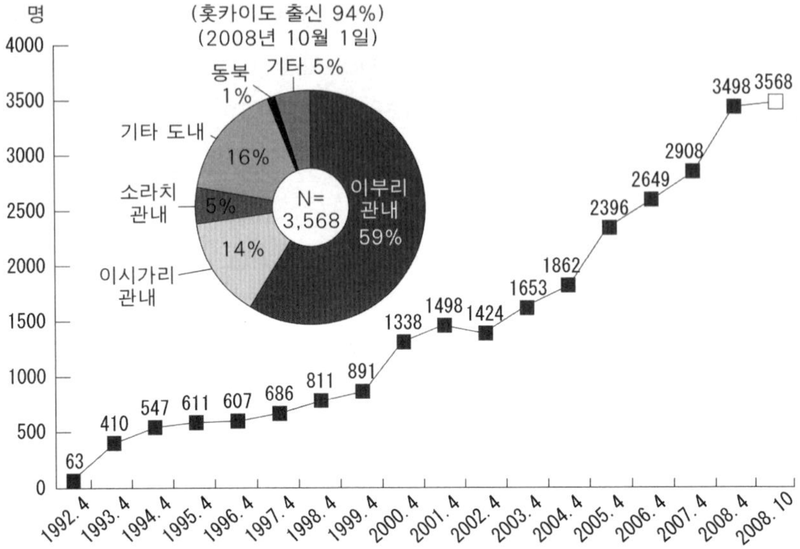

• 출처: 내부자료에서 인용.

으며, 채용방침 자체도 고도의 기술을 요하는 사람을 제외하고는 지역민을 우선적으로 채용하는 것이다. 연간 신규채용은 50명 정도이며, 2009년에는 30명을 채용하였는데 거의 이부리 지역 출신자였다.

다만, 입지기업에 의한 '고용창출효과'를 측정할 때, 주의하여야 할 점이 한 가지 있다. 입지기업이 "우수한 인재를 채용했다"라고 할 때, 이들이 사실은 향토기업에서 유출된 인재일 가능성이다. T사의 경우는 비교적 지역기업을 배려한 탓에 지역기업의 정규직 사원이 T사로 이동한 '전직자층'은 10%에도 미치지 않을지 모른다. 그러나 동반 입지한 관련기업은 지역기업에서 상당수를 채용하였다는 것이 지역의 관측이다.

T사 종업원의 내부구성을 보면, 3,568명 중 사무·기술이 283명, 기능 3,285명이다. 여성은 사무·기술 54명, 기능 79명으로 총 133명이다. 평균연령은 남성 31.7세, 여성 30.1세, 평균 31.6세이다. 정규/비정규별로는 조합원(정사원+60세 이상 재고용자+파견자)이 약 2,200명이고, 비정규직

이 약 1,300명이다. 비정규직은 최초 3개월 계약이고, 이후는 6개월 단위로 계약을 갱신하며, 2년 10개월이 되면 일단 계약이 만료된다. 통상은 계약만료 후 1개월이 지나면 재계약이 가능한데, 지금은 경제위기의 영향으로 중단되어 있다.

T사의 특징 중의 하나는, 비정규직에서 정규직으로의 등용이 폭넓게 진행된다는 점이다. 현재, 조합원의 반 수 이상이 준사원에서 등용된 사람이며, 많을 때는 연 200명 정도가 비정규직에서 정규직으로 등용된다. 설립당시에는 이와 같은 제도가 없었으나 사업의 급격한 확대로 비정규('준사원'이라 함)가 급증하게 되자, 준사원에게 동기부여를 위해 등용을 시작했다고 한다. 구체적으로는 1~2년 근무한 사람 중에서 선발하며, 연령제한은 없다. 또, 2년 10개월 근무 후의 재계약자도 등용대상이 된다. 회사나 조합이나 비정규직 비율은 30%를 상한으로 인식하고 있다고 한다.

T사의 노동조합은 조합원이 2,200명이고 집행부가 14명, 그 중 전임종사자가 4명이다. 전임종사자 중 1명을 전 T노조勞聯에 파견한다. 그밖에 평의원이 36명, 직장위원이 75명 있다. 노사협의에서 가장 중요한 사항은 임금과 보너스다.[22] 또, 생산설명회에서는 전무가 나와서 향후의 방침을 설명하기로 되어있다. T사는 비정규직 노조가 아직 결성되어 있지 않다. 작년부터 조직을 위한 준비가 시작되었으나, 지금은 중단된 상태이다. 다만, 전반적으로 '준사원은 동료'이라는 의식이 강한데, 위의 등용제도의 영향으로 생각된다.

전체적으로 T사의 입지에 의한 고용창출 효과가 크고, 비정규직 등용제도도 평가할 만한데, 창출된 고용이 어느 정도 견고히 유지될 수 있을지가 관건이라 할 수 있다. 이에 대해서는 뒤에서 검토한다.

---

22) T사의 임금수준은 초임금이 대졸의 경우 20만 엔, 고졸이 16.2만 엔이다.

3) 입지기업 A사의 사례

A사는 2006년, 위의 T자동차(주)의 최대 부품회사 중의 하나인 AS사의 100% 출자 자회사로 토마코마이에 설립되었다. 2007년 4월에 조업을 개시하였고, 자본금은 4억 9,000만 엔, 매출액은 2008년 계획으로 70억 엔, 그리고 종업원 수는 2009년 7월 현재 240명이다. 주된 사업내용은 자동차용 알루미늄 주조부품, 자동차용 엔진냉각, 윤활부품 제조·판매이다. 주된 제품은 오토매틱 트랜스미션의 변속에 필요한 유압을 제어하는 '밸브 바디'를 월 23만 개(생산능력, 이하 같음), 엔진내부에 냉각수를 순환시키는 '워터 펌프'를 월 20만 개, 그리고 엔진냉각과 구동부의 윤활을 수행하는 '타이밍 밸트 케이스'를 월 14만 개 생산한다.

토마코마이에 입지한 직접적인 이유는 증산을 위해서였다. 당시, 자동차제조의 흐름은 특히 엔진 등의 경우 철에서 알루미늄으로 전환되고 있었다. 국제적으로도 알루미늄 제품의 수요가 증가하는 가운데 트랜스미션은 약 90%, 엔진은 약 70% 정도를 국내에서 생산하여 수출하고 있었다. 따라서 국내의 생산능력을 증강하지 않으면 안 되었다. 사실, 거점인 아이치가 포화상태에 있었기 때문에, 이미 1992년에 토마코마이의 토지를 구입해 놓았었다. 특히 문제였던 것이 아이치에서는 인재를 구할 수 없다는 것이었는데, 브라질계 사람이 많고 또한 인력유치 경쟁이 확대되고 있었다. 이에 비하여 홋카이도는 유효구인배율이 기껏 0.6정도이고 특히 토마코마이의 경우 공업계 고교·고등전문학교·대학이 가까이 있어 양·질 면에서 인재확보가 가능하다는 판단이었다. 물론, 도와 시의 유치노력도 있었는데 이들은 연 1~2회 모회사인 AS사를 방문하였다.

종업원에 대해 자세히 살펴보면, 설립 시는 모회사인 AS사에서 6명을 A사의 전속으로 파견하였으며, 그밖에 필요에 따라 AS사에서 본사 프로젝트의 일환으로 출장을 오는 형태였다. 신규졸업자의 경우는 고졸 19명, 고등전문 2명, 대졸 2명을 2007년 4월에 채용하였다. 이때, 고졸은 '지정교'방식으로 채용하였다. 그밖에 84명을 공공직업안정소를 통하여 중도채용 하였는데 그 내역은 사무계열 10명 정도, 기술계열 10명 정도, 기능계열 60명 정도이다. 중도 채용 당시 80명을 모집하였는데 1,600명이 응모, 84명을 선발하여 아이치에서 6~9개월간 실습을 시킨 후 현장에 배치하였다. 이상, 총 110명으로 발족하였으며 토마코마이의 인재에 대해서는 한마디로 '전향적'이라고 평가한다. 아이치에서의 실습 때도 "우리가 회사를 만든다"는 각오로 열심히 임하였으며, 감독자로서의 기술·기능은 부족하였으나 소질만큼은 가지고 있었다고 한다.

설립 후의 신규채용은 2008년 고졸 9명, 2009년 고졸 8명, 고등전문 1명이다. 채용방식은 채용인원의 절반을 지정교 방식으로, 나머지 절반은 오픈방식으로 한다는 방침을 세웠다. 오픈 방식으로 하게 된 사유는 "홋카이도에 살면서도 채용정보를 알지 못했다"는 민원제기가 있었기 때문이다. 회사에는 기숙사와 통근수단이 없기 때문에 기본적으로 자가용 통근이 가능한 사람을 채용한다는 방침이다. 실제, 종업원의 95%가 이부리지역 출신이고, 나머지도 도내의 다른 지역 출신이다.

종업원 수의 추이를 보면, 설립 시 110명이 2007년 12월에 246명이 되고 경제위기에 직면한 2008년 11월에는 350명이 되었다. 연 100명 규모의 고용창출로 그 효과가 크다고 하지 않을 수 없다. 다만, 80명 모집에 20배가 넘게 응모하였다는 위 사실에서 보듯이, A사에 고용된 사람 중에는 지역기업에서 유출된 인재가 포함되어 있을 가능성이 높아 고용창출의 '순'효과는 수치보다 작다는 것에 유의할 필요가 있다.

A사는 조업개시 후인 2007년 7월부터 기간제 고용계약으로 '준사원'을 채용하기 시작했다. 유기계약으로도 필요한 인원은 충분히 확보할 수 있는 상황이었다고 한다. 준사원은 6개월 단위로 계약하며, 계약갱신은 가능하지만, 최대 2년11개월까지이다. 경제위기의 영향으로 생산회복이 불투명했던 2009년 1월부터 6월까지의 채용에서는 3개월로 계약을 했으나, 7월부터는 원래의 6개월 계약으로 환원하였다. 준사원의 임금은 월 15만 엔을 최저 보장액으로 하며, 계약이 종료된 때는 근속 1개월 당 1만 엔의 위로금을 지급한다. 현재, 정규직을 포함하는 노동조합

은 없고 '노동조건'을 교섭하는 '종업원회'만이 있다.

경제위기를 거친 2009년 7월 현재, 총인원은 240명인데, 그 내역은 파견 8명, 정규직 140명, 준사원 90명 정도이다. 준사원 중 파트는 9명 뿐이고 대부분이 위의 계약사원이다. 정규직 수는 조업 후 110~120명 정도로 비교적 일정한 수준이었으나, 2008년 들어 2회에 걸쳐 증원하였다. 이는 비정규직을 정규직으로 등용하였기 때문으로, 10월에 10명이 등용되었다. 20명 정도가 등용을 희망하였으나, 그 중에서 10명이 결정되었다. A사는 경제위기가 한창이던 2009년 4월에도 40명 정도의 희망자 중에서 10명을 정규직으로 등용하였다. 등용 자격요건은 1년 이상 근무, 본인 희망, 상사의 추천, 그리고 '필기+면접'시험합격이며, 연령은 불문이라고 한다. 실제, 40대를 등용한 사례도 있다. 다만, 등용이 정기적으로 진행되는 등의 제도화는 되지 않았으며, "납득할 수 있는 인재가 아니면 등용하지 않는다"는 방침이 견지되었다. 결론적으로 A사의 경우도 토마코마이에 입지하면서 일정규모의 고용을 창출하고 비정규직을 정규직으로 등용하기도 하였지만 그 안정성·지속성은 검토의 여지가 있다고 할 수 있다.

5. 과제

1) 공공사업의존

이렇게, 토마코마이시는 기업유치를 수단으로 지역의 산업진흥과 고용창출에 어느 정도 성공을 거두었으나, 과제도 산적되어 있는 실정이다. 그 하나가, 산업과 고용이 기존의 공공사업 의존체질에서 충분히 탈피하지 못했다는 점이다. [도표 3-17]은 2007년 토마코마이 지역의 산업별 구인 수와 충족 수를 나타낸 것인데, 구인 수·충족 수 모두 여전히 건설업이 두드러지게 높음을 알 수 있다. 이것은, 한편으로는 장기 안정 고용과는 다소 거리가 있는 건설업의 성격이 반영된 것이지만, 다른 한

[도표 3-17] 토마코마이 지역의 산업별 구인 수·충족 수(2007)

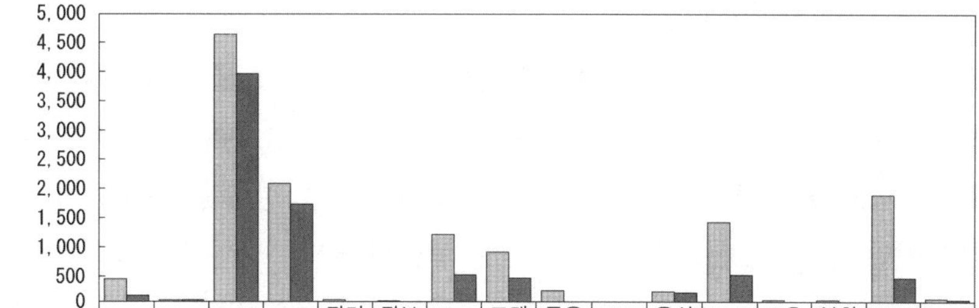

	농림어업	광업	건설업	제조업	전기가스열수	정보통신업	운수업	도매소매업	금융보험업	부동산업	음식숙박업	의료복지	교육학습지원	복합서비스업	서비스업	공무기타
구인 수	399	19	4,653	2,060	15	31	1,162	901	227	5	191	1,425	48	15	1,892	95
충족 수	113	17	3,969	1,715	12	12	467	408	21	2	156	494	24	3	445	53

• 출처: 토마코마이시, 『토마코마이시 통계서』, 2008, 129쪽에서 인용.

편으로는 중고 연령층을 중심으로 건설업에 '체류'하고 있는 노동력이 아직도 다수 존재하고, 이들을 다른 산업으로 전환시키는 일이 쉽지만은 않다는 사실을 나타내는 것이다. 지역 만들기의 새로운 방향 및 산업구조의 전환에 맞는 고용구조의 전환이 시급하다고 할 수 있다.

문제는, 이러한 구조전환을 추진할 주체가 아직도 기존의 관성에 지배되는 경향이 있다는 점이다. 예를 들면, 지역의 가장 중심적 존재 중 하나인 토마코마이 상공회의소는 2008년 현재, 회원 수가 2,647명이며 부회별 구성은 상업부회 319, 식품음식업부회 381, 제조업부회 227, 건설업부회 840, 서비스업부회 552, 운수교통부회 328[23] 등이다. 건설업이 압도적인 비중을 차지하고 있음을 알 수 있다. 지역 내 공공 공사는 5년 전에 비하여 40%나 감소되었다. 그러나 건설업 관련 사업장 수는 별로 줄지 않았는데, 이는 업종전환의 어려움에 기인한다. 예를 들어, 토목 관련 사업장 중에 관련성을 살려서 농업으로 전환하는 사업장이 가끔은 있으나 전체적으로는 일단 도산한 경우에도 전환이 어려워 건설업에 머무르는 것이 현실이다. 토마코마이 경제단체 중에서 건설업의 영향이 큰 것은 지금까지의 경위를 볼 때 부득이한 측면이 있다. 그러나

23) 토마코마이상공회의소, 「2008년 사업보고서」.

이러한 영향력이 계속되는 상태로는 경제단체 스스로의 구조전환 추진에 한계가 있을 수밖에 없다.

현재, 상공회의소는 인접 상공회의소와의 협력을 통한 '광역경제생활화'를 위해 노력하고 있다. 경제적으로 깊은 관련이 있으면서도 (홋카이도청)지청별로 관할구역이 달라 서로 단절되어 있는 현실을 타개하기 위해, 예를 들어, 토마코마이·무로란室蘭·치토세千歲가 공동으로 역내 학생 대상의 지역기업 견학 프로그램인 '인재개발사업'을 시작하였다. 그밖에도 '자동차', '물류', 'LNG조사', '광역비전' 등의 분과회를 설치하여 새로운 협력가능성을 모색하고 있는데 이는 평가할 만한 움직임이다. 다만, 광역협력의 중심이 되는 '도 중앙도시 연계구상'이 또 다른 공공사업으로 변질될 가능성이 있으므로 향후, 명실상부한 구조전환이 성공할지 주목된다.

2) 수출의존

또, 한 가지 과제는 입지기업의 경우, 수출의존도가 특히 높다는 점이다. 최근 시에서 추진한 정책은 무엇보다 '자동차산업의 집적'이었다. 물론, 이스즈가 입지한 것은 훨씬 오래전의 일이지만, 시가 '집적'을 표방한 것은 1993년 T사가 가동을 시작한 이후라고 할 수 있다. 이후, 2007년까지 자동차관련 기업이 19개사 정도 집중하게 되었고 지역경제에서 차지하는 자동차산업의 비중도 커졌다. 그러나 2008년 가을에 닥친 경제위기는 수출의존체제의 취약성을 노정시켰다.

전술한 T사의 경우, 가을 이후의 평균 가동률이 약 70%정도에 그쳤다. 고용조정조성금을 교부받으면서 휴업일을 지정, 한 때는 2개 라인을 1개 라인으로 축소할 수밖에 없었다. 다만, 비정규직을 해고하지 않았으며, 준사원도 계약을 중도해지하지는 않았다. 2008년 12월까지 기간 종업원을 계속 채용하고 그 후 신규채용을 중지하였으며, 2009년 1월부터 계약 만료자에 대한 계약갱신을 하지 않기로 하였다. 많을 때는 860명을 '대기요원'으로 두는 등 노사가 고용유지를 위해 우선적으로 노력하였다고 한다. 하지만, 부득이하게 계약을 갱신하지 못한 사람에 대해 재취업을 알선하거나 하지는 않았다.

A사의 경우는, 2008년 7월의 절정기에 비해 12월의 생산량이 반감하였다. 같은 달부터 휴업일을 지정, 12월에 2일, 다음 해 1월에 2일, 2월에 5일, 3월에 4일, 그리고 4월에 3일간 라인을 중지시켰다. 휴업일에는 회사 잔류대상자들에게 교육훈련을 실시하였다. 비정규직을 포함, 월 50명 정도를 라인과는 별도의 장소에서 교육하였다. 교육훈련 내용은 TPS나 업무개선에 관한 것이었다. 고용조정조성금은 2009년 4월, 3일간의 휴업에 대해 260명분을 신청한 것이 전부이다. 그 이유는 직전의 3월까지 지역고용개발조성금을 받았기 때문이다. 다만, 고용조정조성금에 해당하는 금액은 5월의 연휴 전, 종업원에게 현금으로 환원하였다. 문제는 종업원 수이다. A사의 종업원 수는 2007년 12월 246명이었는데, 절정기인 2008년 7월 396명에 달한 후 2009년 3월에는 265명까지 감소하였다. 비정규직의 상당수가 고용이 중단되었다고 한다. 이들에 대한 지원으로 '생산 회복시의 재취업 희망여부'를 묻는 조사를 진행, 70% 이상으로부터 재취업을 위한 연락을 희망한다는 회답을 받았다.

이런 사례를 바탕으로, 지역의 대표적인 지동차 관련 기업의 경영위기 전후 시점에서의 고용변화를 나타내면 [도표 3-18]과 같다. 총 종업원 수가 5,799명에서 4,871명으로 16%정도의 고용감소가 진행되었음을 알 수 있다. 다만, 그 정도는 기업에 따라 조금씩 다른데 위의 T사가 비교

[도표 3-18] 경제위기를 전후한 대기업의 고용변화 (단위: 명)

	T사	D사	IS사	A사
경제위기전	3,500	1,434	515	350
경제위기후	3,373	912	315	271

• 주: 상단은 T사가 2008년 11월 1일 현재, D사가 2008년 3월 현재, IS사가 2008년 6월1일 현재, A사가 2008년11월1일 현재의 수치임. 하단은 모두 2009년 4월1일 현재 수치임.
• 출처: 상단은 2008년 11월18일 현재의 경제부 기업유치진흥실 조사, 하단은 2009년 4월27일 현재의 산업경제부 기업입지추진실 공업노정과 조사.

[도표 3-19] 자동차부품 및 설비·자재의 조달현황

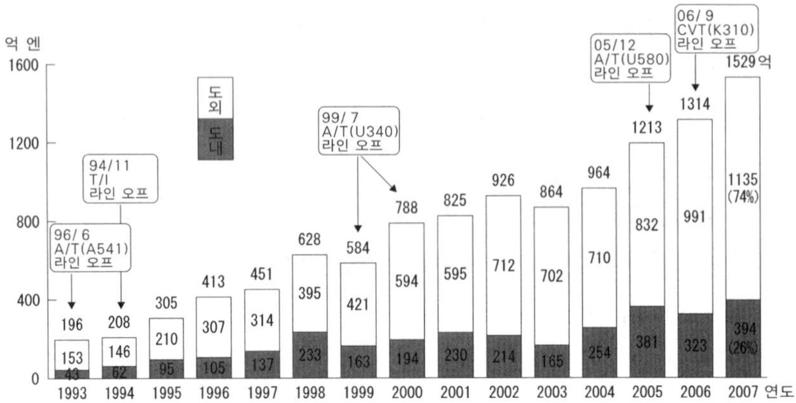

• 출처: 토마코마이시 「시세요람」 2008년도 판에서 인용

적 가벼운 정도인 반면, D사와 IS사는 대량 감원을 피할 수 없었다. 어쨌든, 수출에 의존하는 고용은 안정적이지 않다는 사실을 보여준다고 할 수 있다.

3) 입지기업과 지역기업과의 관련성

다른 과제도 있다. 입지기업과 지역기업과의 관련성이 희박하다는 점이다. 예를 들어, T사의 '기본이념'은 '지역사회에 뿌리내린 사업을 통하여 산업·경제에 공헌한다'는 것으로, 거래처와의 관계에서도 '개방적인 거래를 기본으로, 상호 연구와 창조를 위해 장기적인 안정성장과 공존공영을 실현한다'는 것이다. 그러나 이념과 다른 것이 현실로, 2007년 현재, T사가 홋카이도 내에서 조달하고 있는 자동차 부품 및 설비·자재의 비율은 26%에 지나지 않는다([도표 3-19]). 자동차 부품에만 한정하면, '현지 조달율'은 한자리 수 미만이라고 한다.[24] 현재, 자동차 관련 산업

24) 복수의 관계자에 의하면, T사는 현지 조달율을 현재의 5%대에서 10%대로 끌어올리는 것을 목표로 한다고 한다. 다만, 조달액에서 설비가 부품 분야를 앞서므로 현지조달의 중점

에 참여하고 있는 도내 지역기업은 사토佐藤주강鑄鋼(주), (주)쯔치야土谷제작소, 토르크torque정밀공업주식회사, 홋카이도스프링주식회사 등에 지나지 않는다.

이에 대해 입지기업과 지역기업 간에 미묘한 해석의 차이가 존재한다. 입지기업의 경우, T사 처럼 도내 조달율을 올리고 싶지만 지역기업의 기술력이 약한 것이 원인이라는 해석이 일반적이다. 이에 대해 지역기업은 기술력 문제는 인정한다. 대표적인 지역기업의 의견을 인용하자면, "한편에서는 토목, 다른 한편에서는 기업유치를 통해 이런저런 사업을 진행해 왔기 때문에 결국은 온실 속에서 자란 것과 마찬가지로 이것이 기업체질을 약화시켰다"는 것이다. 그러나 한편으로는, 품질에 대한 엄격한 기준에 비하여 입주기업의 발주단가가 그리 높지 않아 지역기업에게는 매력적인 비즈니스 기회가 되지 못하였다고 강조한다.

A사의 경우도 T사와 유사하다. 납품에 있어서는 모기업인 AS사에 전량을 납품한다. 구입에 있어서는, 당사의 제품이 완결된 주형鑄型, die casting 제품이기 때문에 부품이 필요한 것이 아니므로, 현실은 별도의 구입처가 없는 상태이다. 다만, 설비의 유지나 간단한 설비제작, 기름 등 부재료 제공, 목장갑 등 소모품 제공, 식당·청소 등의 거래처는 150개사 정도가 있는데 그 중 80%가 도내 기업이거나 도내에 사업장·지점을 두고 있는 기업이다. 그러나 부재료 등의 거래 품목은 부가가치가 높다고 할 수는 없다. 기술을 요하는 거래처는 알루미늄 주괴鑄塊를 제작하는 K사(무로란 소재)와 하코다테函館에서 최근 토마코마이로 이전한 ME사 등 소수에 지나지 않는다. 전체적으로 입지기업과 지역기업 간의 융합이 이루어지지 않아 산업 연관효과가 적은 실정이라고 할 수 있다.

을 설비에 두고 발전시켜야 한다는 의견도 있다.

4) 지역역량

이와 같은 문제는 입지기업과 지역기업 간의 관계에만 국한되지 않는다. 지역 내에서의 연계도 잘 이루어지지 않고 있다. 지역의 종합적인 힘을 '지역역량'이라고 한다면, 그것이 아직 충분히 발휘되지 않고 있는 것이다. 예를 들어 T사의 경우, 후술하는 토마코마이시 테크노센터의 활용은 물론이고 지역의 관련기관·단체와의 공동연구 등도 진행한 적이 없다. 설령, 있다 해도 연간 몇 사람 정도가 삿포로札幌 테크노센터를 이용한 것에 불과하다. 필요한 것은 일단 자기가 부담한다고 생각하기 때문이다. A사의 경우도 사정이 크게 다르지 않아서, 시 공업노정과를 매개로 무로란공대와 토마코마이 고등전문학교 등과 함께 강연회를 개최한 정도이다. A사도 알루미늄 주형분야에서는 스스로 충분한 기술을 가지고 있다고 생각한다. 그러나 자력의 기술이 있는지 여부가 지역에서의 연계를 좌우하는 결정적인 요소는 아니다. A사 스스로도, "기업유치로 지방에 진입한 기업의 경우, 본사를 답습할지, 아니면 독자적인 색깔을 낼지 판단할 필요가 있다. 그 판단 여하에 따라 현지 기관과의 협력 필요 여부가 결정된다"고 말한다. 따라서 입지기업에 대해 현지기관과의 협력 필요성을 느낄 수 있도록 지역 차원의 노력이 필요하다 하겠다.

지역역량의 부족은 역내에서 지역기업과의 연계가 부족한데에서도 나타난다. 무엇보다, 지역기업에 대한 지원시책을 포함한 시의 종합적인 산업정책이 충분하지 않다. 이는 단순히 지역기업에 대한 재정지원이 부족하다는 것을 의미하지 않는다. 지역의 중소기업 입장에서는 입지기업을 포함하는 외부에 대해 자신의 주력 분야를 어떻게 어필할 것인지가 중요한데, 이에 대한 시의 지원이 없다는 것이다. 어쨌든, 기업유치에 비해 지역기업에 대한 배려가 부족하다는 것은 부인할 수 없다고 생각된다. 그 한 예가 '분할 발주'이다. 시에서는 가능한 한 다수의 지역기업 참여를 목적으로 사업을 분할 발주한다고 한다. 그러나 현실은 그렇지 않다. 첫 번째 이유로 정보공개의 문제가 있다. 분할 발주를 위해서는 정보를 미리 공개하여야 하는데 그것이 좀처럼 용이하지 않다. 또 다른 이유로는 할거주의 행정문화를 들 수 있다. 분할 발주를 위해서는 소관 부서간의 협조가 필수인데 이 역시 원활하지 않다.

지역역량의 부족은 적절한 계획과 전망을 바탕으로 필요한 자원을 효과적으로 결합하는 지역의 시스템이 충분하지 않다는 데에서도 나타난다. 기업유치의 경우에는 이를 원스톱으로 추진할 시스템이 어느 정도 갖추어져 있다. 예를 들어, 인·허가를 받기 위해 입지기업이 경제산업성에 갈 때에도 함께 행동할 수 있는 지원체제가 마련되어 있다. 그러나 산업과 고용, 입지기업과 지역기업을 유기적으로 결합하여 지역재생을 종합적으로 추진할 체제가 아직은 충분히 갖추어져 있다고 할 수 없다. 기업유치만 보더라도, 이를 지속적으로 추진하기 위해서는 팔로우 업 서비스 강화, 입지희망 기업의 수요파악, 방문기업의 데이터베이스화 등이 필요한 실정이지만, 이를 담당할 시의 직원이 빈번한 인사이동 때문에 전문성을 확보할 수 없는 상황인 것이다. 시의 관련부서를 비롯하여 지역의 인재를 폭넓게 모집하며 비전을 가지고 사업을 조직할 수 있는 시스템을 시급히 구축할 필요가 있다.

6. 가능성

1) 신산업 육성

이와 같은 과제를 안고 있음에도 불구하고, 새로운 가능성도 기대해 볼 수 있다. 그 중 하나는, 신산업 육성이다. 토마코마이는 자동차산업 외에 리사이클과 바이오산업에도 힘을 쏟고 있다. 리사이클은 2007년 4월 현재, 폐자동차를 재활용하는 기업 등 35개사가 주로 토마토우苫東임해지구, 토마토우 카시와바라柏原지구, 세이부西武임해지구에 입지하고 있다. 바이오 관련 산업으로는 토마토우에서 옥수수 재배를 통해 바이오

에탄올 생산실험을 하는 기업과 수입쌀로 바이오에탄올을 생산하는 기업 등이 있다. 리사이클과 바이오 외에 '항만물류업계를 타겟으로 한 기업유치'도 주목받고 있다. 경제위기로 자동차 산업이 크게 타격받은 현실에 비추어, 앞으로는 그것이 지역경제에서 차지하는 비중을 낮추고 보다 균형 있는 성장을 도모하고 있다.

2) 지역기업의 성장

(1) D사의 사례

또 다른 가능성은, 지역 내에서 건실한 기업이 성장하고 있다는 것이다. 이들 기업은 독립성을 견지하면서도 입지기업과 효과적인 협력관계를 구축하고 있다. 먼저, 양산기반이 취약한 이 지역에서 양산에 성공하여 지역을 대표하는 자동차 기업으로 성장한 D사의 사례를 검토하자. D사는 1973년, 간사이關西에 위치한 DK사(사명변경 후 현재는 E사)와 미국 R사가 50 : 50의 출자비율로 합병한 회사로 치토세千歲에 설립되었다. 2009년 3월 현재, 자본금 5억 엔, 종업원 1,100명, 매출액은 447억 엔(연결기준)이다. 본사(치토세) 밑에 치토세공장과 토마코마이공장 및 R&D센터(토마코마이시)가 있고, 그밖에 나고야영업소, 시즈오카영업소, 동경사무소를 두고 있다. 또한, 미국과 중국에 현지 생산 공장을 설치하고 있다. 사업내용은 자동차 부품의 생산·판매이다. 주 생산 품목은 승용차용으로 AT용 디스크, 플레이트, 클러치 팩, 록 업 클러치 어셈블리 및 MT용 싱크로나이저 링이 있으며, 건설산업기계 차량용으로 AT용 디스크, 플레이트, 클러치 팩과 브레이크용 디스크, 플레이트가 있다.

원래 D사는 닛산日産계열이었으나, 2001년, 곤 사장의 계열해체 방침의 일환으로 모회사인 E사의 주식 3분의 1이 토요타계 자동차부품 대기업인 AS그룹으로 인도된 이후, 자본 면에서 토요타 계열이 되었다. 설립 이후, 여러 어려움을 극복해 온 D사의 성장과정을 정리하면 [도표 3-20]과 같다. 토마코마이에 입지한 것은 1980년대 전반, 자사개발 마찰재를 사용하는 디스크 등의 매출이 급증하여 공장의 확장이 필요했기 때문이다. 항구가 있어 도외道外 출하에 유리한 점도 고려되었다.

D사의 발전에는 무엇보다도 자동차의 AT화 흐름에 능동적으로 대처한 점이 주효하였다. 또, 이를 위한 연구개발을 거듭하여 마찰재의 국산화에 성공한 점이 결정적인 의미를 가진다. 라이벌 회사로 NSK 워너(일본제강 계열)와 F.C.C.(혼다本田계열)가 있었지만, 국산화를 기반으로 시장을 유지·확대하고 부가가치를 높일 수 있었기 때문이다. 연구개발을

[도표 3-20] D사의 성장과정

연도	주 요 사 항
1972	치토세입지결정(타 후보지는 가나가와, 미에)
1973	미국 알엠사와 모기업 DK사(사명변경 후 현사명 E사)의 합병으로 대금알엠(주) 설립
1981	연속레진함침기 도입, 프레스 내제(자회사 홋카이도 프레스사)
1983	마찰재 국산화
1987	미국 모회사와 TAA(기술원조계약)해소, 최오 해외OEM 수출(GM프랑스)
1989	도요타권 아이싱AW(렉서스)용 납품개시, 미국과 합병해소로 해외거래 제약 없어짐.
1991	토마코마이시 공장준공, 금형제조자회사 다이텍 설립
1995	토마코마이에 R&D센터 준공
1996	클러치 팩(도요타용) 납품, 유니트 메이커화. 중국합병(~1999년해소) 설립, 해외생산 개시
1997	미국공장 준공. 토마코마이에 싱크로공장 준공
1999	중국공장 설립(임차공장)
2001	중국 제2공장 준공(자사건물준공). 다이텍 흡수통합
2005	제1회 제조기술 대상(마찰재개발)
2008	토마코마이 제4공장, 신R&D동 준공
2009	도내 기업과 제3회 제조기술 대상(디스크 신공법) 공동수상

• 출처: 회사제공 자료로 작성.

위한 D사의 노력은 지금도 계속 중인데, 1995년 R&D센터를 준공하고 2008년에는 새로운 R&D동을 준공하였다. 본사 조직에 있어서도 설계개발기능을 수행하는 개발본부가 중요한 역할을 담당하고 있다. 좋은 제품의 개발, 시작품 제작, 시험을 통한 시험 데이터의 분석, 설계부문에 대한 고객과의 소통 등이 그 역할이다. 그밖에 레지던트·엔지니어 제도를 마련하고 고객사에 기술자를 파견하여 협동업무 체제를 유지하고 있다. 토요타(1명), 아이싱 AW(예정), 마츠다(현재 없음), 자트코(1명), 닛산(현재 없음) 등이 주 대상이다.

한편, 대학 및 고등전문학교와의 공동 연구개발도 적극적으로 추진하고 있다. 1987년 주변기술을 포함한 기초연구를 시작한 이래, 2009년 2월까지 대외 발표건수가 177건에 이르고 있다. 마찰재료 분야에서는 도호쿠東北대학과 홋카이도대학, 적용기술·현상해석 분야에서는 도호쿠대학, 요코하마橫浜국립대학, 돗토리鳥取대학, 치토세공업대학, 무로란공대, 일본대학, 동경농공대, 미시간대학(미국), 청화대학(중국) 등과 연계하고 있다. 기타, 재료개발 분야에서는 도호쿠대학 외에 지역의 무로란공대와 치토세과학기술대학, 토마코마이고등전문학교와 공동연구를 실시하고 있으며, 생산기술연구 분야에서도 지역의 토마코마이고등전문학교와 공동으로 연구를 진행하고 있다.

전술한 입지기업과 달리, 사업체로서의 독립성이 강한 성격이 반영되어, D사의 판매처(수주처)는 약 160개사에 달한다. 다만, 그 입지장소가 T사를 제외하고는 도외 및 해외지역이다(국내 88개사, 해외 74개사). 1990년대 미츠비시三菱자동차를 매개로 AT의 납품을 개시한 이래 한국의 현대자동차에도 제품을 공급하여 2007년도 AT 전체 매출액의 5%를 차지할 정도이다. 판매처 중 지역 내의 T사와는 거래 외에 관리직의 교류를 실시하고 있다. 2009년 8월에도 '리더 연수'의 일환으로 15명의 관리자를 T사에 파견하였다. 한편, A사와는 거래관계는 없으나 그 생산관리 시스템을 배우기 위해 관리직(생산관리 매니저)을 파견하고 있다.

한편, [도표 3-21]은 D사의 협력기업 수, 입지장소, 업무내용 등을 나타내고 있다. 여기서 '원재료'란 강재, 마찰재 원지原紙, 마찰재 재료, 수지樹脂 등이다. '양산부품'이란 기본적으로 클러치 팩용 부품이다. 구체적으로는 압출성형부품, 주형부품, 단조鍛造부품, 프레스부품, 실, 스프링 등이 있다. 또, '외주가공'이란 열처리, 톱니 가공, 프레스, 연마, 레이저, 도금, 절삭 등을 말한다. 이 표에서 몇 가지 사실을 알 수 있는데, 하나는 도내기업의 비중이 10%에 지나지 않고, 도외 기업의 비중이 압도적인 것이다. 또 하나는, 도내 기업의 경우 외주 가공이 상대적으로 많고 양산 부품은 극히 적다는 것이다. 지역에 거점을 두고 있는 D사의 경우에도 양산부품을 도내에서 조달하는 것이 어려워, 자동차 산업을 역내 산업과 연관 짓는 것이 쉽지 않음을 알 수 있다.

협력기업에 대한 지원체제는, 먼저 품질에서 품질보증본부가 불량실적을 체크하여 매년 워스트 10개사를 중점관리회사로 지정하고 개선을 지도한다. TS나 ISO인증이 없는 비즈니스 파트너는 품질시스템에 대한 감사를 통해 문제점을 '객관화'하여 개선을 지원한다. 이어서, 코스트 및 생산기술에서는 조달부문에 제조기술경험자와 설계경험자를 배치하여 비즈니스 파트너 각사와 공동으로 개선활동에 노력하고 있다.

이제는 모기업 E사의 매출액과 이익의 3분의 1을 차지하는 정도까지 성장한 D사의 매출액 및 종업원 수의 최근 추이를 보면 [도표 3-22]와 같다. 2007년까지는 전체적으로 순조로운 성장을 보이고 있음을 알 수 있다. 그러나 2008년에는 자동차산업 일반이 그러했던 것처럼 급격히

[도표 3-21] D사의 협력기업 현황 (단위: 사, %)

	도내	도외	해외	계	이 중, 하청법 대상회사
원재료	0	17	1	18	2
양산부품	2	34	7	43	5
외주가공	7	13	0	20	10
계	9	64	8	81	17
구성비(%)	11	79	10	100	

• 출처: 회사제공 자료로 작성.

실적이 악화되었다. 또, 절정기에 종업원 전체의 절반 가까이가 비정규 노동자였음에 유의할 필요가 있다.

정규직은 지역에서의 채용이 약 95%이고, 도외(규슈, I턴, 중국)채용은 5%정도에 지나지 않는다. 비정규직은 도외채용도 있으나 실제 숫자는 미상이다. 전체적으로는 지역에서의 채용에 별 어려움이 없었기에 자연스러운 결과로 지역출신이 많이 채용되었다. 정규직에는 연구개발 부문 등에 체계적인 관리업무가 필요한 관계로 비교적 고도의 인재가 요구된다. 예를 들어, 이과계열 종합직에는 '개발, 설계, 생산기술 등'을, 문과계 종합직에는 '마케팅, 파이낸스, 기획력 등'을 습득하여 발휘할 수 있는 능력이 요구된다. 초임급은 대학원 21만 1,000엔, 대학 19만 5,000엔, 고등전문 17만 4,000엔이고 연 2회 상여금이 지급된다. 도나 시가 개최하는 이벤트를 통해 U·I·J턴 인재를 채용하기도 한다.

D사는 사원의 정착과 인재육성을 위해 적극적으로 노력하고 있다. 2003년에는 인재육성 부문에서 '미래塾'을 설치하였다. 신입사원·쉬프트리더·주임리더·그룹리더를 대상으로 하는 '계층별 교육'외에 품질관리·전문기술·제조기술·어학 등을 내용으로 하는 '기술·기능교육', 그리고 전 종업원을 대상으로 하는 '비즈니스 행동교육'과 '윤리교육' 등을 실시한다. 2007년도 실적은 교육강좌 수 188, 참가자 수 2,404명이다. 또, 미래塾은 '오픈 강좌'를 실시하고 있다. 어학·컴퓨터·기술습득·QC 등의 강좌에 다른 기업의 근로자도 참가할 수 있도록 하여 2003년도 개강 이래 50개사, 250명 이상이 이수하였다.

비정규직에 대한 실제 수치는 공표되지 않고 있으나 수주 증가에 따

[도표 3-22] D사의 매출액 및 종업원 수 추이 (단위: 백만 엔, 명)

	2004	2005	2006	2007	2008
매출액 계	32044	36850	38986	40401	30427
회사인원 계	673	662	1480	1434	1100

• 주1: 일본 단독기준.
• 주2: 회사인원 계는 2005년까지는 정규종업원, 2006년부터는 비정규 종업원 포함.
• 출처: 회사제공 자료로 작성.

라 주로 파견·하청근로자가 고용되었다. 특히 2005년 12월 이후, 중요공정·고난도 공정은 정규직, 기타는 비정규직 이라는 방침 속에 구내構內 하청이 급속히 늘었다. 다만, 안전·품질·납기와 같은 생산의 기본요소에 대해서는 정규직·하청사원 공정을 불문하고 일정 수준이 유지되도록 교육·운영에 배려하고 있다.

여기서 경제위기의 영향에 대해 간단히 언급해 두고자 한다. 위기에 따라 매출액이 급격히 떨어져, 2009년 2월에는 2008년 상반기의 60%수준까지 감소하였다. 이를 타개하기 위해 '월 단위 매출액 19억 엔(전년대비 40% 감) 수익확보'를 목표로 ① 가동체제의 적정화(2라인을 1라인으로), ② 조직재편(각종 프로젝트 팀과 기동대 및 개선반 설치), ③ 정시근무(잔업 승인제), ④ 간접부문의 슬림화(간접부문 인원을 제조부문으로), ⑤ 제로베이스 예산, ⑥ 일제휴업·부분휴업 등의 긴급대책을 실시하였다. 고용대책으로는 고용조정조성금 활용(대상인원 3,813명/일, 효과액 2,900만 엔 정도) 외에 잔업 워크 쉐어링을 실시하였다. 그러나 결과적으로 자연감소를 제외하더라도 파견·하청사원 약 300명을 감원하지 않을 수 없었다. 전술한 입지기업과 마찬가지로 고용 변동성이 컸다는 것을 알 수 있다.

(2) I사의 사례

이어서, 내수에 기반 하여 성장해온 I사의 사례를 검토한다. I사는 1970년, 토마코마이시에서 창업하였다. 자본금은 5,000만 엔이며 주요 주주는 토마코마이시(20%), 토마코마이상공회의소(20%), 지역기업 등이다. 이러한 자본구성에 의해 비상근 이사에는 토마코마이시 부시장, 토마코마이상공회의소 부회장, 토마코마이항개발주식회사 전무이사, 토마코마이신용금고 전무이사, 토마코마이부두주식회사 대표이사 등이 포함되어 있다.

I사의 주된 사업내용은 컴퓨터시스템 개발사업(공공, 의료, 기타 업태별 시스템 개발), 데이터 센터를 활용한 위탁형 정보처리사업, 요원파견사업, 컴퓨터기기·부품판매사업, 인터넷사업 등이다. I사에서 개발한 패키지

로는 의료복지시스템, 건강보험관리시스템, 아동수당·아동부양수당관리시스템, 급식관리시스템, 학교급식청구관리시스템 등이 있다. 주로 자치단체나 지역기업을 상대로 서비스를 제공한다. 다만, 영업실적의 20~30%는 본토를 대상으로 한 것이다.

이와 같은 사업내용은 I사의 성장과정 자체를 보여준다. I사는 원래 토마코마이시를 포함한 82개사의 출자에 의해 (주)토마코마이전자계산센터로 설립되었다. NEAC시스템 2200모델150을 도입하여 영업을 개시했는데 1975년부터는 상공회의소에서도 출자하였다. 1980년에 신용판매 온라인서비스를 개시, 1983년에는 의료사무 온라인서비스를 시작하였다. 1990년에는 토마코마이항관리조합에 항만정보시스템을 납품하고, 1993년에는 자치단체 OA연구회를 그룹 각 사(NEC정보서비스사업그룹)와 공동으로 설립하였다. 2002년에 토마코마이시로부터 전문요원 아웃소싱을 수주하였으며, 2005년에는 데이터센터 빌딩을 준공하여 사명을 현재의 I사로 변경하였다. 그 사이, 자동차 내비게이션 등과 관련하여 수도권으로도 진출, 전성기에는 매출의 20%, 이익의 30%까지를 차지하게 되었다. 맞춤형 소프트웨어에 대한 시스템엔지니어링이 주된 업무인 I사는 1990년대 이후 제조업체와 유통업체의 대형프로젝트에도 참가하였다. 전자의 경우, 오지王子제지와 일본제지 등 지역기업 외에 전술한 입지기업 T사와도 1996년부터 1999년까지 관계를 맺어 시스템 전환에 참여하였다. 구체적으로는 자재구매에 관련된 시스템개발과 유지관리이다. T사의 경우, 기업그룹의 일원으로 간반just in time(경제적 효율을 높이기 위해 토요타가 고안한 생산방식. 공정간 재고를 최소화하는 완전수주 생산을 목표로 함) 방식이 도입되었으나 자재관리 등은 입지기업의 재량에 맡겨져 있었다고 한다. 한편 I사는 D사와 같은 부품기업에 대해서도 서비스를 제공하였다. 후자인 유통업체의 경우 이토요카도(일본의 대형할인매장 중 하나)의 프로젝트에 참여하였다. 요컨대 자치단체와 민간기업, 지역기업과 입지기업, 제조업과 유통업에 이르는 폭 넓은 사업전략을 통해 I사가 성장해 왔다고 할 수 있다.

I사의 2008년 매출액은 30억 3,000만 엔이다. 그 내역을 사업별로 보면 서비스 및 기기판매의 비중이 크다. 단, 기기판매의 경우 '시스템판매'가 50%를 차지, 단순한 기기만의 판매는 10%에 지나지 않는다. 어쨌든, 기기판매는 매출액이 큰 반면 이윤은 작다. 매출액 내역을 고객층별로 보면 공공부문 40%, 제조업 25%, 유통서비스 5%, 유통·제조업체로부터의 하청이 30%이다. 유통서비스의 비중이 적은 것은 주로 삿포로 소재 기업에게 고객을 빼앗긴 결과이다. 토마코마이에는 경쟁기업이 없으나 삿포로에는 상당한 경쟁기업이 있다. 매출액에서 알 수 있듯이 자치단체 특히, 소속 지역인 토마코마이시가 가장 큰 고객이다. 그밖에 28개 시정촌에 주로 주민관계 및 부수적으로 의료관계 서비스를 제공하고 있다. 주민관계서비스는 수천만에서 억단위 계약이기 때문에 중요한 사업이라고 한다. 그에 비해 의료관계는 연 수백만 정도로 규모는 크지 않다. 현재는 항구 관련 고객확보를 위해 노력하고 있다. 어쨌든, '넓고 다양한 고객확보가 비즈니스의 관건'이라는 것이 I사의 생각이다.

그런데, 최근 3년간은 매출액이 30억 전후로 별로 늘지 않고 성장이 멈춰있는 상태이다. 그 이유 중 하나를 '통합 붐'에서 찾을 수 있다. 예를 들어, 생협(생활협동조합)이 'COOP삿포로'로 통합되거나 신용관련 분야에서도 통합의 움직임이 형성되고 있다. 또, 통합까지는 아니더라도 시스템을 공동으로 이용하려는 움직임도 있다. 이와 같은 동향이 시스템 판매자인 I사에 불리하게 작용한다는 것이다.

여하튼, 내수기업으로서 I사의 특징은 경제위기의 대응과정에서 잘 나타난다. I사는 파트 및 계약사원을 5명 정도 해고하고, 고용조정조성금도 10명 정도 분을 지원받는 선에서 위기를 넘겼다. 내부에서의 배치전환, 특히 영업파트 배치를 통해 잉여인원을 처리 하였다. I사의 종업원 수는 2009년 4월 현재 177명이다. 2008년 4월 현재는 175명이었다. 경제위기를 거치면서도 약간의 인원증가가 있는 것이다.

177명은 전원 정규사원이다. 이 중 여성이 28명이다. 학력별로는 대졸 70%, 단기대학·고등전문·전문학교가 20%, 고졸 10%이다. 다만, 고졸은 전원이 예전에 채용한 고령자로 지금은 채용하지 않고 있다. 채용은 신규졸업자 채용이 기본이다. 가능하면 U턴도 채용하려 하고 있으며, 토마코마이시에서 진행하는 U턴 이벤트에도 2년 전부터 참여하고 있다. 결원이 발생하거나 특정 분야에 능통한 인재가 있는 경우 32~33세를 상한으로(단, 관리능력이 있는 사람은 예외) 중간채용도 하고 있다. 그 숫자가 많을 경우가 4명이었다. 2008년의 경우 16명이 신규졸업자 채용, 2명이 중간채용이었다. 종업원은 의식적으로 절반정도는 지역에서 채용하려고 한다. 예를 들어, 같은 능력이라면 삿포로 보다는 토마코마이 출신자를 채용하려고 한다. 그 이유는 정착률이 높고 업무에 동화를 잘하기 때문이다. 현재, I사의 종업원은 절반이 토마코마이 출신이고 나머지 절반이 도내 출신자이다. 본토 출신자는 적다. 지금까지 지역의 토마코마이고등전문학교에서 20명 정도를 채용하였으며 주로 정보계열이었다. 그밖에 도내 사립대학이나 국립대학에서도 상당수를 채용하고 있다. 결과적으로, 컴퓨터 시스템 개발이라는 업무의 특성을 살려 상대적으로 양질의 고용기회를 지역 및 도내에 제공하고 그 인재를 통해 활력있게 사업을 전개하고 있다고 할 수 있다. 다만, IT분야는 전반적으로 정착률이 높지 않다. 경제산업성 통계로 이 업계의 이직율은 10%정도인데, I사의 경우도 연 6~8%가 이직한다고 한다. 이들의 정착률을 높이는 것이 과제이다.

예를 들어, 고등전문학교를 나와 1년이 지나면 일단 프로그램을 작성할 수 있으나 제안영업(세일즈가 아닌 비즈니스 개발Business Development. 세일즈가 개인이나 한정된 소수를 대상으로 상품이나 서비스를 판매하는 것이라면 비즈니스 개발이란 구매자의 니즈에 따라 최적화된 솔루션을 개발해 조직차원에서 제공하는 것을 말함)을 하기까지는 시간이 걸린다. 자격증(주로 경제산업성 관할) 취득을 위한 종업원 교육을 실시하고 취득시에는 자격수당을 지급한다. 또, 각종 세미나에 참가시키고, QC·품질관리를 위해 2008년도부터 QC운동에도 20명 정도를 참여시키고 있다. 계층별 교육을 위해 연차별 요원양성계획을 세우고 특히 관리직 육성에 힘을 쏟는다. OJT의 경우는 수도권으로 나가는 것 자체가 좋은 경험이 된다. 전술한 카 내비게이션 업무가 그것으로 사원의 영업력을 높이는 계기가 된다.

IT관련 사업의 특성상 I사의 협력회사는 별로 없으며 간혹 삿포로의 IT관련 회사에 상세설계 이하의 업무를 위탁하는 정도인데, 이는 토마코마이 내에는 적당한 회사가 없기 때문이다. 다른 기업·기관과의 연계에 있어서는 종업원 교육과 관련하여 삿포로 소재 D사(도가 출자한 기업으로 IT관련 강좌 등을 진행함)로부터 협력을 받고 있다. 또, 토마코마이 고등전문학교 교원에게 강습을 받고 있으며, 동 고등전문학교와 토마코마이시 테크노센터의 공동연구를 추진하고 있다(후술). 이는 종래 관리시스템 중심의 사업체질에서 탈피하고 예를 들면, 로봇 사업 등에 진출하기 위함이다.

I사의 향후 과제는 첫째, 데이터센터의 진로를 개척하는 것이다. 즉, 데이터센터를 설치는 하였으나 유사기관이 각지에 생겨나면서 자기 지역의 센터를 이용할 필연성이 없어진 탓에, 데이터센터 간 경쟁에서 살아남는 것이 급선무가 되었다. 또 하나는, 인재의 육성이다. 예를 들면, 만능적인 인재가 예전보다 적어지고 있다. 여기서 만능적 인재란 광범위하게 업무를 수행할 수 있는 사람이다. 영업력, 특히 제안영업 능력이 요구된다. 아울러 향후 고령자에 대한 대책도 과제이다.

(3) M사의 사례

마지막으로, 지역과 업종을 지키면서 입지기업과 새로운 관계를 구축해 나가는 대표적인 예로 M사의 사례를 검토한다. M사는 1948년 토마코마이시에서 창업하였다. 2009년 4월 현재 자본금은 5,000만 엔이다. 주 사업내용은 각종 산업기계의 설계·제작·설치·조립·보수의 일괄수주이다. 이와 같은 사업내용은 M사의 성장과정과 관련이 있다. M사의 초대사장은 원래 오지王子제지에서 근무하다가 M사를 창립하였다. 1952년, 쥬조十條제지에 제지기계抄紙機를 처음으로 설치하면서 설치전문 사업을 발전시켜 '설치의 M사'로 불리게 되었다. 하지만, 제지기계抄紙機에 대한 투자는 이후 6~7년 주기로 이루어지는 탓에 이 기간 동안 회사설비는 잉여설비가 되었다. 1970년대 후반, 이를 이용하여 미츠비시·IHI 등으로부터 제지기계제작 하청을 받게 되면서 각종 기계제작에 참여하였다. 최근에는 자동차공장 설비에도 가세, T사를 대상으로 '미스트냉각 및 냉각콘베어'의 설계·제작·조립·설치와 '다이캐스트C라인주형鑄型장치'를 제작하였다. 그밖에 다른 자동차 제조업체를 대상으로 '트랜스미션 부품 세정기'를 제작·설치하였다. 향후 리사이클 사업에도 본격적으로 진출할 예정으로 현재 산업폐기물처리설비 등을 수주하고 있다. 이와 같은 사업내용의 '다양화'에 대해서는 후술한다.

M사의 강점은 경제위기의 대응과정에서 잘 나타난다. [도표 3-23]은 최근 M사의 매출액과 종업원 수 추이를 나타낸 것인데, 순조롭게 신장하던 매출액이 경제위기를 겪은 2009년 3월기에 급격히 떨어지고 있다. 그러나 전술한 공사주기와 겹치는 부분도 있어 실제로는 수치만큼 타격은 크지 않다고 한다. 공사량이 감소하면 그 비용도 감소하기 때문이다. 흥미로운 것은 전술한 자동차 관련 기업과 달리 이 시기에 고용이 증가하였다는 사실이다. 전기 309명이었던 것이 당기 317명으로 증가해 2009년 8월 현재는 327명이다. 또, 자동차관련기업과 달리 이들은 기본적으로 정규근로자이다.

[도표 3-23] M사의 매출액과 종업원 수 추이 (단위: 백만 엔, 명)

	2005. 3	2006. 3	2007. 3	2008. 3	2009. 3
매출액	3898(100%)	4033(100%)	4658(100%)	5060(100%)	3936(100%)
공사	2711(70%)	2806(70%)	3355(72%)	3837(76%)	3072(78%)
제작	1187(30%)	1227(30%)	1303(28%)	1223(24%)	864(22%)
종업원 수	310	307	305	309	317
여자	17	16	14	16	16
본사·토마코마이시 인원	82	79	76	79	85

• 주: 인원은 기말 정규사원수. 기타 전체에서 파트가 각 년도별 10명 정도 있음.
• 출처: 회사제공 자료로 작성.

최근 5년간 채용인원 수는(매년 4월 채용), 2005년이 9명, 2006년 17명, 2007년 24명, 2008년 18명 그리고 2009년이 15명이다. 경제위기 후에도 신규채용을 계속하였던 것에 대해 M사는 이와 같이 설명한다. "우리 회사는 3K의 대표적인 업종이므로 인재를 모집하기 어렵지만, 불황기에는 대기업이 채용을 하지 않기 때문에 오히려 우수 인재를 채용할 수 있다." 이렇게 "불황기에 채용하여, 공 들여 초일류로 육성하며, 팀워크를 중시"한다는 것이 M사의 인재육성 방침이다. 주요 업무인 설치공사에는 약 100명에게 6개월간의 출장이 필요하고(후술), 100분의 1밀리미터의 오차도 허용되지 않기 때문에 '10년간 공들여 기술자를 양성'한다는 것이다. 교육은 다기능화를 추진하는 OJT외에 신입사원 교육과 관리감독자 교육을 중점적으로 실시한다. 교육방법은 주로 외부강사 초빙과 강습회 참가이다. 또, 크레인 취급과 설계 등 자격취득에도 힘을 쏟고 있으며, 자격을 취득하면 임금에 반영한다.

문제는 근로자의 정착이다. 지금은 양호한 편으로 취직 후 3년간 20% 정도가 이직하는데, 이전에는 3년간 70% 정도가 이직하였다. 그 이유 중 하나는, 5~8월이 바쁘기 때문이다. 업무상 고객기업이 쉬는 골든 위크(5월의 장기연휴) 또는 여름휴가철에 공사를 진행하므로 신입사원의 경우, 다른 사람들이 쉴 때 쉬지 못하는 것 때문에 그만두는 경우가 많다고 한다. M사는 정착율을 높이기 위해 친목회를 자주 활용한다. 공사를 위한 출장이 많기 때문이기도 하지만 친목회가 제법 잘 운영된다고 한다.

이와 같이 M사는 지역에 비교적 안정적으로 고용기회를 제공해 왔다고 할 수 있는데 이는 "무엇이든 해낸다"는 자세와 사업전략의 결과이다. M사는 "T사가 입지하긴 했지만, 토마코마이는 원래 양산의 기반이 없는 곳이다. 지역기업 입장에서는 T사의 부품을 만드는 것만으로 살 수 있을지, 과연 아이치와 경쟁할 수 있을지 등의 불안이 있다. 결국, 한 제품의 양산이 아니라 '무엇이든 해낸다'는 정신이 M사가 지금까지 생존할 수 있었던 이유"였다고 한다.

이런 자세는 결코 입지기업과의 관계구축 거부를 의미하지 않는다.

실제, M사는 앞장서서 '미스트냉각 및 냉각콘베어'(전술) 등을 T사에 납품하고 있으며 그 자신 150여 개사의 협력기업으로 구성된 'T협력회'회장을 맡고 있다. 협력을 수행함에 있어서는 지역기업이 아이치의 기업과 연계하여 자동차 산업에 적극적으로 참여할 수 있도록 노력하고 있다. 이와 같은 연계는 아이치의 기업 입장에서도 설비투자를 절약할 수 있고 지역 인재를 활용할 수 있으며 제로베이스에서 신 부품을 만들 수 있는 메리트가 있다고 한다. 다만, 설비나 메인테넌스에 대한 참여는 아이치에서 입지한 기업이 많고 지역기업은 아직까지 낮은 실정이다.

주 사업이 산업기계의 제작·설치인 성격상 M사의 협력회사는 한정되어 있다. 사업장 내에 협력 업자를 두고 있는 정도로 통틀어 40명 정도의 하청 근로자가 상주하고 있다. 이들은 주로 설치 및 메인테넌스의 완성공정을 담당한다. 타 기업·기관 등과의 연계로는 TM사에 사원교육 특히, 간부교육을 의뢰하고 있으며 ISO관련 상담도 자주한다. 외에도 경제산업국에서 개최하는 경영자회의에 이사인 경영기획실장이 참가하고, 홋카이도 은행에서 주최하는 경영자 교육에도 관계자를 출석시킨다. 지금은 공동연구가 없으나 이전에는 도 중앙산업진흥기구(후술)의 자금지원을 받은 적이 있다. 한편, M사는 지역의 대표기업인 이와쿠라구미(목재·건설), 후지타산업(목재·서비스), 아베상사(상업) 등과 함께 토마코마이의 경영자를 육성하는 역할도 담당하는데, 이 회사를 거쳐 지역에서 경영자가 된 사람이 10명 정도 된다고 한다.

3) '지역역량'의 육성

(1) 토마코마이 공업고등전문학교

또 하나의 가능성은, 지역의 종합적인 힘을 기르기 위한 노력이 시작되고 있다는 것이다. 특히, 지역의 인재를 육성하여 지역기업의 잠재력을 강화하기 위한 작업이 본격화하고 있다. 토마코마이 공업고등전문학교(이하, 고전으로 약칭)가 그 주역의 하나이다. 고전은 무엇보다 지역산업을 담당하는 중심 기술인재를 육성한다. 다만, 이들에 대한 지역 내의 구인부족이 결과적으로 인재유출을 초래하고 있다. [도표 3-24]는 고전 졸업생 취업상황을 나타낸 것으로 '도내 취업자 수'보다 '도외 취업자 수'

[도표 3-24] 토마코마이 공업고등전문학교 졸업생 취업현황

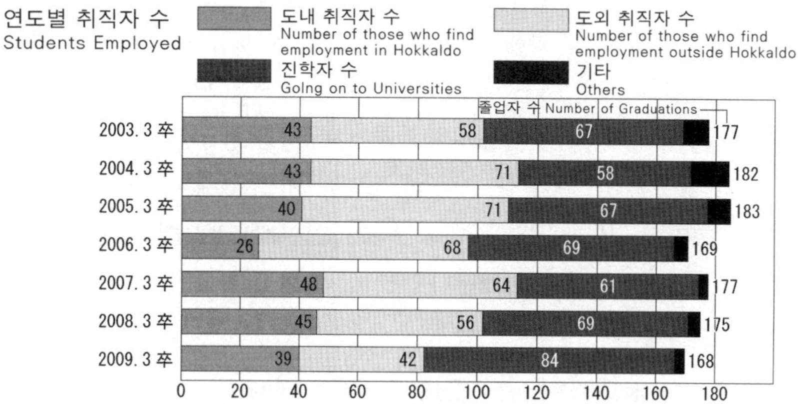

• 출처: 토마코마이 공업고등전문학교 「2009년도 학교요람」에서 인용.

[도표 3-25] 토마코마이 공업고등전문학교 지역공동연구센터 실적

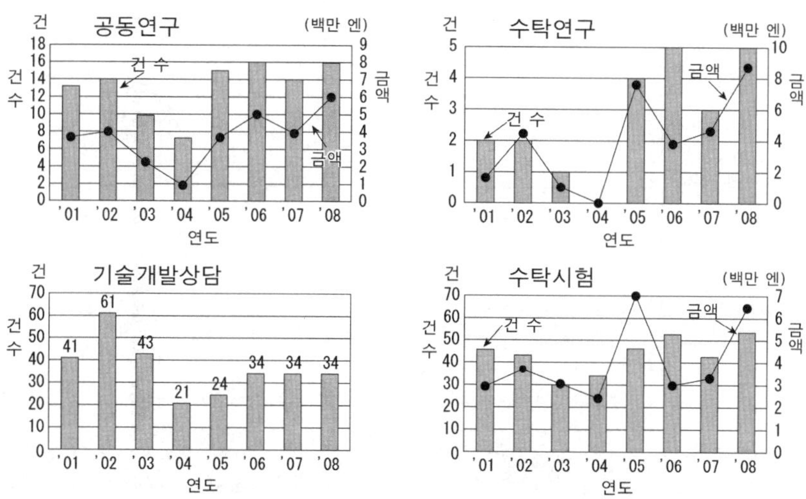

• 출처: 토마코마이 공업고등전문학교 제공자료.

가 많다. 지역 내에서 보다 고도의 고용기회를 고전 졸업생에게 제공하고, 그들이 더욱 양질의 일자리를 창출하는 선순환 구조를 만들어야 한다고 할 수 있다. 한편, 4년제 대학 진학자 수가 많다는 것도 검토할 포인트이다. 예를 들어 2009년 3월 졸업의 경우, 졸업생의 절반이 진학을 하였는데, 이는 결과적으로 이론과 실무 양쪽을 잘 아는 고등전문학교 졸업생의 존재감을 약화시키는 요인이 될지 모른다.

고전은 재학생 육성 외에 지역 내 기업과의 연계강화를 위해 '지역공동연구센터'를 설치하였다. [도표 3-25]는 그 실적을 나타낸 것이다. 최근, 공동연구, 수탁연구, 기술개발상담, 수탁시험 등의 건수 및 금액이 늘어나고 있음을 알 수 있다. 꾸준한 노력이 거듭된 성과라 할 수 있다.

또한, 고전은 '고전 등을 활용한 중소기업인재육성사업'의 일환으로, '자동차 관련 산업으로부터 배운다'는 사업에 참여하고 있다. [도표 3-26]

[도표 3-26] 고전 등을 활용한 중소기업인재육성사업 이미지

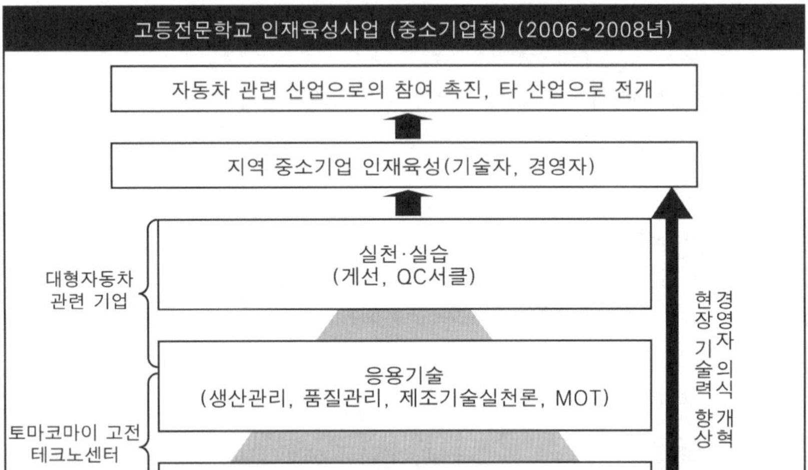

• 출처: 토마코마이공업고등전문학교 제공자료에서 인용.

은 그 이미지를 나타낸 것이다. 이 사업의 취지는 "토마코마이 공업고등전문학교와 선진적인 자동차 관련 산업의 폭넓은 기술·인재육성 노하우를 결합하여 주어진 업무의 문제점을 도출하고 해결 방법을 모색하는 능력을 지닌 젊은 기술자"를 육성하는 것이다.[25] 협력 기업은 토요타자동차홋카이도(주), 이스즈엔진제조홋카이도(주), (주)다이낙스, 일본경금속홋카이도(주), 아이싱홋카이도(주), 와컴홋카이도(주), (주)전기공사니시카와구미, 이와사경영활성화연구소, (유)CIS 등이다. 강좌는 '품질·생산관리육성코스'(품질생산관리 기초강좌/자동차관련 산업에서 배우는 품질·생산·개선강좌), '기술자 양성코스'(3차원 조형을 위한 3D-CAD 시스템 강좌/3차원 조형(광조형) 강좌/가공기술 강좌/시퀀스 제어기술 강좌/전기공사 기초강좌), '중견관리자 양성코스'(관리자양성강좌 A=MOT 코스/관리자양성강좌 B=의식개혁코스)가 열리고 있다. 그 동안의 실적은 2006년도 8강좌 34회 109시간, 2007년도 8강좌 44회 143시간, 2008년도 9강좌 46회 148시간, 합계 25강좌로 수강자는 158개사 242명(연 1,000명 정도)이었다.

(2) 토마코마이 고등기술전문학원

지역역량 강화를 위한 또 다른 주역은 토마코마이 고등기술전문학원이다(이하, 기전으로 약칭). 현재, 기전은 보통과정으로 자동차정비과, 전기기기과, 금속가공과, 엑스테리어exterior기술과 등 4코스(정원 계 90명)를 개설하고 있다. 2007년까지는 OA사무과(또는, OA시스템과)가 설치되어 있었으나, '민간에서 가능한 것은 민간으로'의 방침에 따라 폐지되었다. 고전과 달리 기전은, 지역의 저변을 지탱하는 기능인재 육성을 기본적인 목적으로 한다. 그러나 코스 별로 그 기능은 약간 다르다. [도표 3-27]은 기전의 2009년도 입학자 연령별 내역을 나타낸 것으로, 예를 들어, 자동차 정비과가 20세 미만의 비중이 압도적으로 많은데 비해, 전기기기과

25) 토마코마이상공회의소, 「(경제산업성 중소기업청 위탁사업: 2008년 토마코마이 고전 등을 활용한 중소기업인재육성사업) 자동차 관련 산업에서 배운다」.

와 금속가공과는 상대적으로 넓은 범위에 연령이 분포되어 있음을 알 수 있다. 전자가 주로 졸업 후 미취업자를 대상으로 직업에 필요한 지식·기능을 전수하는 반면, 후자는 실업자를 대상으로 중소기업으로의 재취업을 촉진하는 것이라 할 수 있다.

[도표 3-27] 2009년도 토마코마이 고등기술전문학원 연령별 입학내역

훈련과	자동차정비과			전기기기과			금속가공과			엑스테리어 기술과			계		
	보통			보통			보통			단기					
구 분	남	여	계	남	여	계	남	여	계	남	여	계	남	여	계
20세 미만	21		21	4		4	2		2	11		11	38		38
20~24세	1		1	5		5	3		3				9		9
25~29세	4		4	3		3	5		5				12		12
30~34세				5		5	5	1	6				10	1	1
35~39세	1		1	2		2	2	1	3	1		1	6	1	7
40~44세							3		3	1		1	4		4
45~49세	1		1	1		1		1	1				2	1	3
50~54세	1		1				1		1	1		1	3		3
55~59세	1		1				1		1	1		1	3		3
60~65세										3	1	4	3	1	4
합 계	30		30	20		20	22	3	25	18	1	19	90	4	94

• 출처: 홋카이도립 토마코마이고등기술전문학원 「2009년 업무개요」.

[도표 3-28] 토마코마이 고등기술전문학원 2008년 수료생 구인내역

훈련과	수료자수	관내		관외		도외		계		구인배율
		건수	명수	건수	명수	건수	명수	건수	명수	
자동차정비과	14	9	10	6	6			15	16	1.14
전기기기과	10	14	18	1	3	2	4	17	25	2.50
금속가공과	3	7	9	7	9			14	18	6.00
OA사무과	27	38	47	19	19	4	4	61	70	2.59
엑스테리아기술과	11	9	23	11	15			20	38	3.45
계	65	77	107	44	52	6	8	127	167	2.57

• 주: 2009년 5월말 현재 수치.
• 출처: 홋카이도립 토마코마이 고등기술전문학원 「2009년 업무개요」에서 인용.

하지만, 이때에도 지역 내 구인부족이 장애요인이다. [도표 3-28]은 기전의 2008년도 수료생에 대한 구인내역을 표시한 것이다. 65명의 수료자에 대해 관내 구인은 107명밖에 없어 매칭 가능성을 줄이고 있음을 알 수 있다. 관외 구인이 52명 있지만 지역에 대한 애착이 강한 수료생들에게는 좀처럼 받아들여지지 않는 것이 현실이다. 예를 들어, 엑스테리어기술과는 수료생 11명에 대한 구인이 38명이고 구인 배율은 3.45에 달하지만, 수료생 중 관외 취업은 1명밖에 없고, 관내 4명을 포함, 5명만이 취업되어 취업률은 45.5%에 머물렀다. 같은 사유로 전체 계에서도 구인배율은 2.57이지만 취업률은 67.7%에 지나지 않는다.[26]

기전은 통상 1년의 보통과정 외에 이·전직자를 위한 단기훈련(약 2~5개월)도 실시하고 있다. 다만, 이는 기전의 시설에서 진행하지 않고 민간 교육훈련기관 등에 위탁하여 실시한다. [도표 3-29]는 2008년도의 이와 같은 기동직업훈련·촉성훈련 실시상황을 나타낸 것이다. 계 23개과 193명이 훈련받았음을 알 수 있다. 그러나 이것으로는 충분하지 않고, 지역에서 필요한 훈련을 체계적으로 실시하기 위한 프로그램 작성과 훈련내용의 양·질의 강화가 시급히 요구된다 하겠다.

(3) 토마코마이시 테크노센터

지역역량 강화를 위한 주역으로 토마코마이 테크노센터(이하, 센터로 약칭)를 빼놓을 수 없다.

센터는 "지역기업을 비롯한 기계금속제조업 및 관련기업의 기술향상과 연구개발을 지원하여 산업진흥을 도모"한다는 취지로 1998년 10월부터 사업을 개시하였다. 센터의 사업내용은 주로 재료관련분야 및 기계가공관련분야와 메카트로닉스mechatronics관련분야에서 ① 시험·검사·증명, ② 설비기기의 개방, ③ 기술지도, 연수·상담, ④ 산·관·학 교류, ⑤ 정보수·발신, ⑥ 연구개발지원을 담당하는 것이다. 그 이용실적을 나타내면

26) 홋카이도립 토마코마이 고등기술전문학원, 「2009년도 업무개요」.

[도표 3-30]과 같다. 연도에 따라 기복은 있으나 실적이 증가경향에 있음을 알 수 있다.

그런데, 센터는 (재)도중앙산업기술진흥기구에 일부 업무위탁을 하고 있다. 도중앙산업기술진흥기구는 "지역 산업구조의 고도화, 신제품·신기술의 연구개발 등을 촉진하기 위해 산업지원기관, 관공서 및 학술연

[도표 3-29] 2008년도 기동직업훈련·촉성훈련실시상황

종별	훈련과목	실시인원	실시지역	대상자	시기	훈련시기
기동직업훈련	네트워크기술과	13	토마코마이시	일반구직자	4월~7월	2.5개월
	OA경리과	15			4월~7월	
	정보비즈니스과	8		모자가정	5월~8월	3개월
	정보비즈니스과	4		장해자	6월~9월	
	항만하역과	14		일반구직자	7월~9월	2.5개월
	OA경리과	15			8월~11월	
	정보비즈니스과	10		모자가정	9월~12월	3개월
	정보비즈니스과	3		장해자	9월~12월	
	경리사무과	7		일반구직자	9월~12월	2.5개월
	IT기초	12		계절노동자	1월~3월	
	경리사무기초과	10			1월~3월	2개월
	종합비즈니스과	9	우라카와쵸	건설업등이직자	5월~10월	5개월
	OA사무과	10		일반구직자	9월~12월	2.5개월
	목재공예과	7	시라오이쵸	아이누지구주민	12월~3월	
	석재가공과	9	비라토리쵸		1월~3월	
	목재공예과	8				
	목재공예과	8	히다카쵸			
	직포과	8	우라카와쵸			
	정보비즈니스과	10				
	직포과	6	신히다카쵸			
	정보비즈니스과	7	무카와쵸			
속성훈련	OA사무과	10	우라카와쵸	파트구직자	10월~10월	45시간
	OA사무과	11	토마코마이시		10월~10월	40시간
계	23과	193				

• 출처: 홋카이도립 토마코마이 고등기술전문학원 「2009년 업무개요」에서 인용.

[도표 3-30] 토마코마이시 테크노센터 이용실적 추이

연도	기술상담	기술지도	의뢰시험	기기이용	합계	견학자 수
2002	77	77	198	208	560	
2003	40	51	232	339	662	
2004	63	37	163	224	487	71
2005	63	22	327	402	814	88
2006	59	61	220	273	613	118
2007	32	64	244	269	609	143
2008	38	40	1566	352	1996	121

• 출처: 토마코마이시 테크노센터 제공자료.

구기관과 연계하여 권역 내 기업을 지원"한다는 취지로 홋카이도 외에 토마코마이시, 치토세시, 에니와시惠庭市, 아비라쵸安平町 및 민간으로부터 18억 엔의 출연금을 모아 설립되었다. 사업내용은 ① 채무보증·고도기술개발융자사업, ② 고도기술연구개발조성사업, ③ 지역산업활성화사업, ④ 연수지도사업, ⑤ 첨단기술보급사업, ⑥ 공동연구 등 사업, ⑦ 기술정보사업, ⑧ 조사연구사업, ⑨ 고도기술산업집적활성화사업, ⑩ 지역 플랫폼 네트워크 형성사업, ⑪ 토마코마이시 테크노센터 사용료 징수업무 등이다.

센터의 전망을 밝게 하는 한 가지 요소는 도내 유수의 대학에서 공학을 전공한 뒤 본토의 대기업에서 근무한 다음, 태어난 고향을 위해 공헌하고 싶다는 생각으로 U턴하는 젊은 인재가 모이고 있다는 것이다. 그들이 지역의 핵심인재가 될 때 토마코마이의 지역역량은 상당하게 성장할 수 있을 것이다.

7. 시사점

토마코마이의 사례는, 애초에 산업기반이 취약했던 지역이 공공사업

에 의존하는 한편으로 외부자원을 활용하여 산업진흥과 고용창출을 도모하는 전형적인 예이다. 그 '개방적'인 시도는 유사한 조건에 놓여있는 다른 지역에 대해 몇가지 시사점을 준다. 가장 중요한 것은 "무엇이든 해낸다"는 자세이다. 기반이 취약하기 때문에 특정산업을 집적시킨다는 것은 극히 곤란한 일이다. 오히려 평범하지만 가능한 것은 전부 한다는 전략이 강인한 생명력을 발휘할 수 있었다고 할 수 있다. '토마토우'의 광대한 공업 용지에 대한 활용 방안을 두고 지역에서는 다음과 같이 말하는 사람이 있다. "항공기 산업을 짓자, 자동차 산업을 들여오자 말들이 많지만 아무것도 짓지 않는 것도 한 가지 방안이 아니겠는가?" 이는 팔짱을 낀 채 수수방관하자는 것을 의미하는 것이 아니다. 무엇인가가 다가올 것을 기다리지 않고 스스로 발굴하고자 하는 자세를 나타낸다.

다만, 전제조건이 있다. 이미 살펴본 바와 같이 D사는 끊임없이 연구개발을 거듭한 끝에 겨우 자생력을 얻었다. I사는 자치단체의 지원을 활용하면서 다각적인 노력을 통해 지역에 뿌리를 내릴 수 있었다. M사는 오랫동안 배양해온 기술력과 지역기반을 근거로 사업을 유지·확대할 수 있었다. 적어도 이 중 한 가지를 갖추지 않는다면 "무엇이든 해낸다"는 것 자체가 무리라 하지 않을 수 없다.

나아가 이러한 개별적인 자원과 힘을 지역 차원에서 결집할 수 있는 '지역역량'의 형성이 미래를 가늠 하는 척도가 된다. 지역역량의 기본은 입지기업과 지역기업이 서로 연계하는 것이다. 통상, 지역에 대한 입지기업의 공헌은 세수증대나 고용창출 등으로 인식된다. 그러나 토마코마이에 입지한 한 기업은 '본토에서 다른 문화를 가지고 온 것'을 지역에 대한 공헌이라고 말한다. 이렇게 서로 다른 자원·사고를 융합시키는 것이 지역역량의 근원이 된다. 과제는 그것을 성취할 수 있는 인재를 육성하는 일이다. 이것 역시 U턴 인재 활용을 포함한 '개방적'인 형태로 추진할 필요가 있다.

참고문헌

橘川武郎·連合総合生活開発研究所 編(2005), 『地域からの経済再生ー産業集積·イノベーション·雇用創出ー』, 有斐閣.

元島邦夫·庄司興吉 編(1980), 『地域開発と社会構造ー苫小牧東部大規模工業開発をめぐってー』, 東京大学出版会.

OECD 編著, 樋口美雄監 譯(2007), 『世界の労働市場改革新雇用戦略ー雇用の拡大と質の向上·所得の増大とめざしてー』, 明石書店.

大東和武司·金泰旭·内田純一 編著(2008), 『グローバル環境における地域企業の経営ービジネスモデルの形成と発展ー』, 文真堂.

佐口和郎(2004), 「地域雇用政策とは何か」, 神野直彦, 『自立した地域経済のデザイン』, 有斐閣.

下平尾勲·伊東維年·柳井雅也 編著(2006), 『地域産業の再生と雇用·人材』, 日本評論社.

禹宗杬(2006), 「大阪府における職業訓練の現状と課題」, 田端博尾 編, 『地域雇用政策と福祉ー公共政策と市場の交錯ー』, 東大学社会科学研究所.

【청취조사 일정】

방문처	일시	
토마코마이시 기업입지과	2009년 6월 1일	09:00~10:30
토마코마이시 공업노정과		10:30~12:00
토마코마이시 보건복지부		13:30~15:00
토마코마이공공직업안정소		15:30~17:00
토마코마이시 테크노센터	2009년 6월 2일	09:00~10:00
T사		10:30~12:00
토마코마이시 종합정책부	2009년 7월 13일	09:30~10:00
토마코마이고등기술전문학원		13:00~14:30
A사		15:30~17:00
토마코마이공업고등전문학교	2009년 7월 14일	09:30~11:00
MN사		13:00~14:30
토마코마이상공회의소	2009년 8월 18일	10:00~12:00
I사		14:00~16:00
M사	2009년 8월 19일	09:30~11:30
D사		13:30~15:30

제 4 장

밸리 구상과 지식집약형 산업 형성
: 미에현 및 카메야마시 사례

기타지마 마모루 北嶋守

미에현의 산업정책은 크리스탈밸리, 실리콘밸리, 메디컬밸리 등 세 가지 밸리 구상을 통해 연관 산업의 입지를 추진하는 것이다. 차세대 신산업 육성, 네트워크 구축, 첨단기업유치 및 인재육성을 통한 기술력 강화에 주력하여 지식집약형 산업구조로 전환하기 위해 고도部材이노베이션센터(AMIC)를 설립하였다.

- 크리스탈밸리: FPD 산업의 세계적 집적단지 조성
- 실리콘밸리: 반도체 관련 기업의 집적강화
- 메디컬밸리: 산업클러스터 형성, 경쟁력 있는 산업구조 전환, 벤처기업 연쇄창출

제4장
밸리 구상과 지식집약형 산업 형성
: 미에현 및 카메야마시 사례

기타지마 마모루(北嶋守)*

1. 미에현 개요

1) 미에현의 인구·세대수 추이

미에현청三重県庁 자료(인구조사 데이터)에 의하면, 2008년 10월 1일 현재 총 인구는 186만 9,669명(남 91만 1,035명, 여 95만 8,634명)으로 전년대비 362명(0.02%) 증가하였다. 또, 연령구분을 3가지로 보면 연소인구(15세 미만)가 총 인구의 13.9%, 생산연령인구(15~64세) 62.9%, 노년인구(65세 이상)가 23.1%를 차지한다. 2005년 인구총조사 결과와 비교하면 연소인구 비율이 0.4포인트, 생산연령인구 비율이 1.2포인트 각각 저하하였다. 한편, 노년인구 비율은 1.6포인트 상승하였다([도표 4-1], [도표 4-2] 참조).

* 재단법인 기계진흥협회 경제연구소 조사연구부장 대리.

[도표 4-1] 인구·세대수 추이

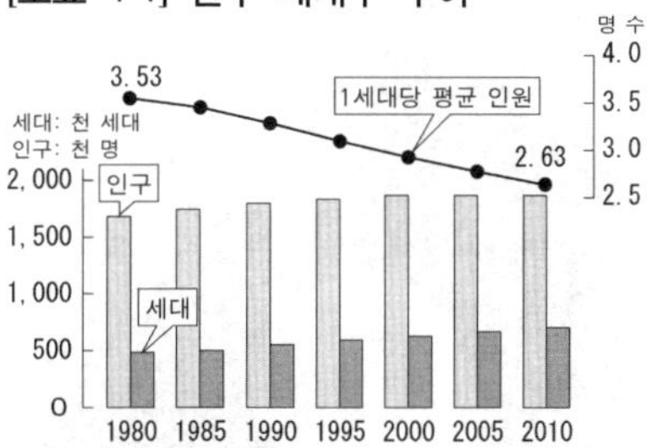

• 출처: 총무성「국세조사보고」
현 통계실「미에현 인구」

[도표 4-2] 연령구분별 인구비율추이

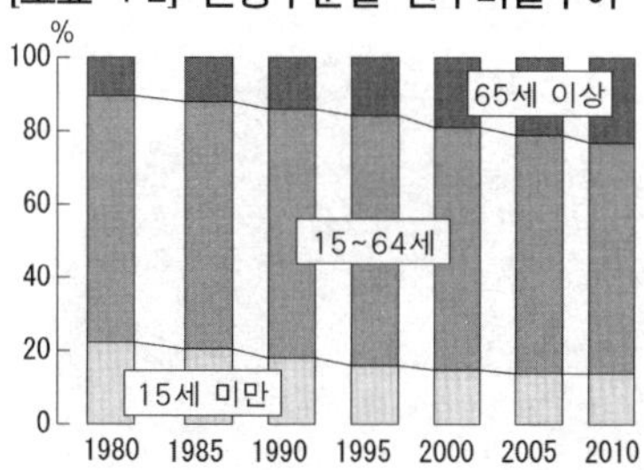

• 출처: 총무성「국세조사보고」
현 통계실「미에현 인구」

2) 사업장 수 및 종업원 수 추이

이어서 사업장 수를 보면, 2006년 10월 1일 사업장 수(사업장·기업통계조사)가 8만 5,865사업장으로 전회 조사인 2001년에 비해 7,425사업장(8.0%) 감소하였으며, 1983년 이래 증가율이 감소하고 전회(2001)에 이어 마이너스가 되었다.

또, 종월원 수는 83만 3,745명으로 전회조사에 비해 1만 8,099명(2.1%) 감소하였다. 이를 남녀별로 보면, 남자가 47만 2,363명(구성비 56.7%), 여자가 36만 1,382명(동 43.3%)이다([도표 4-3] 참조).

[도표 4-3] 사업장 수, 종업원 수 추이

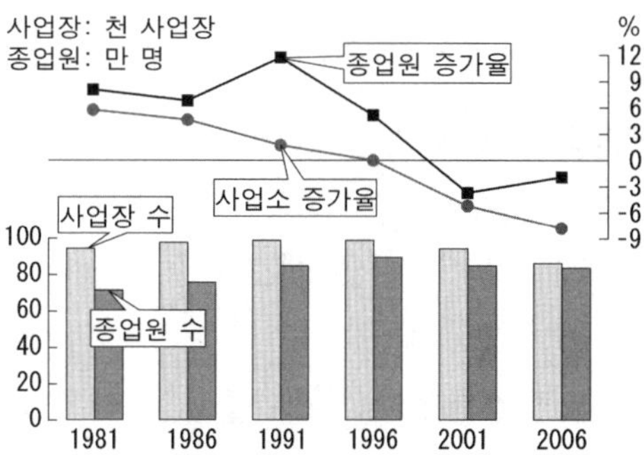

• 출처: 총무성 「사업소·기업통계조사보고」.

[도표 4-4] 산업별 사업장 수 구성

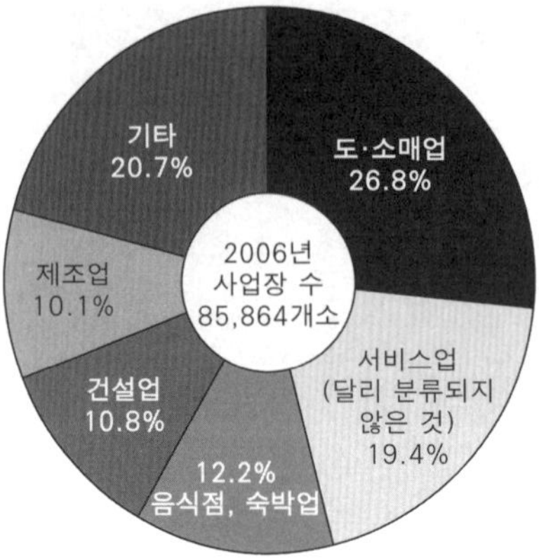

• 출처: 총무성 「사업소·기업통계조사보고」.

[도표 4-5] 산업별 종업원 수 구성

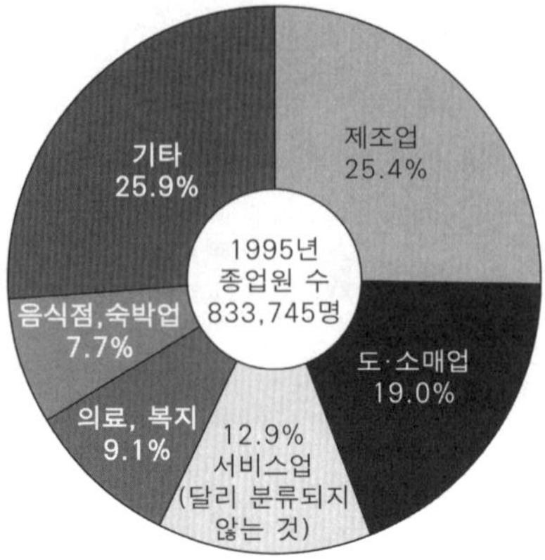

• 출처: 총무성 「사업소·기업통계조사보고」.

특히, 산업별 사업장에 대해 2006년 사업장 수를 산업 대분류별로 보면, 도·소매업이 2만 3,001사업장(구성비 26.8%)으로 가장 많고, 이어서 서비스업(달리 분류되지 않은 것)이 1만 6,665사업장(동 19.4%), 음식점, 숙박업이 1만 503사업장(동 12.2%), 건설업이 9,295사업장(동 10.8%)등이다. 그리고 산업별 종업원 수에 대해 2006년 종업원 수를 산업 대분류별로 보면, 제조업이 21만 1,638명(구성비 25.4%)으로 가장 많고, 이어서 도·소매업이 15만 7,996명(동 19.0%), 서비스업(달리 분류되지 않은 것)이 10만 7,277명(동 12.9%), 의료·복지가 7만 5,791명(동 9.1%) 등 이다([도표 4-3], [도표 4-4], [도표 4-5] 참조).

2. 미에현 산업정책의 특징

1) 미에현의 3가지 밸리 구상 개요

미에현 산업정책의 특징으로 크리스탈밸리, 실리콘밸리 및 메디컬밸리 구상 등 세 가지를 들 수 있다([도표 4-6] 참조). 미에현은 현재 이들

[도표 4-6] 미에현의 밸리 구상

• 출처: http://www.pref.mie.jp/KIGYORI/HP/valley/index.htm

세 가지 밸리 구상을 중심으로 한 연관 산업의 입지를 추진 중이며, 이를 촉진하기 위한 보조 제도를 마련하는 한편, 기술개발, 네트워크 형성 등을 적극적으로 지원하고 있다.

밸리 구상의 중심이 되는 보조금[1]은 특히 '밸리 구상 등 첨단산업 등 입지촉진보조금'(밸리 구상관련 산업 및 고도 부재·소재 관련 산업을 대상으로 한 현의 우대제도이며 증설, 민간용지도 대상이 됨)이 마련되어 있다. 구체적인 대상은 일본 표준산업 분류의 F제조업 중 정보통신업, 의료·건강·복지관련 업종, 현이 일본 표준산업 분류의 F제조업 중에서 지정하는 로봇, 연료전지, 정보가전업종 등이다. 또, 요건은 ① 공적용지를 새로이 취득 또는 임차하는 경우: 건물·기계설비 등, 투자 상각 자산액이 3억 엔 이상(토지

1) 이 보조금 이외에도 관련 보조금으로 기간산업입지촉진보조금, 연구개발시설 등 입지촉진보조금, 지역자원 활용형 사업 등 입지촉진보조금이 있다.

대 제외), 입지에 따라 증가하는 상용고용자 수가 10명 이상, ② ①이외의 경우: 건물·기계설비 등, 투자 상각 자산액이 5억 엔 이상(토지대 제외), 입지에 따라 증가하는 상용고용자 수가 10명 이상, 공장적지 등, 공장입지가 적당하다고 인정되는 장소로의 입지일 것, 보조대상: 건물, 기계설비, 복리후생시설의 취득비(토지는 대상 외), (i) 2006년도 말 시점에서 분양중인 공적용지를 새로이 취득 또는 임차하는 경우: 건물, 기계설비, 복리후생시설, 보조대상이 되는 투자 상각 자산액의 10% 또는 15%, (ii) (i)이외의 경우 건물, 기계설비, 복리후생시설, 보조대상이 되는 투자 상각 자산액의 10%, 한도액: 5억 엔으로 되어 있다. 또한, '2010년도까지의 한시조치(현이 유치하고 2011년도 3월 31일까지 미에현 기업입지촉진조례에 의해 인정된 기업을 대상), 공적용지란 현, 시정市町, 도시재생기구, 중소기업기반정비기구 등이 소유하는 기업용지'가 기타사항으로 되어 있다.

2) 크리스탈 밸리 구상의 개요

크리스탈밸리 구상은 "액정을 비롯한 플래트 판넬 디스플레이FPD 산업의 세계적인 집적지를 미에현에 만듦으로써 다양하고 강인한 산업구조를 형성하여 활력 있는 지역을 만든다"는 기본이념을 가지고 있다. 크리스탈밸리 구상의 지금까지 추진경위는 아래와 같다.

1990년 2월 샤프(주) 미에현 다기쵸(多気町) 입지협정조인식.

1995년 10월 샤프(주) 미에현공장 조업개시.

2000년 1월 키타가와(北川) 지사(당시)와 샤프(주) 마치다(町田) 사장(당시)이 회담을 통해 액정산업의 집적에 합의(※ 이 시기부터 크리스탈밸리 구상이 시작됨).

5월 현 내 액정관련기업 방문조사.

6월 현 의회에서 지사가 크리스탈밸리에 대해 처음으로 언급.

10월 전국 액정관련 기업방문.

2001년 11월 샤프(주) 신규공장 유치활동 개시.
2002년 2월 샤프(주) '카메야마시(亀山市)에 대형 액정TV 공장건설' 발표, 디스플레이산업 포럼 개최(장소: 츠시(津市), 29개사 참가).
4월 샤프(주) 카메야마공장 입지협정 조인식.
6월 디스플레이산업 연구회 발족, 톱반(凸版)인쇄(주) '세키쵸(関町)에 칼라필터 신 공장건설' 발표.
9월 닛토우(日東)전공(電工)(주) '카메야마시에 편광필름 신 공장건설' 발표.
2003년 2월 디스플레이산업 포럼 2003 개최(장소: 츠시).
3월 크리스탈밸리 구상 추진 프로그램 수립.
9월 크리스탈밸리 구상 추진위원회 개최.
10월 미에현 FPD산업 연구개발 사업 모집 개시.
2004년 1월 샤프(주) 카메야마공장 조업개시.
2월 디스플레이산업 포럼 2004 개최(장소: 츠시).
6월 문부과학성이 이세(伊勢)연안 권역의 '도시지역 산관학 연계 촉진사업' 채택.
8월 JSR(주) '욧카이치시(四日市)지구 연구소에 신 클린 룸 건설' 발표.
2005년 1월 샤프(주) '카메야마 제2공장 건설' 발표.
2월 디스플레이산업 포럼 개최(장소: 츠시).
8월 닛토우전공(주) 테크니컬센터가 카메야마·세키 테크노힐스에 진출([도표 4-7] 참조) 등.

이상과 같이 미에현에서 크리스탈밸리 구상이 시작된 2000년부터 2009년까지 꼭 10년째가 되는데, 이 구상에 의해 미에현 내에 FPD 관련 기업이 많이 입지하고 부품소재 산업이 확대되는 등 크리스탈밸리는 큰 성과와 효과를 창출한다고 할 수 있다.[2)] 특히, 이 크리스탈밸리 구상의 중심적인 도시가 카메야마시이다. 상세한 것은 후술하지만, 2002년 샤프(주)가 카메야마시에 대형액정TV 공장건설을 발표한 것이, 그 후 소위 '카메야마 모델'을 만들고, 이 모델의 확산으로 미에현의 크리스탈밸리 구상은 일약 일본 각지 자치단체의 지역산업정책 담당자들로부터 주목받는 기업입지정책이 되었다.3)

[도표 4-7] 카메야마·세키 테크노힐스의 입지 및 진출결정기업(2009. 7)

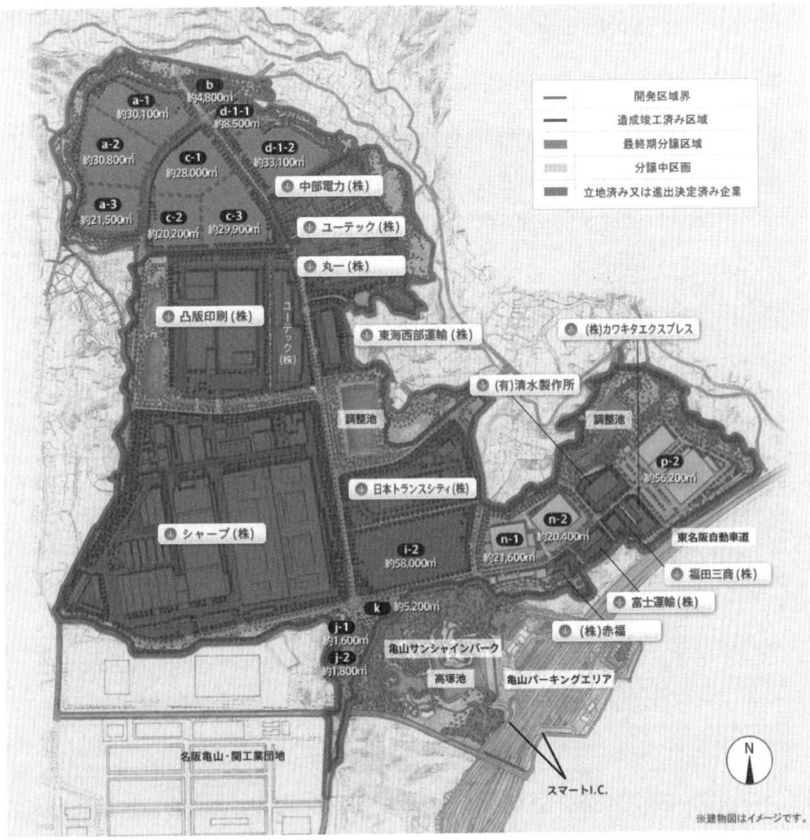

• 출처: http://www.kameyama-t.jp/block/undex.html

2) 2008년 9월 현재의 데이터에 의하면, 미에현에는 FPD 관련 거의 전 공정에 관련된 기업 68개사(77거점)가 조업하고 있다.

3) '카메야마 모델'은 샤프(주)의 액정TV 국내생산거점 모델이라는 의미와 함께 즉효성 있는 '기업유치모델'이라는 또 하나의 의미를 포함한다고 필자는 생각한다.

[도표 4-8] 미에현 FPD 산업도(2008. 9)

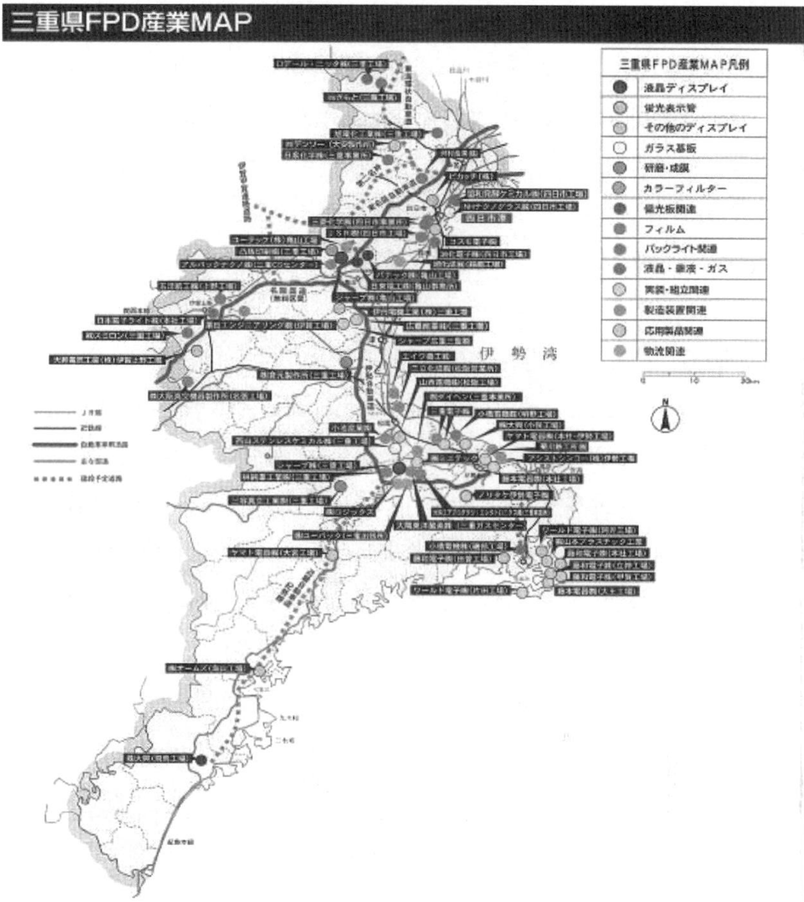

• 출처: 미에현 제공자료.

3) 실리콘밸리 구상의 개요

실리콘밸리 구상이 본격화하기 이전부터 미에현에는 후지츠富士通(주)·미에공장, (주)도시바東芝 세미콘덕터·욧카이치 공장의 반도체 공장([도표 4-9] 참조)이 있었으며 기타 반도체 재료 등 반도체 관련 기업이 많이 입지하고 있었다. 이에 미에현에서는 성장산업인 반도체 관련 기업의 집적을 더욱 강화할 목적으로 '실리콘밸리 구상'으로 불리는 미에현 반도체 관련 산업의 집적활성화 정책을 추진하였다. 집적으로 인한 메리트는 ① 부재部材 등의 수송·포장비 감소, ② 설비투자비 감소, ③ 부재 등 연구개발 공동화, 집중화 촉진, ④ 인재교육연수 공동화 등 4가지를 들 수 있다. 2008년 9월 실리콘밸리 구상과 관련하여 현 내에 46개사(48거점)가 집적되어 있다.

주요 집적기업의 개요는 다음과 같다.[4)]

(1) JSR(주)·욧카이치 공장

동사의 주력공장으로 합성고무에서 반도체용 재료까지 다채로운 제품이 생산된다. 포토레지스트 등의 반도체용 재료는 미국 및 벨기에의 생산거점과 함께 국제시장에 공급되고 있다. 또, 제품개발의 거점인 탓에 제조설비의 증강 뿐 아니라 연구개발 설비, 평가기기 확충에도 주력하고 있다. 2006년 1월에 35억 엔을 투자하여 클린 룸을 건설하고 향후

[도표 4-9] 실리콘밸리 중심기업의 위치

• 출처: http://www.pref.mie.jp/KIGYORI/HP/valley/sil/index.htm

4) 주요기업 4개사(공장) 개요는 미에현 반도체관련 산업MAP(2008년 9월)에 의한 것이며 설비투자계획 등은 당시의 계획이다.

에도 대형 투자를 계획하고 있다.

(2) (주)도시바·욧카이치 공장

2004년에 300mm 웨퍼wafer에 대응하는 제3 제조동이 건설되어 NAND형 플래쉬 메모리를 제조하고 있다. 또, 2007년에는 NAND형 플래쉬 메모리 수요확대에 따라 300mm 웨퍼에 대응하는 제4제조동을 건설하였다. 제4 제조동에의 투자액은 2006년부터 2007년까지 2년간 약 3,000억 엔으로 2007년 12월부터 양산이 시작되었다.

(3) 일본 캐봇·마이크로 일렉트로닉스사

미국 일리노이주에 본사를 둔 캐봇·마이크로 일렉트로닉스사의 일본 법인으로 츠시 케이노우쵸芸濃町 케이노우芸濃 키타코야마北神山 공장단지 내에서 조업하고 있다. 동 공장에서는 슬러리slurry(반도체 연마제) 등이 생산되고 2005년에는 자사 부지 내에 새로이 연구개발동을 건설하여 고객수요에 부응한 제품개발에 힘쓰고 있다.

(4) 후지츠 마이크로 일렉트로닉스(주)·미에공장

2005년부터 가동하고 있는 시스템LSI(대규모 집적회로)의 최첨단 테크놀로지에 대응한 신 제조동(투자액 1,600억 엔)을 건설하여 조업하고 있다. 2006년도에 제2신동新棟을 건설하여 2007년 4월부터 가동하고 있다.

4) 메디컬밸리 구상

미에현에서는 대학과 연구기관, 기업, 서비스 사업자 등에 의한 유기적 네트워크(산업 클러스터)를 형성하여 경쟁력 있는 산업구조로 전환을 촉진하고, 신사업과 벤처기업을 연쇄적으로 창출하여 한층 새로운 산업집적을 도모할 목적으로 2002년 2월에 '미에 메디컬밸리 구상'(이하, 메디컬밸리 구상으로 표현)을 수립하였으며 2009년 제2기 실시계획을 추진 중

이다([도표 4-10] 참조).[5)]

메디컬밸리 구상은 지역자원을 유효하게 활용하여 이용자와 생산자의 협업collaboration에 의해 소비자의 수요에 부응하는 질 높은 제품·서비스를 공급하고, 경쟁력 있는 의료·건강·복지산업의 진흥(메디컬밸리 구상)과 활력 있는 지역 만들기를 통한 현민의 건강과 복지향상을 목적으로 한다. 구체적으로는 의료·건강·복지에 관한 다양한 산업 클러스터 형성으로 경쟁력 있는 의료·건강·복지산업의 창출과 집적, 의료·복지서비스 분야의 고도화와 새로운 시장 확대, '까다로운 소비자' 수요를 반영시킴으로써 한층 질 높은 제품·서비스 제공을 촉진하는 연쇄spiral적인 선순환 구조를 창출함으로써 의료·건강·복지산업의 건전한 발전을 촉진하고,

[도표 4-10] 메디컬밸리 구상·성공을 위한 3가지 요소

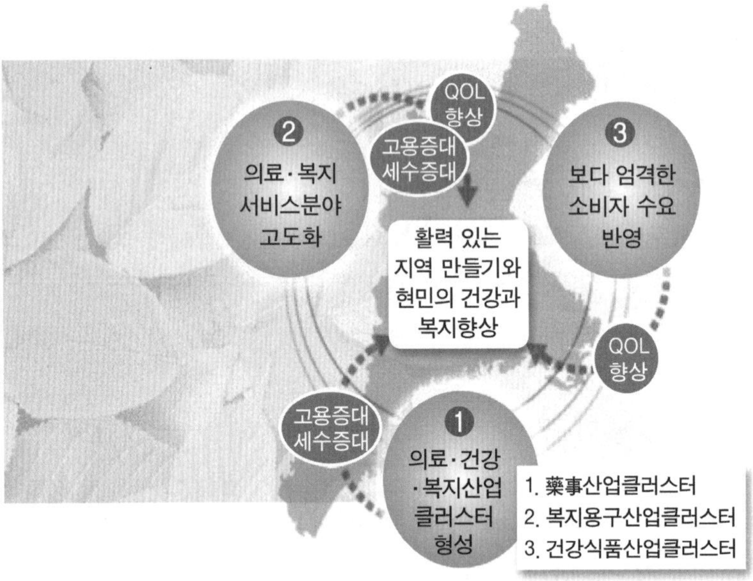

• 출처: http://www.mvp.pref.mie.jp/pro/index.htm

5) 미에현 건강복지부 자료에 의하면, 메디컬밸리 구상은 2002~2007년도를 제1기 실시계획(도입기), 2008~2010년도를 제2기 실시계획(성장기), 2011년도 이후를 제3기 실시계획(성숙기)으로 정하고 있다.

활력 있는 지역 만들기와 현민의 건강과 복지향상을 도모하고자 한다. 메디컬밸리의 지금까지 추진경위는 아래와 같다.[6)]

1995~1997년 약사(藥事)공업 관련 기업 20개사와 현 지사의 간담회(후에 '생생 토크') 개최.

1996년 4월 GMP 연구회 설치, 약사기업 대상 고도화 연수회 등 실시.

4~12월 현 외 약사지도소 벤치마킹 조사.

1999년 3월 약사공업 기술기반 정비사업 기초조사(약사공업진흥계획).

2000년 4월 약사공업기술 서포트 네트워크사업 개시.

12월 약사 관련 공업의 안전대책과 진흥 등에 대한 공인시험 기능강화, 연계방법 검토 조사(약사공업 연구개발 액션 프로그램).

2001년 3월 약사관련 공업의 안전대책과 진흥 등에 대한 액션 프로그램 검토조사, 미에현 의회 신산업창조 특별위원회 위원장 보고(메디컬밸리 추진 제언).

4월 과학기술진흥센터 공업연구부에 의약품 연구센터 설치.

2002년 2월 메디컬밸리 구상 확정.

4월 메디컬밸리 추진사업 개시와 현 건강복지부 메디컬밸리 추진G 설치.

7월 미에 메디컬밸리 연구회 발족, 메디컬 포럼 in 이가(伊賀) 개최.

8월 미에 메디컬밸리 기획추진위원회 설치.

9월 메디컬밸리 포럼 2002 개최.

10월 미에 테크노에이드 센터를 미에현 신체장해자 종합복지센터에 설치.

11월 미에 메디컬밸리 대표자 회의 설치.

2003년 4월 미에 치험(治驗)의료 네트워크 구축 결정, 미에 치험의료 네트워크 추진위원회·동 워킹그룹 설치

---

6) 단, 현 이외의 기관 단독으로 실시된 사업·성과 및 주가지수 정보 등은 제외.

6월 메디컬밸리 구상 신 기축(機軸) 전개사업 개시 치험의료 네트워크 구축 지원, 천연자원 활용형 바이오산업 창출, 액정기술 응용촉진 사업 3리딩 프로젝트 개시.

9월 메디컬밸리 포럼 2003 개최, 미에 메디컬밸리 국제교류추진 연락회의 설치.

10월 해외 바이오 클러스터(독일 비오콘밸리)와의 교류 개시, 독일에 미션단(현 내 산관학민으로 구성) 파견.

2004년 1월 미에 신산업창조 펀드 설립.

4월 벨리 구상 관련 기업 등 입지촉진보조금제도 창설.

5월 간사이 바이오 프로젝트(오사카 상공회의소, 간사이 경제연합회 등) 참여, 독일·비오콘밸리 방문단 내현(來県), 독일 비오콘밸리와의 협력협정 체결.

6월 미에 메디컬밸리 창립계획·동 창립특구가 지역재생계획·지역구조개혁특구로 인정됨.

10~11월 스칸발트 바이오 리젼(비오콘밸리, 메디콘밸리 등)과의 연계 발족, 독일, 스웨덴, 덴마크에 미션단 파견.

2005년 3월 미에대학에서 일·독 재생의료세미나 개최.

4월 미에 메디컬밸리 지적재산활용 촉진사업개시.

5월 GNI투자환경시찰 투어(미국, 구주, 중국 기업 등).

8월 메디컬밸리 포럼 2005 개최, 동해 바이오 제조기술 창성 프로젝트(중부경제산업국·NPO 바이오 제조기술 중부)와의 협동 체제 확립.

9월 바이오 재팬 2005 공동출전·조인트세미나 개최, 비오콘밸리, 미에대학, 미에 TLO, 츠시 등, 미에대학에서 제1회 일·독 재생의료 컨퍼런스 개최, 독일 비오콘밸리 방문단 래현.

10월 중국 상해 ChinaPharm 출전 및 상해·남경 방문단 파견.

11월 메디콘밸리 아카데미 대표자 래현, 독일, 스웨덴, 덴마크에 미션단 파견.

2006년 2월 GNI 센트레아 기업초빙사업(중국, 독일 등 기업).

3월 키호쿠(紀北)지역 진흥계획 수립조사 종료(경제산업성 전원지역진흥지도사업).

4월 메디컬밸리 창조적 인재육성사업 개시, Bio 2006(미국 시카고)에 미에대학, (주)미에TLO, 벤처기업 등과 함께 공동출전.

9월 메디컬밸리 포럼 2006 개최, 바이오 재팬 2006에 공동출전, 비오콘밸리, 미에대학, (주)미에TLO, 츠시 등이다.

메디컬밸리 구상은 제1기 실시계획을 종료하고 현재, 제2기 실시계획을 실행 중인데, 지금까지의 사업성과는 다음 10개 항목을 들 수 있다. ① 산관학민 연계 진전, ② 창업·신사업창출, ③ 연구개발 진전, ④ 국가의 경쟁적 연구자금 획득, ⑤ 미에 치험의료 네트워크 구축, ⑥ 해외연계 구축, ⑦ 정보제공 시스템 확충, ⑧ 창조적 인재육성, ⑨ 신 지적거점 정비, ⑩ 바이오 클러스터 랭킹 평가 등이다.

또, 관련 추진성과는 7개 항목을 들 수 있는데, ① 쿠마노熊野 고도古道 2004년 유네스코 세계문화유산으로 지정된 고도 약초활용(오와세시尾鷲市·키호쿠죠紀北町), ② 오와세 해양 심층수 활용(오와세시), ③ 이세지마 하시마 건강서비스 추진협의회 발족(이세시伊勢市·토바시鳥羽市·시마시志摩市), ④ 섬주민이 초청하는 건강여행의 기획(토바시), ⑤ 하이테크 온천塾 기획(토바시), ⑥ 구루메디컬 투어 기획(시마시), ⑦ 산관학 연계 이가연구거점(이가시伊賀市·나바리시名張市) 등이다.

향후 과제로는 6개 항목을 들 수 있는데, 내용을 정리하면 다음과 같다.[7)]

---

7) 사업성과, 관련 추진성과 및 향후 과제는 미에현 건강복지부의 「미에 메디컬밸리 제2기 실시계획」(2008. 10) 참조.

[메디컬밸리의 향후 과제]

① 현 주도에서 산관학민이 담당하는 시스템 구축

메디컬밸리 포럼, 미에 메디컬 연구회, 전시회 출전, 해외 미션 등의 추진에 있어 현이 항시 주도적인 역할을 해 왔으나, 앞으로는 산관학민이 각각 자립하여 주체적으로 활동하기 위한 역할을 분담할 필요가 있다.

② 현민참여 촉진

미에 메디컬 연구회나 각종 사업에는 대상이 한정되고 전문적인 지식이 필요한 사업이 많았다. 향후 세미나 개최 등 현 민의 광범위한 참여를 촉진함과 동시에 NPO나 OB등 인재활용이 기대된다.

③ 행정기관 등 참가

앙케이트 조사에 의하면 시정(市町) 담당자의 메디컬밸리에 대한 인지도가 낮고, 공인시험연구기관(공인시험)의 연구원 참여도 저조한 실정이다. 시정에 메디컬밸리 연락창구를 개설하는 등 연계강화와 공인시험 연구원 참여를 촉진할 필요가 있다.

④ 건강·복지산업 진흥

지금까지는 상대적으로 의료·약사분야의 대응이 선행하였으며, 건강·복지산업 분야는 뒤쳐져 있었다. 향후 이 분야에 주력할 필요가 있다.

⑤ 정보제공 강화

홈페이지, 기관지 등을 이용하여 정보를 제공하고 있는데, 대학에서는 연구자 등 일부에만 제공된다는 점, 기업에서는 젊은 연구자의 참여가 저조하다는 과제가 있다. 향후 효율적인 정보제공 노력이 필요하다.

⑥ 현 내 인재의 정착시스템 구축

현 외에서 공부하는 현 출신자, 특히 기술계 학생은 취업시 대도시·대기업 지향이 강하여 현 내 기업으로의 취업이 저조하다. 때문에 현 내 출신자의 U턴 촉진과 현 내에서 공부하는 학생의 미에현 정착을 촉진할 시스템 구축이 필요하다. 또, 장년층에서 거대 제약회사의 인재교류가 활발한데, 이러한 장년층 인재의 활용방안도 고려할 필요가 있다.

5) AMIC 설립

밸리 구상의 진전 속에 미에현에서는 이노베이션 추진에 의한 기업력 향상을 목표로 차세대를 담당할 신산업 육성, 네트워크 구축, 첨단기업의 유치 및 인재육성을 통한 기술력 강화에 주력하는 산업정책(지식집약형 산업구조로의 전환)을 추진하고 있다. 그 중에서도 상징적 존재가 AMIC Advanced Materials Innovation Center(고도 부재部材 이노베이션 센터) 활동이다. AMIC는 미에현 내에 집적하는 소재·부재산업과 그 사용자 산업의 접촉장소로 대학, 연구소와 같은 학문적 두뇌, 나아가 해외 조직을 포함한 개방적 이노베이션을 유발하는 매개체로서 경제산업성, 미에현, 욧카이치시四日市가 2008년 3월에 설립한 센터이다.

동 센터의 홈페이지에 따르면, 센터 설립의 배경에는 미에현 고도부재산업 클러스터 형성을 촉진하기 위한 목적이 있다고 추측된다([도표

[도표 4-11] 미에현 고도부재산업 클러스터

• 출처: http://www.miesc.or.jp/hokusei/cluster/index.htm

4-11] 참조).[8)]

동 센터의 주요업무는 다음과 같다.[9)]

① 최첨단부재의 연구개발
- 지역기업의 고도부재연구개발 테마 발굴
- 테마에 따른 유저검색, 연계알선
- 경제산업성, 문부과학성, NEDO 자금도입 지원

② 중소기업 과제해결
- 코디네이터 중소기업 방문, 과제발굴
- 기업, 대학, 연구소, 기업 OB 소개, 과제해결
- AMIC 부재평가기기개방, 평가작업 지원

③ 기술인재 육성
- 기업설계, 개발중핵기술자의 실용학문, 기초재교육
- 제조현장 관리자의 품질, 비용, 납기관리교육
- 그룹웨어, 메카트로닉스 기술 전문자 육성
- 고도부재개발과정에서의 슈퍼 엔지니어 육성, 실천, 교육

3. 미에현의 경제현황과 고용정책

1) 리먼 쇼크 후의 경제현황

2009년 7월 미에현의 경제는 계속 악화되고 있다. 생산은 하향세가 멈추었으나 개인 소비는 약하며 고용형편은 악화되고 있다. 이하에서는

---

8) 미에현 고도부재산업 클러스터의 개요는 http://www.miesc.or.jp/hokusei/cluster/index.htm 참조.

9) 미에현청 청취조사(2009. 8. 24) 입수자료: (재)미에현 산업지원센터, 「고도부재 이노베이션 센터(AMIC)」 설명자료에서 발췌.

미에현 경제현황에 대해 생산 활동, 고용형편, 경기, 비정규 근로자의 고용 중단 등 자료를 토대로 설명한다.

(1) 생산활동

2009년 5월 지표[10]에 따르면 미에현의 생산 활동은, 광공업 생산지수(2005년=100)가 82.5로 전월 대비 3.7% 감소하여 3개월 만에 하강하였다. 현 내 주요 3업종에서는 전기기계공업(구 분류)[11]이 96.4%로 전월 대비 3.3% 증가하여 2개월 연속 상승하였으나, 수송기계 공업은 81.6%로 전월 대비 8.5% 감소하여 3개월 만에 하강하였다. 화학공업은 82.9%였는데, 결과적으로는 전월 대비 8.7% 증가하여 2개월 만에 상승하였다.

(2) 고용형편

2009년 5월 지표에 따르면 고용형편은 유효구인배율이 0.40배이고 전월을 0.01포인트 밑돌지만 어려운 상황이 계속되고 있다. 한편, 소정 외 노동시간 지수는 전년 동월대비 33.2% 감소하여, 1년 10개월 연속으로 하강하고 있다. 또, 상용고용지수는 전년 동월대비 1.9% 감소하여 3개월 연속 하강, 명목임금지수도 전년 동월대비 8.4% 감소하여 7개월 연속 하강하였다. 특히, 완전 실업률(전국치)은 5.2%로 전월보다 0.2포인트 상승하였다.

(3) 경기조사 결과

미에현 농수상공부가 2009년 5월 하순에 실시한 「2009년 제2회 경기조사결과」[12]에 의하면, 당기當期 현 내 경기에 대해 '좋다'가 0.0%, '보통'

---

10) 생산 활동, 고용형편은 미에현청, 「미에현 내 경제상황」(2009. 5. 지표)에 의함.

11) 전기기계공업(구 분류)은 일본 표준산업 분류(2002. 3. 개정)의 '전기기계공업', '정보통신기계공업', '전자부품·장치공업'을 정리한 것이다.

12) 이 조사결과는 미에현 농수상공부·(재)미에현 산업지원센터가 실시한 「2009년 제2회 경기조사결과」 참조. 또, 조사요령은 조사시점: 2009년 5월 하순, 조사대상: 현 내 전역의 기업 1,000개사, 조사방법: FAX에 의한 앙케이트 조사, 응답현황: 353개사(유효 응답률: 35.3%)이다.

이 3.1%, '나쁘다'가 95.8%로 여전히 경기가 어려운 상황에 있음을 알 수 있다([도표 4-12] 참조). 그리고 당기의 고용상태에 대해서는 '과잉'이 26.6%(94개사), '적정'이 65.7%(232개사), '부족'이 6.5%(23개사)로 30% 정도의 기업이 고용에 관해 과잉상태에 있음을 알 수 있다. 한편, 고용문제 대책의 응답결과에 대해, 과거 1년간 추진한 대책과 향후 추진예정인 대책을 비교하면 [도표 4-13]과 같다. 결국, 과거 1년간에는 '인원삭감'이 가장 많았으나, 향후에는 '배치전환'이나 '임금체계 재검토'로 전환하는 기업이 비교적 많음을 알 수 있다.

[도표 4-12] 현 내 경기 관련 응답결과

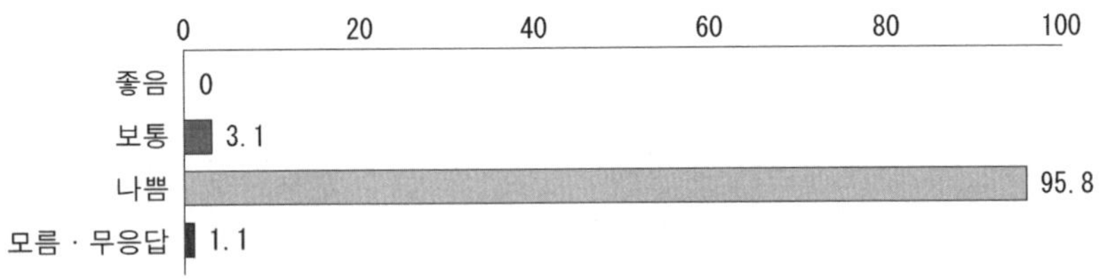

• 출처: 미에현 경기 상태(景況) 조사결과(N=353)를 기초로 작성.

[도표 4-13] 고용문제 대책의 과거 1년과 향후 예정 비교(복수응답)

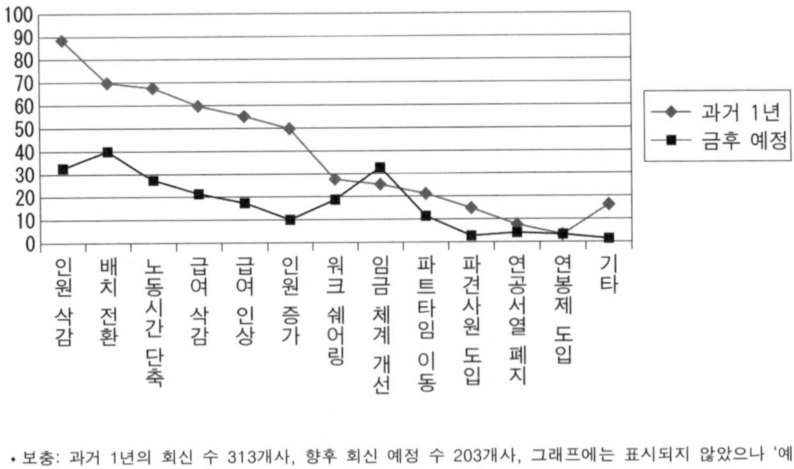

• 보충: 과거 1년의 회신 수 313개사, 향후 회신 예정 수 203개사, 그래프에는 표시되지 않았으나 '예정 없음'이 48개사임.
• 출처: 미에현 농수상공부·(재)미에현 산업지원센터 「2009년 제2회 景況조사결과」, 141쪽을 근거로 작성.

(4) 비정규 근로자의 고용 중단 현황

파견 또는 하청계약의 기간만료, 중도해제에 의한 고용조정 및 유기계약 비정규 근로자의 기간만료, 해고에 의한 고용조정에 대해 2008년 10월부터 2009년 9월까지 실시완료 또는 실시예정으로, 각 기준일 시점에서 파악 가능한 미에현 집계결과[13] 개요(합계치 추이)는 [도표 4-14]와 같다.

이 도표에서 보듯이 2009년 1월부터 합계치가 급증하고 특히, 2009년 4월 이후의 합계치는 8,000명 이상을 기록한 것으로 보아 미에현의 비정규 근로자 고용 중단은 리먼 쇼크의 영향을 받아 아주 심각한 상황이 계속되고 있음이 분명하다.

[도표 4-14] 미에현 비정규 근로자 고용 중단 등 현황(기준일·인원 수 합계)

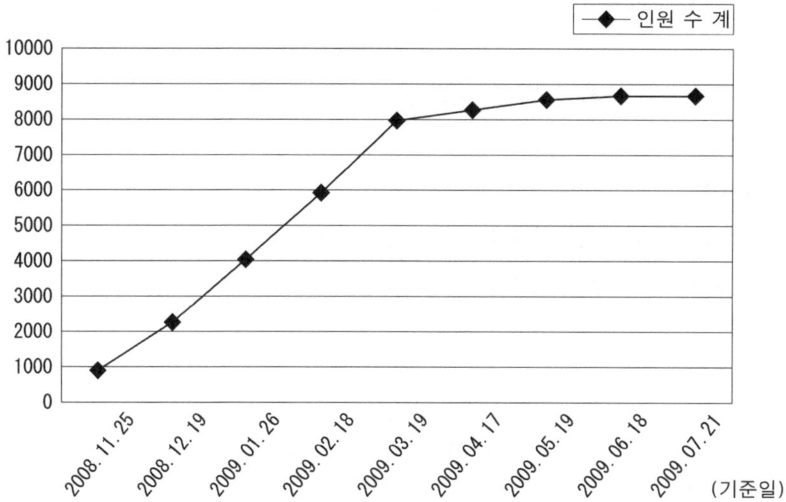

• 출처: 미에현 노동국 제공자료.

---

13) 이 조사는 미에현 노동국 및 현 내 공공직업안정소가 사업장에 대해 임의 청취조사(전화, 방문)를 통해 파악한 상황을 정리한 것이다.

2) 긴급고용·대책 추진방침

이상과 같이 2008년도 전반까지 호조를 보이던 미에현의 고용형편은 미국 발 금융위기이후(리먼 쇼크 이후), 심각한 영향을 받았다. 이에 미에현에서는 2008년 12월에 청 내에 '미에현 긴급경제대책회의'를 설치하고, 기업에 대한 고용유지 요청, 중소기업 자금원활화 지원, 외국인에 대한 상담사업 내실화,[14] 현영주택으로의 일시입주, 현 임시직원의 단기고용 등 긴급대책을 강구하는 한편, '고용대책', '경제대책', '생활대책'을 중심으로 총액 68억 엔의 '제1차 긴급고용·경제대책'을 연도구분 없이 실시하고 있다. 그리고 향후 고용경제 형편에 대해서는 일부 낙관적인 견해도 있으나, 미에현의 형편은 2009년 3월 유효구인배율이 0.44까지 하락함과 동시에 2009년 6월까지 이직하는 비정규 고용자 수가 8,000명 이상 급증하는 등 어려움이 증가하고 있으며, 정규고용에 대한 영향도 염려되는 상황이다. 이에 미에현에서는 아래와 같은 「2009년도 미에현 긴급고용·경제대책 추진방침」을 세우고 있다.[15]

[2009년도 미에현 긴급고용·경제대책 추진방침 개요]

● 기본방침

①'제1차 긴급고용·경제대책'의 착실한 추진

②'제2차 긴급고용·경제대책' 등 추가대책의 단계적 실시

---

14) 미에현 「구직자 종합 지원센터 이용 상황」(2009. 7. 31)에 따르면, 욧카이치시의 경우 2009년 4월 13일부터 7월 31일까지 이용 총 수는 12,310건으로 이 중 통역은 169건, 스즈카시鈴鹿市의 경우2009년 7월 7일부터 7월 31일까지의 이용 총 수는 464건으로 이 중 통역은 123건이다. 또, 상담을 위해 포루투갈어(욧카이치시), 포루투갈어·스페인어 통역 및 외국인 직업상담원(스즈카시) 지원체제를 갖추고 있다.

15) 상세한 내용은 미에현청, 「2009년도 미에현 긴급고용·경제대책 추진방침」(2009. 5)을 참조할 것.

● 긴급고용·경제대책 추진방침

① 고용대책

• 고용기회 창출

• 직업훈련 및 취로지원

② 경제대책

• 중소기업 등 경영안정화

• 기회창출

• 내수확대

③ 생활대책

• 생활안전

• 안심과 건강장수

• 차세대 어린이 육성

4. 카메야마시의 현황과 향후 대응

이 절에서는 샤프(주) 카메야마 공장 입지에 따른 경제파급효과[16] 등에 대해 고용, 세수, 제조품 출하액, 기타(인구, 외국인 등록자 수), 유효구인배율 추이를 살펴본다.

1) 고용추이

샤프(주) 카메야마 공장 입지에 따른 총 고용자 수는 2008년 5월 현재 약 8,600명이었으나, 2009년 1월 현재는 약 7,800명으로 약 800명 정도 감소하였다.

16) 미에현 농수상공부, 「샤프 주식회사 카메야마 공장 입지에 따른 경제파급효과」, 2009. 3. 11.

[도표 4-15] 2008년 5월과 2009년 1월의 정규사원, 파견·하청 등 비교

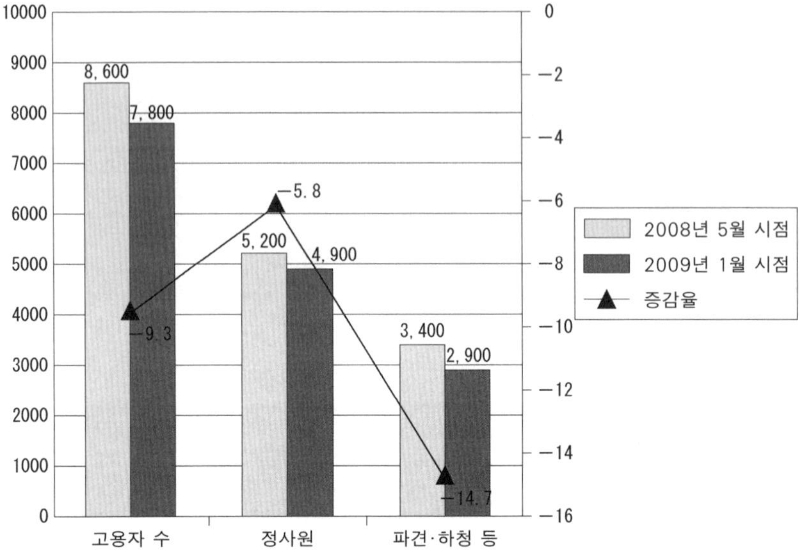

• 보칙: 증감율에서는 파견·하청 등의 감소율이 크다는 것을 알 수 있다.
• 출처: 미에현 농수상공부 「샤프주식회사 카메야마 공장입지에 따른 경제파급 등 효과에 대해」(2009년 3월 11일)을 기초로 작성.

[도표 4-16] 기업별 총 고용자 수 추이

(단위: 약 명)

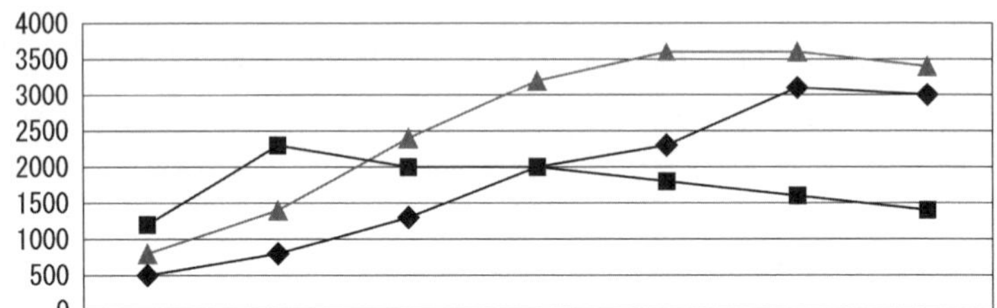

	2004.1 (조업)	2004.5	2005.5	2006.5	2007.5	2008.5	2009.5
◆ 샤프(주)	500	800	1,300	2,000	2,300	3,100	3,000
■ 협력기업	1,200	2,300	2,000	2,000	1,800	1,600	1,400
▲ 관련기업	800	1,400	2,400	3,200	3,600	3,600	3,400

• 출처: [도표 4-15]와 같음.

총 고용자 수의 기업별 내역은 2008년 5월 현재, 샤프(주) 약 3,100명, 샤프(주) 카메야마 공장 내 협력기업 약 1,600명, 현 내에서 신·증설한 관련기업 약 3,900명(계: 약 8,600명), 2009년 1월 현재, 샤프(주) 약 3,100명, 샤프(주) 카메야마 공장 내 협력기업 약 1,400명, 현 내에서 신·증설한 관련기업 약 3,400명(계: 약 7,800명)이다.

한편, 총 고용자 수의 고용형태별 내역은 2008년 5월 현재, 정규사원 약 5,200명, 파견·업무하청 등 종사자 3,400명(계: 약 8,600명), 2009년 1월 현재 정규사원 약 4,900명, 파견·업무하청 등 종사자 2,900명(계: 약 7,800명)이다(총 고용자 수 추이는 [도표 4-15] 및 [도표 4-16] 참조).

2) 세수추이

샤프(주), 동 카메야마 공장의 입지에 따라 신·증설한 제조업 17개사(신규입지 11개사, 신·증설 3개사, 기존 증설 2개사, 영업거점 1개사), 유틸리티 관련 3개사 및 물류관련 등 3개사, 계 24개사에서 추계된 2007년도 현세수입(법인사업세 및 법인현민세)은 약 60.4억 엔으로, 샤프(주) 카메야마 공장의 조업개시 전년도인 2003년도(약 33.3억 엔)와 비교하여 2007년도는 약 27.1억 엔 증가하였다. 또, 2003년도와 비교한 2004년도부터 2007년도까지의 4개년 증수 누계액은 102.8억 엔에 달한다.[17]

3) 제조품 출하액 추이

현 전체의 제조품 출하액은 2007년도에 11조 엔을 넘어섰다(전국 9위).[18] 이의 배경으로 샤프(주) 카메야마 공장이 조업을 개시한 이래 전자부품·장치제조업의 제조품 출하액이 8,700억 엔(2003)에서 1조

---

17) 현 시점에서의 데이터는 없으나 리먼 쇼크의 영향 등을 고려, 2008~2009년도 세수는 주의할 필요가 있다.

18) 공업통계 및 「미에의 공업」에 의함. 또, 2007년도 확정치는 11조 6,017억 엔이다.

6,000억 엔(2004)으로 대폭 증가하여 전국 1위를 차지한 것을 들 수 있다. 또, 전자부품·장치제조업의 제조품 출하액 신장을 종업원 규모별로 비교하면 중규모(300명 미만) 사업장에서는 239%(2006년 대 2005년), 대규모 사업장(300명 이상)에서는 180%(동)이며 특히, 중규모 사업장의 신장율이 높은 것을 알 수 있다([도표 4-17] 및 [도표 4-18] 참조).

[도표 4-17] 제조품 출하액 추이 (단위: 억 엔)

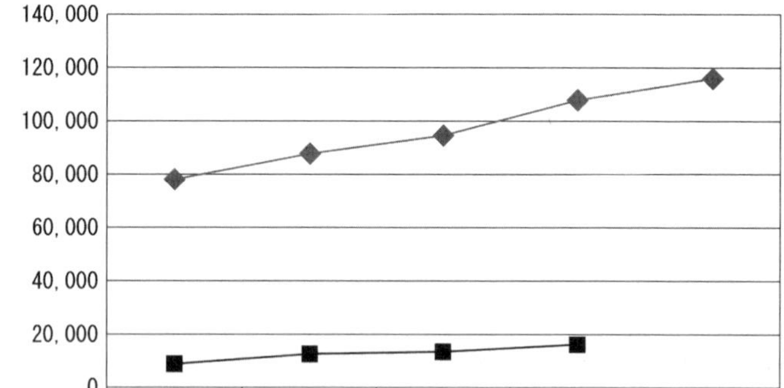

	2003	2004	2005	2005	2006 (속보)
◆ 제조업 합계	78, 039	87, 751	94, 581	107, 885	115, 982
■ 전자디바이스 제조업	8, 725	12, 491	13, 359	16, 126	

• 보충: 2007년 속보치는 제조업 합계 만임.
• 출처: 공업통계 및「미에의 공업」을 기초로 작성.

[도표 4-18] 전자장치 제조업의 종업원 규모별 신장율(2003년=100)

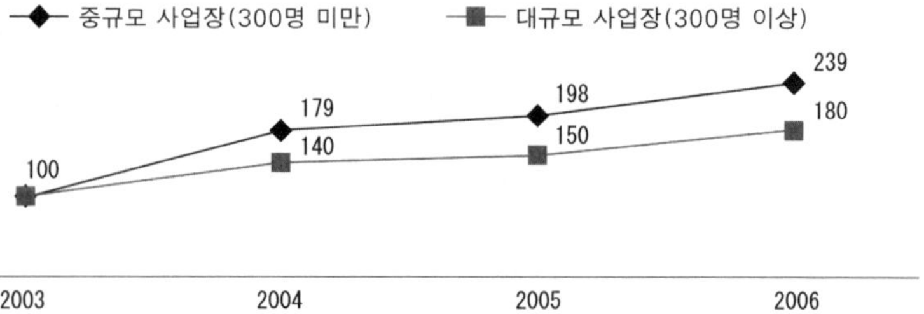

• 출처: [도표 4-17]과 같음.

4) 인구추이

인구추이는 2001년 4월 1일 현재 47,875명이었으나 2008년 4월 1일 현재는 50,001명으로 5만 명대에 도달하였다. 인구증가율에서는 2003년 이후 현 평균을 상회하는 신장율을 보이는데 특히, 연령별로는 30대의 증가율 상승이 현저하다([도표 4-19] 참조).[19]

5) 외국인 등록자 수 추이

2002년부터 2009년까지의 카메야마시 외국인 등록자 수 추이는 [도표 4-20]과 같다. 또, 2005년부터는 브라질인 및 그 비율 데이터를 표시하고 있는데, 그 결과에서 알 수 있듯이 카메야마시 외국인 등록자의 약 반수가 브라질인으로 2005년 이후 거의 변화가 없는 추세이다.[20]

[도표 4-19] 인구증가율 추이

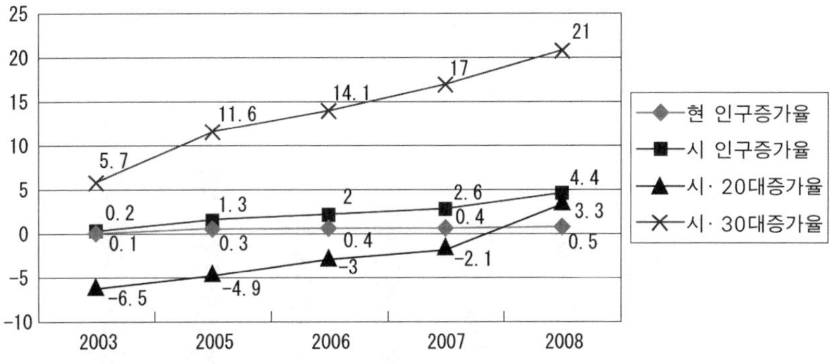

• 보충: 각 년 4월1일 데이터. 2004년은 게재하지 않음.
• 출처: 「카메야마시호적시민실」데이터를 기초로 작성.

---

19) 미에현 월별 인구조사결과(2009년 7월 1일 현재의 최신 데이터)에 의하면, 카메야마시 인구는 2008년 50,603명, 2009년 50,704명이다.

20) 미에현 월별 인구조사결과 데이터상 2009년도 카메야마시의 외국인 비율은 5.1%이다.

6) 유효구인배율 추이

카메야마시의 유효구인배율(스즈카鈴鹿 관내 데이터) 추이를 나타낸 것이 [도표 4-21]이다. 이 도표에서 알 수 있듯이 2004년 이후 샤프(주) 카메야마 공장의 조업에 따른 파급효과 등도 있어 미에현 및 스즈카 관내 유효구인배율은 2008년 2월까지는 전국치를 상회하는 호조를 기록하고 있었으나, 2009년 2월 즉, 리먼 쇼크가 실질경제에 크게 영향을 미치기 시작한 시기에는 모두 전국치를 하회하며 특히, 스즈카 관내의 유효구인배율은 0.38까지 하강하는 등 심각한 상황에 있음을 부정할 수 없다. 다만, 스즈카 관내에는 혼다로 대표되는 자동차 관련 기업의 데이터가 많이 포함됨으로써 그 영향도를 고려하여 이 수치의 추이를 바라볼 필요가 있다.

[도표 4-20] 외국인 등록자 수 추이 (좌: 명, 우: %)

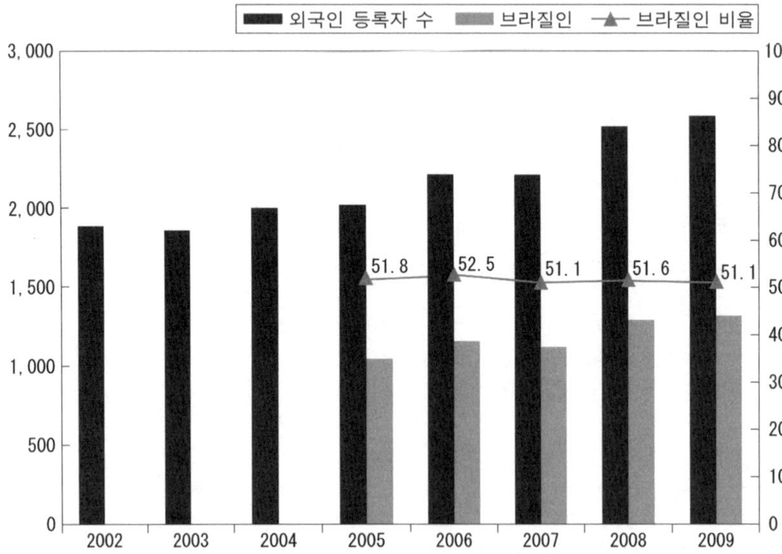

• 출처: 카메야마시 제공 데이터를 기초로 작성.

[도표 4-21] 유효구인배율 추이

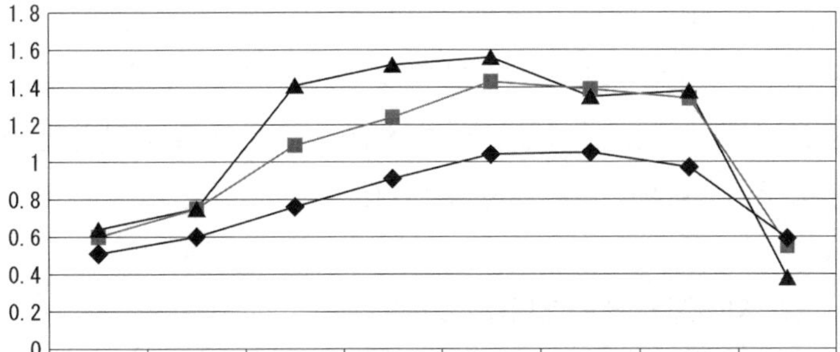

	2002	2003	2004	2005	2006	2007	2008	2009
◆ 전 국	0.51	0.6	0.76	0.91	1.04	1.05	0.97	0.59
■ 미에현	0.6	0.75	1.09	1.24	1.43	1.39	1.34	0.55
▲ 스즈카관 내	0.64	0.75	1.41	1.52	1.56	1.35	1.38	0.38

• 보충: 수치는 각 년 2월 데이터에 의함. 국가·현은 季調치, 관내는 원 수치.
• 출처: 스즈카 공공직업안정소 조사결과를 기초로 작성.

5. 의견청취 조사결과의 함의

이 절에서는 2009년 8월에 미에현청 및 카메야마시청을 대상으로 실시한 의경청취조사로부터 얻은 함의에 대해 설명하면서 본레포트를 정리하고자 한다.

1) 리먼 쇼크 후 미에현의 대응(의경청취조사로부터)

리먼 쇼크 후의 미에현 산업정책 및 고용정책은 이미 설명한 바와 같이 긴급고용·경제대책이 수립되어 있었는데 의경청취 조사로부터 얻은 함의는 다음과 같다.

(1) 밸리 구상의 역점추진

이미 서술한 바와 같이 현재, 미에현에서는 크리스탈밸리, 실리콘밸리 및 메디컬밸리 등 3가지 구상을 추진중에 있으며, 앞으로 이 3가지 밸리(클러스터)의 형성·발전에 주력하는 산업정책, 기업유치활동을 적극적으로 실시한다. 그 중에서도 특히 메디컬밸리 구상은 의료·복지분야를 대상으로 하며, 산업형성에는 시간을 요하므로 산관학민 연계를 통해 꾸준히 노력해 나가려 하고 있다.

(2) 지식집약형 산업구조 형성

미에현에서는 위의 3가지 밸리 구상과 병행하여 이노베이션 추진을 통한 기업력 향상을 목표로 차세대를 담당할 신산업 육성, 네트워크의 구축, 첨단기업 유치 및 인재육성을 통한 기술력 강화에 주력하는 산업정책(지식집약형 산업구조로의 전환)을 AMIC Advanced Materials Innovation Center(고도부재 이노베이션 센터) 중심으로 추진하려 하고 있다. 즉, 미에현 내 산업기반을 활용한 고도부재 산업클러스터 형성을 지향하고 있다.

(3) 신산업의 비전수립 시기

현재 3가지의 밸리 구상이 진행 중인데 크리스탈밸리 구상 추진 후 꼭 10년이 경과함으로써 향후 10년을 바라보는 미에현 산업비전을 검토할 시기가 되었다고 할 수 있다. 앞으로는 지금까지의 성과를 기반으로 발전 전략을 더욱 가다듬어 나아갈 필요가 있다. 특히, AMIC로 대표되는 연구개발센터 및 기업 각사의 연구거점유치 등이 중요 역할을 수행할 것으로 기대된다.

2) 리먼 쇼크 후 카메야마시의 대응(의견청취조사로부터)

리먼 쇼크 후의 카메야마시 산업정책 및 고용대책에 대해 의견청취조사로부터 얻은 함의는 아래와 같다.

(1) 크리스탈밸리 거점의 계속

이미 서술한 바와 같이 카메야마시는 샤프(주) 카메야마 공장의 조업 이래 많은 경제적 파급효과가 발생하여 급성장 하였는데, 금번 리먼 쇼크로 인해 그 파급효과에 급브레이크가 걸렸음을 부정할 수 없다. 그러나 시에서는 과거 6년간의 투자액 회수는 지금부터 라는 인식하에 리먼 쇼크의 영향은 있으나 향후 샤프(주) 및 관련기업을 중심으로 한 크리스탈밸리의 거점으로서 역할을 수행해 나아가고자 한다.

(2) 외국인을 위한 구직자 지원서비스 확충

시의 인구 중에서 브라질인의 비율이 5%대에 있으므로 향후 구직상담에 포루투갈어로 대응할 수 있도록 일본계 브라질인을 고용하는 등 외국인에 대한 지원서비스를 확충시키고자 한다.

(3) 기업인재의 효과적 활용과 지역 만들기

샤프(주)를 비롯하여 다른 현에서 많은 기업이 집적하고 있으므로 지역 만들기라는 관점에서도 기업의 인재를 유효하게 활용할 것이 기대된다. 이에 시에서는 '카메야마 시민·카메야마 팬'을 축으로 환경, 역사, 삼림 만들기 등을 포함하는 '지역 만들기 관광'(지역자원을 갈고 닦아, 교류를 심화하고, 문화가 축적되어 정보를 발신하는 '지역 만들기 관광의 선순환' 창조)의 적극적인 추진을 도모하고자 한다.

(4) 신산업분야에의 도전

앞으로는 환경분야, 농업분야의 산업정책에 대해 현과 협력하면서 추진하고자 한다. 특히, 환경분야에서는 에너지 자원, 그리고 농업분야에서는 식품산업 등의 연구개발을 카메야마시 자원을 활용하면서 도전해 나가고자 한다.

3) 마무리에 즈음하여

이상과 같이 미에현 및 카메야마시의 전자전기산업 분야 기업유치를 통한 산업정책은 산업집적 및 고용창출의 양면에서 큰 성과를 거두었다고 할 수 있다. 그러나 2008년 가을의 리먼 쇼크 이후 세계경제가 침체된 가운데 이러한 산업정책은 커다란 전환점을 맞이하고 있음을 부정할 수 없을 것이다.

특히 미에현의 크리스탈밸리와 실리콘밸리 구상은 그 산업 특질상 세계 경제상황에 직접적인 영향을 받으므로 명실상부한 글로벌 지역산업정책, 고용정책이라 할 수 있다. 그리고 이 분야는 대만기업, 한국기업, 나아가 세계의 공장으로 급성장하는 중국기업과의 치열한 경쟁이 불가피한 분야이며, 소위 기술혁신에서 무어법칙(집적회로의 집적밀도가 18~24개월마다 배가 된다는 인텔의 공동 설립자인 고든 무어가 주장한 경험칙)에 지배되는 분야이기도 하다. 따라서 필자는, 앞으로 미에현 및 카메야마시의 산업과 고용이 발전하기 위해서는 이와 같은 글로벌 산업특성과 무어법칙에 지배되는 기술혁신에 능동적으로 대응할 수 있는 체제강화가 필요하다고 생각한다.

한편, AMIC로 상징되는 고도부재 이노베이션은 지금까지 미에현에 축적되어온 기술자원을 보다 고도화하려는 시도이며 지역자원을 활용하는 도전이라고 바꾸어 말할 수 있다. 환경·자원·에너지와 같은 트라이렘마trilemma 속에서 새로운 시장을 창조하는 시도이자, 국제적으로 환경문제가 심각해지는 오늘날, 크게 기대되는 분야라고 할 수 있다.

또, 메디컬밸리 구상은 다른 두 가지 밸리 구상과는 질적으로 다른 분야로 생각된다. 고령복지사회에 돌입한 일본의 사회구조에 대응한 의료·복지서비스의 확충은 앞으로의 지역사회에서 회피할 수 없는 과제이며, 기술한 바와 같이 행정이 아닌 시민주도의 정책입안과 실행이 중요한 분야이다.

어쨌든, 미에현의 산업정책·고용정책에는 크리스탈밸리 및 실리콘밸리 구상의 과정에서 축적된 산업집적의 메리트를 앞으로 어떻게 결합하여 새로운 산업·고용창조로 연결할 수 있을지, 고도부재 이노베이션이 최종적으로 목표하는 시장은 어디인지, 나아가 메디컬밸리에 의한 산업·고용·시민의 효과적인 협력을 어떻게 촉진해 나아갈 것인지 등의 과제가 남아있는데, 이들 과제의 해결을 위해서는 산업형성 코디네이터[21] 육성이 불가결하다고 할 수 있다. 산업정책·고용정책의 선진 현인 미에현이 더욱 발전하기를 기대한다.

21) 산업형성 코디네이터의 중요성은 기타지마(北嶋, 2009) 참조.

참고문헌

総務省(2008), 「国勢調査報告」.

______(2008), 「事業所·企業統計調査報告」.

三重県(2008), 「三重県内経済情勢」.

______(2008), 「三重の工業」.

______(2008), 「クリスタルバレー構想」概要説明資料.

______(2008), 「シリコンバレー構想」概要説明資料.

______(2009), 「平成21年度三重県緊急雇用·経済対策推進方針」.

三重県統計室(2008), 「三重県の人口」.

__________(2008), 「年齢別人口調査結果」.

三重県健康福祉部(2008), 「みえメディカルバレー第2期実施計画」.

三重県農水商工部(2009), 「シャープ株式会社亀山工場立地に伴う経済波及等効果について」.

三重県農水商工部·(財)三重県産業支援センター(2009), 「平成21年第2回景況調査結果について」.

三重県労働局·県内ハローワーク(2009), 「事業所聞き取り調査結果に関する資料」.

(財)三重県産業支援センター(2009), 「高度部材イノベーションセンター(AMIC)」, 概要説明資料.

亀山市(2008), 「亀山市戸籍市民室」データ.

______(2009), 「亀山市観光振興ビジョン」(概要版).

北嶋守(2009), 「地域産業振興策の多様な道筋と雇用の創出ー領域横断的アプローチの可能性」, 石田光男·願興寺腊之 編著, 『労働市場·労使関係·労働法』所収, 明石出版.

【청취조사 일정】

방문처	일시
미에현 농수상공노동부	2008년 7월 28일
카메야마시 산업건설부	
미에현 농수상공노동부	2009년 8월 24일
미에현 생활문화부	
카메야마시 산업건설부	

※ 본레포트 작성과정에서, 2회에 걸친 의견청취 조사에 대한 협력과 산업정책 및 고용대책에 관한 풍부한 데이터를 제공해 주신 미에현청 및 카메야마시청 관계자에게 진심으로 감사드립니다.

제 5 장

인구감소 시대의 지역사회와 UI턴

: 나가노현 이나시의 경험과 시마네현의 대응

이노우에 노부히로 井上信宏

UI턴 인재는 지역사회의 모습을 설계하고 새로운 과제발견을 촉진하는 '외부로부터의 눈'이자 주민간 신뢰관계, 지역커뮤니티의 유대 등 Social Capital 재생을 위한 인재이다. UI턴 인재를 확보하기위해 노력하는 것은 역내의 기업집적과 같이 새로운 창업과 지역의 경쟁력을 높이는 필수 요소이다. UI턴 인재유치를 위한 정주촉진시책과 무료직업소개 등 고향 시마네 정주재단의 활약은 미래를 대비한 지역역량을 향상시키는 사업으로 주목할 만하다.

제5장
인구감소 시대의 지역사회와 UI턴
: 나가노현 이나시의 경험과 시마네현의 대응

이노우에 노부히로(井上信宏)*

1. 들어가는 말

후생노동성이 발표한 2005년 '인구동태통계'에서 일본은 1899년 통계조사 이래 처음으로 출생 수(106만 2천 명)가 사망 수(108만 3천 명)를 밑도는 인구의 자연감소를 경험하게 되었다. 소위 '단카이세대団塊世代(제2차 세계대전 직후 1947~1949년까지 베이비붐으로 태어난 세대)'의 고령화를 눈앞에 두고 일본사회는 급속히 고령화되면서 인구가 감소하는 시대를 맞이하게 되었다.

인구동태통계를 접한 국립사회보장·인구문제연구소는 새로운 인구추계를 발표하였는데, 거기에서도 65세 이상 노년인구 비율의 급속한 증가와 인구감소가 앞으로 50년간 지속 될 것으로 예상하고 있다. 이는 한 사람의 여성이 평생 낳는 아이의 수를 나타내는 특수합계 출생률이 약간 회복되더라도 변하지 않을 추세이다.

우리가 지금까지 경험한 바 없는 급속한 고령화와 인구감소가 동시에

---

* 신슈대학(信州大学) 경제학부 준교수.

진행되는 사회에서는 인구변동이 경제와 사회에 여러 가지 영향을 미칠 요인이 된다는 것은 상상하기 어렵지 않다. 이미 많은 논자들이 메리트/디메리트 양면에서의 문제 및 향후 추이를 검토하기 시작했다. 여기에는 생산연령인구의 감소가 경제성장에 미치는 負의 영향 또는 인구감소가 초래하는 마켓(판로) 감소와 같은 디메리트를 염려하는 한편, 일인당 주택면적의 확대와 혼잡완화 등 여유로운 사회의 실현과 에너지 수요의 감소, CO_2감소 등 메리트가 함께 거론되고 있다. 최근에는 인구구조의 변화에 맞춰 컴팩트 시티Compact City를 만들고 경제의 다운사이징을 추진하자는 몇 가지 시나리오도 눈에 띈다.

이미 우리의 사회생활에는 급속한 고령화와 인구감소 속에 한 사람 한 사람의 일과 생활, 가족관계나 지역사회가 크게 변화하고 있으며 고도경제성장기에 일반화되었던 라이프 코스는 완전히 과거의 것이 되어 버렸다. 이와 같이 새로운 Work Life Balance를 모색하게 된 배경으로 핵가족화와 저출산, 평균수명의 신장과 같은 변화 속에서 고령자 세대의 급증과 재택간호의 일반화, 어린이와 고령자 간병문제의 현재화 등을 들 수 있다. 더하여 장기근속을 규범으로 하는 기업부담의 고용보장 시스템이 기능하지 못하고, 주로 성인남자가 가계를 책임지는 젠더 규범 기반의 생활보장 시스템을 근본적으로 재검토하게 되었다. 또한, 우리가 사회생활을 영위해 온 지역사회에서도 주민의 신뢰관계와 상호부조, 커뮤니티의 유대와 같은 Social Captial이 취약해져 그 기능을 다하지 못하는 가운데 지역사회에서 거버넌스의 존재형태를 다시 생각하게 되었다.

인구변동에 기초한 다양한 사회적 변화는 지역사회가 처한 위치에 따라 그 발생 정도가 크게 다르기 때문에, 자치단체는 개별 지역의 과제를 정확하게 파악하고 현존하는 지역자원을 활용하면서 복잡하게 얽힌 과제를 해결할 것이 더욱 요구되고 있다. 이는 지역사회를 구성하는 복수의 주체에 의한 로컬 거버넌스가 요청되는 이유이기도 하다.

본장은 급속한 고령화와 인구감소가 동시에 진행되는 가운데 'UI턴

현상'으로 불리는 대도시권으로부터 지방권으로의 인구이동에 주목한다. 그리고 과소대책의 일환으로 사회적 이동을 거쳐 지역사회에 정주를 희망하는 사람들의 정주촉진을 도모하는 자치단체의 노력, 인구감소사회에서의 지역사회 재생과 UI턴의 의의 및 역할을 고찰한다.

2. 급속한 고령화와 인구감소의 동시진행, 그리고 UI턴

1) U턴, I턴이란

근대부터 현대에 걸쳐 일본 국내의 인구이동은, 향도이촌向都離村, 거가리촌擧家離村이라는 지방권 농촌에서 동경이나 오사카, 나고야名古屋와 후쿠오카福岡 같은 대도시권으로의 유입이 주류를 이루었고, 농촌에서 대도시권으로의 인구이동은 인구유입지역의 인구집중(도시화)과 과밀화에 따른 도시문제, 인구유출지역의 과소문제 등과 동일하게 취급되어 왔다.[1)]

한편, 대도시권으로의 이동과 정착을 거쳐 다시 지방권으로 환류하는 인구이동 패턴은 전전戰前부터 일정정도의 비율로 존재하였으며 전후戰後에도 그런 경향이 계속되었다. 대도시권으로 이동한 지방권 출신자가 출신지로 환류하는 인구이동은, 제2차 세계대전까지는 '귀촌',[2)] 고도경제성장 후에는 'U턴'으로 인식되어 왔다.

이러한 인구의 환류가 예전의 귀촌과는 달리 U턴으로 인식되게 된 배경에는 고도경제성장이 가져온 사회적 변화가 있다. 1950년대 후반부터

---

1) 이러한 인구이동 및 인구환류에 대한 연구동향과 논점은 아라라기 신조(蘭信三), 「都市移住者の人口還流: 帰村と人口Uターン」, 마츠모토 미치하루(松本通晴)·마루키 케이스케(丸木恵祐) 編, 『都市移住者の社会学』, 世界思想社, 1994; 아라이 요시오(荒井良雄)·카와구치 타로(川口太郎)·이노우에 타카시(井上孝) 編, 『日本の人口移動: ライフコースと地域性』, 古今書院, 2002를 참조.

2) 제2차 세계대전 전에 대도시권으로 이동한 지방권 출신자가 출신지로 환류하는 구조에 대해 오오코우치 카즈오(大河内一男)는 일본 노동시장의 후진성을 나타내는 '돈벌이 노동'으로 표현하였다.

1960년대의 고도경제성장 과정에서 대도시권으로의 급격한 인구집중은 도시의 과밀과 농촌의 과소를 사회문제로 현재화 시켰다. 그러나 1970년대에 들어서자 대도시권에서의 생활환경 악화, 생활비 급등, 생활에 대한 가치관이 변화되었고, 한편으로 지방권 중핵도시 등의 생활기반·도시기능 정비가 추진되면서 지방권에서 대도시권으로의 인구유출이 감소하는 대신 대도시권에서 지방권으로의 인구 환류가 시작되었기 때문으로 생각 된다.[3)]

고도경제성장 속에서 연소인구 및 생산연령인구의 대량유출이 발생하여 지역의 인적자원이 부족해지면서 Social Captial 약화로 이어지자, 지방권은 U턴을 인구환류를 유발하는 계기로 받아들이면서 지역진흥책의 중요한 정책목표 중 한 가지로 인식하게 되었다. 이러한 인식에 탄력을 주게 된 것이 과소지역의 생활환경과 산업기반 등의 정비 추진을 위해 10년의 한시 입법으로 제정된 과소지역대책긴급조치법(1970)이었다. 그 후 10년마다 과소지역진흥특별조치법(1980), 과소지역활성화특별조치법(1990), 과소지역자립촉진조치법(2000)이 계속 제정되어 지역진흥과 고용의 확대, 지역격차를 해소하려는 시책이 현재까지 실시되어 왔다.

U턴, I턴을 정의하는 것은 매우 어렵다. 이것을 사회통계 속에서 엄격히 정의하는 것이 어려울 뿐만 아니라, 이러한 용어가 이미 사회적으로 인지된 인구이동의 한 측면을 기술하는 개념으로 널리 일반에게 유통되고 있기 때문이다.[4)] 본장은 UI턴의 동태분석을 목적으로 하는 것이 아

3) 1976년에는 대도시권에서 비 대도시권으로의 인구이동이 비 대도시권에서 대도시권으로의 인구이동을 상회하였는데 이를 '인구 U턴'으로 정의하게 되었다. 아라라기 신조(蘭信三), 「都市移住者の人口還流: 帰村と人口Uターン」, 1994.

4) '출생 현과 현재 거주 현이 같은 경우, 타 현으로의 전출경험이 있으면 출생 현으로의 U턴 이동', '출생 현과 현재 현이 다른 경우, 이를 출생 현에서 다른 현으로의 전출이동, I턴 이동'이라고 하는 것이, 국립사회보장·인구문제연구소가 실시한 '인구이동조사'(제6회, 2006년 실시)의 정의이다. 이 외에도 지방에서 대도시권으로 向都 이동한 사람이 출생 현으로 귀환이동 하는 경우를 U턴, 대도시권에서 출생 현 이외의 지역으로 이동하는 경우를 I턴, 지방에서 대도시권으로 이주한 사람이 출생지역과 가까운 비교적 규모가 있는 도시로 이동하는 경우를 J턴으로 정의하는 경우도 있다.

니다. 어디까지나 2개 지역의 UI턴에 주목하여 그 경험에서 도출되는 지역사회의 모습과 정주촉진시책의 방향을 개관하는 본장에서는, 주로 지방권에서 대도시권이나 인접 중핵시 등으로 이동한 사람이 출신지로 환류하는 경우를 U턴, 출신지와는 다른 지방권에 취직·정주를 선택한 인구이동을 I턴으로 정의하여 논의를 진행하고자 한다.

2) UI턴의 제약

대상자의 라이프 코스별 UI턴의 제약을 다음 4가지 패턴으로 나누어 정리해 두자. 단, 이 패턴은 UI턴 대상자의 분석적 유형을 나타내는 것이 아니다. 또, 각각의 연령계층의 가족상황은 개인차가 크고, 각 세대를 구분짓는 생활문제는 서로 중복되므로 전후 순서 없이 발생할 가능성이 높다.

① 고등학교와 전문학교, 대학 졸업기와 제2의 신규졸업으로 불리는 20대 취업활동 세대
② 학령기 아이를 가진 30대에서 40대의 양육세대
③ 출신지에서 사는 노부모의 부양문제를 가진 40대에서 50대의 고령자 간호세대
④ 정년퇴직 후의 생활을 선택하는 50대에서 60대의 제2인생 세대

UI턴의 첫 번째 제약은 일자리 확보의 문제이다. 1970년대 이후 U턴자의 취업대상은 농업 등의 제1차 산업이 아닌 제2차 산업, 제3차 산업이 주류를 이루고 있다. 또한 고도경제성장 이후 기존의 공업지대가 아닌 지방권에 제품개발과 연구 분야 등 젊은층을 대상으로 하는 양질의 일자리가 분산될 가능성이 높아지고 있다. 그런 의미에서 지방에 양질의 취업기회가 존재한다는 것은 당해 지역으로의 UI턴을 촉진하는 요인이 된다.

생활경험이 많지 않은 20대 취업활동 세대에게는 U턴, I턴 어느 쪽이든 양질의 취업기회만 주어지면 거주이전을 포함한 전출입이 비교적 쉽다. 또, 새로운 분야로의 진출을 생각하는 지방권 중소기업은 영업과 개발부문 등에 즉시 투입할 수 있는 경험자를 적극적으로 중도채용 하는 등 30대에서 40대, 혹은 50대의 경험과 능력있는 인재를 찾고 있다. 한편, 40대에서 50대의 고령자 간호세대에게는 노부모 부양을 위한 U턴이 취업기회가 극히 제한된 상황에서의 이동이 될지도 모른다.

생활경험이 축적된 30대 이후가 되면 생활전반의 제약이 고용기회에 한정되지 않고 다양화된다. UI턴의 두 번째 제약은 아이들 교육의 문제이다. 교육기회의 선택지가 풍부한 대도시권에 사는 양육세대에게는 교육에 지불되는 비용에 상응하는 교육기회의 유무가 UI턴 결정을 좌우하게 된다. UI턴을 고려하고 있는 30대에서 40대의 양육세대에게 지방권의 교육환경은 큰 제약사유가 되는 것이다.

그리고 세 번째는 주거확보의 문제이다. 이는 전체 세대와 관련된 문제로 이미 대도시권에서 주택을 취득한 세대에게는 이주예정지에서의 주택 확보는 물론 소유주택이나 차입금의 처리 등도 문제가 된다.

3) 연령계층별 U턴 경향

그렇다면 세대별 UI턴 동향은 어떨까? 국립사회보장·인구문제연구소가 5년마다 실시하는 '인구이동조사'를 통해 연령별 U턴 상황을 확인해보자. '인구이동조사'에서는 출생 현과 현재 거주 현이 같은 경우, 타 현으로의 전출경험이 있으면 출생 현으로의 U턴 이동(県 U턴)으로 정의하고 있다.

県 U턴의 비율을 성별로 보면 2006년에는 남성전체에서 34.1%, 여성전체에서 30.2%이고, 2001년과 비교하면 남성에서는 2.3포인트, 여성에서는 2.8포인트 상승하였다. 연령별로 보면 남성은 40대 후반에서 50대 후반이 40% 강, 60대 전반에서도 40% 가까이가 U턴 경험자이다. 여성

[도표 5-1] 연령계층별 현 UI턴 율(2001·2006년)

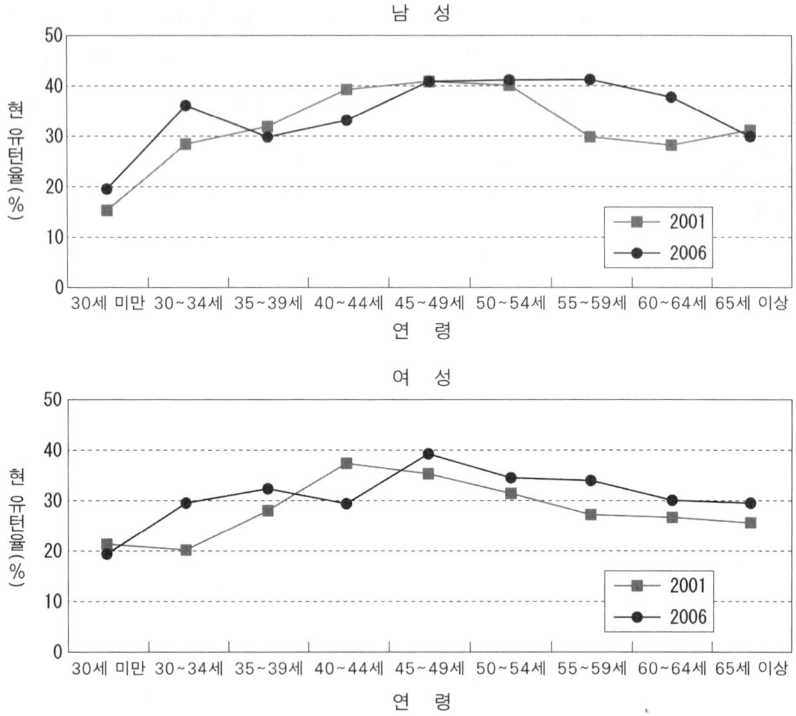

• 주: '県 유턴율'은 '출생현에서 타 현으로 전출한 경험이 있는 사람 중, 조사시점에서 출생 현으로 돌아와 거주하고 있는 사람의 비율'(현 유턴자/현외 이동경험자×100)임.

• 출처: 국립사회보장·인구문제연구소가 실시한 「제6회 인구이동조사 데이터베이스」의 「개요(PDF)」(http://www.ipss.go.jp/ps-idou/j/migration/m06/mig06.asp)에서 「제5회 조사」는 2001년 7월, 「제6회 조사」는 2006년 7월에 각각 실시함.

은 40대 후반이 가장 높다. 2001년과 비교하면 남녀모두 40대 후반에서 60대 전반의 U턴율이 상승하였다.

이러한 상황은 라이프코스 속에서 출생 현에서 타 현으로 전출경험이 있는 사람이 40대 후반에서 60대 전반에 걸쳐 남성에서 약 40%, 여성에서 약 30%가 출생 현으로 돌아오는 경향이고 이는 2001년보다도 증가 경향에 있음을 나타낸다.

4) 나가노현 이나시와 시마네현의 UI턴 개황

다음 절부터는 나가노현長野県 이나시와 시마네현 사례를 다루는데 양 지역 모두 UI턴의 실적이 있는 곳이나 그 양상은 대조적이다.

전국적인 I턴 지역으로 알려진 카루이자와軽井沢나 아즈미노安曇野 등 풍부한 자연관광지가 다수 존재하는 나가노현은 대도시권에서 생활하는 사람들에게 신슈信州브랜드의 이주 장소로서 인기가 높은 지역이다. 남알프스와 중앙알프스 사이의 나가노현 남부에 위치한 인구 7만 명(2009)의 이나시는, 시 중앙부를 텐류강天竜川이 흐르며 토양이 풍부한 하안단구에 자리잡고 있다. ≪일본경제신문≫ 2008년 8월 9일자에 의하면[5] 노후를 보내고 싶은 이주 장소로서 1위에 선정된 곳이 나가노현이고, 이나시는 아즈미노시安曇野市, 마츠모토시松本市에 이어 나가노현에서 3위로 선정되었다.

그러나 이나시는 시 차원에서 UI턴을 적극적으로 추진하지는 않았다. 맑은 공기와 깨끗한 물이 있는 이나시에는, 역사적으로 인접 오카야岡谷·스와諏訪의 정밀기계공업과 더불어 일찍부터 전자·전기공업이 입지하여 이나테크노밸리 권역의 중심지로 발전해왔다. 이와 같은 제조업은 중앙자동차도를 기점으로 하여 각지에 산재하고 있는데, 그 중에서도 이나시는 양질의 고용 기회가 주어진 혜택 받은 지역이라 할 수 있다. 이나시의 UI턴은 신슈브랜드의 이미지와 지역산업을 견인하는 기업의 노력으로 이루어진 것이다. 특히 1990년대에 들어서 제품개발과 영업 등의 전문능력을 갖춘 인재가 모여드는 등 우수한 능력을 가진 I턴 인재가 이나시의 인적자본으로서 축적되고 있었던 것이다.[6]

한편, 인구 72만 명(2009)의 시마네현은 UI턴을 통한 정주촉진시책을

---

5) 일본경제신문사가 인터넷 조사매체인 마이크로 미르를 통하여 30세 이상 남녀에게 조사한 결과이며, 동 조사는 2008년 7월 하순에 실시되고 유효응답 수는 1,002이다.

6) 이나시를 포함한 카미이나지역은 1990년대에 다른 산업이 복합적으로 입지하여 기존의 전자·전기의존 산업체제에서 탈피하였다. 자세한 내용은 본서 제1장 참조.

현 차원에서 추진하는 곳으로 유명하다.[7] 1990년대에 급격한 인구감소를 경험한 시마네현은 UI턴의 종합상담창구로 '고향 시마네 정주재단'을 조직하여 UI턴을 위한 정보제공에 그치지 않고 UI턴의 시작이라 할 수 있는 체험 투어, 제1차 산업으로의 취업지원을 위한 산업체험, 일반기업으로의 취업지원을 위한 무료직업소개, 신규졸업자 취업지원을 위한 학생등록 등 적극적이고 다양한 지원을 실시하고 있다.

5) 왜 UI턴을 이야기 하는가

지금까지의 UI턴은 "여생을 고향에서 보낸다"거나 도회지에는 없는 자연환경 속에서의 삶에 대한 '동경' 내지 '향수'로 이미지화되는 경향이 강했었다. 지금도 도회지에는 없는 시골생활에 대한 이미지가 UI턴을 유인하는 케이스가 적지 않다.

그러나 실제로는 지방권에서 대도시권으로의 인구이동이 증가한 고도경제성장기 이후, U턴으로 불리는 인구환류 경향은 지속적으로 나타났다. 지금까지의 연구에서도,[8] 1970년대 이후 지방권에 사는 노부모를 부양하기 위해 U턴을 선택하거나, 양질의 취업기회를 찾아 I턴을 선택하는 경우가 UI턴의 주류를 이루고 있음이 밝혀졌다.

고등학교 졸업자 대부분이 진학·취학을 위해 지역을 벗어남으로써 인구의 사회적 감소를 경험하고 있는 지방권에는, 고용과 생활기반 정비를 위한 지역진흥책이나 기업유치로 대표되는 지역 고용개발을 겸하여 정주촉진시책을 추진하는 지역이 많이 있으며, 이러한 지역진흥책과 산

7) 시마네현의 정주촉진시책, 고향 시마네 정주재단의 대응에 대해서는 오오타니 츠토무(大谷強)·사와이 마사루(沢井勝) 編, 『自治体雇用·就労施策の新展開: 地域で働く場の確保と自治体の役割』(自治総研ブックス④), 公人社, 2008. UI턴 사례에 대해서는 세키히로 미츠(関博満)·마츠나가 케이코(松永桂子), 編, 『中山間地域の「自立」と農商工連携: 島根県中山間地の現状と課題』, 新評論, 2009 등에 소개되어 있다.

8) 아라이 요시오(荒井良雄)·카와구치 타로(川口太郎)·이노우에 타카시(井上孝) 編, 『日本の人口移動: ライフコースと地域性』, 古今書院, 2002.

업정책이 UI턴을 유인하게 된다. 그러나 UI턴을 유인하는 시책이 지방권에 획기적으로 인구환류를 유발하여 당해 자치단체의 인구증가에 기여한다는 것은 지극히 드문 일이다. 일련의 정주촉진시책을 추진해 온 선진지역의 대부분은 이러한 사실을 인식하고 있다.

급속한 고령화와 인구감소가 동시 진행되는 일본사회, 특히 그런 변화가 급속하게 진행되는 지방권에서는 지역사회의 모습이 크게 달라지고 있다. 제1차 산업이나 지역산업의 후계자 부족이 시급한 문제이자, 입지기업에 대한 부품 공급을 담당하는 지역 중소기업은 그 역할을 계승·발전시킬 젊은 사람이 부족하여 고민하고 있다. 지방권에서는 중심시가지 공동화가 지역 만들기의 공통된 과제이고, 인구구성이 극단적으로 고령화됨으로써 지역복지를 통한 공공부조가 어려운 처지이다. 따라서 자치단체의 산업·고용·복지정책에 대한 지금까지의 사고를 근본적으로 재검토할 필요가 있으며, 지역사회를 구성하는 각 주체에게는 문제에 대한 의식전환이 강하게 요구된다. 자치단체 행정은 지금까지 경험한 바가 없는 사회변화 속에서 지역사회를 구성하는 각 주체와 협력하여 문제해결을 도모하여야 한다.

급속한 고령화와 인구감소가 동시 진행되는 사회에서 나가노현 이나시와 시마네현의 UI턴 사례를 통해, 지역사회의 변용과 UI턴으로 대표되는 지역사회의 역할자에 대한 문제를 생각해 보자.

3. 지역사회의 변용과 UI턴 인재
: 이나시의 UI턴 설문조사를 중심으로

1) 지역경제의 자생적 발전을 이룬 이나시

2004년에 시제 50주년을 맞은 이나시는 2006년 3월에 다카도오마치高遠町, 하세무라長谷村와 합병하여 인구 약 7만 명의 새로운 '이나시'가 되었다. 텐류강과 미부강三峰川이 비옥한 토양의 평지와 양질의 물을 지역에 공급하여 농업과 함께 일찍이 제사업製絲業 및 정밀·전기제조업이 발달하였다.

이나시 산업발전의 특징은, 행정이 주도하거나 행정과 산업계의 협력을 통한 산업진흥이 아니라 개별 기업의 자조노력이 거듭되어 이루어졌다는 점이다.[9] 1985년부터 2007년에 걸쳐, 이때까지 제조업의 중심을 차지하던 전자·전기 비율이 축소되고 함께 입지했던 기계, 수송, 식품이 규모를 확대함으로써 산업구조의 균형이 이루어 졌다는 것이 이나시의 특징이자 강점이다.

이와 같이 자생적인 경제발전이 가능했던 배경에는 ① 하안단구에 의한 비교적 넓고 평탄한 토지를 가지고 있고, ② 산간지역이면서 중앙자동차도와 국도 153호선 등 간선도로가 정비되어 동경이나 나고야 등 대도시로의 접근성이 좋다는 점, ③ 산업구조의 균형과 함께 관련 기업이 집적되어 있는 점, ④ 카미이나지역이 현 남부와 중부의 연결점에 위치하여 양질의 잠재적 노동력이 있었다. 한편, 제조업 취업자 동향을 보면 남녀 모두 20~24세 연령층이 1995년을 경계로 급격히 감소 추세로 전환되고 일본경제 전반에 미친 경기변동이 동 지역의 고용에 큰 영향을 미쳤음이 확인된다.

2) 이나시 UI턴의 의미

이나시가 자생적인 지역경제의 발전을 이룬 것처럼, 이나시의 UI턴 역시 지역기업의 신규졸업자 채용과 중도채용을 통하여 이루어진 결과이다. 지금까지 자치단체가 UI턴에 관한 정보를 제공한 일은 있었으나, 적극적으로 UI턴을 유도하고 정착을 촉진한 시책은 없었다.

나가노현은 1989년에 전국에서 처음으로 I턴 사업을 시작하여 연간

9) 이나시의 산업과 고용에 대해서는 본서 제1장이 상세하다. 이하는 제1장의 논점을 따른다.

100명 이상, 누계 2,400명을 초과하는 I턴 인재에게 정주지원을 실시하였다. 2009년 현재, 나가노현 상공부 고용·인재육성과(나가노시 현청 내)와 동경 I턴 상담실(동경도 치요다구, 나가노현 동경사무소 내)에서 I턴 상담을 접수하며, UI턴 희망자의 인재정보 등록과 현 내 기업에 대한 구직자 정보, UI턴 희망자에 대한 취업상담과 구인정보 등 각종 정보를 제공하고 있다.

그러나 전국에서 4번째로 넓고 남북으로 긴 지형을 가진 인구 216만 명의 나가노현은 현 주도의 사업만으로는 시정촌 수요에 면밀히 대응할 수가 없다. 이나시보다 훨씬 남쪽에 있는 나가노현 이이다시飯田市에서는 2006년 4월 시청에 인재유치를 담당하는 종합창구로 '유이 턴 경력 디자인실'을 개설하여, '유이結い, UI(일본어에서 '맺다', '연결 짓다'는 뜻의 단어로 유이結い가 있는데, UI턴의 영어발음이 유이인 것에 착안하여 '유이結い 턴'이라는 용어를 사용함) 이이다 프로젝트'를 본격적으로 실시하게 되었다.[10] 여기서는 시청의 농업, 공업, 관광, 상업 등 각 과의 담당 직원이 연계하여 UI턴 희망자에 대한 상담에 원스톱으로 대응하고, 이이다시의 기초정보 및 취업활동 정보를 상세히 제공하고 있다. 또, UI턴한 사람들에 대해서도 이이다시에서의 생활에 대한 지원과 정기적인 이벤트 기획을 진행하고 있다.

지금까지 이나시가 UI턴에 적극적으로 대응하지 않았던 이유는 카미이나지역의 지리적 위치가 자생적 경제발전을 가능하게 하고, 그에 따라 양질의 노동력이 제공되었기 때문이다. 하지만 카미이나지역의 유효구인배율이 오랫동안 국가와 현의 평균을 상회하였다는 점과, 20~24세층의 제조업 취업자가 1995년 이후 감소경향에 있다는 것을 고려하면, 지역 활성화를 위해 유능한 인재유치가 필요함을 알 수 있다.

10) 이이다시의 UI턴 포털 사이트: http://www.yuiturn.net/.

3) 이나시 UI턴 인재에 대한 주목

2004년, 민간기업 출신의 부시장(당시는 수입역)이 중심이 되어 산업입지추진과(당시는 상공관광과 내 산업입지계)를 신설하면서부터 기업유치를 비롯한 이나시의 산업진흥정책이 시작되었다. 이와 함께 이나시 차원에서 지역의 인재활용과 인재유치의 필요성에 대해 논의하게 되었다.

이러한 움직임에 박차를 가한 것은 신슈대학 섬유학부(나가노현 우에다시 上田市)에 거점을 둔 아사마淺間 리서치 엑스텐션 센터AREC 이나 분실이었다. AREC는 우에다시(동부지구)를 중심으로 하는 민간기업과 신슈대학 연구실이 연계하는 산학협동 사업의 하나로써 2000년 7월에 발족한 우에다지역 산관학 연계추진협의회가 그 모체이다. 2006년 6월에는 AREC에서 농상공 연계를 담당하는 어드바이저가 중심이 되어 AREC 이나 분실을 설립하고, 경제산업성 '중소기업과 청년네트워크 구축사업'(2006~2008)의 보조금을 받아 카미이나지역을 중심으로 높은 기술력 등 특징 있는 기업을 소개하는 지역산업경제구인지誌 『고슈gauche』를 창간하였다.

기업정보의 제공을 통한 네트워크 구축과 그곳에서 일하는 우수한 인재를 소개하여 기업과 지역사회를 연결하고, 새로운 UI턴 인재를 유치하려는 고슈의 활동을 지역 케이블TV가 특집으로 방송하면서 UI턴 인재를 주목하게 되었다.

이러한 UI턴 인재정보와 고슈의 노력을 새삼 주목하게 된 이나시 상공진흥과는 UI턴의 현황파악을 위해 'UI턴 설문조사'를 실시하였다.

4) UI턴 설문조사 실시

여기서 다루는 'UI턴 설문조사'는 2008년 9월, 10월에 이나시 상공진흥과가 실시한 것이다.[11] 조사기간은 2009년 9월부터 10월, UI턴 인재

---

11) 조사결과는 2009년 6월 20일 개최된 'UI턴 심포지움: 이나에서 일하고, 이나에서 살자'(주

를 채용한 카미이나지역(시내외) 14개 영업장을 대상으로 실시하였다. 조사표는 U턴, I턴 모두 동일 질문을 활용하여 각각의 사업장을 통해 해당자에게 배포하고, 회수작업 또한 사업장별로 진행하였다. 회수된 앙케이트는 UI턴을 합쳐 253명분이다.

모든 응답은 자유기술이며 집계를 담당한 상공진흥과가 자유기술 내용을 카테고리별로 분석하여 각각의 카테고리에 대한 언급을 '응답 수'로 하였다. 때문에 각각 복수 응답이 되어 총 응답 수는 복수응답 수와 일치하지 않는다.

질문항목은 다음과 같다.

질문 1 이나시로 와서(돌아와서) '이나시가 이렇게 변한다면 좋을 것 같다'고 생각한 것이 있습니까? 살다보니 '이런 점은 실망이다' '시청이 ○○해주면 좋겠다' 등의 의견을 기탄없이 적어 주십시오.

질문 2 이나시로 와서(돌아와서) 좋았던 것은 무엇입니까? '예상 외로 이런 것이 좋았다'는 것이 있다면 적어 주십시오.

질문 3 왜 이나시로 왔습(돌아왔습)니까? 어떤 '기분'과 '생각' 그리고 어떤 '인연'으로 이나시에서 살기로 결정하였습니까?

질문 4 이나시에 올(돌아올) 때 어려웠던 점은 무엇입니까? '직장을 구하기가 어려웠다'든지 '주거를 구하기가 어려웠다'든지 '시청이 ○○해주었다면 좋았을 것이다(도움이 되었을 것이다)' 등····

질문 5 앞으로 I턴·U턴을 희망하는 사람들에 대한 메시지를 적어 주십시오. 좋은 면만이 아니라 부정적인 면도 괜찮습니다.

최: UI턴 심포지움 실행위원회)에 보고되었다. 본절은 당일 배포된 자료 및 담당자로부터 직접 제공받은 내부 자료를 기초로 한다.

5) UI턴 설문조사 결과

먼저, 설문조사 응답자 현황을 정리해 두자.

설문조사 응답자의 연령구성은 I턴, U턴 모두 20대가 가장 많고(I턴 44%, U턴 61%), 30대가 그 다음이다(I턴 39%, U턴 31%). 이 앙케이트에서는 I턴의 83%, U턴의 92%가 30대 이하의 비교적 젊은층인 것이 특징적이다.

응답자의 직종을 보면, I턴은 연구직이 28%로 가장 많고 그 다음이 사무직으로 26%, 영업직 11%, 제조조립직 6%, 접객서비스직 2%, 판매직 1%이다. U턴은 사무직이 43%로 가장 많고 이어 영업직 18%, 연구직 9%, 제조조립직 8%, 판매직 6%, 접객서비스직 5%이다. I턴에서는 전문성이 높은 직종이, U턴에서는 많은 경험이 요구되는 직종이 각각의 중심을 이루고 있음을 알 수 있다.

이어서, 각각의 질문에 대한 응답 내용을 간단히 정리해 두자.

[질문 1] 이나시에 와서 실망한 것

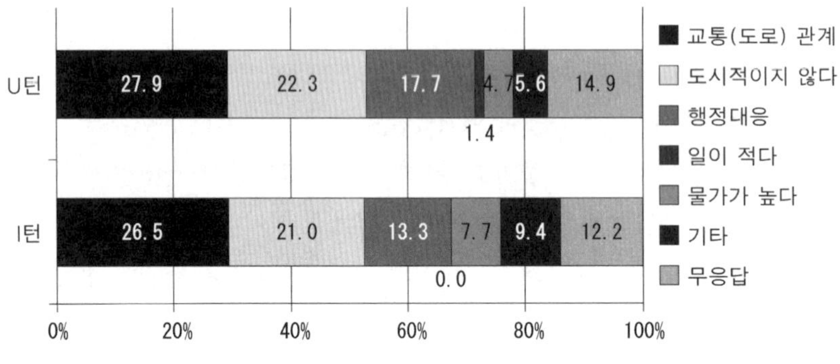

이나시에 와서 실망한 것을 묻는 질문에는, '교통관련' 문제가 UI턴 쌍방에서 가장 많이 지적되고 있다. 그 대부분은 공공 교통의 부족에 대한 지적이다.

• 공공 교통의 불편(전차·노선버스). 자동차가 없으면 생활 할 수 없음.

[I턴 인재(이하 I로 줄임)]

- 자동차가 없는 나로서는 처음에 교통이 불편하다는 것을 느낄 때가 있었습니다. 또, 자동차우선 도로가 많고 보도가 좁으며 자전거 도로 등이 적다고 느꼈습니다. 최근에는 순회버스도 늘고, 도로도 정비되어 쾌적해졌다고 생각합니다. [I]
- 교통편이 조금 더 좋아졌으면 하는 생각입니다. 버스의 증차, 전차의 막차시간 연장 등. [U턴 인재(이하 U로 줄임)]
- 고령화에 대한 교통지원이 앞으로의 과제입니다. [U]

"도시적이지 않다"라는 카테고리에서는 상업시설의 부족과 중심시가지 활성화 과제가 지적되고, "토·일요일에 나들이 할 수 있는 장소가 필요"[U], "젊은 사람들이 모이는 상점을 늘려 거리를 활기 있게 해 주기 바람"[U]과 같은 의견이 나왔다.

'행정대응'의 과제로서는 I턴, U턴 모두로부터 지역 만들기와 생활관련 시책에 대한 과제가 지적되었다.

- 자연 관광자원이 풍부하고, 생활의 쾌적함을 느껴 좋은데 "이런 곳이 왜 알려지지 않았을까?" 생각이 드는 곳이 있어 안타까움을 느꼈음. [I]
- 보고 싶은 곳이 많이 있어 다른 지역 사람들에게도 알려질 수 있도록 홍보할 필요가 있음. [I]
- 전입 전 사전 상담이나 체험생활이 가능하다면, 실제 전입 후 후회도 적어지지 않을지… [I]
- 보통은 인터체인지 부근에 상업지가 활성화되어있을 텐데, 상업지역이 분산되어 있어 도시계획 수준이 낮다. [U]
- 복지에 대한 배려. 예를 들면, 고령자에게 친화적인 혜택이 주어지는 복지대책. 고령자 의료비 일부 부담 등이 가능한지? [U]
- 복리후생, 주거, 출산 등에서 다른 시정촌 보다 메리트를 더 주는 것이 좋다. [U]

[질문 2] 이나시의 좋은 점

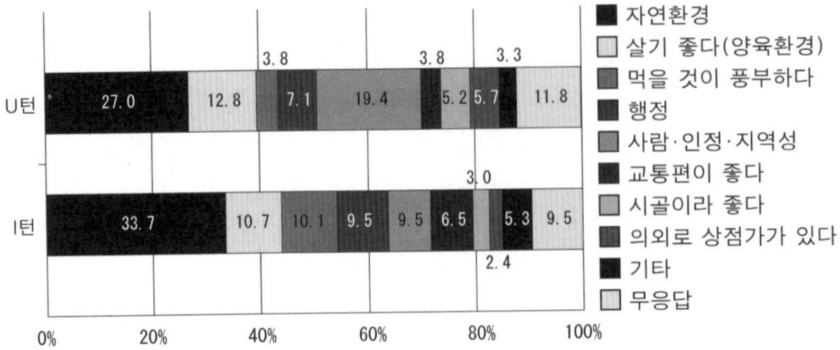

이나시의 좋은 점을 묻는 질문에는, UI턴 모두 '자연환경'을 꼽고 있다. 이어서 '살기 좋은(양육 환경) 점'을 예로 드는데 어쨌든 대도시권의 생활과는 다른 환경의 장점이 강조되고 있다.

[질문 3] 어떤 인연으로 이나시에 왔는지?

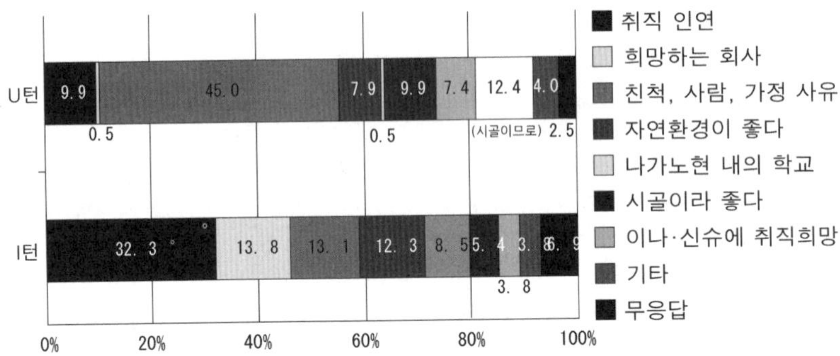

이나시로 UI턴을 결정하게 된 계기를 묻는 질문에는 U턴과 I턴에서 각기 다른 결과가 나타난다. U턴의 계기는 '친척, 인간관계, 가족사정'이 45.0%로 가장 많고, I턴에서는 '취업 인연'(32.3%)이나 '희망하던 회사'(13.8%)와 같이 취업이 계기가 된 사례가 많았다.

• 직장 관계로 아이를 맡길 본가가 있기 때문에. [U]
• 부모봉양 때문에. [U]
• 부모의 건강상 이유. [U]
• 장남이기 때문에. [U]
• 업무 관계의 인맥 때문에. [I]
• 직장이동 때문에. [I]
• 취업하려는 기업이 나가노에 있었고, 예전부터 매년 나가노에 왔었기 때문에 별다른 저항감 없이 그 기업을 선택함. [I]
• 출신 연구실 선배와의 인연. [I]
• 좋은 회사에 취업을 계기로 특별한 망설임 없이 이나시에 살게 됨. [I]
• 취업을 계기로 이나시에 살게 되었는데 조만간 고향의 가족들도 이곳으로 불러올 생각임. [I]

I턴에서는 현 내 신슈대학 등에 진학함으로써 그대로 이나시 소재 기업에 취업을 결정한 사례가 적지 않았다.

[질문 4] 이나시에 오면서 힘들었던 점은?

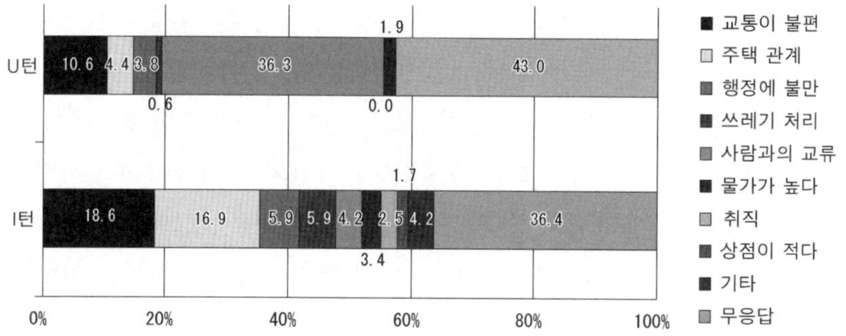

'UI턴의 고충'을 묻는 질문에는 U턴자 대부분이 '취업활동의 고충'을 지적하고(36.3%), I턴에서는 취업 활동시의 '교통불편'(18.6%)이나 취업이 결정되었을 때의 '주거구입 어려움'(16.9%)을 지적하는 사람이 많았다.

이외에도 I턴에서는 '쓰레기 배출의 어려움'(5.9%)이나 '인간관계'(4.2%)를 지적하는 등, 자치단체별, 지역별 생활관습의 차이가 타 지역에서 전입해온 사람의 생활에 지장을 주는 요인이 됨을 알 수 있다. 이것은 '행정에 대한 불만'(5.9%)에서도 나타나며 "특히, I턴자에 대하여, 이나시에서의 생활상 지켜야할 룰 또는 다른 지역과 차이가 나는 룰에 대해서 행정 당국이 가능한 한 정확하게 설명할 필요"[I]가 있다는 목소리도 있었다.

'UI턴 희망자에 대한 메시지'(질문 5)에서는 '자연환경, 생활환경의 장점'에 대한 의견이 가장 많고, "양육에 좋은 환경. 보육원과 놀이 장소가 있다"[I], "산과 강 등의 자연이 많아 업무스트레스를 풀 수 있다"[U], "젊을 때는 도회지에 비해 상업시설이 적어 부족함을 느끼지만, 자연에 둘러싸인 생활에 안식을 얻고 오래 살기에는 시골이 좋다"[U]와 같은 의견이 많이 보인다.

그러나 동시에 UI턴을 결정하기 위해서는 '자신의 가치관이 중요'하다고 지적하는 목소리도 있고, "적극적으로 (지역의) 행사에 참가하여 친숙해 질 수 있으면 좋겠다"[I], "역시 급여수준이 도회지 보다 낮은 것은 불가피하지만, 물가는 그만큼 싸지 않다. 그렇지만, 자연과 시간적 여유 등 돈으로 살 수 없는 것들을 얻을 수 있다"[I]와 같은 메시지가 기록되어 있다.

대도시권에서 지방권으로 거주이전을 동반하는 생활변화는 직업생활보다 일상생활에 질적인 변화를 수반한다. 자신의 가치관이 중요하다는 의견은 UI턴 희망자의 경력관리 뿐 아니라 장기적인 관점에서의 생활설계 필요성을 강하게 제기하는 것으로 이해된다. 이를 위해서는 UI턴 모두 '사전조사'가 중요하다.

- 10년, 20년 뒤 자신의 모습을 어떻게 상상하고 있는지, 확실한 비전을 가지고 심사숙고하여 결정할 것. [I]
- 지역에 금방 동화되기는 어려워도 그 지역이 가진 것을 가능한 한 받아들

일 필요가 있다. [I]

- 도시에서는 전혀 인연이 없는 이웃과 사귀는 것이 좋든 나쁘든 인간관계를 형성하는 경우가 많기 때문에, 자신은 어떤 성향인지를 고려하는 것이 좋다. [U]

6) 지역사회의 변용과 UI턴 인재

UI턴 인재는, 첫째, 근무하는 회사에는 인적자원이고 둘째, 지역에서는 삶을 영위하는 생활자로서 Social Capital의 역할자이다. 본절을 마무리함에 있어 이와 같은 양면성에 대한 지역사회의 변용과 UI턴 인재를 고찰해보자.

이나시가 UI턴 인재에 주목하여 적극적인 정주촉진시책을 추진해온 것은 아니다. 이는 본절의 서두에서도 밝힌 것으로, 이나시 어드밴티지의 결과이기도 하다. 이나시가 강력히 기업유치를 추진하지 않더라도 계속적으로 기업이 입지하고, 산업구조의 편중을 방지하면서 경기변동에 강한 집적을 추진하며, 그에 맞춰 기업이 우수한 인재를 찾는 중에 UI턴 인재를 확보할 수 있었던 것이 이나시였다. 그러나 이러한 어드밴티지는 지역기업과 UI턴 인재에게 많은 부담을 지우면서 달성된 것이다. UI턴 설문조사 결과는 이렇게 불가시화된 사회적비용의 지불문제를 보여준다.

기업 입장에서 UI턴 인재는, 제품개발과 영업 등 새로운 중심축으로 활약해야 할 없어서는 안 될 인적자원이다. 이러한 인재의 채용에 있어, 전국 규모의 상장기업은 본사 일괄채용과 인사이동으로 필요한 노동력을 확보할 수 있으나 지역기업은 그것이 어렵다. 자본력이 있는 기업은 적극적인 리크루트 활동을 통해 전국에서 우수한 학생과 능력 있는 사람을 중간에 채용할 수 있으나, 대부분의 지역 중소기업에서는 그러한 방법을 취할 수가 없다.

UI턴 인재의 입장, 특히 이나시의 U턴 희망자 입장에서 보면, U턴을 결심하여도 능력을 발휘할 직업기회가 적다는 것이 문제이다. 또, I턴 희망자에게는 이나시에 관한 정보는 물론 취업에 대한 정보가 충분히 주어지지 않을 뿐 아니라 기존의 정보로는 지역생활에 대한 이미지를 상상하기 어렵다.

이나시에서는 2004년부터 기업유치의 촉진을 위해 노력하고 있는데 이에 따른 인재확보는 인접 다른 지역에 뒤쳐지고 있다고 하지 않을 수 없다. 물론, 이나시와 산업계의 잠재력을 감안하면 당분간은 충분히 대응할 수 있을지 모르나, 진정한 과제는 가까운 장래에 있다는 생각이다. 이것은 지역사회의 미래 모습에 관련된 것이다.

행정의 기업유치 촉진을 위한 시도는 자치단체의 장래를 조감하는 그랜드 디자인을 작성하는 일이다. 이것은 지금까지 집적되어 온 지역기업과의 연계 가능성을 고려하면서 추진되는 것이다. 이나시에서는 농상공 연계를 염두에 두고 기업유치와 식품, 건강장수관련 산업, 에너지와 같은 내수형 산업의 발전을 우선시 하고 있다. 여기에는 새로운 산업에 필요한 인재의 확보와 육성을 고려한 지역인재의 육성 전략이 아울러 요구되는 것이다. 경우에 따라서는 전국에서 경험과 능력을 겸비한 인재를 이나시로 유치할 것이 요구된다. 또는, 잠재적으로 U턴을 생각하고 있는 30대 이하 젊은이들에 대해 양질의 취업기회를 제공할 수 있다면, 새로운 산업분야에서 활약할 인재를 조기에 지역으로 유치하는 결과가 될 것이다. 이를 위해서는 기업유치와 함께 고등학교 졸업 후에 역외로 진학 또는 취업하는 인재에게 지속적으로 정보를 제공하며 관리할 필요가 있다.

기업유치촉진에만 주목하더라도 장기적인 전략에 입각한 지역의 인재육성 전략이 필요한데, 하물며 UI턴 인재는 그들을 고용하는 기업에게 인적자원일 뿐 아니라 지역사회에도 잠재적인 자원이다. 저출산·고령화의 진전은 이나시에서도 지역 만들기의 커다란 제약조건이 되고 있다. 역 앞의 상점가 활성화가 지역의 문제로 대두된 것이 오래 전이다. 이러한 흐름 속에서, UI턴 인재는 지역사회의 모습을 설계하고 새로운 과제발견을 촉진하는 '외부로부터의 눈'일 뿐만 아니라, 주민간의 신뢰관계와 지역커뮤니티의 유대와 같은 Social Capital 재생을 위한 인재로 생각할 필요가 있다. 이를 위해서는 UI턴 인재의 자조노력은 물론, 행정과 지역이 지역사회의 협력자로서 UI턴 인재를 받아들일 수 있는 협력 시스템을 갖추어야 할 것이다.

4. 시마네현의 인구감소와 '고향 시마네 정주재단'의 역할

1) '고향 시마네 정주재단' 설립

시마네현이 현 차원에서 정주촉진시책을 추진하게 된 배경은 계속되는 인구감소에 대한 위기감에서 비롯되었다.

시마네현의 총 인구(통계조사)는 1975년 76만 8,886명에서 1980년에 78만 4,795명, 1985년에는 79만 4,629명으로 증가 경향이었으나 1990년에는 감소기조로 전환되어 78만 1,021명이 되었다. 이는 1980년 수준에

[도표 5-2] 시마네현 인구추이

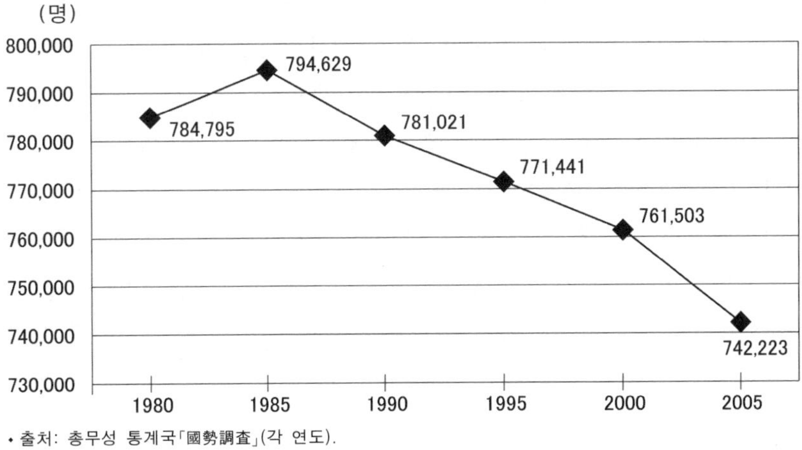

• 출처: 총무성 통계국「國勢調査」(각 연도).

도 못 미치는 수치이다. 버블경기가 한창이던 1990년에 급격한 인구감소를 경험한 시마네현은 91년 현청 내에 '인구정주촉진연락회의'및 '인구정주프로젝트 팀'을 설치하여 이 문제에 대처하게 되었다. 같은 해에 『인구정주대책보고서(1): 활력 넘치는 시마네』를 통해 인구정주를 위한 과제와 검토시책을 정리하였다.

1992년 2월에는 스미타 노부요시澄田信義 지사(당시)가 그 해를 '인구정주원년'으로 정하여 시마네현의 정주촉진정책을 강화하였다.

아울러 '현 내 취업촉진 종합대책 사업비'에 고향 시마네 정주재단 설립비(출연금 8억 엔 외)를 계상하였다. 동년 4월에는 시마네현 총무부 내에 시정촌 주도의 지역 만들기 사업을 지원하는 '시정촌 진흥실'을 설치하고 '살면서 행복한 시마네 만들기'를 위한 '3S 보조금'제도도 신설되었다.

1992년 4월에 발표된 『인구정주대책보고서(2)』에서는 인구정주를 위한 구체적 전략 프로젝트가 수립되고, 9월에 '고향 시마네 정주재단'설립이 허가되었다. 설립 당시는 노동성의 보조 사업이었기 때문에 시마네현 상공노동부 직업안정과 내에 사무국이 설치되었다.

2) 정주재단 연혁

시마네현의 UI턴 특징은 현 차원의 정주촉진시책 추진과 UI턴 종합상담 창구로 '고향 시마네 정주재단'을 조직하였다는 것이다.

1992년 9월에 설립된 고향 시마네 정주재단은 기본재산 4억 엔(현 부담), 기금 16억 5,800만 엔(현 8억 엔, 국가(노동성) 8억 엔, 민간 5,800만 엔)으로 시마네현의 정주촉진사업을 종합적으로 담당하는 조직으로 출발하였다.

설립당초는 학생을 위한 취업가이던스, 현 내 기업의 고용환경정비 지원, UI턴 희망자에 대한 정보제공 등 주로 취업지원 중심의 사업을 실시하였다. 정주재단 설립 직후인 93년 12월에 시마네현이 '시마네현 장기계획(1994~2010)'을 수립하고, '정주조건 확립과 존재의의 구축'을 기본이념으로 계획을 추진하여 정주촉진정책의 기반이 정비되었다.

1995년에는 현 내 취업, U턴 취업촉진 체제의 강화와 안정을 위해 정주재단에서 전담직원 1명을 채용, 전체 직원 수가 4명이 되었다. 또, 전국에서 처음으로 현청에는 정주를 전담하는 '정주기획과'가 기획진흥부 내에 신설되었다.

1996년에는 정주재단 내부에 기획진흥부 업무를 담당하는 업무제2과가 신설되고, 종합적인 정주정보 제공과 정주지원, UI턴 유도 등의 사업을 전개하였다. 이로 인해 UI턴 희망자에 대해, 실제 농림수산업에 종사하는 산업체험사업 , UI턴 주거확보를 위한 지원대책, 인구정주의 기반이 되는 지역 만들기와 지역 활성화 등 선도적 사업에 대한 지원, 정주촉진을 위한 정보제공·종합상담 등 기반이 확보되었다.

정주재단은 점차 업무를 확대하여 1998년 업무제2과에 전담직원 1명을 채용하고 UI턴자에 대한 주택확보지원을 비롯, 정주지원체제의 강화와 안정을 도모하였다. 또, 1999년에는 정주재단 내에 '교류 살롱 시마네'를 설치, 정주에 관련된 사람들의 교류와 정보교환을 위한 코디네이터가 배치되었다.

2000년에는 정주재단 사무국이 시마네현 상공회의소에서 JR마츠에역 앞의 마츠에호텔 별관 2층으로 이전하고 산업체험사업 참가자의 정착촉진과 사업접수를 위해 산업체험 상담원을 배치하였다. 2002년에는 후생노동성의 현 내 취업촉진사업 및 구직활동 원조사업의 수탁단체가 되어 사무국을 대폭 개편, 업무제1과를 고용정보과, 업무제2과를 정주지원과로 변경하고 취업원조과와 지역구직활동원조추진실을 신설하여 현 내 취업 및 UI턴 정주지원을 축으로 하는 업무체제를 확립하였다.

2003년에는 특히 인구유출이 현저한 시마네현 서부에 활동거점인 이와미石見사무소(직원 6명)를 설치하였고, 2004년에는 마츠에시松江市와 하마다시浜田市에 청년취업을 종합적으로 지원하는 원스톱 서비스센터로서 경제산업성 및 후생노동성의 모델 사업인 'Job 카페 시마네'를 설치하였다. 이 시기에 업무가 확대됨에 따라 직원은 26명에서 50명으로 배증되었다.

2004년에는 정주재단이 무료직업소개사업자 자격을 취득하여 보다 구체적으로 UI턴 지원을 강화하게 되었다.

2008년에는 시마네현의 외곽단체 재편에 따라 해산되었던 재단법인 시마네 환경재단21의 사회공헌활동지원(NPO활동지원) 사업을 승계하여 시마네 만들기 도전사업, 시마네 만들기 트라이얼 사업 등 지역 만들기 지원 사업에도 관여하게 되었다.

3) 현재의 3가지 주요시책과 사업전개

시마네현에서는 2007년도에 '시마네현 종합고용대책 방침', 2008년도에 '시마네 종합발전계획'을 수립하였다. '시마네 종합발전계획'에서는 정주재단에 직접 관련된 시책으로 ① 청년고용대책사업(일명 Job 카페 사업)에 의한 청년고용·취업촉진, ② 고향 시마네 정주추진사업과 시마네 생활 UI턴 지원 사업에 의한 UI턴 촉진, ③ 지역 만들기 지원 사업에 의한 지역 커뮤니티의 유지·재생, ④ NPO의 자립촉진과 활성화 사업에 의한 생애학습과 사회공헌 활동의 추진 등 4가지를 중점적으로 거론하였다. '시마네 종합고용대책 방침'에서도 산업인재의 확보와 청년의 현 내 취업촉진시책 필요성을 지적하였다.

2009년 현재, 고향 시마네 정주재단의 주요시책은 I. 청년층을 대상으로 한 현 내 취업촉진 지원시책, II. 현 외부로부터의 UI턴 촉진시책, III. 활력과 매력 있는 지역 만들기 촉진시책 등 3가지이다. I은 청년층, II는 중·고년층을 대상으로 하는 정주촉진시책이며 III은 정주생활을 포함, 지역사회의 환경정비를 도모하기 위한 기반 만들기 시책이다.

3가지 주요시책에 대한 주요 사업을 정리해 두자.

Ⅰ. 청년층 현 내 취업촉진지원

① 시마네 학생등록: 대학 등에 재학 중인 학생에게 취업정보 지원

② 기업 가이드 북 시마네: 현 내 기업정보, 채용계획 등을 게재한 정보지 제작 및 Web 사이트에 정보제공

[도표 5-3] 고향 시마네 정주재단의 주요 사업체계

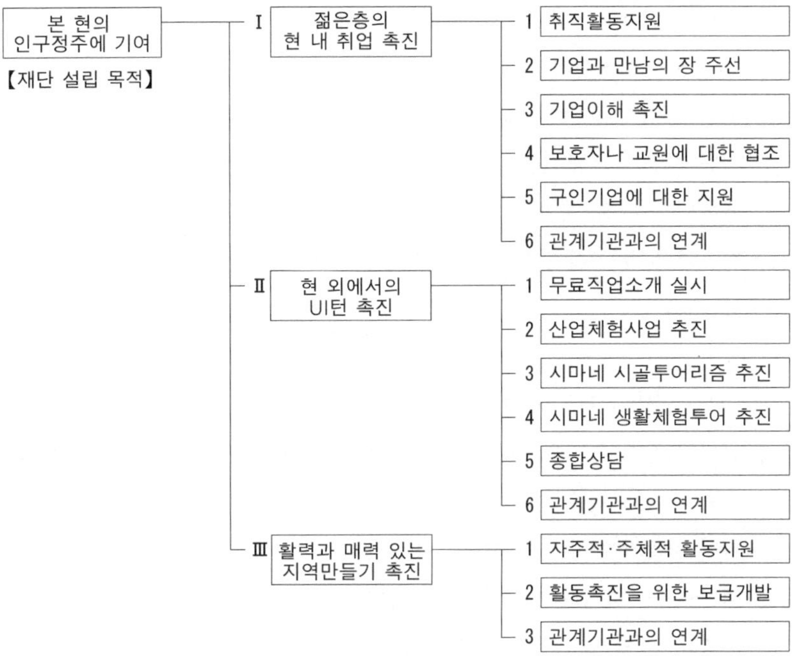

• 출처: 고향 시마네 정주재단, 「2009년도 사업계획(총괄)」.

③ 취업 페어 시마네 / 기업가이던스: 신규졸업자, 기 졸업 미취업자에 대한 현 내 기업과의 공동 면접 등 실시

④ Job 카페 사업: 청년취업 지원

⑤ 지역취업지원사업: 긴급취업지원, 청년취업지원, 기업의 이공계 인재확보 지원 등

Ⅱ. UI턴 지원 사업

① UI턴 희망자에 대한 무료직업소개: 구직 등록된 UI턴 희망자에게 취업알선

② UI턴 상담: 대도시에서 개최되는 이벤트에 시마네 부스를 설치하여 직원이 UI턴 상담 대응

③ 시마네 생활체험 투어: 시마네를 체험하는 3박 4일정도의 투어기획을 위해 80만 엔을 상한으로 지원
④ 시마네 산업체험사업: 3개월~1년간 농림수산업 등의 산업체험에 대해 본인과 접수처에 지원
⑤ UI턴 희망자 정보제공: 고향정보지 정기우송과 UI턴 희망자에 대해 홈페이지를 통한 시마네 정보제공
⑥ 시마네 시골 투어리즘 사업: 시마네 시골 투어리즘 보급을 위한 연수회 등 개최

Ⅲ. 지역 만들기 지원 사업
① 현민 생생활동 지원사업: 시민단체와 NPO, 주민그룹 등의 지역활성화 운동, 공공성·공익성 높은 활동에 대한 지원
② 지역 만들기 역할자 육성사업: 지역 만들기에 헌신하는 주민 그룹에 대해 연수회 개최와 강사파견 등 지원
③ 사회공헌활동 촉진사업: 자주적·주체적으로 헌신하는 단체에 대해 NPO 실무연수 개최와 각종 정보제공 등의 활동 지원

4) 결산규모 추이

정주재단의 결산규모가 1992년 설립부터 2004년까지 상승 확대 경향이었던 배경은 연혁과 주요사업에서 알 수 있듯이 정주촉진시책 강화에 따른 서비스 메뉴를 확대하였기 때문이다. 아울러, 정주촉진에 간접적으로 관련된 몇 가지 파이롯트 사업(저출산 대책으로 결혼상담을 하는 단체에 대한 지원 등)을 정주재단이 인수하여 본격화한 시점에서 다시 현의 시책으로 되돌린 경우도 있다.

정주재단 사업은 기금사업 이외에 후생노동성 수탁사업, 시마네현 노동수탁사업, 시마네현 정주기획사업과 같은 각종 보조금을 기반으로 하고 있기 때문에, 보조금 재검토와 삭감 등의 영향을 직접적으로 받기 쉬

[도표 5-4] 고향 시마네 정주재단의 결산규모 추이

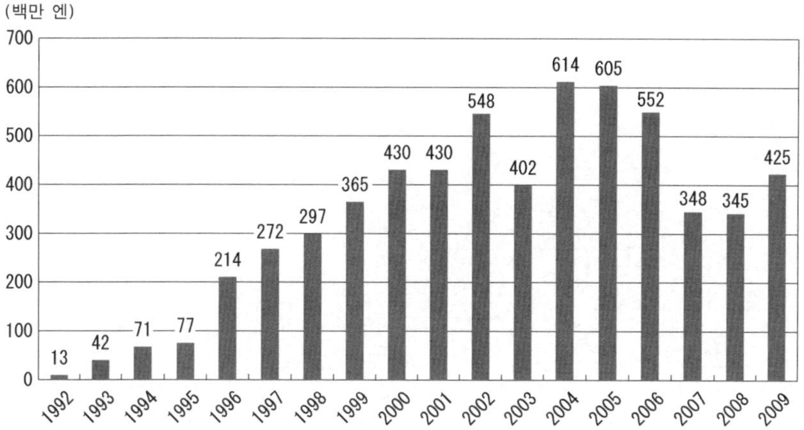

• 출처: 고향 시마네 정주재단 내부자료(인터넷 공개).

워 2005년도 이후는 결산규모 상 축소에서 현상유지로 전환, 경제위기가 닥친 2009년 초반에는 긴급고용대책관련 추경예산으로 다시 증가기조로 되었다.

각종 보조금을 이용하면서 추진하는 사업은 예산전망이 어렵기 때문에 장기적인 계획수립이 어렵다. 또, 정치적인 판단에 의한 사업 재검토가 필요하게 될 가능성도 높다. 정주재단의 미래를 위해서 이러한 불안정 요소를 적게 하고 보다 안정적으로 사업을 전개할 수 있는 기반정비가 요청된다.

5) 직원 수 / 조직

2009년 현재 정주재단의 직원 수는 사무국장 1명, UI턴 추진과 6명, 구인지원 6명, 정주지원과 8명, Job 카페 사업과 16명, 이와미사무소 6명 등 총 43명이다.[12] 이 중 정규직원(전담직원) 3명, 현 파견 직원 4명,

12) 단, 직원 수에는 2008년 이후 추경예산(긴급 취업지원사업 등)에 의한 채용자도 포함.

[도표 5-5] 고향 시마네 정주재단 조직도

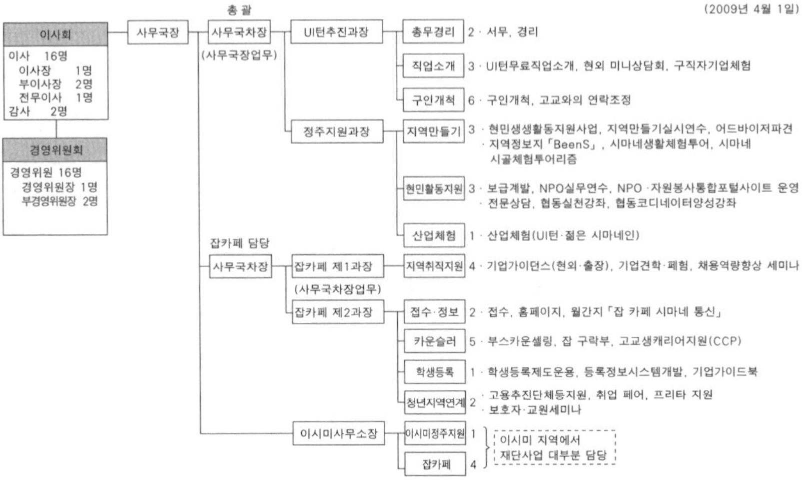

• 주 : 괄호 안은 직원 수.
• 출처 : 고향 시마네 정주재단 내부자료(인터넷에도 공개).

임기직 2명, 비상근 촉탁 33명, 임시직원이 1명이다.

정주재단 직원은 결산규모 추이에서 알 수 있듯이 국가와 현으로부터의 수탁사업이 많다. 한편, 생활에서 취업에 이르기까지 일일이 사례를 중심으로 처리할 필요가 있는 지원이 많아 담당자의 경험과 축적된 노하우의 계승이 항상 과제로 남는다.

> 지금까지의 사업은 시행착오를 반복하면서 추진해 왔습니다. 특히, 산업체험사업 등 선구적 사업은 더욱 그렇습니다. 그런 의미에서 사업예산 확보를 포함한 모든 노력이 시행착오를 통해 실현가능한 시책으로 완성될 수 있는 조직체제와 운영이 필요하다고 생각합니다. 현장 조직에 대한 현의 이해가 필요하다고 생각합니다. (정주재단 직원, 청취조사로부터)

5. '고향 시마네 정주재단'의 정주촉진시책 추진

고향시 마네 정주재단의 정주촉진시책 관련 사업 중에서, 여기서는 '시마네 산업체험사업', '시마네 학생등록제도', 'UI턴 무료직업소개' 등 3가지를 살펴본다. 이들 사업은 정주재단이 전국에서 선구적으로 추진한 정주촉진시책이다.

1) 시마네 산업체험사업

(1) 시마네 산업체험사업의 의의

고향시 마네 정주재단의 홈페이지에는 시마네 산업체험사업을 다음과 같이 소개하고 있다.[13)]

> "풍요로운 자연의 땅에서 살면서 일하고 싶다."
> "자연 속에서 '여유 있게' 생활하고 싶다."
> "나고 자란 시마네에서 내 꿈을 이루고 싶다!"
> 당신을 발견하고, '당신의 꿈을 실현'하도록 도와드립니다. ……
> 바로 '산업체험'! 뜨거운 열망을 가슴에 담고 있는 분을 도와드립니다.
>
> 시마네현 출신이 아닌 분들께
> 자연 속에서 생활한다는 것은 어떤 것일까? 자연 속에서 생활할 수 있을까? 머리속에서 그리고 있는 일은 실제 어떤 것일까?
> 시마네현이 처음이신 분들에게 '시마네'체험을 통한 UI턴의 계기를 만들어 드리기 위해 현 내에서 농업과 공예 등의 산업체험을 하시는 경우 체재에 필요한 경비를 지원해 드립니다.
> 시마네현은 푸른 숲과 맑은 물이 가득 찬 곳입니다. 이곳에서 사는 사람

13) 시마네 정주재단 홈페이지: http://www.teiju.or.jp/life/?taiken(2009. 10).

들과 사귀면서 당신만의 진정한 꿈과 목표를 발견하십시오.

시마네현에 거주하시는 분들께

이런 자연 속에서 일하고 싶다! 내 꿈을 '시마네'에서 실현하고 싶다. 그러나 내가 도대체 무엇을 얼마나 할 수 있을까? 고민하는 현민들께 시마네현에서 농업과 공예 등의 산업체험을 하시는 경우 체재에 필요한 경비를 지원해 드립니다.

당신이 나고 자란 고향에서 당신만의 진정한 꿈과 목표를 발견하십시오.

시마네 산업체험사업은 UI턴 가운데에서도, 특히 농업, 축산업, 임업, 어업, 전통공예 등의 분야에서 일하기를 희망하는 사람 중에, 일과 생활의 장을 발견하도록 지원하는 사업이다. 시마네현에 UI턴하여 농림수산업과 전통공예 분야에서 생업을 희망하는 사람은 정주재단을 통해 상담을 받을 수 있다.

제1차 산업의 '농업'과 전통공예는 UI턴 희망자가 직업을 찾기 위한 정보가 극히 적은 분야이다. 어떻게 하면 일을 찾을 수 있을지, 아울러 삶의 터전을 어떻게 확보할 것인지, 정주재단은 이러한 UI턴의 과제해결을 위해 1996년부터 산업체험사업을 실시하고 있다.

산업체험사업은 제1차 산업과 전통공예의 「연수지원제도」이다. 정주재단에서는 정주를 목적으로 제1차 산업과 전통공예에서 일을 찾고 싶은 사람이 연수를 받을 수 있도록 관련 정보를 UI턴 희망자에게 제공하고 있다. 희망자는 자신의 희망에 맞는 연수 장소를 골라 3개월에서 1년간 연수를 받게 된다.

산업체험사업에서는 일자리 정보제공 외에 연수에 있어 주거상담, 가족동반의 경우 어린이 교육지원, 연수자금 지원 등 생활과 일의 정착이 가능할 때까지 최대 1년간 지원이 가능하다. 이 기간에 발생하는 문제에 대해서도 가능한 한 정주재단 담당자가 상담에 응하고 있다.

산업체험사업에는 시마네현 외에 거주하는 UI턴 희망자를 대상으로 하는 'UI턴을 위한 시마네 산업체험사업'과 시마네현 내 거주자로 체험사업 개시 당시 미취업이며 30세 미만을 대상으로 하는 '젊은 시마네인을 위한 산업체험사업'이 있다.

이러한 시마네 산업체험사업은 선구적인 시책이자 전국 각지에서 시찰이 끊이지 않는 사업 중 하나이다. 2000년도에는 산업체험자 정착촉진과 근무처 확보를 위해 산업체험상담원이 정주재단에 배치되었다.

(2) 시마네 산업체험사업의 지원

산업체험사업에는 정보제공과 종합상담 이외에 몇 가지 지원제도가 있다.

첫째, '자금지원'이다. UI턴을 위한 시마네 산업체험사업, 젊은 시마네인을 위한 산업체험사업 모두 산업체험자의 체재에 필요한 경비의 일부에 대한 '자금지원'으로, 3개월 이상 1년 이내 기간에서 월액 5만 엔의 지원금이 지급된다. 이 지원금은 직접 본인에게 지급되는 경우와 근무처를 통하여 수당 등에 포함하여 지급되는 경우가 있다.

또, 산업체험사업의 근무처에는 별도로 지도에 필요한 경비 일부에 대한 지원금이 지급되는데 산업체험자 1명 당 월액 2만 엔이 산업체험과 같은 기간만큼 지급된다.

둘째, '월세지원'이다. 산업체험자에게는 산업체험 기간 중 월세 2만 엔을 초과하는 금액에 대해 상한액 2만 엔까지 월세를 지원한다.

셋째, '가족동반지원'이다. 가족동반 UI턴을 촉진하기 위해 산업체험 개시 당시 중학생 이하의 어린이를 동반하여 사업에 참여하는 경우 세대별 월 3만 엔의 지원금이 지급된다. 지원기간은 산업체험기간과 같다.

(3) 산업체험사업 관리체제

산업체험사업에는 사업종료 후 수년이 지나 UI턴하는 사례도 적지 않다. 또, UI턴 한 가족도 체험기간에는 보이지 않던 문제에 직면하는 경우가 있다. 때문에 정주재단에서는 확실한 관리체제를 유지하고 있다.

산업체험사업 참가자를 대상으로 하는 '정주塾'이 관리체제의 하나인데 현 내 5~6개소에서 정기적으로 개최되고 있다. 이는 산업체험사업을 거치거나 혹은 그 이외에 독자적으로 정주한 UI턴자를 포함한 지역민, 앞으로 UI턴을 생각하고 있는 사람들이 모여 의견교환을 통해 교류를 심화시키는 목적의 의견교류회이다.

이러한 관리내용은 '정주숙 레포트' 형태로 산업체험자를 거쳐 지역에 정착한 사람들의 사례와 함께 『시마네 정주 HANDBOOK』으로 정리되어 배포된다. 이런 자료가 전부 홈 페이지에도 공개되며 산업체험사업의 모습과 UI턴 생활상은 지역성을 파악하는데 유익한 정보가 된다.

(4) 기초자치단체의 대응과 '시마네 생활체험사업'

기초자치단체와 지역사회에는 정주재단에 의한 지원 뿐 아니라 독자적으로 UI턴을 적극 지원하려는 움직임이 있다.

기초자치단체 차원에서는 독자적으로 정주지원센터나 관계기관과 추진협의회를 구성하여 UI턴 희망자에 대한 종합창구를 개설한 곳도 있다(오다시大田市, 운난시雲南市, 이이난쵸飯南町 등). 혹은, 정주촉진원을 배치하여 시내의 거주정보 소개와 취업지원 담당 종합상담창구를 내실화하는 자치단체도 있다(운난시). 또, 몇 개의 지원단체가 기금을 조성하여 지역의 기업이나 산업진흥에 대해 지원금을 지급하는 자치단체(야스기시安来市), 정주재단 산업체험 종료 후, 계속 정주하기위해 농림업 등을 체험하는 경우 추가로 1년간 지원금을 지급하는 자치단체(이이난쵸) 등도 있다.

거주이전이 수반되는 산업체험이 여의치 않은 UI턴 희망자에게 3박 4일 정도의 '시마네 생활체험'이 가능하도록 투어를 기획·실시하는 실행위원회에 대해서는 정주재단이 1코스 당 80만 엔 이내에서 지원하고 있다. '시마네 생활체험 사업'은 시마네 정주를 구체적으로 고려하고 있는 UI턴 희망자를 대상으로 복수의 지역체험이나 지역민과의 교류를 추진하는 것이다. 지역산업체험과 주택견학, 기 UI턴자나 지역주민과의 의견교환 등 체험 투어 프로그램은 당해 지역의 생활상을 조감할 수 있는

[도표 5-6] 시마네 산업체험사업 체험자 수 및 정착자 수 추이

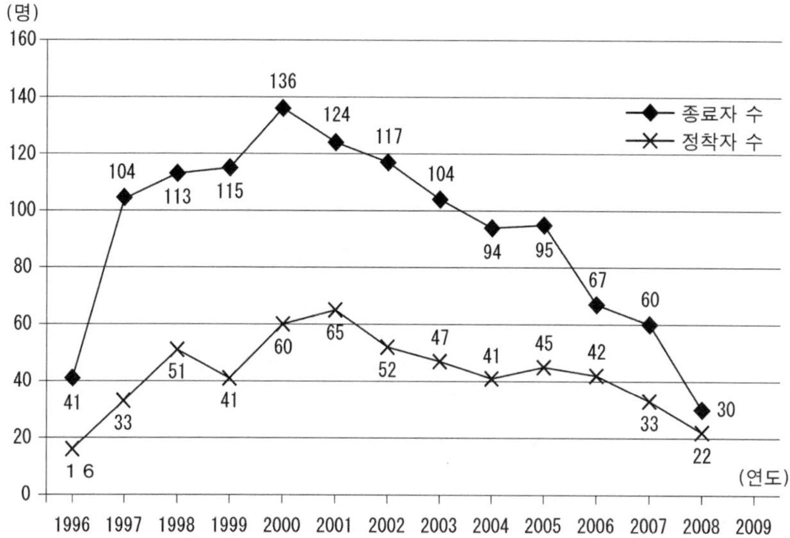

• 주: 2009년 8월 31일 현재.
• 출처: 고향 시마네 정주재단 홈페이지에 공개된 자료를 토대로 작성.

내용으로 구성되어 있다.

(5) 실적

1996년에 시작된 산업체험사업은 2009년으로 14년째를 맞아 체험자가 1,200명을 넘고, 산업체험 후 현 내 정착자가 549명, 45.7%로 높은 정착율을 보이고 있다.

산업체험사업 체험자의 전 주거지는 간사이関西지구 29.1%, 간토関東지구 27.9%, 주고쿠中国지구 21.3%가 많고, 도카이東海지구가 6.5%, 기타지구가 15.7%이다.

산업체험사업 체험자의 성별분포를 보면 남성 62.4%, 여성 37.6%이고 정착율은 남성 64.1%, 여성 15.1%였다.

산업체험 개시 당시 연령을 보면 20대 53.5%, 30대 26.2%, 기타 20.2%로 20~30대가 많음을 알 수 있다. 그러나 정착율을 보면 20대가

[도표 5-7] 산업체험사업 참가자 분포

• 출처: 「시마네체험사업: 나만의 삶을 발견하고 싶은 당신에게」(팜플렛).

41.4%, 30대가 49.2%, 기타 52.7%이다.

지금까지의 업종별 체험자 비율을 보면 농업 350명(29.1%), 축산업 146명(12.2%), 임업 144명(12.0%), 어업 166명(13.8%), 기타 395명(32.9%)이다. 각각의 정착율은 농업 51.1%, 축산업 40.4%, 임업 67.4%, 어업 47.6%, 기타 34.2%였다.

홈 페이지에 공개되어 있는 데이터 상의 산업체험자 일자리는 농업 18개소, 축산 9개소, 임업 3개소, 어업 3개소, 전통공예 등 8개소이며[14] 시마네현 전역에 걸쳐 총 285개소에서 체험자를 접수하고 있다.

---

14) http://www.teiju.or.jp/?ukeire_gyoshu2008(2009. 10).

(6) 산업체험사업의 과제

고향 시마네 정주재단의 산업체험사업은 전국에서도 선구적인 시책으로 각지에서 시찰이 끊이지 않고 있다. 체험자 수는 2000년을 정점으로 감소경향에 있는데 그동안의 다양한 노력의 결과, 정착율은 45.7%로 체험자 2명 중 1명이 시마네현 정착을 결정하였다.

그러나 실시 14년째를 맞는 산업체험사업이 UI턴 희망자의 수요에 맞게 지원되고 있는지에 대해 정주재단 내부에서도 몇 가지 과제가 지적되고 있다.

첫째, 사업의 선구적 의의가 퇴색되었다는 점이다. 1996년 실시 당시는 이런 제도가 시마네현 밖에 없었으나, 이후 유사한 사업이 타 지역에서도 실시되게 되었다. 특히, 시정촌 차원에서 농업연수를 적극적으로 추진하는 지역도 적지 않다. 이런 상황 속에서 시마네현의 선구적 의의가 부각되지 않는 것에 대한 우려이다.

둘째, 산업체험 희망자와 일자리 수요와의 괴리이다. 제1차 산업과 전통공예 분야의 취업은 도회지 생활에 익숙한 급여생활자가 체력적으로는 감당하기 힘든 곤란과 어려움이 따른다. 일자리 제공자 입장에서도 지도경험이 높아질수록 희망자에 대한 사전 스크리닝이 가능해는데 이것이 결국 체험자 수를 감소시키게 된다.

셋째, 응모자의 질적 변화이다. 예전에는 영농과 임업, 어업에 대한 의욕이 강하였으나, 최근에는 응모자가 다양화되어 "막연히 농업"으로만 생각하고 응모하는 사람들이 있다고 한다. 정주재단에서는 일자리 제공자와의 원활한 매칭을 위해 사전 협의를 거치고 있지만 이 과정에서 연결되지 않는 경우도 많아 두 번째 과제와 비슷한 상황에 직면하게 된다.

넷째, 일자리 제공자의 경제적인 문제로써 연수를 수용할 여력이 없어지고 있다는 것이다. 산업체험 상담원이 일자리 제공자 발굴을 위해 힘쓰고 있으나 신규로 연수를 수용할 수 있는 곳이 줄어들고 있다.

2) 시마네 학생등록제도

(1) 고교졸업자 진로상황

1997년에 시작한 '시마네 학생등록제도'는 학생에 대한 취업지원 사업으로 현 내에서 취업을 희망하는 학생등록자에 대해 기업정보와 면접안내 등의 정보를 제공하는 정주재단 자주사업의 한 가지이다. 정주재단이 신규졸업자를 대상으로 현 내 취업지원에 힘을 쏟고 있는 것은 고등학교에서 대학 등으로의 진학상황 및 고졸자의 현 내 취업동향 때문이다.

시마네현 고등학교 졸업자의 진로[15]는 졸업생 7,024명(2009. 3) 중 진학자가 4,952명(70.5%), 취업자가 1,724명(24.5%)이다. 진학자 내역은 대학 등이 3,221명, 전수학교가 1,737명이다. 진학할 학교가 적은 시마네현에서는 진학자의 약 80%가 현 외로 진학한다고 한다.

또, 취업자 중 1,073명(62.2%)이 현 내 취업이고 653명(37.8%)은 현 외 취업인데 특히, 현 서부는 역내에 청년층을 위한 양질의 고용기회가 적고 지리적으로도 히로시마현広島県의 중심지에 가깝기 때문에 현 외 취업률이 약 70%로 높은 편이다.

시마네 학생등록제도의 목적은 고등학교 졸업 후 현 외로 진학하는 인재에게 조기 정보제공 등을 통한 연결고리를 만들어 둠으로써 취업 시 현 내 취업이 하나의 선택지가 될 수 있도록 하려는 것이다.

(2) '시마네 학생등록제도'의 서비스 내용

시마네 학생등록제도 서비스는 대학이나 단기대학, 고등전문학교, 전수학교, 대학원 등에 재학하는 사람을 대상으로 등록자를 모집하고, 등록자에 대해 시마네현 지역정보와 기업정보, 취업설명회 등 안내서를 송부하는 것이다.

---

15) 시마네현「학교관련통계표」(2008년도 확정판, 2009. 10), http://www.pref.shimane.lg.jp/kyoikuiinkai/staadd/kyouiku_tyousa/h20_gakkou-toukei.html.

[도표 5-8] '시마네 학생등록제도' 팸플릿(겸 등록신청서)

학생등록은 고교졸업 후 대학 등으로 진학이 결정된 뒤 취업 시까지 언제든 등록할 수 있다. 또, 현 내 취업을 희망하는 경우 현 출신자가 아니더라도 등록할 수 있다. 현재는 보호자도 등록할 수 있도록 되어 있다.[16] 팸플릿 신청서(엽서) 우송 또는 고향 시마네 정주재단 홈페이지에서 등록 신청이 가능하다. 또, 학생의 등록 및 정보료는 무료이다.

제공되는 정보는 정보지와 취업관련 이벤트 안내 등이다.

정보지는 채용계획과 함께 현 내 기업정보를 게재하는 『기업 가이드북 시마네』를 매년 1월에 발행한다. 그리고 시마네에서 생활하는 사람이나 지역 등 시마네의 매력을 전하는 정보지 『빈즈BeanS』를 3·6·9·12월에 발행하고 있다.

취업관련 이벤트 안내는 첫째, 인턴십 안내가 있다. 이는 시마네현 내

---

16) 보호자가 등록한 경우 자료는 보호자의 주소지로 송부된다. 후에 본인으로 등록변경 할 수 있다.

[도표 5-9] 시마네 학생등록제도(신규등록자 수 추이)

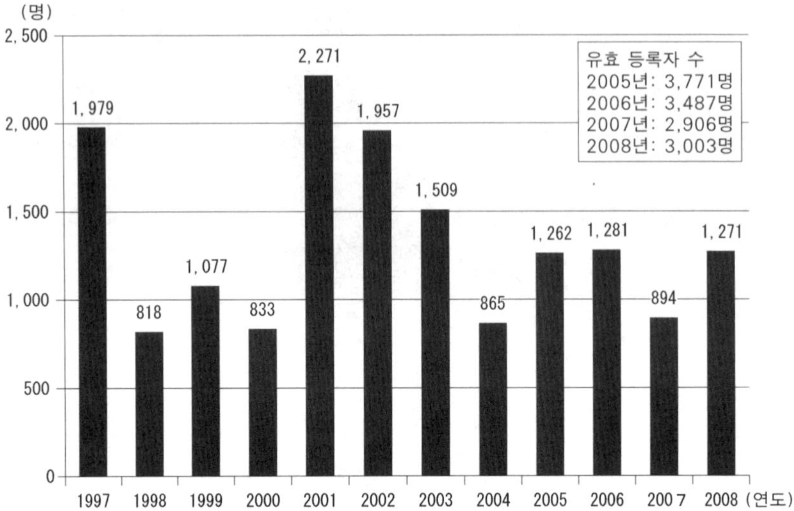

• 출처: 고향 시마네 정주재단, 내부자료.

에서의 인턴십 채용 기업을 소개하는 것으로 대학 2·3학년을 중심으로 매년 5월경 송부한다.

둘째, '취업 페어 시마네' 안내이다. 이는 기업 채용담당자 등과의 취업면접이며 대학 4학년을 중심으로 이벤트가 개최되는 8월, 12월경에 맞추어 송부된다.

셋째, '시마네 기업 가이던스' 안내이다. 이는 기업 채용담당자에 의한 기업설명회로 대학 1~3학년을 대상으로 이벤트가 개최되는 11월, 3월경에 맞춰서 송부된다.

시마네 학생등록제도와 같이 학생을 대상으로 한 현 내 취업촉진 시책은 현재 각지에서 적극적으로 실시되고 있다. 1997년부터 경험을 축적한 시마네현에서도 일부 예외는 있으나 일정 수의 신규 등록자를 확보하고 있다. 시작 당시는 개인정보보호가 지금처럼 제약되지 않았기 때문에 정보를 얻기가 쉬웠고 고등학교와의 제휴 등에 따른 등록자도 많아 연도에 따라서는 신규등록자가 2,000명 전후인 때도 있었다.

(3) 청년층을 위한 서비스 내용: Job 카페 시마네 사업

2004년도에는 청년취업을 종합적으로 지원하는 원스톱 서비스 센터 'Job 카페 시마네'가 경제산업성 수탁사업으로 실시되고(2004~2006), 2007년도부터는 현 단독사업으로 이어졌다.

청년 취업지원과 고용을 매칭하여 시마네현 내에서의 취업을 촉진하기 위해 Job 카페 시마네 마츠에 센터와 하마다 지소가 설치되었으며 구직구인정보와 적성진단, 경력 상담, 세미나, 취직 후 관리 상담 등을 실시하고 있다.

현 내 취업을 희망하는 학생 등을 대상으로 기업과의 면접기회 제공을 위한 취직 페어 개최, 고교생 보호자와 고교 취직지도 담당자를 위한 세미나 실시 등 청년층의 현 내 취업을 추진하고 있다.

(4) 앞으로의 과제

시마네현 외부로 진학하는 학생에게 재학 시부터 현 내 취업정보를 제공하고 후에, 현 내로 돌아와 취직하는 것을 목적으로 하는 '시마네 학생등록제도'는 현 내 기업에게 귀중한 리크루트의 장이다.

학생의 UI턴을 포함, 신규 졸업자에 대한 구인정보는 리크내비 등 전국규모로 실시되는 취업정보제공 사이트에서 알 수 있으며, 많은 학생이 이런 취업정보제공 사이트에 등록하여 구직활동을 하고 있다. 한편, 현 내 중소기업에게도 전국 규모의 정보제공 사이트는 매력 있는 매체이지만 이용 비용의 문제가 있어 활용하기 어려운 측면이 있다. 또, 리크내비 등이 주최하는 합동기업 설명회에는 현 내 중소기업의 참가가 어려운 현실이다.

고향 시마네 정주재단과 Job 카페 시마네의 사업으로 개최하는 기업합동설명회 등은 현 내 기업의 참가비용이 없고, 연 1회 발행하는 『기업 가이드 북 시마네』 게재도 1개사 2만 5,000엔으로 비교적 저렴하다. 또, 주로 UI턴 구인활동을 지원하는 구인전담직원(6명)이 신규졸업자를 포함한 지역기업의 수요를 파악함과 동시에 양질의 일자리 정보도 집약시키는 등 안정적인 사업내용에 대해 현 내 중소기업으로부터의 평가가 높은 시책 중 하나이다.

그러나 1997년부터 10년 이상의 사업 실적가운데 몇 가지 과제가 발견되는데 그러한 과제에 대한 적극적인 대응이 모색되고 있다.

첫째, 이공계 출신자에 대한 접근이다.

시마네현의 산업진흥시책은 제조업과 IT소프트 산업에 중점을 둔 기업유치가 중점시책이다. 특히 제조업 관계는 시마네현 산업기술센터 등에서 신산업창출 프로젝트가 추진되고, IT산업에서는 중심인재육성지원사업으로서 Ruby를 활용한 산업진흥이 모색되고 있다. 여기에 관계된 기업에서는 신 프로젝트와 제품개발을 위한 인재를 찾고 있는데 기업이 요구하는 인재를 육성하는 고등교육기관이 역내에 적어 산업진흥시책과 노동시장의 미스 매칭이 지적되고 있다.

지금까지는 개별기업의 노력으로 대도시 권역에서 관련 업무경험을 가진 인재를 UI턴으로 중도 채용해 왔는데, 기업 측에서는 앞으로의 역할자로 청년층을 강하게 희망하고 있다. 시마네 학생등록제도에는 이러한 지역 산업계로부터의 요망에 부응할 수 있는 인재 발굴이 요구된다.

둘째, 보다 구체적인 서비스 제공이다.

2007년 8월 시마네현이 '지사 서신'과 함께 실시한 'U턴 관련 앙케이트'에 의하면, 현 외 거주 20대 취업활동 세대이며 시마네 출신자인 U턴 희망자가('고민 중'인 계층을 포함) 약 60%이다. 청년층 잠재적 유턴 대상자에 대한 대책은 산업진흥시책과 노동시장의 미스 매칭 해소를 위해 필요한 대책이다.

그 중에서 정주재단에는 시마네 학생등록정보제공 시스템을 새롭게 구축할 예정이다. 여기서는 등록학생이 자신의 프로필과 자기 PR 등을 기업에 공개할 수 있고, 기업도 매력적으로 기업을 PR할 수 있는 Web 사이트를 구축하여 각각의 등록 데이터를 관리하는 시스템 구축이 고려되고 있다.

3) UI턴 무료직업소개

(1) 무료직업소개

정주재단에서는 지금까지 UI턴 정주촉진을 위해 정보를 제공하고 전입을 지원해왔는데 여러분이 "막상 시마네에 왔을" 경우에는 최종적으로 직장과 주거문제에 직면하게 됨은 피할 수 없습니다.

산업체험사업을 경험한 분도, 정착율이 높다고는 하지만 약 반수가 돌아가 버립니다. 이 가운데는(시마네에 UI턴을 희망하지만) 직업의 미스 매칭 때문에 돌아갈 수밖에 없는 분도 있지 않은가 생각됩니다.

재단이 가지고 있는 직업 매칭에 대한 딜레마는 어떻게든(UI턴 희망자의) 수요에 맞추어 연결시킬 수 없는지에 대해 오랫동안 고민하고 있는 과제입니다. (정주재단직원, 청취조사로부터)

UI턴에 의한 정주촉진 대책에서 고향 시마네 정주재단이 오랫동안 딜레마로 안고 있던 취업기회의 미스 매칭 해소를 위해 '무료직업소개' 인가를 얻은 것이 2005년 3월이었다.[17]

정주재단에서는 무료직업소개 인가를 받은 뒤 먼저, 실제 서비스 제공까지 약 1년간 구직등록자를 모집하여 정보를 집약하기로 하였다. 구직등록자 모집을 위해 현 외 이벤트에 참가하여 얻은 정보를 홈 페이지를 통해 지속적으로 제공하였다. 현 에서는 현 외 거주 시마네현 출신자에게 U턴을 권유하는 '지사 서신'(제1회, 2005)과 구직등록정보를 보냈다.

이러한 작업을 거쳐 2006년 4월에 약 300명의 구직등록자를 모집한 리스트가 작성되고, 무료직업소개 업무를 시작하였다. 정주재단의 구인

17) 시마네현에서는 이와 별도로 고용정책과가 '산업인재무료직업소개소'를 개설하였다. 산업인재무료직업소개소에서는 구인기업을 현 기업입지촉진조례에 의한 유치기업, 시마네 제조기술산업 활성화 프로젝트기업, 신산업창출 프로젝트기업으로 한정하여 직업소개를 하여 정주재단과는 차별화되어 있다.

전담직원은 집약된 구직등록자 리스트를 휴대하면서 현 내 기업을 순회, 구인과 구직 매칭을 추진하였다.

(2) 무료직업소개의 특징

정주재단의 무료직업소개는 다음과 같은 특징이 있다.

첫째, 구직은 현 외, 구인은 현 내와 같이 지리적으로 분리된 직업소개인 관계로 정보의 소통이 전자메일로 이루어진다는 점이다. 구직, 구인 모두 정해진 서식에 의한 정보도 접수하는데 전자메일에 의한 정보제공은 대응이 신속할 뿐 아니라 정보의 2차 활용이 가능하게 되어 최신 정보를 수시로 제공할 수 있다.

둘째, 구인기업이 구직자를 요청할 수 있는 시스템이다. UI턴 희망자 중에는 직업경험을 통해 기능을 익힌 인재가 다수 있다. 구직자 정보 중에는 본인이 알지 못하는 능력이 숨겨져 있는 경우도 있다. 정주재단의 직업소개는 이러한 경험과 능력에 주목하여 구인기업 측이 원하는 인재를 선발할 수 있다. 취업활동의 일반적 스타일은 구인정보 속에서 구직자가 기업을 선정하여 응모하는 것이다. 정주재단의 무료 직업소개는 그 반대의 형식을 취한 것이 특징적이다.

그 외에도 기존의 직업소개와 같은 경로를 통한 정보제공도 병행하여 실시되고 구인기업에 대한 정보가 월 1회 구직등록자에게 송부되며, 구직등록자는 정주재단의 HP로부터도 구인정보를 열람할 수 있다.

(3) 무료직업소개 실적

2009년 9월 30일 현재 구직등록자는 757명, 구인표 취급 수는 289건, 구인 수는 650명분이다.

구직등록자를 성별로 보면 남성 601명(79.4%), 여성 156명(20.6%)으로 남성이 여성의 3배이다. 등록방법별로는 Web에 의한 등록이 490명(64.7%)으로 압도적으로 많고, 우송에 의한 등록이 180명(23.8%)이다. 또한, 대면에 의한 등록자는 87명(11.5%)이다.

구직등록자의 현 주소별 분포를 보면 간사이지구 32.8%, 간토지구가 25.8%로 많고 시마네 이외 주고쿠지구가 16.8%, 시마네현 내가 13.6%이다.

구직등록자의 속성을 보면, 연령별 분포에서는 30대가 36.9%로 가장 많고 이어서 20대(27.7%), 40대(19.2%) 순이다. 그리고 50대, 60대가 합하여 15.6%를 차지하는 것이 특징적이다.

구직등록자의 학력별 분포를 보면 대학 졸업이 389명(51.4%)으로 아주 많은 것이 특징이라고 할 수 있다.

정주재단의 무료직업소개에 의한 취업자는 2009년 9월 30일 현재 누계로 287명이다. 그 추이를 보면 2006년도가 92명, 2007년도가 84명, 2008년도가 69명이다. 매년의 목표치는 연간 50명인데 2008년 후반부터 2009년 전반기의 경기후퇴기에도 42명의 취업자를 배출한 것은 평가할 만한 일이다.

취업자의 대부분은 대졸자이다. 제조업을 중심으로 채용이 결정되었으나 최근에는 소매업과 IT기업, 그 중에서도 콘텐츠 계열 기업에서의 채용이 증가경향에 있다고 한다. 세대별로는 직업경험을 가진 30대가 중심이다.

2008년도 경기후퇴국면 직전에는 1,100명분의 구인표가 나왔으나 경기후퇴와 함께 신규구인이 줄줄이 감소하고 기 제출 구인표를 철회하는 기업도 있어 구인 수 감소로 이어졌다.

(4) 앞으로의 과제

대부분의 기업에게 신규졸업자 채용은 정기적인 인재의 '보충' 목적을 가지지만, UI턴에 의한 중도채용은 적극적인 '투자'를 의미한다. 특히 I턴에 의해 중도 채용하는 경우, 그때까지 기업 내에서 노하우가 축적되지 않은 신규분야에 진출하여 신상품개발, 지금까지 거래관계가 없었던 분야에의 영업 등 보다 적극적인 사업전개를 상정하는 인사전략 하에 실행되는 경우가 많다고 생각된다.

[도표 5-10] 구직등록자의 현 주소별 분포(2009. 9. 30)

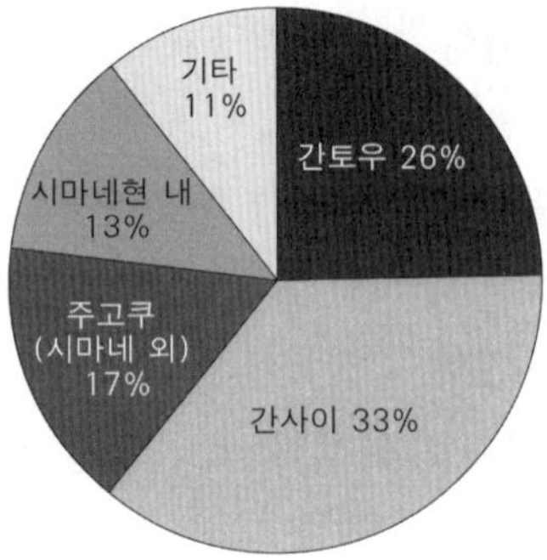

연령별 분포

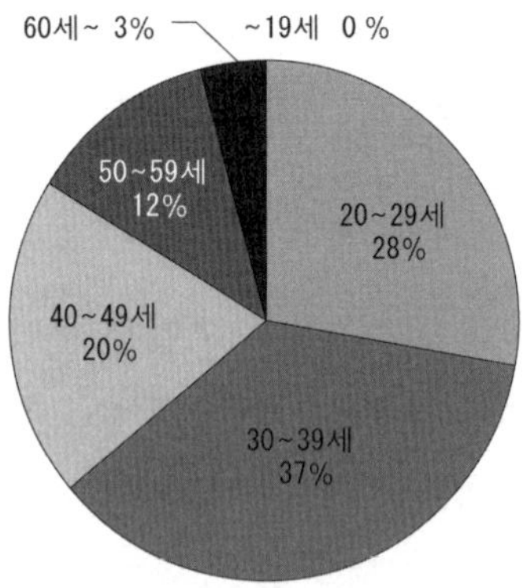

학력별 분포

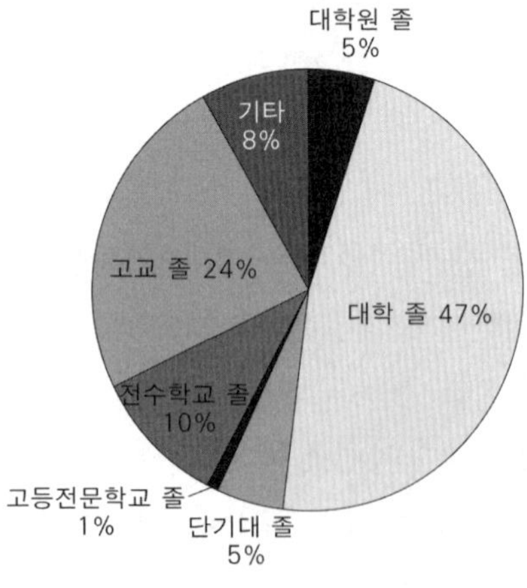

그 경우, 전국규모의 리크루트에 비용을 지불하는 기업에서는 전국규모 구인광고를 냄으로써 우수한 인재를 모을 수 있으나, 지방권 중소기업의 경우 그런 적극적인 사업전개를 구상하더라도 인재의 미스 매칭을 염려하거나 또는, 구인에 소요되는 비용이 한정되어 있다. 그런 의미에서 정주재단에 의한 무료직업소개는 시마네현 중소기업에게 유용한 도구인 것이다.

그러나 적극적인 '투자'를 의미하는 중도채용은 설비투자와 같이 경기변동에 좌우되기 쉬운 것이 사실이다. 구인기업이 구직자를 요청할 수 있는 현 시스템의 특징은 경기후퇴국면에서는 오히려 족쇄가 될 수 있다. 경제적, 사회적 상황변화에 따라 UI턴을 통한 중도채용을 실행함에 있어서는 정주재단으로서도 보다 한발 앞선 지원모델을 강구할 필요가 있다.

정주재단의 이러한 노력은 보다 정제된 서비스 제공을 도모하고자 함이다. 정주재단은 현재 750명이 넘는 구직등록자를 늘려가기 위해 노력하면서 한 사람 한 사람의 개별 수요를 파악하는 것이 중요하다고 판단하고 있다. 또한, 현재의 매칭담당자 3명에 더하여 동경(니혼바시 시마네관)과 오사카(시마네현 오사카사무소)의 무료직업소개소에 운영담당자의 계속적인 배치를 검토하고 있다.

정주재단은 앞서 서술한 구인전담직원 6명을 배치하여 무료직업소개소를 위한 정보수집과 구인모집을 계속 추진하고 있다. 구인전담직원이 지금까지는 구직자 리스트를 일방적으로 기업에 제공해왔으나, 보다 적극적으로 구직자 리스트 상에서 개별기업에 적합한 인재를 찾아내어 각각의 기업에 소개하고 있다.

이와 같은 무료직업소개소의 매칭시스템에는 정확한 상황판단이 필요함과 동시에 시마네현의 개별기업을 방문함으로써 얻어진 구인전담직원의 노하우가 지속적으로 필요하게 된다. 그런 의미에서 앞으로 UI턴을 대상으로 하는 무료직업소개는 보다 개별성을 고려하여 지원할 필요가 있다고 생각된다.

개별기업의 실정과 구직자의 개별상황에 맞는 세심한 지원은 시마네현의 직접지원을 통해 이루어 질 수 있는 것이 아니다. 고향 시마네 정주재단이 지금까지 활동하면서 적극적으로 대응해 올 수 있었던 배경에는 '재단법인'이라는 현재의 조직형태가 크게 영향을 미쳤다고 생각된다.

4) 인구감소시대 고향 시마네 정주재단의 의의

앞절 및 본절에서 고향 시마네 정주재단의 특징적인 대응과 향후 과제를 정리하였는데, 마지막으로 인구감소시대에 있어서 정주재단 활동의 의의와 시책 전체의 과제를 간단히 정리해 두자.

고향시 마네 정주재단은 인구감소에 대한 위기감에서 설치되었으나 현의 인구감소는 멈추지 않고 있다. 2005년 통계조사에 의하면 시마네현 총 인구는 74만 2,223명이고 그 중 연소인구 10만 542명, 생산연령인구 43만 9,471명, 노년인구가 20만 1,103명인데, 2015년의 장래추계는 총 인구 68만 8,362명으로 약 10% 감소, 연소인구 8만 3,571명(2005년의 83%), 생산연령인구 37만 7,779명(동 86%), 노년인구 22만 7,012명(동 113%)으로, 시마네현에서도 총 인구가 계속 감소하면서 노년인구가 증가하는 인구변동이 예상된다.

인구의 자연감소는 이미 일본사회의 트랜드가 되었다. 이런 트랜드 속에서 UI턴에 의한 정주촉진시책의 추진효과가 직접 인구증가로 나타나기는 매우 어렵다. 시마네현 정주촉진시책은 인구감소를 계기로 성립된 시책으로서 정주재단의 설치와 사업 확대 역시 그러한 시책 중의 하나인 것이다. 그러나 인구감소 트랜드를 억제하지 못한다는 것으로 정주재단을 평가하는 것은 신중할 필요가 있다.

인구감소 트랜드에 직면한 시마네현에서는 정주재단 사업 이외에도 적극적으로 U턴을 촉진하고자 노력하고 있다. 시마네현 출신 현외 거주자를 대상으로 한 '지사 서한'도 그 중 하나이며, 2005년과 2007년에는 2회에 걸쳐 'U턴에 관한 앙케이트'를 실시하였다.[18] 출신지역으로의 귀향을 권유하는 내용으로 시마네현이 실시한 U턴 수요조사는 매우 중요한 사실을 밝혀주고 있다. 여기서는 2007년 앙케이트 결과를 토대로 잠재적인 U턴 인재의 모습을 살펴보자.

먼저, U턴을 생각하고 있는지 여부를 묻는 앙케이트 결과에 의하면 '이미 U턴을 결정하였다'가 6%, '조건이 충족되면 가족과 함께 U턴'이 6%, '조건이 충족되면 본인만 U턴'이 6%, '고민 중'이 11%로 U턴을 전향적으로 생각하고 있는 사람이 전체 29%임이 밝혀졌다. 2007년 앙케이트에서는 25.4%로 약간 증가경향에 있음을 알 수 있다.

이어서 U턴을 전향적으로 생각하고 있는 사람의 연령별 경향을 보면 20대 이하에서는 '고민 중'으로 응답한 사람을 포함 약 60%가 U턴을 선택

[도표 5-11] U턴 지향, 전체 경향

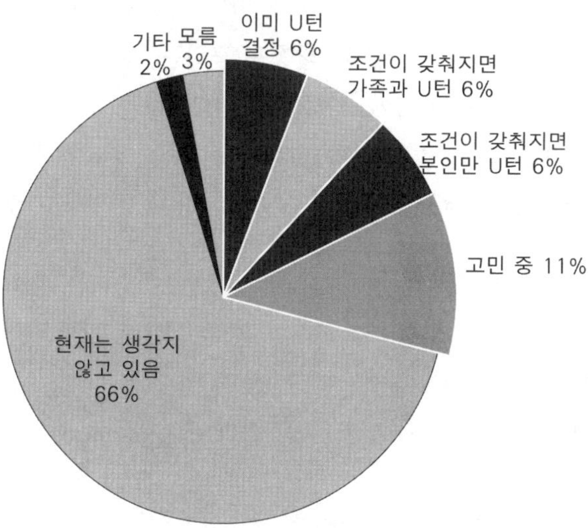

• 출처: 「지사로부터의 편지: U턴에 관한 설문조사 집계결과」.

18) 2007년 8월 이후, 시마네현 출신 현외 거주자(시정촌 현외출신자회 회원 등)를 대상으로 지사가 U턴을 권유하면서 실시한 것이 'U턴에 관한 앙케이트'이다. 약 2만 통의 편지를 발송하여 2008년 8월 회신된 2,476통을 집계한 결과이다. 응답자의 남녀비율은 남성 66.9%, 여성 33.0%였다. 또, 연령별로는 10대 2%, 20대 11%, 30대 8%, 40대 11%, 50대 20%, 60세 이상이 48%였다.

지로 생각하고 있음을 알 수 있다. 30대~60대에서도 약 30%가 U턴을 선택지로 생각하고 있다. 한편, 60세 이상은 20% 이하로 U턴을 생각하는 사람이 적다. 20대 이하에서 U턴을 선택지로 생각하는 사람이 많다는 것과, 거꾸로 60대에 들어 U턴을 통한 생활의 변화를 받아들이기 어렵다는 것은 향후 정주촉진시책을 검토함에 있어 중요한 정보가 된다.

U턴을 지향하는 사람들이 'U턴을 위한 조건'으로 생각하고 있는 것은, '일자리'가 29%로 가장 많고, 이어서 '취미나 자격활용' 12%, '충실한 의료 환경' 11%, '충실한 고령자 복지 환경'이 10% 이다.

앙케이트 조사결과를 정리한 시마네현 지역진흥과는 잠재적 U턴 인재의 수요를 토대로 다음 5가지 포인트가 '향후 과제'임을 분명히 하고 있다.[19)]

첫째, 청년에 대한 U턴 정보제공의 필요성이다. 20대 이하 청년세대는 U턴을 선택지로 생각하는 비율이 높았다. 전 절에서 정리한 바와 같이 생활경험의 축적이 적고 좋은 직장을 구하는 것이 당면 과제인 청년세대는 취업과 U턴을 동시에 고려하게 된다. 따라서 청년세대에 대한 U턴 정보의 제공 특히, 인지도가 32%에 이르는 시마네 학생등록의 등록확대, 인지도가 21%에 그치면서 전체 2%만이 등록하고 있는 무료직

[도표 5-12] 연령별 U턴 경향

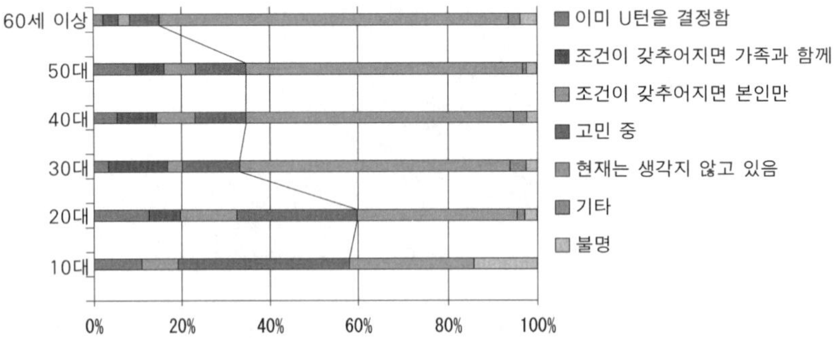

• 출처: 「지사로부터의 편지: U턴에 관한 설문조사 집계결과」.

19) '향후 과제'는 앙케이트를 실시한 지역진흥과의 「지사 서한: UI턴에 관한 앙케이트 집계결과」를 기초로 필자가 작성한 것이다.

업소개사업의 등록확대가 정주촉진의 과제이다.

둘째, 소위 단카이 세대에 대한 U턴 정보제공의 필요성이다. 생활경험이 축적되고 연금생활에 들어가는 60대 이상 세대의 U턴 지향성이 다른 세대와 비교하여 낮다는 것은 쉽게 예상할 수 있다. 그러나 퇴직을 맞는 단카이 세대 중에는 제2의 인생을 모색하는 사람도 적지 않다. 이런 사람들에 대해 고향정보등록을 확대하고 시골 투어리즘과 다양한 체험 투어를 통해 시마네의 매력을 알림과 동시에 두 지역 거주를 포함한 다양한 형태의 귀향을 촉진하는 것도 정주촉진의 과제이다.

셋째, 일자리 확보이다. 젊은 세대 뿐 아니라 중·고년 세대에게도 U턴을 고려할 때 최대 제약은 취업기회의 유무이다. 이것은 정주촉진시책 만이 아니라 기업유치나 산업진흥과 연계하면서 각각의 사업을 추진하여 일자리 확보를 적극적으로 추진하는 것이 과제이다.

넷째, 생활환경의 정비이다. 출신 현이라고는 하지만 지금까지의 생활경험과는 다른 U턴이라는 새로운 생활기반을 만들어야 한다. 또, U턴을 고려하는 조건 중에서도 의료 환경, 고령자복지, 하수도정비, 주택확

[도표 5-13] U턴을 위한 조건

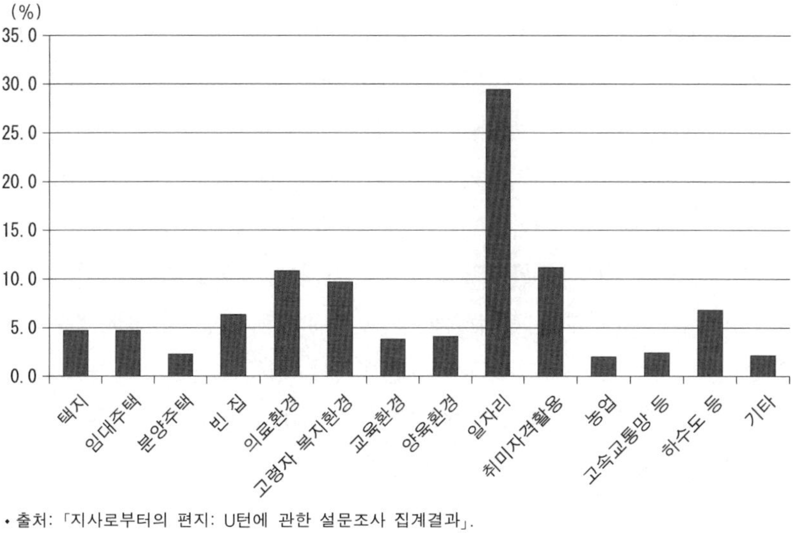

• 출처: 「지사로부터의 편지: U턴에 관한 설문조사 집계결과」.

보 등을 중시하는 비율이 높다는 것을 알 수 있다. 따라서 정주촉진을 위한 지역의 생활기반을 충실히 정비할 필요가 있다.

다섯째는 고향 시마네 정주재단의 인지도 향상이다. 현 외 거주자에 대한 UI턴 종합창구의 역할을 수행하는 곳이 정주재단이다. 첫째에서 셋째까지의 과제는 종합상담 창구인 정주재단과 잠재적 U턴자가 관계를 맺음으로써 해결될 수 있는 것이 적지 않다. 그러나 실제로는 앙케이트 응답자의 64%가 '정주재단을 모른다'고 응답하고 있다. 설립 17주년을 맞는 정주재단에 대한 인지도가 아직 낮은 수준에 머물고 있음을 지적하지 않을 수 없다. 정주재단의 인지도를 높여 종합상담 창구로서의 기능을 다하는 것이 U턴을 현실적인 선택지로 만드는 첫 걸음이다. 이벤트와 홈 페이지 등을 통해서 정주재단의 각종 등록사업과 종합창구 기능을 홍보할 필요가 있다.

지역진흥과에서 정리한 과제를 다시 한 번 검토해 보면 정주촉진정책의 대상은 '인구'로 인식되는 통계적 성과가 아님을 알 수 있다. 그리고 시마네현의 정주촉진시책은 인구감소가 계기가 된 시책이지만 그 효과는 사회변동에 따른 몇 가지 문제들에 커다란 영향을 미치는 것이다. 예를 들면, 젊은 세대에 대한 적극적인 대응은 지역사회의 차세대 육성으로 이어지는 시책이며 양질의 취업기회 확보는 전략적 지역고용의 모델을 생각할 수 있는 기회가 된다. 단카이 세대에 대한 노력은 건강한 고령자에게 취업을 고려할 수 있도록 하고, 도시와의 접점을 가진 단카이 세대의 네트워크를 활용하여 1차 산업을 3차 산업화하는 계기가 될지도 모른다. 청년 세대와 단카이 세대 쌍방에게는 후계자 문제에 직면해 있는 지역산업에 새로운 활로모색과 판로확대에 공헌할 가능성이 있다.

인구감소를 일찍부터 경험하게 된 시마네현과 고향 시마네 정주재단은 20년 가까이 정주촉진시책을 추진하면서, 정주촉진에 관련된 지역사회의 인재육성과 인구감소시대에 개별 지역이 추진해야할 고용문제 및 생활의 접점에 있는 과제를 안고 있다.

6. 정리하는 말

본장에서는 UI턴이라는 인구이동에 주목하여 나가노현 이나시의 경험과 시마네현의 정착촉진 시책을 사례로, 지역사회에서 UI턴 인재의 역할, UI턴에 의한 정착촉진시책 현황 및 과제를 검토하였다.

마지막으로 각각의 사례가 시사하는 논점을 정리하고 인구감소 시대의 지역사회 재생과 UI턴에 대한 논점과 과제를 정리한다.

1) 나가노현 이나시의 경험

이나시는 자생적으로 지역경제 발전을 이루어 온 지역으로 UI턴 인재는 주로 지역기업에 의한 신규졸업자 채용과 중도채용을 통하여 지역에 축적된 사람들이다. 자치단체가 UI턴 정보를 제공하거나 적극적인 시책으로 정착촉진을 추진하지는 않았다.

이나시에서도 UI턴 인재는 지역기업의 인적자원이자 이나시에서 생활하는 생활인으로서 지역사회의 Social Captial인 역할자의 한 사람이다. 그러나 이나시는 UI턴 인재에게 사회적 의미를 부여하고 활용하는 데에 소홀하였음을 부정할 수 없다.

지역기업의 경쟁력을 높이고 지역경제의 활성화를 위해서는 개별기업이 인재를 확보하는데 그치지 않고 지역 차원의 인재확보와 능력개발이 요구된다. 이를 위해서 지역사회가 지역의 산업진흥과 기업집적의 역할을 수행하면서, UI턴 인재에게 관심을 가지고 그들을 생활인으로 받아들임은 물론 지역사회가 그들을 인정할 필요가 있다. 또, UI턴 희망자에 대해 지역 중소기업을 포함한 기업정보를 정기적으로 제공하고 상세한 취업정보를 준비함으로써 우수한 인재가 지역으로 자연스럽게 유입되도록 지원할 필요가 있다.

UI턴을 결심한 사람에 대한 생활기반의 지원과 지역생활 정보를 제공하는 것은 그들을 지역사회의 역할자로서 자연스럽게 정착시키는 것이

된다. 원주민과 이주민간의 불필요한 대립을 피하기 위한 대책강구는 지역 만들기의 사회적 비용을 줄이는 것이고, 동시에 지역의 Social Capital 재생 계기를 만들어 지역 활성화의 가능성을 넓히게 될 것이다.

2) 시마네현의 대응

1990년대 인구감소를 계기로 시마네현에서는 UI턴의 유도 및 정착촉진 시책을 전국에서도 선구적이며 적극적으로 추진해 왔다. '고향 시마네 정주재단'은 UI턴 정보의 제공과 주택지원, 이전생활을 전제로 농림수산업을 영위하는 인턴십 사업인 산업체험, 정착지원을 상담하는 코디네이터 배치, 청년층에 대한 취업지원 강화, UI턴의 장애요소인 구직을 적극적으로 지원하는 무료직업소개, 정주자 관리사업과 UI턴 정착촉진 시책을 추진해 왔다.

정주재단의 시책은 UI턴 대상자의 라이프 코스별로 신중하게 개별상담을 지원해온 것이 특징이다. 정주재단의 시책을 통하여 UI턴을 이행한 인재는 각각의 직장이나 지역사회에서 핵심 인재가 되고 있다. 인재와 후계자 부족이 과제인 농림수산업에서는 20~30대 청년의 참여 움직임이 보이고, 지역기업에서는 경험이 풍부한 30~40대 인재가 활약하고 있다. 또, 정주자 관리사업의 일부를 UI턴자가 담당하고 행정과 협조하여 UI턴의 라이프 스타일을 전국에 홍보함으로써 '시골 생활'의 가치를 사회전반에 확산시키는 역할도 하고 있다.[20] 이런 사례는 지역사회 재생의 공고한 기반이 되고 있다.

정주재단 17년의 활동을 통하여 시마네현 정주촉진시책은 다양한 노하우가 축적되어 왔으며 사업초기와는 다른 사회상황을 반영하여 사업

---

20) '촌사람'으로 불리는 시마네현 농림수산부 직원 5명이 중심이 되어 UI턴을 이행한 10명을 인터뷰한 무크지 『시골 느낌: 그래! 시골에서 살자』(2009. 3, 원 라인)에서는, UI턴으로 농림수산업과 시마네를 선택한 이유와 현재의 경영상황, 라이프 스타일 등을 중심으로 정리하고 있으며, 도회지에서 생활하는 사람들에게 농림수산업을 영위하는 시골생활의 모습을 구체적으로 전하고 있다.

내용의 재검토 필요성이 대두되고 있다. UI턴 희망자의 수요와 그것을 수용하는 산업과 기업, 지역사회의 수요를 파악, 조정하면서 정주를 촉진하는 시책이 정주재단의 향후 활동이다.

그러나 이러한 시책은 역내 인구증가에 직접 영향을 미치지는 않는다. 인구감소 지역으로서, 산업과 지역사회의 역할자로 새로운 인재를 영입하고 지역사회를 재생시키는 수단으로 정주촉진시책을 활용하는 것이 중요하다.

3) 인구감소시대의 지역사회 재생과 UI턴

인구감소시대에 지방권이 안고 있는 문제는 지역사회의 재생과 관련된 것이다. 이는 지역의 일자리 부족과 병행하여 제1차 산업과 향토 산업의 후계자 부족문제, 유치기업에 대하여 부품을 공급하는 지역중소기업의 기능技能을 승계·발전시킬 청년 노동력 부족 문제와 같은 '지역고용'의 과제만이 아니다. 중심시가지 공동화와 지역 만들기·재개발과 지역사회를 지탱하는 역할자 부족문제는 지방자치단체가 안고 있는 공통의 과제이다.

UI턴 유도와 정주촉진시책은 지역의 인구감소 대책으로 시작되었으나, 실제로는 자치단체의 산업정책과 기업유치노력 및 지역 만들기 등 지역사회의 유지와 재생에 관련된 다면적인 인재확보의 의미를 강하게 가지고 있음을 알 수 있다. UI턴 시책을 적극적으로 추진하지 않는 지역에서도 UI턴 인재확보를 위해 노력하는 것은, 역내 기업집적과 같이 새로운 창업과 지역의 경쟁력을 높이는 불가결한 요소임이 분명하다.

그리고 '양질의 일자리'를 찾는 잠재적 UI턴 희망자가 특히, 20~30대에 많이 있으므로 향후 이러한 인재의 이동을 가능하게 하고, 앞으로 지역사회의 재생프로그램에 맞는 인재배치를 고려한 산업정책 수립과 지역 만들기 전략이 기초자치단체에 요구되는 바이다. 여기에는 기존의 제조업과 서비스 산업에서의 고용창출 뿐 아니라 농림수산업과 다른 서비스를 결합한 새로운 산업(커뮤니티 비즈니스)의 개발과 사회적 기업에 의한 커뮤니티 만들기를 사업화하는 노력 등이 필요할 것이다. 이런 새로운 영역에 대해 공적자금의 중점배분을 검토하는 자치단체가 있어도 좋다. 이러한 흐름은 '지역고용개발'에 그치지 않고 새로운 지역사회 재생 프로그램 속에서의 인재유치 및 육성을 검토할 수 있을 것이다.

나가노현 이나시와 시마네현의 UI턴 경험 및 시책은 ① 이러한 노력 속에서 지역사회와 인재 쌍방에 대한 수요조사가 필요하고, ② 인재유치에 의한 인구이동은 사람들에게 다양한 선택기회를 제공하지만, 거주지 이동을 동반하는 새로운 직업으로의 전직은 인턴십 등 실습기간과 개별 상담에 의한 세심한 지원이 필요하다. ③ 인재유치는 직업인으로서의 지역고용 측면만이 아니라 생활인이자 지역사회의 역할자로 인재를 파악하여 지역사회가 UI턴자를 인정하는 구조가 필요하다. ④ 인재를 효과적으로 지역사회의 일원으로 받아들이기 위해 당해 지역의 바람직한 모습을 분명히 제시하고, 그것을 위한 지역 만들기 종합계획을 수립할 것이 요구된다.

참고문헌

荒井良雄·川口太郎·井上孝 編(2002), 『日本の人口移動: ライフコースと地域性』, 古今書院.
鄙びと 編(2009), 『田舎ごこち: ソウダ, 田舎デ暮ラソウ』, ワンライン.
伊那毎日新聞社 編(2006), 『信州伊那谷からの挑戦: キラリと輝く! 人の経営者』, 伊那毎日新聞株式会社.
毛賀澤明宏 編(2006), 『欅のように: 池上房男氏の足跡』, 伊那毎日新聞株式会社.
松本通晴·丸木恵祐 編(1994), 『都市移住者の社会学』, 世界思想社.
大谷強·沢井勝 編(2008), 『自治体雇用·就労施策の新展開: 地域で働く場の確保と自治体の役割』(自治総研ブックス④), 公人社.
関博満·松永桂子 編(2009), 『中山間地域の「自立」と農商工連携: 島根県中山間地の現状と課題』, 新評論.

【UI턴 관련 포털사이트】

나가노현 I턴 신슈: www.i-turn.pref.nagano.jp
파노라마 이나시 UI턴 정보: ina117.rgr.jp
지역산업경제정보사이트·고슈(이나시): gauche.ecgo.jp
고향 시마네 정주재단: www.teiju.or.jp

【청취조사 일정】

방문처	일시
마츠에시 및 시마네현 UI턴 담당자, 기업 등 청취조사 외	2008년 9월 1일, 2일
이나시 UI턴 담당부서, 기업 청취조사 외	2009년 1월 26일, 27일
이나시 기업, 지역주민 청취조사 외	2009년 7월 2일, 3일
고향 시마네 정주재단 청취조사 외	2009년 7월 13일
산쵸쿠(産直)신문사(케가사와 아키히로(毛賀澤明宏) 씨) 및 이나시 정책고용계 청취조사	2009년 9월 8일, 9일

※ 그리고 이나시 정보수집 및 2009년 6월 20일 이나시에서 개최된 「UI턴 심포지움: 이나시의 노력, 이나 생활」(이나 케이블TV에서 동년 8월 방영)에 대한 정보는 카라키 카즈오(唐木一夫) 씨(信大지역포럼 회원, 이나시 거주)의 협조를 얻었다.
청취조사에 협조해 주신 관계자 여러분께 깊은 감사를 드립니다.

제 6 장

산·관·학 네트워크 최전선

: 하마마츠의 전략적 산업진흥과 인재육성

츠지타 모토코 辻田素子

'창업도시구상'은 제조기술을 중심으로 발전해 온 지역의 특성을 살리고 독창적이며 활력 넘치는 인재를 영입하는 창업 중심지 하마마츠를 목표로 한다. 기업의 도전의식을 환기하고 의욕 있는 기업을 성장시키는데 주안을 두며 불확실한 미래에 대비한 기반기술 육성에 주력하는 것이 특징이다. 또, 연구회나 공동 연구작업을 통한 인재육성사업으로의 연결시도가 새롭다. 인재육성을 기초로 하는 산업전략은 기업의 경쟁력향상 뿐 아니라 양질의 일자리 창출로 이어질 가능성이 높다.

제6장
산·관·학 네트워크 최전선
: 하마마츠의 전략적 산업진흥과 인재육성

츠지타 모토코(辻田素子)*

1. 들어가는 말

수도권과 간사이關西권 중간에 위치한 시즈오카현靜岡県 하마마츠시浜松市는 일본 유수의 제조기술 지역이다. 에도시대부터 계속되는 면직물업과 제재업으로 축적된 자본과 기술을 토대로 전후에는 섬유, 악기, 수송용 기기 등 3대산업이 번창하였다. 혼다, 스즈키, 야마하발동기의 발상지이자 토요다 그룹의 기초를 만든 토요다 사키치豊田佐吉는 서쪽 인접지역인 고사이시湖西市에서 나고 자랐다. 현재는 수송용 기기가 하마마츠시의 기간 산업이 되었다. 특히 최근에는 광·전자산업의 집적이 계속되고 있으며, 코시바 마사토시小柴昌俊 동경대학 명예교수의 노벨상 수상을 이루어 낸 하마마츠 포토닉스Photonics가 이를 견인하고 있다.

본장에서는 '산업도시'로 발전해온 하마마츠시가 산업진흥의 히든카드로 새로이 선보이기 시작한 제조기술인재 육성사업을 소개한다. 동 사업에는 인재육성을 통하여 가치를 창조하고 신사업 창출을 도모한다

* 류코쿠대학(龍谷大学) 경제학부 준교수.

는 명확한 목표가 있다. 기업유치에만 몰두하는 자치단체가 적지 않은 속에서 '인재육성'을 키워드로 기업의 경영혁신과 창업촉진 체제를 정비하여 지역산업을 진흥시킨다는 것이 하마마츠시의 강한 의지이다. 기업, 대학, 산업지원기관, 자치단체 등이 긴밀히 협조하여 지역의 산업 전략을 구상하고 이 전략에 의한 독자적인 인재육성 체제를 구축하고 있다. 지역의 총력을 기울여, 가치를 창출하는 인재를 육성하고자 한다.

한편, 2008년 9월 리먼 브라더스 파산 이후 세계 불황의 국면에서 지역산업을 견인해온 수송용기기 산업이 큰 타격을 받아 고용환경이 급변하였다. 유효구인배율은 전국 수준을 밑돌고 파견 노동자나 기간공의 고용중단 등으로 실업자가 넘쳐났다. 많은 기업이 중소기업긴급고용안정조성금과 고용조정조성금을 활용하여 고용을 유지하고 있는 상황이다.

이하에서는 먼저, 하마마츠지역의 산업구조를 개괄하고 2008년 가을 이후의 불황이 이 지역에 미친 영향과 긴급고용대책 상황을 서술한다. 이어서, 중장기적 관점에서 하마마츠의 전략적인 인재육성과 산업진흥 실태를 상술한다.

2. 하마마츠의 산업특성

1) 하마마츠시 개요

하마마츠시는 면적이 1,511km^{2}로 다카야마시高山市(2,178km^2)에 이어 전국 2위의 넓이를 가진 곳이다. 인구는 82만 4,640명(2009년 4월 1일 현재, 이중 외국인 등록자 3만 2,536명)으로 중부권에서는 나고야시名古屋市 다음의 규모를 자랑한다. 2007년 4월 1일, 정령지정도시가 되었으며, '시민협력에 의한 "미래 창조도시 하마마츠"'를 도시의 미래상으로 삼고 있다.

하마마츠시에서는 1980년대 '테크노폴리스구상'을 필두로, 정부의 다양한 산업정책 대상지역으로 선정되어 다채로운 사업이 진행되어 왔다.

2009년 현재, 문부과학성 지식클러스터 창성사업과 경제산업성의 산업클러스터계획·지역산업 활성화 프로젝트에 참여하고 있다. 지식클러스터 창성사업은 2002년부터 5년간, 전국 12개 지역 중 한 곳으로 지정되었으며 2007년부터 2기 사업에도 선정되었다. '옵트로닉스(optoelectronics의 약어. 물질이 가진 광학적 특성을 전자공학 분야에서 응용하는 기술공학. 광통신, 레이저통신, 광디스크를 활용한 초고속 정보처리 등이 포함됨. 광전자공학, 포토닉스) 기술고도화로 안전·안심·쾌적하고 지속가능한 이노베이션 사회구축'을 비전으로 내세우고 있다. 산업클러스터계획은 산엔난신三遠南信지역(아이치현 미카와三河지역, 시즈오카현 엔슈遠州지역, 나가노현 난신南信지역)이 대상으로 수송용기기, 산업기계, 광학기기 등의 산업집적 잠재력을 활용한 신사업·신산업 창출을 목표로 하는 것이다. 하마마츠시가 중심도시의 하나이다.1)

2) 수송용기기 산업이 견인한 전국 유수의 공업도시

앞에서 서술한 바와 같이 산업도시로 발전해온 하마마츠시는 제조기술로 특화된 산업구조를 가지고 있다. 2005년 통계조사의 하마마츠시 산업별 인구를 보면, 제1차 산업이 2만 458명으로 전체의 4.8%, 제2차 산업이 15만 6,646명으로 동 37.0%를 차지한다. [도표 6-1]에서도 나타나듯 제2차 산업의 비율이 전국 평균이나 다른 정령지정도시에 비하여 압도적으로 높고 더욱이 제1차 산업도 왕성하다. 농업이 존재하는 전국 유수의 공업도시임을 알 수 있다.

제조업에 대해서는 [도표 6-2]에서 보듯이 수송용 기기 산업으로 특화되어 있다. 2007년 시점에서 수송용 기기 산업의 사업장 수는 584, 종업원 수는 3만 3,393명이다. 수송용기기 산업이 사업장 수에서 시 전체의

---

1) 추진조직은 三遠南信 바이탈리제이션협의회로, 하마마츠, 동미카와(東三河), 이이다(飯田) 등 3지부가 있고 하마마츠 지부는 하마마츠상공회의소 공업진흥과가 사무국을 담당한다.

[도표 6-1] 산업별 취업인구의 정령지정도시 비교

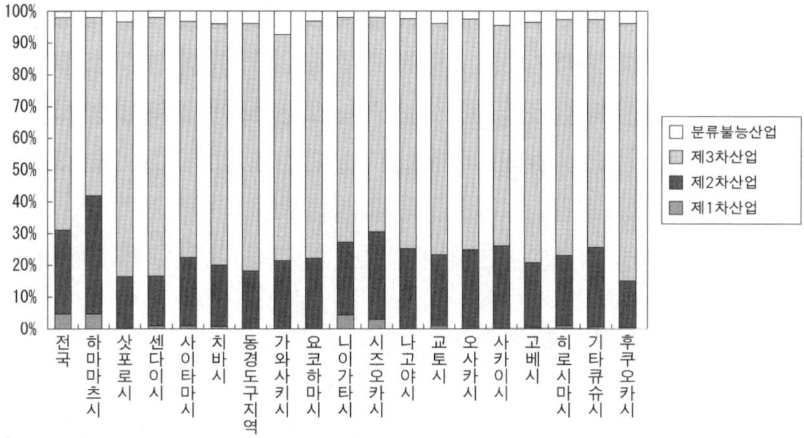

• 자료: 총무성 통계국 소관 2005년 國勢調査.
• 출처: 요코하마시 통계포털사이트의 대도시비교통계연표.

20.4%, 종업원 수에서 36.1%를 차지한다. 제조품출하액 등은 1조 4,861억 엔으로 시 전체의 46.1%에 달한다.

하마마츠지역은 스즈키, 혼다, 야마하발동기의 발상지이며, 스즈키는 하마마츠 시내로 본사를 구상하는 등 국내의 제조거점이 시즈오카현 및 아이치현에 집중적으로 입지하고 있다. 또, 야마하발동기는 인접 이와타시磐田市에 본사를 두었으며, 하마마츠 및 이와타시 주변에 주요 생산거점을 두고 있다. 지금은 다소 퇴색되었으나, 소수 대기업을 정점으로 하는 기업 특화 도시적인 색채가 남아있다.

말하자면, 2008년 하마마츠 및 그 주변의 이륜차 생산대수는 41만 4,877대로 전국 이륜차 생산대수의 33.8%에 달하고 있다.[2)] 특히, 경자동차를 중심으로 한 자동차 생산대수는 121만 8,235만대에 이른다. 약 20년 전인 1987년 당시와 비교하면 자동차 생산대수가 약 40% 증가하였다. 수송용기기 산업 중에서도 자동차의 비중이 높다.

한편, 농업도 전국 최고 수준이다. 2006년 농업소득통계에 의하면 하

2) 하마마츠시, 「하마마츠의 상공업 2009년도판」.

마마츠시의 농업 산출액은 540억 5,000만 엔으로 타하라시田原市, 미야코노조시都城市, 니이가타시新潟市에 이어 전국 4위를 차지한다. 귤, 청경채 등의 생산이 활발하다.

3) 수송용기기 산업의 과제

하마마츠 제조업은 오래 전부터 ① 기능의 전승, ② 제안형 인재·기업

[도표 6-2] 하마마츠시의 제조업(2007)

	사업장 수		종업원 수		제조품 출하액 등	
	개수	비율(%)	명수	비율(%)	억 엔	비율(%)
제조업계	2,856	100	92,627	100	32,257	100
식료품	176	6.2	6,354	6.9	705	2.2
음료·담배·사료	25	0.9	449	0.5	1,026	3.2
섬유공업	134	4.7	1,678	1.8	260	0.8
의복	69	2.4	984	1.1	165	0.5
목재·목제품	112	3.9	1,373	1.5	184	0.6
가구·장비품	69	2.4	1,432	1.5	159	0.5
출판·인쇄	91	3.2	1,973	2.1	399	1.2
플라스틱제품	223	7.8	6,075	6.6	1,490	4.6
고무제품	33	1.2	694	0.7	214	0.7
요업(窯業)·토석제품	63	2.2	1,224	1.3	226	0.7
철강업	33	1.2	933	1.0	751	2.3
비철금속	36	1.3	1,685	1.8	886	2.7
금속제품	362	12.7	6,526	7.0	1,325	4.1
일반기계	369	12.9	8,175	8.8	2,025	6.3
전기기계	173	6.1	6,673	7.2	1,650	5.1
정보통신	23	0.8	1,596	1.7	586	1.8
전자부품·디바이스	57	2.0	3,268	3.5	2,995	9.3
수송용기기	584	20.4	33,393	36.1	14,861	46.1
정밀기계	22	0.8	1,146	1.2	334	1.0

• 주: 종업원 4인이상 사업자 수치.
• 출처: 하마마츠시, 「하마마츠의 상공업 2009년도판」.

으로의 전환, ③ 전기자동차와 하이브리드카를 비롯한 새로운 수요에 대응하는 것이 시급한 과제로 떠오르고 있다.

기능의 전승이란 소위 단카이 세대의 퇴직과 청년의 중소제조업 이탈 등에 대응하여, 경험이나 감에 의한 숙련공에 의존하지 않고 디지털기술을 보급하는 것 등이 중요한 테마이다.

또, 제안형 인재나 기업으로의 전환에는 가공공정 전체를 염두에 둔 종합적 기술과 지식이 불가결하다. 피라밋형 산업구조를 형성해온 이 지역에서 기존의 중소가공업자는 모기업으로부터 하청 받아 가공한 부재部材를 납품하기만 하면 되었다. 자사에서 가공한 부재가 제품의 어느 부분에 사용되는지, 다른 중소기업이 어떤 기술을 가지고 있는지, 어떤 공정을 담당하는지와 같은 정보를 고려할 필요가 없었다. 그러나 앞으로는 제조기술 전체의 모습을 이해하고 새로운 제품이나 가공방법 등을 스스로 제안할 필요가 있다.

특히, 환경부하가 적은 차세대 자동차 수요에 대응하기 위해서는 전기자동차나 하이브리드카에 필요한 기능부품을 개발한다던지, 가볍고 강한 신소재 가공기술을 익히지 않으면 안 된다.

결국, 이 지역 기업은 축적해온 기반기술을 고도화하고 향후 필요한 신기술을 습득하는 것이 중요한 과제이다. 후술하는 제조기술인재 육성사업은 이러한 지역과제에 대한 분석을 기초로 한다.

3. 하마마츠의 노동시장

1) 2008년 가을 이후 세계동시불황

하마마츠지역은 2008년 9월 미국의 리먼 브라더스 파산 이후, 고용환경이 급격히 악화하였다. 기간산업인 수송용기기의 수출급감과 내수부진이 가장 큰 요인이었다. 외국인을 비롯한 파견사원과 기간공의 고용

중단이 이어지고 회사형편에 의한 해고도 급증하였다.

[도표 6-3]은 하마마츠지역 유효구인배율 추이를 시즈오카현 및 전국과 비교한 것이다. 하마마츠지역 유효구인배율이 2008년 9월까지는 1.2배를 넘어 전국 수준을 크게 웃돌고 있었는데, 같은 해 10월 이후 큰 폭으로 감소하여 2009년 3월에는 과거 최악인 0.44배로 전국 수준을 밑돌았다.

[도표 6-3] 하마마츠지역 유효구인배율 추이(전국, 시즈오카현)

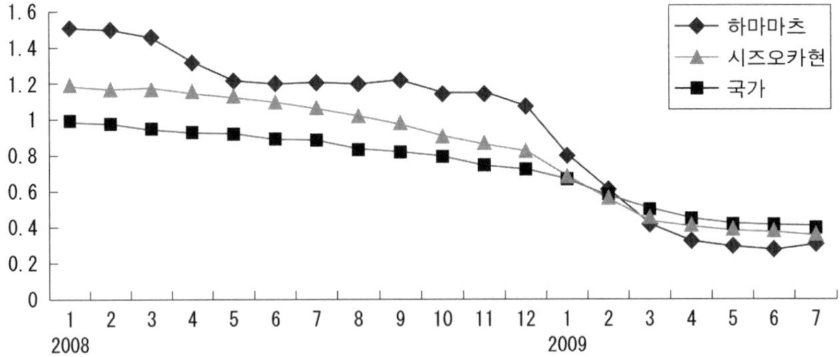

• 주: 하마마츠공공직업안정소 관내는 당초, 하마마츠시, 코사이시, 하마나군 아라이쵸였으나 시정촌 합병에 따른 관할 변경에 의해 2009년 4월 9일, 이와타공공직업안정소텐류출장소도 하마마츠공공직업안정소의 관할로 되었다.

• 출처: 하마마츠공공직업안정소, 「업무월보」; 시즈오카노동국, 「직업안정월보」각 월호에서 필자 작성.

[도표 6-4] 하마마츠지역 신규·유효구직자, 신규·유효구인 수 추이

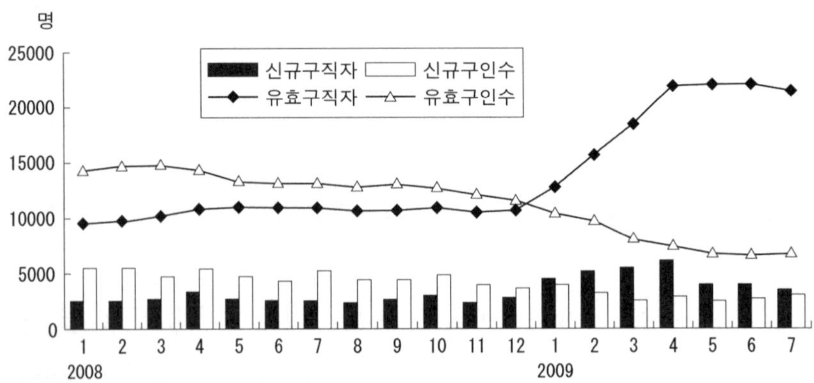

• 주: [도표 6-3]과 같음.

• 출처: 하마마츠공공직업안정소 「업무월보」 각 월호에서 필자 작성.

[도표 6-4]에서 보듯이 하마마츠지역에서는 유효구인 수의 감소율을 훨씬 상회하는 기조로 유효구직자 수가 증가하였다. 1만 3,000명 전후의 추이를 보였던 유효구인 수가 2008년 9월 이후 서서히 감소하여 2009년 5월에는 7,000명 선을 무너뜨렸다. 한편, 유효구직자 수는 2008년 9월 이후에도 1만 1,000명 전후의 추이를 보였으나 2009년 들어서 급증하여 4월에는 2만 2,000명에 달하였다. 2009년 2월부터 4월에 걸쳐 매월 5,000명을 초과하는 신규 구직자가 발생하였다.

신규구직자 추이는 [도표 6-5] 하마마츠지역의 고용보험 자격상실자 수의 추이와 궤를 같이 한다. 2008년 12월 이후 '회사형편'에 의한 이직자가 1,000명 규모로 발생하고, 2009년 3월에는 자격상실자 8,020명의 반수를 넘는 4,479명이 같은 사유로 이직하였다. 또, [도표 6-6]은 2009년 6월 시점의 동 지역 구인·구직현황을 직종별로 비교한 것이다. 기능공·생산공에서 구직자 수와 구인 수의 괴리가 현저하다. 자동차와 오토바이의 생산량 급감으로 제조현장의 파견사원과 기간공 들이 계속 실직하고, 친숙한 제조업에서 구직활동을 계속하고 있음을 알 수 있다.[3)]

이토록 어려운 고용환경은 신규 졸업자에게도 크게 영향을 미쳤다. 시즈오카노동국이 정리한 2009년 7월 현재 「2010년 3월 중·고 신규 졸업 예정자의 구인·구직현황」에 의하면, 고교졸업자 수가 전년 동기와 비교하여 0.9% 감소한 7,315명인데 대해 고졸 구인 수는 5,325명으로 전년 동기에 비하여 61.6% 감소하였다. 그 결과 구인배율은 0.73배로 전년 동기의 1.88에서 1.15포인트나 밑돌고 있다([도표 6-7] 참조).

---

3) 시즈오카현 전체 데이터상, 2008년 10월부터 2009년 9월까지 1년간 비정규 근로자를 고용중단하였거나 예정인 사업장 수는 144, 대상 인원 수는 9,491명에 달한다(2009년 8월 18일 시점). 9,491명의 고용형태별 내역은 파견 6,331명(전체의 66.7%), 계약(기간공 등)이 1,465명(동 15.4%), 하청 642명(동 6.8%), 기타 1,053명(동 11.1%)이다. 동 데이터는 공공직업안정소가 사업장에 대한 임의청취조사에 의해 파악한 수치이며 전부 망라되어 있지는 않다. 시즈오카노동국, 2009년 8월 28일 발표자료.

[도표 6-5] 하마마츠지역 고용보험자격상실자 수 추이

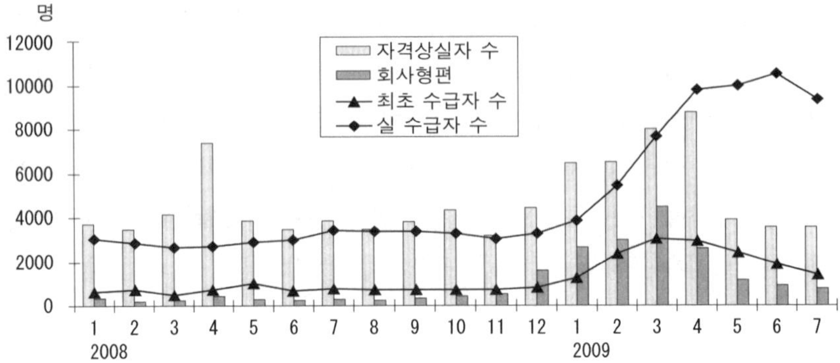

• 출처, 주 모두 [도표 6-4]와 같음.

[도표 6-6] 하마마츠지역 직종별 구인·구직 현황(2009. 6, 상용)

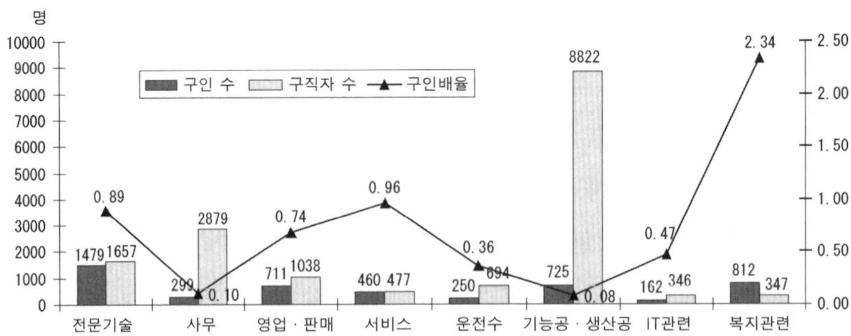

• 출처: 하마마츠공공직업안정소 「업무월보 2009년 8월호(6월 내용분)」.

[도표 6-7] 시즈오카현 고교졸업자 직업소개현황 추이(2009. 7 말)

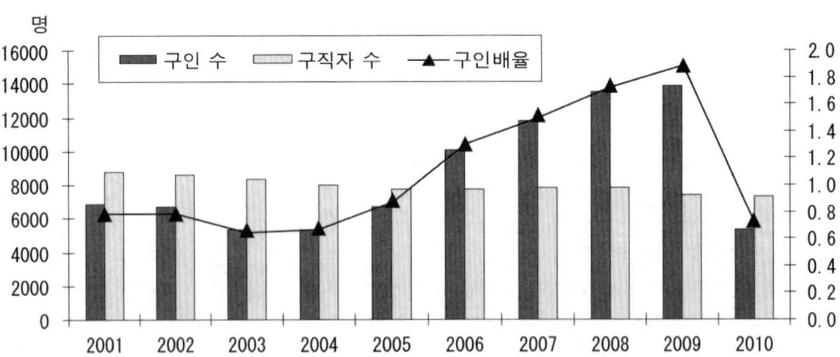

• 주: 구직자 수는 「학교 또는 안정소의 소개를 희망하는 자」의 수치를 계상.
• 출처: 시즈오카 노동국 「2010년 3월 고교·중학 신규졸업예정자 구인·구직현황」.

2) 파견근로자와 외국인근로자

하마마츠지역 고용환경의 어려움은 기간산업인 제조업, 특히 수송용기기 산업이 외국인을 비롯한 파견근로자와 기간공에 의존하여 발전해 온 탓 이라고도 할 수 있다. 이하에서는 파견근로자와 외국인근로자 실태를 통계데이터로 확인하고자 한다.

2004년 3월 개정 노동자파견법 시행으로 제조업에 대한 근로자 파견 금지가 해제됨에 따라 현 내 노동자 파견 사업장 수도 2003년 말 556개소에서 2008년 8월 말 2,301개소로 증가하였다.[4] 상용고용 외에 임시, 일일고용 등의 노동자까지 파견하는 '일반노동자 파견사업자'가 257에서 813으로, 상용고용만 파견하는 '특정노동자 파견사업자'가 299에서 1,488로 증가하였다. 파견노동자 수도 2003년도에 5만 7,780명이었으나, 2006년에는 8만 2,377명으로 늘었다.

후생성 외국인 고용상황 신고제도에 기초한 데이터에 의하면 2008년 10월 말 현재 시즈오카현 외국인 노동자 수는 3만 1,453명으로 동경도의 11만 8,488명, 아이치현 6만 326명에 이어 전국 3위였다. [도표 6-8]은 현 내에서 외국인을 고용하고 있는 사업장 및 외국인 노동자 수 내역을 정리한 것이다. 외국인을 고용하고 있는 사업장이 3,212이고 그 중 1,142가 파견·하청사업장으로 2만 240명이 일하고 있다. 파견·하청사업장에서 일하는 외국인 노동자 비율은 64.3%로 전국 제1위이다.[5] 즉, 외국인 노동자의 절대 수가 많고 특히 파견·하청사업에서 두드러지는 점이 시즈오카현의 특징이다.

특히 이러한 특징은 서부지구에서 더욱 두드러진다. 하마마츠를 중심으로 하는 서부지구에는 외국인을 고용하는 사업장 수의 48.4%(1,556 사

---

4) 시즈오카노동국, 「노동자파견사업 현황 및 지도감독상황」, 2008. 10. 16 발표자료.

5) 시즈오카현 파견·하청사업장의 외국인 노동자 수는 동경도 3만 712명, 아이치현 2만 4,626명에 이어 제3위이다. 한편, 시즈오카현에 이어 파견·하청사업장 외국인 노동자 비율이 높은 곳은 시가현(滋賀県) 59.8%(4,380명), 기후현(岐阜県) 59.4%(1만 1,033명)이다.

[도표 6-8] 시즈오카현 외국인 고용사업장 수와 외국인 고용 수
(공공직업안정소 신고기준, 2008년 10월 말 현재)

	외국인고용 사업장 수				외국인 고용 수			
	사업장 수	구성비 (%)	파견·하청사업장		고용 수	구성비 (%)	파견·하청사업장	
			사업장 수	비율 (%)			인원 수	비율 (%)
시즈오카현	3212	100.0	1142	35.6	31453	100.0	20240	64.3
동부지구	774	24.1	139	18.0	5756	18.3	2713	47.1
중부지구	882	27.5	175	19.8	6461	20.5	2670	41.3
서부지구	1556	48.4	828	53.2	19236	61.2	14857	77.2
하마마츠	1015	31.6	609	60.0	13857	44.1	11513	83.1
이와타	355	11.1	117	33.0	3273	10.4	1490	45.5
카케가와	186	5.8	102	54.8	2106	6.7	1854	88.0

• 주1: 동부지구는 시모다, 미시마(아타미 분실, 이토출장소 포함), 누마츠(고템바출장소 포함), 후지 및 후지미야 합계.
• 주2: 중부지구는 시미즈, 시즈오카, 야이즈, 시마다(하이바라출장소 포함)의 합계.
• 출처: 시즈오카노동국「시즈오카의 외국인 고용신고 현황(2008년 10월 말 현재)」. (http://www.shizuokarodokyoku.go.jp/press/pdf/210119gaikokujinkoyo.pdf)

업장), 외국인 노동자의 61.2%(1만 9,236명)가 집중되어 있고, 파견·하청업에서 일하는 외국인 노동자 비율은 77.2%(1만 4,857명)에 달한다.

하마마츠시의 외국인 등록자 수는 2009년 4월 1일 현재 3만 2,536명이다. 브라질인이 전체의 56.1%를 차지, 중국인(10.2%), 필리핀인(9.9%) 순이다.[6)]

시즈오카현의 외국인 노동자를 산업별로 정리한 [도표 6-9]를 보면제조업이 58.0%로 가장 많고, 이어서 서비스업(달리 분류되지 않은 것) 24.0%이다. 보다 자세하게는 '수송용기기'(29.4%)와 노동자 파견업을 포함한 '기타 서비스업'(17.8%)이 많다. 외국인 노동자의 대부분이 수송용기기와 그 관련 산업에서 파견사원과 하청업자 사원으로 일하고 있는 실태임을 알 수 있다.

6) 하마마츠시, 「하마마츠시세요람 2009」.

[도표 6-9] 시즈오카현 산업별 외국인 노동자 수

	외국인 고용수			
	고용 수	구성비 (%)	파견·하청사업장	
			인원 수	비율(%)
전산업 합계	31453	100.0	20240	64.3
농업·임업·어업	136	0.4	17	12.5
건설업	351	1.1	48	13.7
제조업	18236	58.0	11072	60.7
식료품	1639	5.2	356	21.7
의복·기타 섬유제품	166	0.5	75	45.2
펄프·종이·종이가공품	307	1.0	183	59.6
플라스틱제품	713	2.3	264	37.0
금속제품	1181	3.8	615	52.1
일반기계기구	716	2.3	289	40.4
전기기계기구	2095	6.7	1598	76.3
수송용기계기구	9241	29.4	6487	70.2
정보통신업	152	0.5	39	25.7
운수업	1206	3.8	750	62.2
도·소매업	1173	3.7	308	26.3
금융·보험업	11	0.0	5	45.5
부동산업	30	0.1	2	6.7
음식·숙박업	849	2.7	101	11.9
의료·복지	91	0.3	35	38.5
교육·학습지원업	910	2.9	294	32.3
복합서비스업	398	1.3	359	90.2
서비스업 (달리 분류되지 않은 것)	7543	24.0	7002	92.8
전문서비스업 (달리 분류되지 않은 것)	368	1.2	342	92.9
기타 사업서비스업	5587	17.8	5230	93.6
기타	367	1.2	208	56.7

- 주1: '전문서비스업(달리 분류되지 않은 것)'에는 건설 설계업, 디자인업, 법률사무소 등이 포함됨.
- 주2: '기타 사업서비스업'에는 노동자 파견업, 빌딩관리업 등이 포함됨.
- 주3: '기타'에는 산업대분류 '광업', '전기·가스·열공급·수도업', '공무', '분류불능'이 포함됨.
- 주4: '구성비'란은, 외국인 노동자 총수(전산업 계)에 대한 당해 산업의 외국인 노동자 수 비율을 나타냄.
- 주5: '파견·하청사업장 비율'란은, 노동자 파견·하청 사업을 하는 사업장으로 취로 외국인 노동자 수에 대한 해당 산업의 외국인 노동자 수 비율을 나타냄.
- 출처: 시즈오카노동국 「시즈오카현의 외국인 고용신고 현황(2008년 10월 말 현재)」. (http://www.shizuokarodokyoku.go.jp/press/pdf/210119gaikokujinkoyo.pdf)

[도표 6-10] 하마마츠 공공직업안정소의 외국인 직업소개 현황

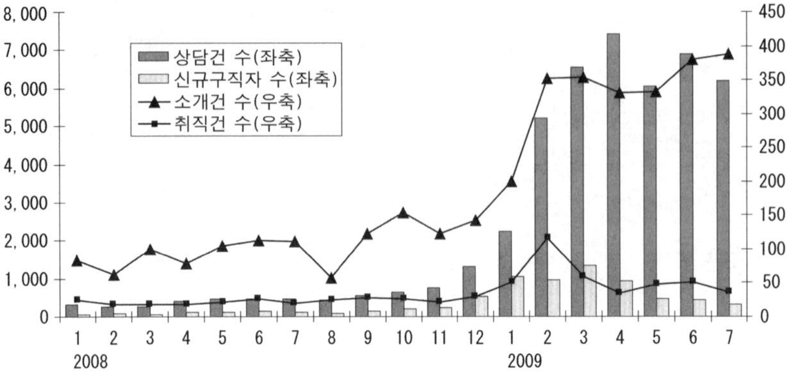

• 출처, 주 모두 [도표 6-4]와 같음.

이러한 취로형태를 가진 외국인 노동자의 대부분은 2008년 가을 이후 경제 불황으로 고용 중단과 해고를 당했다. [도표 6-10]은 하마마츠 공공직업안정소가 정리한 외국인 직업소개 현황이다.[7] 2008년 여름까지의 상담건수는 월 4,000건대였으나 가을이후 급증하여 2009년 4월에는 7,000건을 돌파하였다. 월 100명 전후였던 신규구직자 수도 2009년 1월에는 1,000명을 넘어, 2009년 3월에는 1,352명으로 늘었다. 특히, 외국인 신규 구직자의 구직이유를 2008년 6월 시점과 2009년 6월 시점으로 비교한 [도표 6-11]을 보면 '자기사정'이 완전히 자취를 감추고 '해고·권

[도표 6-11] 하마마츠 공공직업안정소의 외국인 신규구직자 수 내역

	2008. 6	2009. 6
합계	142	440
해고·권고퇴직	30	350
기간만료·정년	11	15
자기형편	88	41
기타	13	34

• 출처: 하마마츠공공직업안정소 「업무월보 2009년 8월호(6월 내용분)」.

7) 즉, 하마마츠 공공직업안정소 주요 관내 외국인 수는 2009년 3월 말 3만 6,948명이다.

고퇴직'이 급증하였음을 알 수 있다.

3) 긴급고용대책 실시상황

현 내 긴급고용대책은 현이 중심이 되어 ① 고용유지 지원대책 강화, ② 지역의 고용기회 창출, ③ 개정 고용보험법 홍보·집행에 중점을 두고 있다.

앞서 어려운 고용환경에 대해 언급하였는데 중소기업긴급고용안정조성금과 고용조정조성금을 활용하여 고용을 유지하고 있는 기업도 적지 않다. [도표 6-12]는 현 내 기업의 고용조정조성금 등에 관련된 휴업 등 실시계획 신고현황을 정리한 것이다. 고용조정조성금 등의 이용사업장 수가 2008년 2월 시점에서는 대기업, 중소기업 모두 99에 지나지 않았으나 2009년 2월 이후는 매월 3,000~4,000사업장이 새로 이용하는 등, 2009년 7월 말 누계로 2만 2,841에 달하였다. 또한, 대상자도 2009년 2

[도표 6-12] 현 내 기업의 고용조정조성금 등에 관련된 휴업 등 실시계획 신고수리 현황

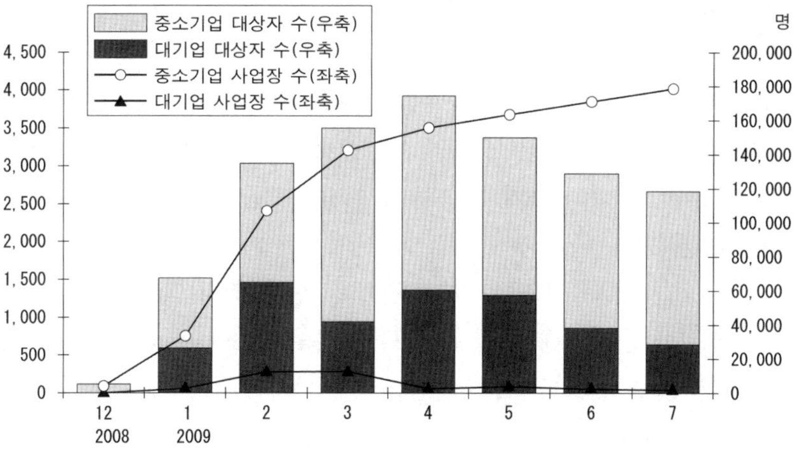

• 주1: 1사업장에서 휴업과 교육훈련을 실시한 경우에는 사업장 수, 대상자 수 모두 각각 1건으로 카운트함.
• 주2: 파견 관련 건수는 포함되지 않음
• 출처: 후생노동성 「고용조정조성금 등에 관한 휴업 등 실시계획 신고수리현황 및 지급결정 현황, 잔업삭감 고용유지장려금에 관한 계획신청상황 및 대량고용변동신고제출상황」에서 필자 작성.

월 이후는 매월 10만 명을 초과하여 2009년 7월 말 누계로 95만 3,153명이다. 이용사업자 수에서는 압도적으로 중소기업이 많은데, 대상자 수에서는 대기업이 약 3분의 1(31만 8,547명)을 차지한다. 하마마츠 지역은 데이터가 없으나 현 전체의 40% 정도로 이 지역에서만 대상자가 30만~40만에 이를 것으로 추정된다.

고용기회 창출과 관련하여 현에서는 실업자에게 6개월 미만 고용의 '긴급고용창출사업'과 원칙적으로 1년 이상 안정적인 고용기회를 제공하는 '고향 고용재생 특별대책사업'으로 각각 150억 엔과 42억 엔의 기금을 마련하였다. 양 사업에 의한 3년간 고용창출효과는 1만 6,305명으로 예상하는데 2009년 7월 말 현재 실적은 1,216명에 머무르고 있어 유효하게 기능하고 있다고 말하기는 어려운 상황이다.

또, 시즈오카현에서는 일본계 외국인이 많은 하마마츠시, 카케가와시掛川市, 고사이시의 시청과 노동국이 협조하여 각 시청에 외국인 종합 상담코너를 개설하고 직업과 생활에 관한 폭넓은 상담을 원스톱으로 접수하고 있다. 포루투갈어 등의 통역도 배치하였다. 특히, 현이 2009년 여름, 현 내 3개소에 신설한 '구직자 종합지원센터'에서도 포루투갈어 통역을 배치하여 실업 외국인의 생활 상담과 직업상담·직업소개 등을 하고 있으나, 외국인 재취업은 언어문제 등으로 쉽지 않다. 도표 6-10에서 나타나는 바와 같이 하마마츠 공공직업안정소 관내 취업자 수는 매월 수천 명 수준에 머무르고 있다. 2009년 상반기(1~6월) 누계로 보면 신 구직자 수 5,175명에 대해 소개 건수는 1,946건, 그 중 취업에 성공한 것은 겨우 359건이다.

때문에 일본에서의 취업을 포기하는 외국인도 적지 않다. 귀국을 희망하는 일본계 외국인에 대해 귀국비용으로 1인 30만 엔(부양가족은 동 20만 엔)을 정부가 지급하는 '귀국지원금' 신청자가 2009년 4월부터 7월까지 4개월간 1,339건(현 전체)이나 늘었다.

4. 하마마츠의 산업전략: 창업도시 구상

1) 하마마츠시의 미래상

하마마츠시는 긴급 고용대책과 병행하여 '미래 창조도시 하마마츠'라는 미래상의 실현을 위해 6가지 중점전략을 추진하고 있다. 가장 필두로 주창되는 것이 '아시아 제일의 제조기술도시 창조'이다.[8] 창조적 제조기술에 의한 지역진흥을 목표하고 있으며, 이를 위한 리딩 프로젝트로써 ① 기존 산업의 강화와 적극적 기업유치, ② '제조기술·창업'의 중심지를 향한 환경 조성, ③ 농림수산업의 새로운 역할자 확보 및 산지역량 강화, ④ 지역특성과 자원을 활용한 관광산업 진흥을 추진하고 있다. JR 하마마츠역을 중심으로 하는 도시부에서 도시근교형 농업이 활발한 평야부, 나아가 삼림이 펼쳐진 중산간부 등 다양한 얼굴을 가진 하마마츠의 지역특성이 반영되어 있다.

구체적인 목표수치는 [도표 6-13]과 같다. 기업입지에 관해서는 현 외의 기업유치는 물론 시내 기업의 유출방지, 전략적 우량기업 유치를 목

[도표 6-13] 중점전략 '아시아 제일의 제조기술도시 창조'의 목표

지표	실적			목표	
	2006년	2007년	2008년	2009년	2010년
법인설립건 수 (과세관리과 조사)	1,041사	1,003사	894사	1,150사	1,150사
기업입지건 수 (공장입지동향조사)	15건	31건	22건	25건	30건
인정농업자 수 (농림수산과 조사)	1,152경영체	1,206경영체	1,207경영체	1,219경영체	1,228경영체
관광교류객 수 (시즈오카현 관광교류 동향)	1,649만 명	1,621만 명	1,602만 명	1,700만 명	1,750만 명

• 출처: 하마마츠시 「하마마츠시세요람 2009」 및 시즈오카현 「2008년도 시즈오카현 관광교류 동향」.

---

8) 기타 중점전략은 '지역역량을 결집하여 추진하는"어린이 제일주의"', '생활만족도 향상계획', '차세대로 이어지는 텐류가와(天竜川)·하마나코(浜名湖)의 자연', '문화로 도시의 활력을 만드는 『창조도시』실현', '세계를 가깝게 느끼는 교통도시 만들기'이다.

표로 2009년도는 10억 8,397만 7,000엔의 사업비를 계상하였다. 창업의 메카를 목표로 하는 창업도시구상 추진사업 예산은 1억 7,518만 3,000엔으로 후술하는 '하마마츠 산업창조센터'가 인재육성, 연구개발, 판로개척과 같은 산업지원 사업의 중심을 담당한다.

2) '창업도시구상'과 하마마츠 산업창조센터

(1) '창업도시구상' 수립·추진

기술한 바와 같이 하마마츠 지역은 수송용기기 산업에 대한 의존도가 높다. 또, 최근에는 광·전자산업이 발전하고는 있는데 자동차 1대에 2만~3만개 부품을 필요로 하는 수송용기기 산업과 같은 종합산업의 형성은 기대하기 어렵다. 이런 문제의식에 따라 하마마츠시는 2007년에 '하마마츠시 창업도시구상'을 수립하였다. '제조기술'을 축으로 발전해온 지역의 특성을 살려 세계로부터 독창적이고 활력 넘치는 인재를 영입하는 '창업의 중심지'를 목표로 하고 있다.

이 구상은 제조기술 산업에 초점을 두고, '하마마츠 모델'로 불릴 만한 구체적이고 참신한 산업기술체제' 구축을 목표로 한다. 하마마츠 지역은 국가차원의 프로젝트를 다수 유치한 지역으로 그런 프로젝트를 지렛대 삼아 산·관·학이 연계하여 창업가와 벤처기업의 육성, 기존 기업의 경영혁신, 신산업 창출을 도모하려 한다.

'창업의 중심지'라는 목표실현을 위해 다음 4가지를 기본방침으로 세우고 있다.

- '제조기술 산업'에 초점을 두고 다른 산업·분야로의 파급
- 하마마츠 독자의 차세대 리딩 산업 창출을 목표
- 독창적인 산업정책 실현과 고유자원을 활용한 '하마마츠 모델'의 확립·실천
- 구상을 구체적으로 실천할 거점(플랫폼) 정비

나아가 이를 구체적으로 추진함에 있어 '인재육성전략', '지재知財창업전략', '창업지원전략'을 기본전략으로 정하고, 동 전략에 따른 사업을 중점적으로 실시한다. '인재육성전략'에 대해 말하자면 ① 고도산업인재의 육성, ② 숙련기능자에 의한 청년인재 육성, ③ 장래 산업인재의 육성, ④ 지역 내 취로 장려와 외부(국내외)로부터의 인재확보가 구체적인 시책이다.

창업도시 구상은 기업의 도전의식을 환기하고 의욕 있는 기업을 성장시키는데 주안을 두며, 불투명한 장래에 대해 기반기술의 육성에 주력하는 것이 특징이다. 또, 연구회나 공동 연구를 통하여 인재육성을 사업창조로 연결 짓는 시도가 새롭다. 스즈키나 야마하발동기를 정점으로 한 피라미드형 구조가 기본인 행동양식을 탈피하여 자력으로 세계를 향해 전진한다는 의식을 중견·중소기업에 갖도록 하는 것이 목적이다.

(2) 하마마츠 산업창조센터

이와 같은 '하마마츠 창업도시구상'을 구현하기 위한 거점으로 2007년 7월 하마마츠 산업창조센터가 설치되었다. 장소는 하마마츠 상공회의소 회관 8층이다.

센터장을 중심으로 총괄매니저 산하에 각 코디네이터를 배치하고 있다([도표 6-14] 참조). 총원 23명이다. 멤버의 면면을 보면 전문지식과 노하우, 경험을 쌓은 '지원 프로'가 결집하였다.

센터장에는 하마마츠이공과대학 명예학장인 시오다 스스무塩田進 씨를 영입하였다. 자세한 것은 후술하지만, 시오다 씨는 동경공업대학 명예교수로, 2006년 8월까지 하마마츠이공과대학 학장을 역임하였다. 총괄매니저는 (재)요코하마横浜산업진흥공사 전 산학연계추진부장, 종합 코디네이터는 창업자 지원과 산업클러스터 업무를 담당해온 하마마츠 상공회의소의 직원이다. 기술코디네이터와 지재知財코디네이터는 가공기술과 제품개발, 지재知財보호·활용 등에 밝은 기업OB가 담당하며, 시즈오카은행, 하마마츠신용금고, 엔슈신용금고에서 파견 또는 그 OB가 경영코디

[도표 6-14] 하마마츠 산업창조센터 조직도

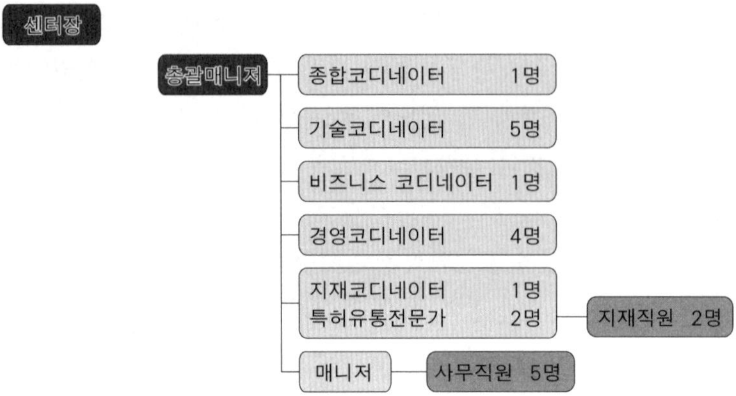

• 출처: 하마마츠산업창조센터.

네이터를 담당한다.

비즈니스코디네이터는 창업·산업지원시설 'SOHO시즈오카'에서 인큐베이션 매니저로 활약하고, 'Japan Venture Award 2005'(창업·벤처 국민포럼 개최) 창업지원가 부문에서 경제산업대신 표창을 수상한 인물이다. 스즈키의 자회사 전무를 거쳐 (재)하마마츠 지역테크노폴리스 추진기구 등에서 산학연계와 이업종異業種 교류 등을 추진해온 코디네이터도 참여하고 있다.

또한, 사무직원으로 하마마츠시 상공부 직원 3명이 파견 나와 있다.

이렇게 볼 때 단순히 잡다한 모임이 아니라 각 조직과 분야의 제일선에서 활약하고 있던 인재가 모였음을 알 수 있다. 특히 지역멤버의 대부분은 이전부터 얼굴이 알려진 사람들이다. 하마마츠 지역에서는 지식클러스터 창성사업, 산업클러스터 계획 등의 국가프로젝트가 진행되고 있으며, 이들은 그런 프로젝트의 기획과 실행과정에 수차례 관여해 왔다.

하마마츠에서는 지역의 산업지원기관 연계강화를 통하여 효과적이고 효율적인 산업지원 대책 강구를 위한 가상조직으로 '하마마츠 지역산업지원 네트워크 회의'를 1998년에 발족하였다. 멤버는 하마마츠시, 하마마츠 상공회의소, (재)하마마츠 지역테크노폴리스 추진기구, (주)하마나

코 국제두뇌센터, 시즈오카현 중소기업단체중앙회, 시즈오카대학 이노베이션 공동연구센터, 시즈오카현 하마마츠공업기술지원센터 등 7단체이며, 2007년부터는 하마마츠 산업창조센터가 사무국을 담당한다. 간사회가 월 1회, 위원회가 연 3회, 코디네이터 연락회의가 연 3~4회 개최되고 있다. '하마마츠 지역산업지원네트워크회의' 발전 형태는 하마마츠 산업창조센터와 같다고도 할 수 있다([도표 6-15] 참조). 하마마츠 산업창조센터의 설립에 따라 지역의 다양한 관련 조직을 일원적으로 관리하면서 산관학 연계를 추진하여 방향성이 명확해지고 각 조직의 연계가 한층 강화되었다.

(3) 사업전개의 기본방침

하마마츠 산업창조센터의 업무는 하마마츠시가 내세운 3가지 기본전략에 따른 사업을 추진하는 것이다. '인재육성'은 장래의 공장장이나 기

[도표 6-15] 하마마츠 산업창조센터 중심의 연계체제

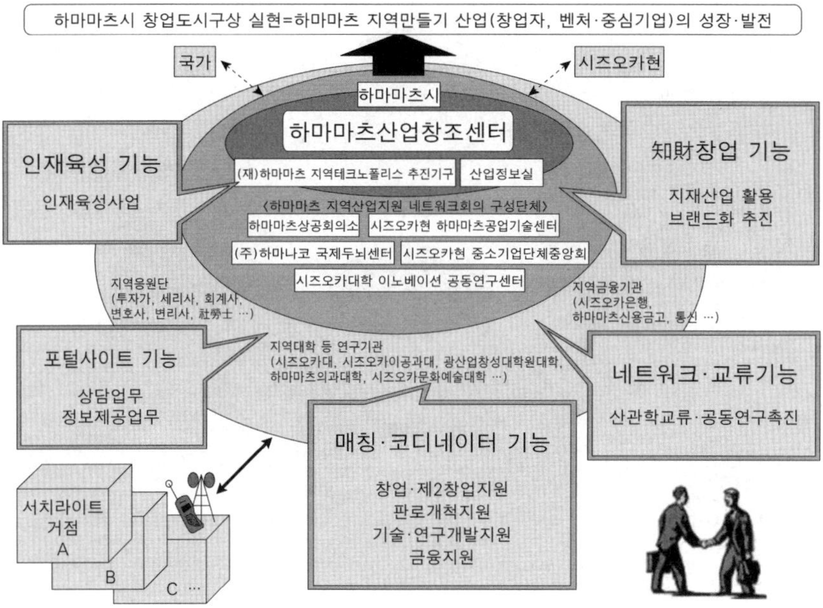

• 출처: 하마마츠산업창조센터(http://www.net-hamamatsu.jp/).

능장 육성, 신소재와 신성형기술 습득강좌 개설, '지재知財창업'은 선행기술 조사와 특허기술 이전·도입, '창업지원'은 사업화 연구회 발족과 전문가 파견사업 등을 실시한다. 이런 각 사업을 유기적으로 연계하여 창업도시구상을 실현시키려는 점이 이 센터의 특징이라고 할 수 있다.

[도표 6-16]은 그 전략도이다. 다채로운 교육 프로그램 등을 통한 '인재육성'의 다음 단계로 가치창조 프로세스를 미리 설계하고, 신산업 창출을 목표로 하는 연구회를 발족시킨다거나 공동연구로 연결시키거나 한다. 이런 가치창조 프로세스를 통해 기존 기업의 경영혁신과 창업이 촉진되어, 창업도시구상이 실현되는 흐름이다. 이 지역은 일찍이 인재육성과 창업에 관련된 많은 지원 사업을 실시하고 있었는데 각 사업은 각각 개별적으로 실시되고 있었다. 그런 반성을 기초로 하마마츠 산업

[도표 6-16] 하마마츠 창업도시 실현을 위한 전략도

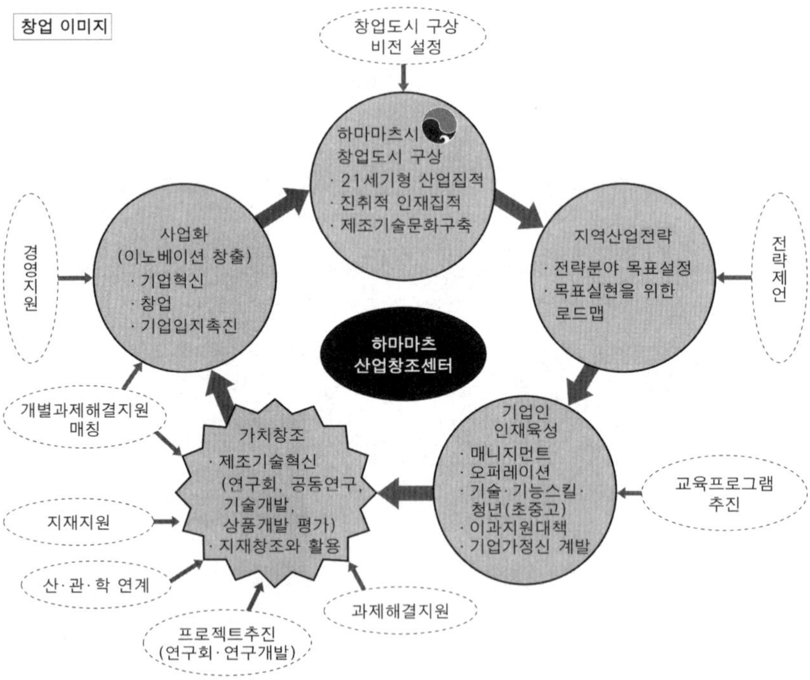

• 출처: 하마마츠산업창조센터.

창조센터의 지원 사업은 달성목표를 명확히 제시하고, 목표와 개별사업, 나아가 개별사업 간 정합성을 높인다.

3) 인재육성의 사업화

그럼, 하마마츠 산업창조센터가 산업전략의 기본으로 삼는 인재육성 사업을 살펴보자. 동 센터가 추진하는 인재육성 사업에는 3가지 큰 특징이 있다. 첫째는, 계층별 인재육성체계 둘째, 실천적 인재육성기법 셋째, 사업화 연구회 등과의 연동(사업화에의 발전성)이다. 그리고 이 모든 것이 놀랄 정도로 체계적이며 어떤 분야의 인재를 어떻게 육성할 지를 아주 구체적으로 제시하고 있다.

(1) 계층별 인재육성체계 구축

[도표 6-17]은 수송용기기 관련 산업분야를 중심으로 한 인재육성체계도이다. 인재를 현장기술자·기능자(중심인재), 중간관리직(부문관리자), 경영간부와 경영자(경영자) 등 3가지 계층으로 나누고, 각 계층에 요구되는 지식과 능력을 체계화하고 있다. 필요한 지식과 능력도 ① 전문기술 스킬, ② 오퍼레이션기술, ③ 매니지먼트 능력으로 유형화하였다.

또, 앞서도 지적한 바와 같이 '기술 전승', '통합적 제조기술 습득', '수송용기기의 신수요 대응'과 같은 문제의식으로부터 몸에 익혀야 할 지식과 능력으로써, 현장기술자·기능자(중심인재)에게는 '가공기술전반'과 '파워 일렉트로닉스 기술'을, 중간관리직(부문관리자)에게는 '디지털 가공기술'과 '신소재·신성형기술'과 같은 전문 스킬을 명시하였다. 나아가 경영자에게는 '기업경영혁신·의식개혁', '기술경영'과 같은 매니지먼트 지식과 능력을 강하게 요구하는 체계이다. 2009년 8월 시점에서, [도표 6-17]의 전 프로그램이 실시되고 있는 것은 아니지만, 수송용기기 관련 산업에서 일하는 사람들을 전제로 한 상세한 인재육성 프로그램이 추진되고 있다.

[도표 6-17] 하마마츠 인재육성체계도

(수송용 기기 관련 산업분야를 중심으로 한 체계도)

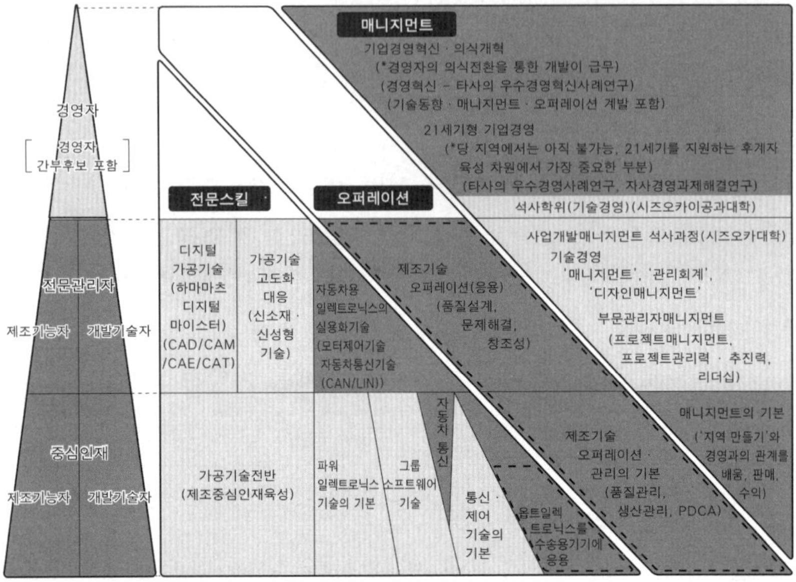

(□: 실시 중인 사업) (■: 향후 개발 및 실시 예정인 사업) (⬚: 현재 계획 중인 사업)

• 출처: 하마마츠산업창조센터.

(2) 실천적 인재육성기법 도입

하마마츠 산업창조센터가 목표로 하는 것은 현장에서 강한 사명감을 가지고 실천력을 발휘함으로써 가치창출과 사회·고객에 대해 공헌할 수 있는 인재육성이다. 이를 위한 인재육성 커리큘럼도 대학에서의 이론과 기업 현장에서의 실무가 균형 있게 편성되어 있다.

예를 들어, '제조중심 인재육성 강좌'는 현장을 아는 제안형 인재배출을 목표로 한다. 때문에 기반제조기술(가공, 성형, 조립, 도장, 마무리 등)과 통합적인 오퍼레이션 기술을 체계적으로 익혀 대국적인 관점에서 제조공정을 이해하는 인재를 육성하려 하고 있다. 제안형 인재를 육성함으로써 아이디어를 가진 부품메이커와 가공업자를 늘리는 것이 목적이다.

2009년도의 경우 동 강좌는 2009년 5월 14일부터 10월 22일까지 총

24회, 약 100시간이 편성되어 있다. 20대 후반에서 30대 전반의 기술자·기능자(주임, 계장, 과장급)가 대학 강의실에서 '도입교육'을 받고, '주조', '단조', '절삭', '수지성형', '도장·표면처리'와 같은 요소기술의 기초를 배운다. 실제로 컴퓨터를 조작하는 CAD와 CAE 연습과 자동차 제조업체, 공구제조업체 등에서의 실무지도, 인턴십에서의 금형설계·제작실습 등도 있고, 제조기술의 전 공정을 이해할 수 있도록 편성되어 있다. 강사는 시즈오카대학과 시즈오카이공과대학, 시즈오카현 하마마츠 공업기술센터의 연구자, 스즈키와 지역 중견·중소기업의 기술자·기능자 등이 맡고 있다.

도입교육으로 시즈오카대학 공학부 연구자가 부품가공의 신 기술동향을 강의하고, 스즈키 담당자가 환경과 안전 등 사회수요에 대한 자동차 제조업체의 대응과 부품 가공업자에의 요망 등을 설명한다. 중견·중소기업의 기능자·기술자 등 수강생 중에는 자동차 부품가공에 종사하고 있는 사람이 많다. 사기는 매우 높다. 더욱이, 전문가공기술과 통합적 디지털 오퍼레이션 기술을 기초에서 응용까지 배우고 필요에 따라 실습은 물론 기업시찰도 진행한다. 커리큘럼의 마지막에는 성과를 발표하는 기회도 마련되어 있다. 도입교육에서 사명감을 연마하고 대학 강의실과 기업 현장에서 지식과 기술, 노하우를 몸에 익히며 인턴십에서 실천력을 높여 마지막으로 성과를 평가한다. 지극히 실천적인 쌍방향 교육이다.

수강비용은 1인 5만 엔으로 비싸지는 않지만 진부한 강좌에는 수강생이 모이지 않는다. 센터는 비용과 시간에 적합한 강좌를 제공하여야 한다는 의무감을 가지고 있으며 담당자가 강좌의 취지를 전 강사에게 설명함은 물론 강의 내용에 대해서도 상세하게 코멘트를 해왔으며 텍스트도 강사가 직접 만든다. 수강생은 2006년 45명, 2007년 30명, 2008년 23명, 2009년 31명이다. 강사들이 인재육성에 대한 사명감을 느끼면서 낮은 보수를 감내하고 있기 때문에, 100시간에 달하는 강좌를 사업비 850만 엔(2009년 기준)이라는 낮은 예산으로 실시할 수 있었던 것이다.

(3) 가치창조를 위한 전주곡

하마마츠 산업창조센터는 인재육성을 위한 강좌와 세미나를 가치창조를 위한 '프렐류드(전주곡)'로 활용하고 있다. 강좌나 세미나를 통해 알게 된 기업관계자가 테마를 정하고 그룹을 결성한다. 그룹에는 대기업과 대학의 연구자, 지재知財전문가가 참여하여 제품화와 사업화를 위한 실천적 연구를 진행한다. 이런 사업화 연구회를 통하여 제품화와 사업화를 상정한 응용기술의 습득과, 지역이 노력하여야 할 차세대 산업분야의 연구를 추진한다. 최종적으로는 기존 기업의 신사업 진출과 새로운 기업의 탄생으로 접목시키려는 의도이다. 2009년 10월 현재, 복수로 결성된 사업화 연구회가 순조롭게 기능하면 '인재육성', '지재知財창업', '창업지원'의 3위 일체화가 실현되게 된다.

'신소재·신성형기술 강좌'의 구체적인 내용을 살펴보자. 이 강좌는 21세기 수송용 기기에 필요한 신소재, 신성형기술의 습득과 사업화를 위한 인재육성을 목적으로 개설되었다. 소재 및 부품가공과 관련된 기업의 부문 관리자를 대상으로 2008년도에 처음 실시되었다.

[도표 6-18]은 2008년도 커리큘럼이다. 앞서도 지적한 바와 같이 '동기부여', '기초에서 응용, 실습으로의 단계적 학습', '성과발표회'와 같은 실천적 인재육성프로그램이다. 신소재 관련 분야에서는 수송용기기의 경량·강도화에 필수적인 소재로 각광받는 티탄, 울트라하이텐(超高張力鋼板), 마그네슘, CFRP(카본 화이바 플라스틱)가 대상이고 수강생은 티탄 28명, 울트라 하이텐 29명, 마그네슘 26명, CFRP 35명으로 총 96명이었다.

특히 '신소재·신성형기술 강좌'가 눈에 띄는 것은 사업화를 강하게 의식하고 있다는 것이다. 수강생 모집단계에서 자격을 '엄격히' 제한하고 있다. '이번 강좌의 대상 소재를 활용하여 이미 사업을 하고 있거나 실시 예정인 하마마츠 지역기업'으로서 '제품의 기획개발 등에 관련된 부문관리 기술자'로 엄격히 참가 자격을 제한하고 있다. 2009년 4월 이후 강좌 수료생들을 중심으로 신소재·신성형기술 사업화 연구회가 속속 발족하였다. 2009년 4월 참가기업 22개사로 'CFRP 사업화 연구회'가 결성

[도표 6-18] 신소재·신성형기술 커리큘럼 체계

<table>
<tr><th></th><th>인재육성 플로</th><th colspan="6">커 리 큘 럼 체 계</th></tr>
<tr><td>1 공통</td><td>동기 부여 (계발)</td><td colspan="6">1. 하마마츠시 기업입지촉진기본계획 개요(하마마츠시 상공부 기업입지추진과)
(기본계획의 포인트와 본사업과의 관계)
2. 지역으로부터의 역성가공기술 르네상스(시즈오카대학)
3. 21세기 자동차기술동향과 부품가공기술(스즈키(주))</td></tr>
<tr><td rowspan="8">2 공통 또는 선택</td><td rowspan="8">신소재, 신성형 기술</td><td rowspan="3"></td><td colspan="4">신소재와 신성형기술(선택)</td><td rowspan="3">신성형기술 (공통)</td></tr>
<tr><td colspan="2">난가공재</td><td>경량화재</td><td>경량화·신소재</td></tr>
<tr><td>티탄재</td><td>울트라 하이텐재</td><td>마그네슘재</td><td>카본화이바</td></tr>
<tr><td>기초(재료)</td><td>'티탄재질과 가공성'
신일본제철(주)
티탄사업부</td><td>'자동차용 하이텐의 야금학적 의미와 제조기술'
신일본제철(주)</td><td>'마그네슘합금의 재료특성과 가공기술'
나가오카기술과학대학</td><td>'카본화이바의 재료특성'
도레이(주)</td><td>'이종재료의접합(레이저용접)'
엔슈(주)
광관련사업부
'자동차에 레이저 가공적용'
도요타자동차(주)</td></tr>
<tr><td rowspan="2">응용(성형기술)</td><td>'순티탄판 다단심 응축가공'
(주)노구치제작소
생산기술부</td><td>'울트라하이텐판재성형기술'
JFE스틸(주)
스틸연구소</td><td>'자동차경량화와 마그네슘합금의 적용'
닛산자동차(주)</td><td>'카본화이바의 신성형기술'
도레이(주)</td><td>'레이저성형기술'
시즈오카대학공학부</td></tr>
<tr><td>「티탄밸브의 열간단조가공」
아이산공업(주)
생기개발부</td><td>'열관프레스에 의한 고강도화기술'
스미토모금속공업(주)
종합기술연구소</td><td>'마그네슘다이캐스트기술을 대형자동차부재에 적용'
아사히테크(주)</td><td>'C/C컴포지트가공'
(주)아크로스</td><td>'레이저절단·접합기술'
시즈오카대학공학부
'표면개질기술'
(주)도요타중앙연구소재료1부금속기공연구실</td></tr>
<tr><td rowspan="2">견학·실습 (가공현장)</td><td>'티탄재 응축가공'
(주)노구치제작소</td><td rowspan="2">'열관프레스에 의한 고강도화기술'
스미토모금속공업(주)
종합기술연구소</td><td rowspan="2">'마그네슘합금의 대형프레스가공'
(주)츠바멕크스</td><td rowspan="2">'C/C컴포지트가공'
(주)아크로스</td><td rowspan="2">'레이저용접에의한 이종재료의 접합기술'
엔슈(주)
광관련사업부</td></tr>
<tr><td>'티탄합금재 엔빈 밸브단조'
아이산공업(주)</td></tr>
<tr><td>3 공통</td><td>사업화 마인드 육성</td><td colspan="6">1. 신기술을 경영에 활용하는 '기술경영'의 필요성(시즈오카대학 등)
2. 우수사업화실천사례(중소기업경영자)</td></tr>
<tr><td>4 공통</td><td>성과 발표</td><td colspan="6">수험생에 의한 성과발표회</td></tr>
</table>

• 출처: 하마마츠산업창조센타.

되고, 수개월 후 에는 24개사가 참가하는 '티탄 사업화 연구회'가 발족하였다.

각 연구회는 당해 소재에 관한 보다 고도의 지식·기술습득을 목표로 하고 있으며 실제 소재를 사용한 실습과 검증을 통하여 사업화의 연결 테마를 모색한다. 'CFRP 사업화 연구회'에서는 각 기업에서의 사업화를 상정하여 가공기술 습득 커리큘럼이 작성되고, 워크숍에서도 본격적인 사업화를 검토한다. 매우 실천적인 장소에서 시즈오카대학 연구자가 코디네이터로서 전체를 총괄하고 있다.

연구회 활동에서는 각 기업이 사업화에 필요한 기술과 지식을 습득하면서 사업화 테마를 찾는다. 거기서 더욱 본격적인 연구 활동에 나서는 기업이 나오면, 정부의 지원 사업 등을 적절히 활용하면서 지역 차원에서 사업화를 지원하는 구조이다.

하마마츠 산업창조센터는 '신소재·신성형기술'을, '인재육성', '지재知財창업', '창업지원'의 유기적 연계모델로 상정하고, 사업비도 2008년도의 '신소재·신성형기술 강좌'가 795만 엔, 2009년도의 '신소재·신성형기술 사업화 연구회'는 2,120만 엔(예산기준) 등 대규모이다.

동 센터는 전기자동차와 하이브리드카에 필요한 대전류를 사용하는 파워 일렉트로닉스 기술에도 주력하고 있다. 자동차의 전자화에 대응하기 위해서는 전자제어 기술의 축적이 시급하므로 '파워 일렉트로닉스 기술 강좌'(4일간의 커리큘럼으로 2008년 수강생은 23명)를 발전시킨 '파워 일렉트로닉스 사업화 연구회'도 발족시켰다.

이런 강좌와 연구회는 목표가 명확하고 장기에 걸친 공간과 시간을 공유하기 때문에 참가자간에 강한 동료의식이 생기며, '그만큼' 최신정보가 교환된다. 또, 대기업, 중소기업, 기업의 기술자, 대학 연구자와 같은 서로 다른 입장의 사람들이 얼굴을 마주함으로써 새로운 아이디어가 창조될 가능성도 높다. 단순한 학습의 장이 아니라 연구자의 독특한 아이디어가 대기업 기술자와 중소기업 기능자의 손에 의해 창조되는 협업 촉진의 장으로서도 기대된다.

(4) 인재육성을 기초로 한 지역의 산업전략

그런데, 신산업 창출을 목표로 하는 하마마츠 산업창조센터가 수송용기기 관련 산업의 '인재육성'에 주력하는 것은 왜일까? 또, 수송용기기 관련 산업의 '인재육성'으로 어떤 신사업을 창출하려는 것일까?

환경부하가 적고 안전한 차세대 자동차 개발이 진행되는 가운데 신소재 가공기술과 전자제어기술 등은 지방기업이 시급히 대응해야 할 과제임에 틀림없다. 그렇기 때문에 지방기업에서는 센터가 추진하는 인재육성 강좌나 세미나, 나아가 사업화 연구회에 기술자와 기능자를 보내온다. 기업의 수요가 정확히 반영되는 지원 사업인 것이다.

센터가 가장 신경 쓰는 것은 앞으로의 미래이다. 지역의 부품메이커나 가공업자가 차세대 자동차에 대응할 기술력을 높인다는 것은, 금형, 단조, 주조, 절삭가공, 금속프레스가공, 도장, 열처리, 응용소프트웨어 등의 기반산업이 고도화하여 고부가가치화하는 것이다. 지역 차원에서 보면 카본화이어나 티탄과 같이 부가가치가 높은 소재의 고도 가공기술, 다른 소재나 부품을 융합하는 기술 등이 새로이 추가되어 기반기술이 충실해진다. 그런 충실한 기반기술이 항공·우주와 로봇, 건강·의료 등 신산업창출로 이어진다는 발상이다.

모두에서도 언급하였지만 동 지역에서는 기존 산업의 축적기술이 새로운 산업으로 창출된 경험이 많고 그러한 경험이 하마마츠 산업 전략의 배후에 있음을 알 수 있다.

또, 지역의 산업 전략으로서는 '차세대 자동차'에 더하여 '빛의 응용'도 커다란 의미를 가진다([도표 6-19]). 빛은 자동차와 같이 산업으로서의 파급은 없으나 자동차에 대한 광기술 응용과 의료, 농림업 등과의 연계가 기대된다. 특히, 자동차를 '움직이는 것'으로 본다면 로봇과 비행기 등도 시야에 넣을 수 있을 것이다.

[도표 6-19] 하마마츠의 전략산업 분야

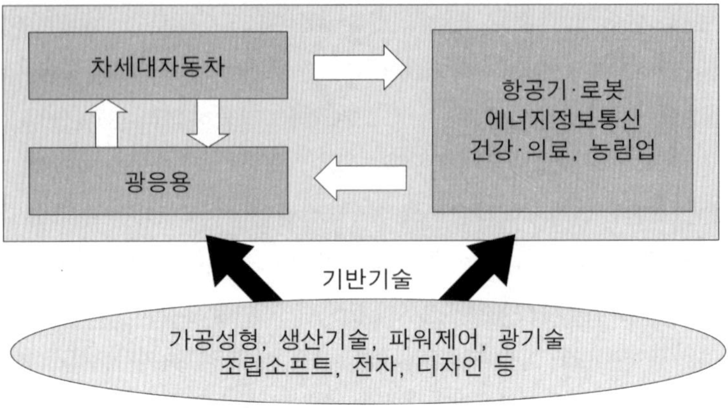

• 출처: 토마코마이시 「시세요람」 2008년도 판에서 인용

4) 개별기업 지원: 선택과 집중

지금까지 하마마츠 산업창조센터 주도의 인재육성사업을 토대로 한 전략적 산업진흥을 살펴보았는데, 이를 보완하는 것이 의욕적인 중소기업에 대한 포괄적 지원이다.

(1) 상담업무

기술한 바와 같이 하마마츠 산업창조센터에는 경영, 기술, 지재知財와 같은 코디네이터와 어드바이저가 있어 2008년도에 820개 사업장에서 3,083건의 상담을 받았다.

그 내역은 아래와 같다.

- 상근 코디네이터의 총 상담건수는 2,103건(이중 계속건수 1,238건) 중, 직접 516건, 전화 222건, 방문 1,365건.
- 비상근 코디네이터의 상담건수 90건.
- 특허유통 어드바이저의 상담건수 416건 중 직접 46건, 방문 320건.

• 특허정보 활용지원 어드바이저의 상담건수 446건 중 직접 195건, 방문 166건, 전화 85건.

(2) 판로개척 지원업무

이와 같이 기업으로부터 접수된 수동적 상담업무에 대한 "의견청취"를 위해 기업을 방문하는 것이 판로개척 지원업무이다. 산업지원기관의 지원을 받지 못하는 중소기업을 찾아내는 것이 목적으로 하마마츠시는 2005년도부터 (주)벤처라보 하마마츠지사에 위탁하여 이 사업을 실시해 왔다. 벤처라보 하마마츠지사에 등록되어 있는 기업OB가 코디네이터로서 시내 중소기업을 방문하여 기업의 과제와 수요를 파악하고, 전문적인 지식과 폭넓은 인맥을 활용하여 판매처와 구입처, 공동연구 대상자 등을 발굴하여 소개한다.

벤처라보 하마마츠지사의 기업OB는 2008년도 말까지 총 1,206개사를 방문하였다. 누계 방문기업 수는 1,608개사에 달한다. 이 중 실제 기업으로부터 접수받은 요망사항은 1,011건으로 판로개척 468건, 인재 220건, 구입처 개척 122건, 개발 125건 등이다. 이러한 요망사항에 대해 실제 기업과 인재를 매칭시킨 것은 433건이고, 계속적인 거래관계로 이어진 것이 27건이다. 거래, 공동개발, 인재소개 등의 관계가 확립된 것도 52건이다.

이 사업은 이와 같은 개별기업의 지원에 더하여 지역기업의 실태를 정확히 알리는 역할도 수행하였다. 기술과 경영 분야에 밝은 대기업 OB가 중소기업의 의견을 듣고, 경영실태와 기술수준을 깊이 이해할 수 있기 때문에 방문기업 약 1,200개사에 대한 상세한 데이터베이스가 구축되었다. '경영자가 의욕적인 기업', '고도의 기술을 가진 기업', '신사업을 전개예정인 기업' 등 지원비용 대 효과가 높을 것으로 예상되는 기업군이 부각되었다.

(3) 비즈니스 서포트 사업

앞의 상담업무와 판로개척 지원업무 등을 통하여 발굴한 '건강하고 유망한 기업'을 포괄적으로 지원하는 것이 비즈니스 서포트 사업이다. 개별기업의 기술력과 사업성을 분석하여 평가하고, 신사업과 신제품 개발을 위한 테마구성 및 연구개발 면에서 대학·기업 등과의 연계를 지원한다. 국가지원 프로젝트를 포함, 개별 기업에 맞는 프로젝트를 찾아내고 신청서류를 작성하는 일도 지원한다. 특히, 제조기술 중소기업에게 취약한 판로와 시장개척에 있어서도 협력을 아끼지 않으며 필요한 기업과 사람을 적극적으로 알선한다. 이러한 일련의 세심한 지원이 개별기업의 경영을 혁신하고 신사업 창출로 연결된다는 것이 기본적인 생각이다.

신사업의 가능성이 있는 주요 테마로는 ① 신소재·신성형기술, ② 파워 일렉트로닉스 기술, ③ 응용소프트기술, ④ 오프트 일렉트로닉스 기술, ⑤ 농상공 연계 등이 있으며 기술한 인재육성 사업과 그 맥을 같이 한다. 또, 대상기업으로는 ① 주요테마에 대한 사업추진이 예상되는 기업, ② 동 센터의 사업화 연구회와 강좌에 참여하는 기업, ③ 국가프로젝트 등을 활용하고 있는 기업, ④ 기타, 의욕 있는 당해 지역의 기업 들이다.

이와 같이 하마마츠에서는 지역의 중심이 될 수 있는 유망기업을 선별하여 집중적으로 지원하고 있다. 하마마츠 산업창조센터에서는 사업화할 수 있는 인재육성 프로그램과 개별기업의 중점강화를 통해 창조도시구상을 실현하고자 한다.

5) 사업의 실효성: 기획입안단계의 관련 조직 참여

이미 기술한 바와 같이 하마마츠의 인재육성사업은 산관학 협동으로 의미 있게 실시되고 있다. 하마마츠 산업창조센터가 일원적으로 관리하고는 있으나, 실제 인재육성 프로그램에는 연구·교육기관으로서 시즈오카대학과 시즈오카이공과대학, 인재능력 개발기관으로 하마마츠 테크노 컬리지 및 폴리 테크노 컬리지 하마마츠, 산업지원기관으로서 하마마츠

상공회의소, 시즈오카현 하마마츠 공업기술지원센터, 나아가 지역의 대기업인 스즈키와 야마하발동기가 협력하고 있다.

그렇다면, 하마마츠는 어떻게 이러한 것들을 가능하게 하였을까? 첫째, 관련 조직들이 인재육성사업의 기획입안 단계에서부터 참여하고 있다는 것이다. 2007년 10월 산업인재육성 컨소시엄이 구성되었다. 구성멤버는 하마마츠 산업창조센터장, 시 상공부 산업정책과장, 상공회의소 산업정책부장, 시즈오카대학 공학부·시즈오카이공과대학·시즈오카문화예술대학 교원, 지역기업의 사장·경영간부 등이다. 스즈키에서는 상무가 옵서버로 참여하고 있다. 실천적인 인재육성사업을 효율적·효과적으로 실시하기 위해서는 연구·교육기관, 사업지원기관, 기업 등 각 현장의 책임자가 일체가 되어 대응할 필요가 있다는 판단에 따라, 산업인재육성 컨소시엄이 '인재육성전략'을 기획·조정하는 역할을 담당하고 있다.

하마마츠 산업창조센터는 2008년 7월 하마마츠 산업창조추진회의를 발족시켰다. 추진회의는 지역의 산업비전을 공유하고 그 실현을 위한 전략을 구체화하는 것이 목적이다. 지역이노베이션을 위한 방법의 제언, 지역산업지원기관의 연계 강화를 위한 사업과 하마마츠 산업창조센터 사업의 기획제안 등이 주요 임무이다. 상공회의소 회장, (재)하마마츠 지역테크노폴리스 추진기구 이사장, 5개 지역대학 학장, 시 상공부장으로 구성된다. 산관학 각 조직의 최고 책임자가 얼굴을 마주한다. 기획입안 단계에서부터 관련 조직의 현장 책임자와 수장이 깊이 관여하고 있음을 알 수 있다.

원래, 관련 조직의 멤버가 모인 회의에서 깊이 논의하고 합의를 도출하기 위해서는 논의를 위한 기본 의제가 필요하게 된다. 구체적으로는 '계층별 인재육성 체계', '실천적 인재육성기법', '사업화 연구회 등과의 연동(사업화로의 발전성)'과 같은 인재육성 체계의 밑그림을 그리고 관계자에게 협력을 요청하는 준비 작업이다. 하마마츠에는 이러한 준비 작업을 진행할 '전략 팀'이 있다. 이것이 두 번째 포인트이다. 산업창조센터장인 시오다 스스무塩田進 씨, 동 센터 종합코디네이터인 카모 다카노부加

茂隆信 씨, 벤처라보 하마마츠지사장인 나카무라 죠지中村穰治 씨 등이다.[9] 산업창조센터의 설립을 계기로 이 들이 협력하여 각각의 역량을 발휘하였다.

산업창조센터가 실시하고 있는 인재육성사업 등에 관하여 기본적인 아이디어를 제시한 것은 시오다 씨였다. 본래 전문분야는 에너지 변환공학, 플라즈마 공학인데 최근에는 산학연계와 산업창조도 전문분야에 추가되었다. 1962년 동경대학 이학부 물리학과을 졸업, 대형 전기메이커의 종합연구소와 동경공업대학 조교수, 교수를 거쳐 정년 후 시즈오카현 후쿠로이시袋井市에 있는 시즈오카이공과대학으로 옮겨 1998년 9월부터 2006년 8월까지 제3대 학장을 역임하였다. 동경공업대학에서도 종합이공학연구과장을 두 번 역임하면서 조직과 프로젝트 운영·관리를 경험하였다.

또, 시오다 씨는 요코하마시 산학연계 사업에도 기획단계 부터 참여하였다. 요코하마시横浜市 츠루미구鶴見区 게이힌京浜임해부에는 현재 이화학연구소인 '요코하마연구소'와 산학연계를 추진하는 '요코하마시 산학공동연구센터' 등이 입지하여 일대가 국제적인 연구개발 거점인 '요코하마 사이언스 프론티어'로 정비되고 있는데, 이런 프로젝트에 10수년간 관여해왔다. 산업창조센터장으로서는 '이런 과거 경험을 발판' 삼아 산업진흥과 산관학 연계의 모델에 대해 조언하고 있다. 산업창조센터 총괄매니저를 (재)하마마츠 산업진흥공사의 전 산학연계추진부장이 맡고 있는 것도 시오다 씨의 풍부한 인맥에서 비롯된 것이다.

시오다 씨는 동경공업대학 등에서의 연구·교육경력을 통하여 축적한 일선 연구자 네트워크를 가지고 있어 하마마츠 지역의 연구·교육기관 사정에도 정통하다. 인재육성 강좌와 세미나 강사, 사업화 연구회 코디네이터 등의 선정과 교섭에도 도움을 주고 있다.

---

9) 하마마츠시의 전략적인 산업진흥과 인재육성에 관해서는 시오다(塩田, 2009), 나카무라(中村, 2009)와 당사자의 연구가 있다.

시오다 씨가 제시하는 아이디어를 실현하는 것이 벤처라보 하마마츠 지사장인 나카무라 죠지 씨이다. 동 지사에 등록된 기업 OB들은 2005년 이후 1,200개사를 넘는 지역 중소기업을 방문하였다. 이들은 대형메이커에서 생산기술과 제품개발 등의 부문책임자를 경험하여, 중소기업의 기술과 경영수준을 평가할 수 있는 실력을 가지고 있다. 이들 OB는 기업방문을 통해 지역기업에 공통된 과제를 추출하는 한편, 유망기업을 발굴하는 역할을 담당한다. 나카무라 씨는 기업의 현장정보, 특히 기술정보에 밝다는 장점이 있다. 시오다 씨의 추상적인 아이디어는 나카무라 씨의 손을 거쳐 하마마츠라는 지역의 기업특성과 산업특성을 고려한 구체적인 인재육성 체계도로 실현된다.

나카무라 씨는 또한, 기업인으로서의 경험을 지역에 환원하고 싶어 한다. 하마마츠 출신으로 시즈오카대학 공학부 전기공학과를 졸업 후, 마츠시타松下전기산업(현, 파나소닉)에 입사, TV회로개발 등에 종사한 뒤 국내외 사업장에서 경영을 담당하였다. 간부인재를 양성하는 매니지먼트 연구소장의 경력도 가지고 있다. 마츠시타전기산업 퇴직 후 벤처라보 하마마츠지사장으로 취임, 시즈오카대학 이노베이션 공동연구센터 객원교수도 겸하고 있다.

나카무라 씨는 파나소닉의 나카무라 쿠니오中村邦夫 전 사장이 진두지휘한 '파나소닉의 V자 회복' 논리를 하마마츠 지역에 파급시키려고 한다.[10)]

> 나카무라(전)사장은 파나소닉을 글로벌 기업으로 전환시키기 위해 사람을 개혁하고 글로벌 경영간부육성 체계를 구축하였습니다. 파나소닉은 "자립한 개인이 회사를 발전시킨다"는 전제로 목표를 구체화하는 인재를 육성하였습니다. 하마마츠도 기업중심 체질을 어떻게 바꾸느냐 하는 과제에 직면해 있습니다. 갈 길이 정해져 있던 시대에는 기업중심이라도 문

---

10) '파나소닉의 V자 회복'은 이타미 히로유키(伊丹敬之) 외 편저, 『松下電器の経営改革』, 2007이나 미시나 카즈히로(三品和広), 『戦略不全の論理』, 2004가 상세하다.

제가 없었으나, 21세기에는 더 이상 통용되지 않습니다. 기업이나 지역의 특성과 풍토로 순화되어버린 것을 바꾸기는 어렵지만, 그렇더라도 바꾸어야 합니다.

이와 같은 I턴과 U턴 인재의 사고를 지역기업의 경영자들에게 침투시킨 것이 산업창조센터의 종합코디네이터인 카모 다카노부 씨였다. 카모 씨는 상공회의소[11]의 전담직원으로 지역사정에도 밝고 기업경영자들과도 친숙하다. 그가 중심이 되어 지역 대기업, 중소기업의 협력을 받아왔다.

지역기업에는 센터장이나 (나카무라) 죠지 씨와 함께, "지역의 산업진흥과 인재육성에 대해 이렇게 생각하고 있으니 꼭 협력해 주십시오"라며 몇 번이고 찾아갔습니다. 스즈키의 전 사장인 츠다(津田)씨에게는 이 문제로 몇 번이고 불려갔는지 모릅니다.

결국, 구체적인 커리큘럼체계를 코디네이트 한 것이 시즈오카 대학과 시즈오카이공과대학의 연구자들이다. '신소재·신성형기술 강좌'의 커리큘럼 작성은 시즈오카대학 공학부 교수인 나카무라 타모츠中村保 씨가 주도하였다. 시즈오카대학 이노베이션연구센터장이자 사단법인 일본소성塑性가공학회장을 역임한 나카무라 씨의 노력으로, 강사진에는 대학 연구자부터 신일본제철, 닛산日産자동차, 도우레東レ와 같은 대기업 기술자까지 다양한 분야에서 초빙하였다.

구체적인 메뉴구성과 실시과정에서 나카무라 타모츠 씨의 존재감은 매우 컸다. 나카무라 씨는 중소기업 현장에 정통하고 하마마츠고등공업학교 시절부터 지역에 공헌하여 온 시즈오카대학의 훌륭한 전통에 대해 깊은 이해를 표시하였다. 그런 그가 강한 리더십을 발휘하여 학내를 통

11) 회원 수 1만 3,786개 사업장(조직율 52.8%). 사무국은 3부 8과. 직원 수 70명.

솔하고 자신이 주체적으로 행동함으로써 지역사회의 일원이자 대학인으로서의 역할상을 내외에 널리 과시하였다.

'파워 일렉트로닉스기술 강좌'는 시즈오카이공과대학 객원교수인 마스다 이쿠로增田郁朗 씨가 안을 만들었다. 마스다 씨는 히타치제작소에서 파워 일렉트로닉스를 오랫동안 연구해온 전문가이다.

'어떤 강좌에 누구를 스카우트하면 가장 매력적인 커리큘럼이 될 수 있을까?'라는 관점에서 각 강좌의 종합코디네이터가 선정되어 있다. 연구자의 종합적인 역량을 측정하는 것이라 할 수 있다.

한편, 대기업 등에 강사를 의뢰할 때는 하마마츠 산업창조센터와 벤처라보의 기업OB가 강좌의 종합 코디네이터로 동행하여 강좌의 목적과 의도를 상세히 설명한다. 상대방도 그 열의를 인정하고 또한, 거래처의 기술력 향상이 자사에 메리트를 가져다준다는 관점에서 강의를 수락한다고 한다.

강사를 맡는 지역중소기업에게도 인재육성 프로그램에 대한 강한 기대가 있다. 도장과 표면처리를 담당하는 카미야神谷理研의 전무인 카미야 타케히코神谷武彦 씨는 다음과 같이 설명한다.

> 제품이 완성되기까지 어떤 공정이 있고, 어느 공정에서 무엇을 하는지 알고 있는 사람은 의외로 적습니다. 모르기 때문에 할당된 업무를 그대로 처리합니다. 그러나 전후 공정을 이해하게 되면 "어떤 용도에 사용됩니까?", "이렇게 하는 것이 좋지 않습니까?"와 같은 제안이 가능하게 됩니다. 인재육성의 의의를 깨닫고 사원을 파견해 주면 좋겠습니다.

교재는 카미야 씨가 직접 작성하는데 도장기술의 진보와 경제 환경에 따라 매회 내용을 변경한다. 그는 인재육성사업에 협력하기로 한 상공회의소로부터 의뢰를 받고 강사직을 수락하였다.

이상과 같이 개별 관계자가 역할을 분담하여 전문분야를 살리고, 지역 기업의 수요를 의식하면서 장래를 고려한 인재육성사업을 실시하고 있다. 하마마츠 산업창조추진회의 등을 통해 각 조직 간의 합의가 형성되어 있기 때문에 대학이나 기업에 속한 개인도 소속 조직으로부터 지시를 받는 형태로 참여하고 있다.

5. 하마마츠의 제조기술을 지원하는 자립적 중소기업

마지막으로, 하마마츠 산업창조센터는 어떠한 제조기술기업을 육성하려는 것일까? 또, 2008년 가을 이후 경제 불황은 그런 기업에 어떤 영향을 미쳤는가? 개별기업의 사례를 보도록 하자.

1) 사례 1: (A사) 자동차부품에서 LED, 농상공 연계로

A사는 오토바이와 자동차에 사용되는 컨트롤 케이블의 탑 메이커로 국내시장의 70%를 점유한다. 1944년에 현 사장의 아버지가 창업하였다. 당초 농기구 등을 생산하였으나, 1955년 야마하발동기의 협력공장이 된 이래 컨트롤 케이블, 금속제파이프, 초정밀프레스가공 등 계속적으로 사업을 확대발전시켜왔다. 그러나 최근, 오토바이의 국내생산량이 급감하고 있다. 때문에 2002년 중국 광동성廣東省 동관시東莞市에, 2009년에는 베트남에 생산거점을 신설, 현재 국내 4개 공장, 해외 2개 공장을 가동하고 있다. 부가가치가 낮은 것은 해외 생산거점으로 옮겼는데, 컨트롤 케이블은 해외거점에서의 생산량이 90%를 차지한다.

자동차부품 메이커로서의 본업에 더하여 1990년대 중반이후 새로이 LED(발광다이오드)를 사용한 광기술 응용제품의 개발, 제조, 판매에 힘써왔다. LED를 내장한 펜 라이트가 쟈니즈Johnny's(일본의 아이돌 그룹) 콘서트와 동경디즈니랜드의 이벤트용 상품으로 채택되어 비약적으로 발전하였다. 2002년에는 시내에 소비자용 안테나 숍을 오픈하였다. 점포 전체를 LED로 장식하고 실내에 LED 관련제품을 판매하고 있다. LED에 의한

House Wrapping을 디자인에서 시공, 리뉴얼, 철수까지 모든 과정을 일괄하여 처리하는 사업도 전국단위로 진행하고 있다. 지금은 지역의 일반 소비자들로부터 '일루미네이션 전문가'로 불릴 정도로 LED사업의 1인자가 되었다.

LED사업은 버블 붕괴 후 불황기에 창립 50주년을 기념하여 시작한 사업이다. 기존 설비와 인원으로 LED제품 생산에 대응하였으나, 개발부문은 시즈오카대학 공학부 교수로부터 지원을 받았고 나아가 판매는 동경의 전시회에 출전하거나 사장이 직접 세일즈를 하면서 거래처를 개척하여 노하우를 축적하였다.

최근에는 LED를 사용한 동식물 육성에 힘을 쏟고 있다. 시즈오카현 서부지역의 특산야채인 청경채에 주목, 꽃망울이 많은 청경채 재배를 위해 '고휘도 LED를 사용한 꽃망울 유도장치'를 개발하였다. 이 장치의 개발로 2006년 9월에는 '중소기업신사업활성화촉진법'에 의한 '신연계지원제도' 사업으로 인정받았다.[12] 특히, 시즈오카차를 미립자 상태로 가공한 녹차판매를 시작하였으며, 지역의 농업자와 메이지明治약품, 시즈오카현립대학, 동경의과치과대학과 함께 베니후우키紅富貴녹차의 분말을 원료로 한 기능성 과자의 개발에도 힘쓰고 있다. 이와 같은 신규 사업은 전체 매출액의 10%를 차지하는 수준까지 성장하였다.

A사는 여성과 고령자에 대한 적극적인 고용자세로 유명하다. "여성만의 공장이라도 좋다"는 선대 사장의 아이디어로 1960년대부터 과소지역에서 여성만의 공장을 운영하고 있다. 수십 년 전부터 60세 정년 후에도 계속고용을 실시하고 있으며 고령자를 다수 고용하는 등 1994년과 2003년에는 노동대신상을 수상하였다. 1일 4시간 '유연근무' 형태로 고령자를 재고용하여 통상의 8시간 근무와 결합한 워크 쉐어링을 실시하고 있다.

---

12) 핵심기업인 야마토홍업이 장치의 전체 설계를, 츠보이공업(하마마츠시)이 냉장장치를 담당하였다. 꽃망울 판매와 시장개척은 야마마츠스즈키농원(하마마츠시)과 하마나카(하마마츠시)가 협력하였다. 시즈오카대학 농학부는 LED 광원체의 유도분자분석과 대상 야채의 성분분석을 담당하였다. 『농상공연계88선』에도 선정되었다.

최근 수년 사이 업적이 급성장하여 2008년도는 과거 최고인 약 83억 엔의 매출액을 기록하였으나, 2008년 가을 이후 수출관련 사업이 급감하여 2009년도 매출액은 전년대비 약 30%가 감소하였다. 수주량 급감으로 70~80명이던 일본계 브라질인 파견직원을 전원 감축하였다. 그러나 약 300명의 종업원(정사원 3분의 2, 파트 3분의 1) 고용은 유지하고 신규 채용도 계속하였다. 2009년 4월에는 15명(대졸 포함)이 입사하였고 2010년에도 인원수는 반으로 줄지만 채용은 한다. 특히, 재단법인 해외기술자연수협회AOTS: The Association for Overseas Technical Scholarship를 경유하는 개발도상국 기술자 연수생 제도에도 적극적이다. A사의 중국거점에는 AOTS 경유로 중국에서 온 연수생 출신 직원이 3명 일 하고 있다. 2009년 8월 현재는 약 40명의 필리핀인을 받아들였다.

A사는 '기업으로서의 영속성'을 강하게 의식하여 '일자리 창출'에 매우 의욕적이다. "인재육성은 새로운 일자리를 창출하거나 또는 고안해내는 사람을 육성하는 것"이라고 한다. 향후 '본업은 NO.1이 목표', 'LED상품은 지속개발', '차를 포함한 새로운 농공상 연계사업'에 힘쓸 계획이다.

2) 사례 2: (B사) 최고의 환경과 정밀도 높은 제조기술

B사는 현 사장이 1978년에 창업하였다. 종업원은 78명으로 하마마츠시에 거점을 두고 있다. 항공기부품과 자동차부품을 시험 제작한다.

일찍이, B사가 납품한 제품의 규격을 둘러싸고 거래처간 충돌이 있었던 탓에 제조기술의 원점이라 할 수 있는 정밀도를 매우 엄격히 관리하고 있다. B사는 소재, 가공, 측정을 일괄체제로 구축하여 국제적으로 정밀도 높은 제조기술 확립을 목표로 하는 것이 강점이다.

'측정'정밀도에 대해 이야기 하면, 3차원 측정기의 정밀도를 일상적으로 점검할 수 있도록 조작이 간단하고 저렴한 검사용 기기를 10년에 걸쳐 개발하였다. 이 검사용 기기로 측정기의 정밀도를 항상 100%로 유지해두면, 정밀도 낮은 기기로 부품과 제품을 검사하여 불량품을 발생시키는 문제를 해결할 수 있고 재료비, 연료비, 인건비 등의 낭비도 줄일 수 있다.

B사는 2003년에 계량표준을 담당하는 미국국가표준기술연구소NIST로부터 3차원측정분야에서 일본 최초의 인증을 취득, 그 후 독일표준연구소PTB로부터도 인증을 받았다. B사의 3차원측정기검사용 도구로 정밀도를 관리하고 있는 측정기는 국제수준의 보증을 받게 된다.

고정밀도를 고수하려는 노력은 제조기술 환경정비에서도 나타난다. 온도나 습도변화에 의한 재료신축 방지를 위해 사장이 직접 설계한 공장에 공기조절 설비를 완비하고 약 20도로 설정되어 있다. 머시닝센터 등 가공기는 특별주문품으로 그 가공 정밀도는 마이크로미터(1000분의 1mm) 수준이다. 자동차메이커 등 시작試作연구가 100분의 1mm의 렌지로 진행되는 데 비해 B사는 그 10배의 정밀도를 자랑한다. 또, 정밀 알루미늄 사형주물 사업에서는 용해된 금속이 굳을 때 가스가 거품처럼 나와 작은 구멍이 생기는 난제를 해결하는 주조법도 개발하였다.

이와 같은 사업활동이 평가되어 2005년에 '제1회 제조기술 일본대상'(경제산업성) 특별상, 2007년에 '제2회 제조기술 일본대상' 우수상을 수상하였다. 2006년에는 '건강한 제조기술 중소기업 300사'에도 선출되었다.

그러나 B사도 2008년 가을 이후의 경제불황에 큰 타격을 입었다. B사는 대형 자동차메이커 등으로부터 수주하는 시작가공과 소재가공이 주된 사업으로 매출액의 90%를 차지한다. 자동차업계의 동향에 좌우되기 쉬운 상황이다. 최근 수년의 연간매출액은 16억 엔 전후의 추이를 보였으나, 2008년 가을 이후의 매출액은 반감하였고 2009년도는 창업 이래 처음으로 적자라고 한다.

현재는 후계자 육성 공부모임인 '아사누마숙浅沼塾'과 연구개발에 힘을 쏟고 있다. 아사누마숙은 수년전에 시작하였다. 과장급, 계장급, 청년 등 3그룹으로 나누어 월 2회 실시하고 15명이 주도적으로 활동하고 있다. 연구개발의 중요 테마는 소재이다. 2009년에도 국가 등으로부터 4,000만 엔 단위의 보조금을 받았다. 사장은 "수주량 감소 속에서 부가

가치가 높은 일을 추구하고 있다. 유지하고 있는 테마는 재료이다. 소재의 감량화, 강도화가 한 가지 방법이다"라고 한다.

3) 사례 3: (C사) 냉간단조冷間鍛造 기술로 세계시장 판로개척

C사는 사원 30명의 금속가공계 벤처기업이다. 파트나 파견은 일절 없다. 현 사장이 중심이 되어 1986년에 설립하였다. 사장은 지역 공업고교 졸업 후 하마마츠시내의 자동차부품 제조회사에 취직하였는데 그곳에서 냉간단조기술에 매료되어 '기술추구'와 '사람의 행복'을 목표로 직장 동료들과 함께 C사를 설립하였다.

단조는 재료의 온도차에 의해 ① 600~900도에서 진행되는 온간溫間단조, ② 그 이상의 온도로 단조하는 열간熱間단조, ③ 상온에서 하는 냉간冷間단조로 분류할 수 있는데 이 중 가장 정밀한 단조를 만들 수 있는 것이 냉간단조이다.

C사는 자동차의 변속기 등에 사용되는 헤르칼기어(遊星齒車)를 절삭가공 없이 제조하는 신 냉간단조기술을 독자개발 하였다. C사의 기술은 치면齒面에 부풀림을 가진 형상(클라우닝)의 헤르칼기어도 內徑과 치면을 일절 절삭 없이 생산할 수 있다. 현재의 헤르칼기어는 절삭가공에 의해 제조되고 있는데 '가공공정이 많고', '강도·내구성이 낮다'는 문제가 있다. 이에 대해 C사의 냉간단조기술은 마이크로미터 수준의 정밀도에 생산속도도 빠르다. 재료의 낭비가 없어 저비용 및 자원절약이 가능하다. 국내외 자동차메이커가 큰 관심을 보이며 영국, 오스트리아, 프랑스, USA와 같은 해외 기업으로부터도 연구개발을 수탁하였다.

이와 같은 연구개발형 C사를 지탱하는 것이 '좋아하는 일'에 매진하는 사원들이다. C사에는 부나 과가 없고 관리직도 없다. 사원이 각각의 업무그룹의 일원으로서, 그리고 프로젝트의 리더이자 멤버로서 복수의 역할을 담당한다. 30대 사원이 A프로젝트에서는 리더를 맡지만, B프로젝트에서는 20대의 리더를 따르는 멤버의 한 사람에 지나지 않는다고 한다. 모든 사원이 스스로 과제를 발견하고 해결하는 강한 주체성을 요구받는다.

C사의 주 거래처는 약 20개사로 전 매출액의 80% 정도는 금형판매에 의한다. 특정기업에의 의존도가 낮기 때문에 외부환경 변화에 대응력이 상대적으로 높으나, 2008년 가을 이후 세계적 불황은 C사에도 타격을 입혔다. 2008년 9월의 매출액 4억 1,200만 엔에 비해 2009년 9월에는 2억 엔 전후로 거의 반감하였다.

그러나 2001년 9.11 테러 후의 불황기에 비하면 자금순환 등이 빠르기 때문에 경영진, 사원 모두가 침착하다. C사는 '호·불황의 파고에 흔들리지 않고 신규채용자를 확보하고', '구조조정은 절대 하지 않는다'는 방침을 세웠으며, 업무량이 적은 불황기를 사내 업무개선과 사원교육 강화기간으로 정하여 호황기를 대비한 체질강화에 힘쓰고 있다.

C사에서는 2008년 9월 이후 새로이 5S 프로젝트 팀과 컴퓨터 보안연구 프로젝트 팀을 결성하였다. 그리고 장래를 대비, 신소재, 이산화탄소 배출, 열전도와 같은 테마에 각 담당자를 정하여 신사업 전개 가능성을 모색하고 있다. 경영개선 공부방에는 6명이 참가하고, 2010년 3월에는 자신이 사장이라 생각하고 경영계획을 수립하여 발표하도록 할 예정이다.

C사의 경쟁력은 세계 톱 클라스의 냉간단조기술이다. 시작품試作品 차원에서 가능해진 클라우닝 헤르칼기어의 양산화가 당면과제인데, 장래에는 기어뿐 아니라 다른 부품도 냉간단조화하고 밋숀 등 유닛부품을 설계·제조·판매할 수 있는 기술력·기획력·제안력을 가진 기업을 목표로 하고 있다. 이를 위해서도 사원 한 사람 한 사람의 레벨 업이 불가피하다는 것이 C사의 구상이다.

C사는 하마마츠시에 인접한 이와타시에 거점을 두고 있는데 하마마츠 상공회의소와 하마마츠 지역테크노폴리스 추진기구, 하마마츠 산업창조센터 등과 친밀히 지내며 각종 기업지원제도를 적극적으로 활용해 왔다. 2006년에는 '신 냉간단조품 제조방법을 이용한 단조품의 제조 및 판매'로 중소기업신사업활동촉진법에 따른 '이분야異分野연계신사업분야

개척계획'(신연계)의 인정을 받았고, 2008년에는 '헤르칼기어의 판로개척 및 동 정밀단조기술을 활용한 정밀단조제품생산'으로 경영혁신법의 인증을 취득하였다. 하마마츠 산업창조센터 등이 실시하고 있는 '전문가 파견제도'도 적극적으로 활용하고 있다. 기반기술로 세계로 진출하려는 C사는 산업창조센터가 구상하고 있는 기반기술의 고도화 전략 모델의 하나로 볼 수 있다.

6. 하마마츠의 산업전략과 지원체제의 함의

이상, 하마마츠시의 산업전략과 산업지원체제 및 '모델 기업'의 실태를 살펴보았는데, 마지막으로 지역 차원의 새로운 도전성과를 검토하면서 고용과의 관계에서 남겨진 과제를 정리한다.

하마마츠에서는 입장이 다른 산관학 관계자가 연계하여 인재육성 강좌의 커리큘럼을 편성, 지역 중소기업에서도 의욕적으로 강좌에 참가하였다. '인재육성', '지재知財창업', '창업지원'이라는 3가지 전략사업은 이제 막 시작되었으며, 창업도시구상의 실현에 과연 효과적으로 기능할 수 있을지 미지수이지만 참가기업 수는 증가경향에 있다.

하마마츠 창업지원센터 시오다 씨, 총괄 코디네이터 카모 씨, 벤처라보 하마마츠지사장 나카무라 씨 등 세 사람도 "피라미드형 구조에 편입되어 횡적 연계가 없었던 기업 간 네트워크가 형성되었다", "아직은 등 떼밀려 하는 상태이지만, 끈기 있게 계속 하다보면 사람도 기업도 변할 수 있다는 확신이 든다"며 보람을 느끼고 있다.

그렇다면, 인재육성을 토대로 한 창업과 기존기업의 경영혁신을 촉진하려는 산업 전략이 왜 하마마츠 지역에서 수용될 수 있었을까? 앞에서도 지적한 바와 같이 그들은 장래 모습과 비전을 세우고, 그것을 이루기 위한 전략을 제시해 왔다. 비전과 전략의 기획입안단계에서 관계 조직의 장과 현장책임자를 참여시켜 목표를 공유하고 동료의식을 함양하였다. 이것이 실효성 있는 매력적인 강좌와 세미나개발로 이어졌다고 생각한다.

시오다 씨, 카모 씨, 나카무라 씨와 같은 '전략 팀'의 콤비네이션도 절묘하였다. 학계에 몸담았던 시오다 씨는 하마마츠시의 산관학 연계사업에 10수년간 관여해 왔다. 또, 비즈니스 업계에 몸담았던 나카무라 씨는 사원 한 사람 한 사람의 자립화가 파나소닉 변혁의 원동력이었다는 것을 잘 알고 있었다. 자신의 경험이 뒷받침된 지식과 노하우를 하마마츠 지역에 이식한 두 사람의 구상은, 기업경영자들의 신뢰가 두터운 카모 씨의 존재에 의해 하마마츠에 적합한 전략으로 입안 되었다. 특히, 그것을 구현한 것은 시즈오카대학 교수인 나카무라 씨의 강한 리더십 발휘였다.

강좌의 제공자 측에 대해 말하자면, 하청협력기업의 레벨을 향상시키고 싶은 자동차 메이커, 고객의 수요파악과 신규개척을 원하는 소재 메이커, 기업의 최신 기술정보의 입수, 공동연구, 학생의 일자리 확보 등을 원하는 연구자 들이 서로 다른 입장을 교차시키며 손을 잡았다. 그러나 '고객'인 중소기업이 수강하지 않으면 인재육성도 사업지원도 시작할 수 없다. 그것을 위한 영업활동을 담당한 것이 하마마츠 산업창조센터와 벤처라보 하마마츠지사의 코디네이터 10수 명이었다. 그들은 하마마츠시와 센터의 비전을 지역기업에 침투시키는 영업담당자이기도 하였다.

영업성과를 올리기 위해서는 비전과 전략, 개별사업이 영업하기 쉬운 상품인지가 결정적으로 중요하다. 하마마츠시와 센터가 그리는 산업전략은 체계적이고 알기 쉬운 것이었다. 그리고 인재육성, 지재知財창업, 창업지원이 연속적으로 전개되고 사업화를 명확하게 선언한 것이 '타산적인' 기업인들에게 평가받았다. 불투명한 장래에 대해 기반기술 육성에 주력한다는 방침이, 기반기술에 대한 자부심을 가진 하마마츠의 중소기업에게 참가의욕을 북돋우게 되었다.

각지에서 실시되고 있는 인재육성사업의 대부분은 일과성으로 끝나는 경향이 있는데, 하마마츠의 경우는 사업화를 목표로 한다. 세미나는 그 시작이다. 사업화로 이어지는 테마가 제시되고 사업화를 위한 공정표가 작성된다. 즉, 센터가 목표하는 장래상이 기업에게 이해와 공감을 얻고 그것을 가시적인 형태로 제시했다는 점이 기업인에게 수용된 요인이었다.

또, 센터로서는 제한된 자원을 유효하게 활용하고 가능한 한 효율적인 성과를 내기위해 사무국이 수강희망 기업을 픽업하여 참가를 요청하기도 하였다. 실제로 수강생을 보내는 것은 종업원 100명 전후의 중견·중소기업이 많다. 지금까지 약 200개사가 강좌에 사원을 보냈다고 한다. 예를 들어 파워 일렉트로닉스 강좌를 개별회사 모두 향후의 유망한 신규사업으로 인식하여 학생시절 전기의 기초를 배운 젊은 사원을 수강시킨다. 제조중심 인재육성 강좌에서는 제조기술의 기본적인 흐름을 배우는 문과출신 후계자의 모습도 눈에 띈다. 순조로운 전개라 할 수 있을 것이다.

이와 같이 하마마츠시의 창조도시구상 실현을 목표로 한 산업전략은 활력있는 기업을 대상으로 하고 있으며 고용의 유지확보 보다는 지역의 경쟁력 향상을 전면에 내세우고 있다. 산업지원 기관도 고용대책에 대한 의식은 희박하다.

그러나 본장에서 예로든 개별기업의 사례에서도 알 수 있듯이 의욕적인 기업, 도전적인 기업은 인재의 확보와 유지, 육성에 상당한 에너지를 쏟고 있다. A사는 일본계 브라질인이나 페루인과 같은 파견사원을 급격한 수요증가에 대비한 조정판으로 활용하고 있는 측면은 있으나, 창업이래 여성과 고령자 고용에 힘을 쏟아 왔다. LED 관련 신규사업도 고용대책의 측면이 있다.

연구개발형 벤처기업인 C사도 고용창출·유지를 고집하고 있다.

> 창업 이래 20여년을 경과하면서 겨우 30여 명의 회사로써는 성장이 늦을지 모르지만, 우리는 "실수는 하지 않는다"는 자부심이 있습니다. 사회적 책임을 완수하면서 전 종업원이 행복을 느낄 수 있는 그런 회사를 만들려고

생각합니다.

본장은 하마마츠시에서 전개되고 있는 인재육성을 기초로 하는 산업진흥 전략의 개요를 정리한 것에 지나지 않지만, 인재육성을 기초로 하는 산업전략이 기업의 경쟁력 향상 뿐 아니라 지역의 '양질'의 고용창출로 이어질 가능성을 강하게 시사하는 것이었다. 이 가능성에 대해서는 향후, 하마마츠시의 고용정책 또는 고용정책과 산업정책과의 관계에 관한 상세한 조사연구를 통해 밝히고자 한다.

본장에서는 또, 산업진흥이나 인재육성에 관한 다양한 전략과 시책의 기획입안, 실천에 있어 권한과 책임이 부여된 I턴, U턴자가 타 지역과 타 조직에서 축적한 지식, 노하우, 인맥을 유효하게 활용하고 있음을 설명하였다. 지역은 산업진흥과 고용창출 정책을 입안하고 실천하는 능력을 강하게 요구받고 있다. 지역 활성화를 향한 전략조직에 다양한 인재를 영입하여 과감하게 일임하는 것도 한번 생각해 볼만하다.

참고문헌

伊丹敬之·田中一弘·加藤俊彦·中野誠 編著(2007), 『松下電器の経営改革』, 有斐閣.

厚生労働省, 「雇用調整助成金に係る休業等実施計画届受理状況及び支給決定状況, 残業削減雇用維持奨励金に係る計画届申請状況並びに大量雇用変動届提出状況について」(各月版).

塩田進(2009), 「地域ものづくり人材の育成ー地域再生の切り札」, 『精密工学会誌』 75(5), 571~594쪽.

静岡県(2009), 「平成20年度静岡県観光交流の動向」.

静岡労働局, 「職業安定業務月報」(各月版).

________(2008), 「労働者派遣事業の現状及び指導監督状況について」.

________(2009), 「2010年3月高校·中学新規卒業予定者求人·求職状況」.

________(2009), 「静岡県の外国人雇用の届出状況(2008年10月末現在)について」.

中村穰治(2009), 「浜松における産学官連携21世紀型ものづくり人材育成の取り組み」, 『精密工学会誌』 75(5), 591~594쪽.

浜松市(2009), 「浜松の商工業2009年度版」.

______(2009), 「浜松市勢要覧2009」.

浜松公共職業安定所, 「業務月報」.

三品和広(2004), 『戦略不全の論理ー慢性的な低収益の病からどう抜け出すか』, 東洋経済進報社.

【청취조사 일정】

방문처	일시
하마마츠 산업창조센터	2009년 6월26일 10:30~12:00
하마마츠 산업창조센터	2009년 8월25일 10:00~12:00
시즈오카대학 공학부(제조중심인재육성강좌)	2009년 6월26일 13:00~14:30
C사	2009년 8월24일 10:30~12:00
A사	2009년 8월24일 15:30~17:30
B사	2009년 8월25일 15:30~17:00

제 7 장

공민관을 지역거점으로 한 민관협동의 복지마을

: 공설자주운영방식에 의한 마츠에시 공민관의 노력과 지역복지의 융합

이노우에 노부히로 井上信宏

저출산·고령화 시대의 진전에 따라 기존의 육아나 간호와 같은 가족내부의 케어문제가 사회화 되었다. '케어의 사회화'는 누가 케어를 담당하고 질적인 부분을 여하히 보장하는가의 문제로 현재화한다. 지역사회의 '케어'를 테마로 하는 지역 만들기는 지역의 공민관을 거점으로 지역사회를 조직화하고 사회교육과 지역복지를 융합시킴으로써 기존의 대기업 유치형 지역 만들기의 대안이 될 수 있다.

제7장
공민관을 지역거점으로 한 민관협동의 복지마을
: 공설자주운영방식에 의한 마츠에시 공민관의 노력과 지역복지의 융합

이노우에 노부히로(井上信宏)*

1. 들어가는 말: 지속가능한 지역 만들기와 복지

1) 저출산·고령화의 진전과 간호의 사회화

저출산·고령화의 진전에 따라 육아나 고령자 간호와 같은 간병문제가 새로이 주목되고 있다. 중에서도 고령자 간호(간병)는 절대적인 숫자의 증가와 함께 고령기 생활모습이 지금까지의 고령자와는 크게 다르다는 것이 문제를 더욱 심각하게 한다.

첫째는, 고령기의 신장이다. 2008년 현재 평균수명은 남성 79.29세, 여성 86.05세이다. 후생연금 수급연령이 상향되는 가운데 정년연장이 구체적인 정책과제로 되고, 정년을 하고서도 15년 내지 25년이라는 장기의 고령기가 일반화되고 있다. 생산활동에서의 퇴출이 사회적으로 강제되고 있는 가운데 고령기의 생활보장을 어떻게 확보할 것인지가 시급한 문제로 인식되고 있다.

---

* 신슈대학(信州大学) 경제학부 준교수.

둘째는, 특히 75세 이상의 후기 고령자에게 발병률이 높은 치매나 생활습관병자에 대한 요간호화의 문제이다. 2002년 현재 65세 이상으로 자립도II[1]의 치매 고령자 수는 149만 명, 65세 고령자 인구대비 6.3%인데, 2030년에는 353만 명, 10.2%로 추계되고 있다.[2] 또, 고혈압이나 고지혈증, 당뇨병과 같은 생활습관병을 가진 고령자는 증가경향에 있고, 뇌혈관 질환으로 의한 위험이 높아 요간호 상태가 된 고령자의 간호문제가 지적되고 있다.

셋째는, 고령자세대나 독거세대의 증가와 관련된 문제이다. 2007년 현재, 65세 이상 고령자가 있는 세대는 1,926만 세대로 전 세대(4,802만세대)의 40.1%를 차지한다. 이 중 고령자 독거세대가 433만 세대(고령자가 있는 세대의 22.5%), 고령자 부부세대가 573만 세대(동 29.8%)로 고령자 독거세대와 부부세대가 계속 증가하는 경향이 있다.[3]

고령기의 연장, 치매나 생활습관병자의 요간호화, 고령자 독거세대와 고령자 부부세대의 증가와 같은 상황변화가 가족형태의 변용이나 역할기대, 간호를 둘러싼 사회관계의 변용으로 이어져 고령자 간호(케어) 관련 사회문제를 야기하고 있음은 주지의 사실이다.

지금까지 육아나 간호와 같은 케어문제는 그 대부분을 가족 내부에서 담당해 왔다. 그러나 케어를 둘러싼 사회관계가 변함으로써 육아나 간호의 일부가 가족 내부로부터 사회화가 되었다. 이러한 '케어의 사회화' 진행은 첫째, '누가 케어를 담당할 것인가?'라는 직접적인 역할문제를, 둘째는, '그 질적인 부분을 누가 얼마나 보장할 수 있는가?'라는 책임문제를 각각 현재화顯在化하게 된 것이다.

---

1) '자립도 II'란, 일상생활에서 자립도를 판단하는 기준의 하나로 '일상 생활에 지장을 초래하는 증상·행동이나 의사소통 곤란 정도가 다소 보이더라도 누군가가 관심을 가지면 자립할 수 있는' 상태임.

2) 고령자간호연구회, 「2015년 고령자 간호」, 2003.

3) 내각부(편집), 『고령사회백서』, 2009. 자료 출처는 후생노동성 「국민생활기초조사」.

2) 고령자 간호의 주체문제

고령자를 대상으로 한 케어의 사회화 역사는 오래되었다. 고령자에 대한 소위 '누워 있는 노인'의 증가에 따라 입소시설을 정비하면서 노인가정 봉사사업(1962, 이후 홈 헬프 서비스), 쇼트 스테이(1978), 데이 서비스(1979)와 같은 재택복지서비스 메뉴가 마련되고, 1980년대에는 노인복지법의 개정으로 재택서비스의 이용이 확대되었다. 이런 가운데 고령자 복지시책은 서서히 시설입소에서 재택간호로 이동되어 고령자 보건복지 추진 10개년 계획(1989, 골드 플랜)에서는 기초자치단체 단위로 질 높은 생활지원서비스를 계획적으로 충실히 하려는 시책이 추진되었다.

1990년대 사회복지기초구조개혁의 논의를 거쳐 성립된 간호보험법(2000)은 재택간호를 중심으로 한 서비스 제공기반을 정비하는 것으로 가족 내에서 '주된 간호인'을 두는 '가족동거모델'이 당초 구상되었던 간호모델이었다. 왜냐하면, 요간호 상태의 고령자를 재택간호로 대응하려는 배경에는 고령자 간호를 가사영역에 포함되는 노인부양의 문제로 삼으려는 이념이 강하게 남아있었기 때문이며, 여기에서 주로 간호인은 동거하는 '친족 여성'을 의미하는 것이었다.[4)]

정책차원에서 이 간호모델을 재검토한 것이 2006년 간호보험법 개정에 앞서 정리된 '간호보험제도의 재검토에 관한 의견'(사회보장심의회간호보험부회, 2004. 7. 30) 이다. 이 '의견'에서는 고령자 독거세대나 고령자 부부세대가 요간호 상태가 되어도 가능한 한 생활이 익숙한 지역에서 인생을 보낼 수 있도록 '지역케어체제'를 정비할 필요성이 지적되어, 이전까지의 가족동거 모델로부터 '독거모델'을 고려한 지역케어체제의 필요성을 언급하고 있다.

---

4) 이노우에 노부히로(井上信宏), 「地域包括ケアシステムの担い手とケアマネジメント・ネットワークの構築」, 『信州大學經濟學論集』 第53號, 2005 참조.

3) 비공식 서비스의 중요성

이와 같은 일련의 고령자 복지 확충과 간호보험제도의 운영 중에 제도가 제공하는 서비스만으로는 지역사회에서 재택생활을 계속할 수 없다는 사실을 깨달았다. 예를 들어, 일상생활에서의 쓰레기 배출이나 전구교환, 일상적인 어려움에 대한 상담이나 보통의 이야기 상대 등은 사회복지나 간호보험으로 해결할 수 있는 것들이 아니다. 또한, 이러한 일상생활에서의 지원이 생활의 쾌적함과 건강수준을 향상시켜 보다 나은 생활수준의 어메니티amenity 향상을 가져오는 것만은 아니다. 수요와 지원의 상호관계는 고령자의 생과 사에 관련된 생활정보가 교환되는 공간을 만드는 기능을 가지고 있다.

이와 같은 일상생활에서의 수요와 그 지원의 부정합, 또는 그런 지원의 상호관계가 만들어지는 공간의 결여문제가 지금까지 현재화하지 않은 것은 그 대부분이 가족 내에서 해결되고 이웃의 서포트로 대응해 왔기 때문이다(互助).[5] 그러나 고령자 독거세대와 고령자 부부세대의 급증, 요간호 고령자의 생활양태 변화 등 고령자의 지역생활을 둘러싼 사회 환경의 변화가 일상생활의 수요와 그 지원문제를 현재화하게 한 것이다.

일상생활의 수요에 대한 지원은 대부분의 기초자치단체에서 '비공식 서비스'로 불리는 것이다. 거듭 말하지만, 이런 서비스의 필요성이 지적되는 배경에는 사회관계자본(소셜 캐피탈)이라고 하는 인간관계나 신뢰를 기반으로 한 지역생활의 인프라가 무너지고 있다는 사실이 있다. 지역사회의 지연적 유대와 가족에 의한 혈연적 유대가 취약해지는 가운데 그 중요성이 각 방면에서 지적되고 있는 것이다.

5) 이노우에 노부히로(井上信宏), 「地域社会で高齢者を孤立させないとりくみと地域生活システムづくりのポイント」, 『高齢者が孤立することなく暮せる地域生活システムの構築に関する調査研究報告書』, (社)生活福祉研究機構, 2009에서는 이러한 '공간'을 '친밀권'으로 정리하였다.

[도표 7-1] 비공식 서비스 일례

카테고리	구체적인 서비스 내용
① 일상생활지원	쓰레기배출, 우편물정리, 비오는 날 쇼핑
② 생활상담	일상의 곤란과 관련이 깊은 상담에 대응
③ 대화상대	독거 고령자와의 대화상대
④ 절차대행	신청서류작성 등 제반 절차대행
⑤ 관계기관에의 연락조정	행정기관, 금융기관, 간호사업자, 의료기관등 연락조정
⑥ 이송/실내이동 시중	정기·부정기 통원보조, 침대 낙하 원상복귀 등 부정기 시중
⑦ 회식/배식	지역의 정기적인 회식 및 이에 참가불가능 고령자 배식
⑧ 입퇴원시/입원중 지원	독거고령자 입·퇴원 시 절차대행, 의류선택 등 입원중 도우미
⑨ 안부확인/긴급대응/긴급통보	급병이나 긴급 용태변화 시 관계자 연락통보 등

• 주: 이 일람표는 모리타 후미아키(森田文明) 씨(고베시(神戸市) 보건복지국)가, 필자가 참여하여 작성한 자치단체활성화연구회 보고(2009. 5) 자료에 일부 가필한 것이다.

4) 지역복지와 지역포괄 케어시스템

고령자 간호와 지역사회의 요간호자要援護者에 대한 지원 관련 소셜 캐피탈 구축에 대해서는, 이미 사회복지기초구조개혁 논의에서 '지역복지의 확립'이 거론되어 사회복지법(2000)에 '지역복지의 추진'(제1조, 제4조)과 기초자치단체의 지역복지계획수립(제107조)이 규정되었다.

또, 2006년 간호보험법 개정시, 지역의 간호예방 매니지먼트를 실시하고 권리옹호에도 대응 가능한 종합상담창구 기능을 가지며, 포괄적·계속적 매니지먼트 지원을 담당하는 '지역포괄지원센터'가 설치되었다.[6)]

2008년 3월에는 「앞으로의 지역복지 모델에 관한 연구회 보고서」[7)]가 정리되어, 고령자에 한하지 않고 요원호자의 지역생활 지원을 가능하게 하는 '지역의 "새로운 상호원조"(共助)' 확립 필요성이 강조되었다. 여기서

6) 이노우에 노부히로(井上信宏), 「高齢者介護システムへの市民のアクセス」, 『月刊自治研』 第587號, 2008. 8 참조.

7) 후생노동성 사회원호국: http://www.mhlw.go.jp/shingi/2008/03/s0331-7.html.

는 주민이 지역복지를 포함한 지역활동의 역할자이고 지역의 생활과제를 주민자신이 집약하여 지역복지의 내실을 기하는 '새로운 공공' 확립을 위해 기초자치단체 단위의 대응 필요성이 제기되어 있다.

2009년 5월에 정리된 「지역포괄케어연구회보고서」[8]에서는 주로 고령자 간호에 초점을 맞춰 "요간호 상태라도 가능한 한 생활이 익숙한 지역이나 자택에서 계속 생활하며 인생의 마지막까지 자존감 있게" 살 수 있도록 "약 30분 이내에 접근할 수 있는 권역에서 개개인의 수요에 따라 의료·간호 등 다양한 서비스가 적절히 제공될 수 있는 지역체제"로서 '지역포괄케어시스템'을 구축할 필요가 있음이 명기되었다.

이러한 일련의 시책을 보면 고령자 간호에 그치지 않고 요원호자의 지역생활을 서포트하기 위해서는 다음의 4가지 대응이 요구된다고 하겠다.

① 지역사회를 조직화하여 와해되어가는 소셜 캐피탈을 재구축하고 지역복지가 가능한 공간을 편성한다.
② 고령자 간호를 대상으로 한 지역포괄센터로 대표되는 종합상담에서 지역지원, 전문직 연계를 담당할 수 있는 지역거점을 설치한다.
③ 지역포괄케어시스템의 취지를 고려하여 지역주민이 주체가 되는 생활과제의 발견과 지원 및 초과 수요에 대한 전문적 지원 시스템 준비
④ 기초자치단체를 단위로 지역주민 - 전문직 - 행정의 협력에 의한 새로운 공공을 구축

5) 왜 시마네현 마츠에시의 노력에 주목하는가?

이 장에서는 본 연구의 문제의식 중 하나인, 지역에서 생활하는 주민이 주체가 되어 지역 만들기와 그것을 지원하는 자치단체의 역할을 살

---

8) 후생노동성(老健局): http://www.mhlw.go.jp/houdou/2009/05/h0522-1.html.

펴보기 위해 시마네현島根県 마츠에시松江市의 공설자주운영방식에 의한 공민관 활동에 주목한다.

마츠에시에 주목하는 첫 번째 이유는, 마츠에시 공민관의 활동 중에는 주민의 사회교육을 기초로 한 지역 만들기 노력의 역사가 있고, 그 속에서 지역복지의 조직화 필요성을 자각하여 일찍부터 자생적 활동을 이어오고 있다는 것이다. '사회교육과 지역복지의 융합'은 마츠에시 지역 만들기의 특징이라고 할 수 있다.

두 번째 이유는, 2000년 사회복지법에 명기된 지역복지계획수립과 관련, 공민관과 지구사회복지협의회가 연계하여 21개 공민관구가 각각의 지역의 생활과제를 도출하여 작성한 지역복지활동계획과 지역복지계획을 일체적으로 정리한 것이다. 복지거버넌스에 있어 사회교육과 복지융합의 실천이라는 마츠에시의 독자적인 노력은 흥미롭다.

세 번째 이유는, 이런 노력에 대해 행정이 후원자적 입장에서, 복지커뮤니티를 만들기 위한 지역생활의 시스템화 구축 방법을 민관협력으로 모색하려는 것에 있다. 과제를 지역으로 전가하지 않고, 새로운 공공패러다임의 구축을 위해 네트워크를 형성하려는 자치단체의 노력과 행정책임의 자세를 새로이 검증해 보고자 한다.

2. 마츠에시의 개요와 사회복지 현황

1) 마츠에시의 위상과 시정촌 합병

시마네현의 현청소재지 마츠에시는 현의 동부에 위치하고, 동으로는 나카우미中海, 서쪽으로는 신지코宍道湖와 면하며 북으로는 일본해(동해)와 닿아있는 위치에 있다. 신지코와 나카우미를 잇는 오오하시가와大橋川 주변에 평지가 있고 북부에는 마쿠라기산枕木山을 비롯한 시마네半島의 산들이, 남부에는 산인山陰지방과 산요山陽지방의 분수령인 주고쿠中国산지가 동서로 뻗어있다. 충적沖積평야alluvial plain인 마츠에시가지는 오오하시가와를 끼고 남북으로 펼쳐지며 주변은 소구릉으로 둘러싸인 토지이다. 지금의 마츠에시는 동서 약 41km, 남북 약 31km, 530.28km^2의 면적을 가지고 있다.

마츠에시는 구 마츠에시(15만 2,616명), 구 카시마쵸鹿島町(8,414명), 구 시마네쵸島根町(4,447명), 구 미호노세키쵸美保関町(6,781명), 구 야쿠모무라八雲村(6,844명), 구 타마유쵸玉湯町(6,114명), 구 신지쵸宍道町(9,489명), 구 야츠카쵸八束町(4,584명) 등 1시市 6쵸町 1무라村가 5년여에 걸친 합병협의 끝에 2005년 3월 31일 탄생하였다.[9] 이 합병은 구 시정촌을 폐지하고 그 구역을 가진 새로운 '마츠에시'를 신설하는 신설합병이다.

마츠에시

9) 합병전 각 시정촌의 인구는 『国勢調査』에 의함.

2) 인구와 고령화 진전

마츠에시의 인구(2008. 3)는 19만 3,307명, 이 중 65세 이상 고령자는 4만 5,712명, 고령화율은 23.7%이다. 2005년 3월 말 이후, 마츠에시의 인구는 거의 횡보하고 있으나 고령자의 증가가 두드러진다. 특히 75세 이상 후기 고령자의 증가가 현저하다. 2008년 3월 말에는 고령자의 51.6%가 후기 고령자이다.

[도표 7-2] 마츠에시의 인구, 고령화 추이

년도	총인구(명)	고령자 수 (65세 이상)	전기 고령 자	후기 고령 자	고령화율(%)
2005년 3월 말	193,772	43,109	22,087	21,022	22.2
2006년 3월 말	193,154	43,849	21,966	22,883	22.7
2007년 3월 말	193,649	45,787	21,940	23,847	23.1
2008년 3월 말	193,307	45,712	22,114	23,598	23.7

• 출처: 『마츠에시고령자복지계획·간호보험사업계획: 2009년~2011년』(2009년3월).
• 자료출처: 마츠에시 간호보험과 자료.

주민의 약 4분의 1이 고령자라는 마츠에시에, 2006년부터 2008년까지 3년간, 고령자만의 세대수가 1만 3,979세대에서 1만 5,461세대로 약 10.6% 증가하고, 그 중에서도 독거 고령자는 약 13.4% 증가하고 있다.

이와 같은 마츠에시의 고령자세대 급증은 간호보험서비스의 이용에도 영향을 미치고 있다. 2007년도에 마츠에시가 실시한 '간호보험서비스이용자 앙케이트 조사'에 의하면,[10] 간호보험서비스를 이용하고 있는 세대의 구성은 '독거생활'(13.9%), '배우자와 생활'(22.9%), '배우자 이외의 2인 생활'(10.2%)이 47.0%로 약 반수를 점하며, 고령자 단독세대 및 고령자만의 세대증가 등 가족의 간호를 충분히 기대할 수 없는 고령자세대

10) 『마츠에시 고령자복지계획·간호보험사업계획: 2009년~2011년』, 2009. 3.

의 급격한 증가가 예상된다.

3) 고령자 간호

요간호(지원) 인정자는 2006년도에 7,805명에서 2008년도는 8,151명으로 346명이 증가하였다. 같은 기간 요간호(지원) 인정율은 17.7%로 횡보 상태이다. 또, 2006년도 신규 인정자는 1,338명, 신규인정자가 제1호 피보험자에서 차지하는 비율은 3.0%, 2007년도는 1,477명, 3.3%였다.

마츠에시 간호보험과에서 요간호(지원) 인정자가 되는 원인을 주치의 의견서 데이터를 기초로 분석한 결과에 의하면, 남성의 경우 '뇌경색'(24.7%)과 '뇌출혈'(5.9%)이 전체의 30%를 차지하고, 여성의 경우 '무릎

[도표 7-3] 마츠에시의 고령자세대 구조

연	고령자 수(명)	고령화율(%)	고령자만의 세대 수(세대)		
			독거	2인 이상 세대 수	계
2006	43,849	22.7	7,136	6,843	13,979
2007	44,787	23.1	7,616	7,058	14,674
2008	45,712	23.7	8,091	7,370	15,461

• 출처: 『마츠에시고령자복지계획·간호보험사업계획: 2009년~2011년』(2009년3월).
• 자료출처: 「2008년 고령자 통계표」(마츠에시).

[도표 7-4] 연령별로 본 요간호(지원) 인정율

	2006년	2007년	2008년
제1호 피보험자 수	44,193명	45,237명	45,992명
그 중 요간호(지원) 인정자	7,805명	8,010명	8,151명
동 확정율	17.7%	17.7%	17.7%
65~69세	3.1%	2.8%	2.8%
70~74세	6.6%	6.5%	6.3%
75~79세	14.2%	13.7%	13.5%
80~84세	27.5%	26.9%	26.6%
85세 이상	58.7%	58.2%	57.5%

• 자료출처: 마츠에시 간호보험과(각년 10월 1일 현재).

관절증을 포함하는 근골격 질환'(20.5%)과 '골절'(9.8%)이 약 30%를 차지한다(2007). 그리고 남녀모두 치매 비율이 증가하는 경향으로 2004년도에 남성이 11.3%, 여성이 17.4%였던데 비하여 2007년에는 남성 16.1%, 여성 21.4%였다.

마츠에시 간호보험과는 향후 요간호(지원) 인정자 수를 8,389명(2009년도 추계치)에서 2011년에 8,862명, 473명(5.6%)이 증가할 것으로 추계를 예측하고 있다. 아울러, 현재 횡보상태인 요간호(지원) 인정율도 17.7%에서 18.0%로 증가할 것이라 예측하고 있다.

4) 장해자

2008년 3월 말 현재, 마츠에시의 신체장해자 수첩 소지자는 8,730명, 요양수첩을 소지한 지적장해자는 1,541명, 정신장해자 보건복지수첩 소지자는 817명이다.

2007년 3월 말 현재, 신체장해자 중 4,871명(57.1%)이 지체부자유자이고 수첩급수는 1급이 2,999명(35.1%)을 차지하며 중증장해자가 많다는 것이 특징이다. 요양수첩 소지자는 매년 증가경향에 있는데 1,462명 중 673명(46.0%)이 중증(A)등급이다.

2007년 3월 말 현재, 정신장해자 보건복지수첩 소지자는 688명이고 통원비용부담수급자증 소지자는 3,503명으로 최근 증가경향이며 소위 정신질환자가 많다는 것을 알 수 있다.

연령별 장해자 수를 보면, 신체장해자 5,997명(70.3%)이 65세 이상의 고령자이고, 지적장해자 1,058명(72.4%)이 18~64세이다. 그리고 신체장해자와 지적장해자의 95.5%가 재택생활자이며 신체장해자에게는 고령자 주택간호, 지적장해자에게는 취로기회 확보 및 지역생활지원에 관련된 과제의 필요성이 예상된다.

[도표 7-5] 장해자(신체, 지적, 정신) 현황

연	신체장해자 수첩소지자(명)	療育수첩소지자(명)	정신장해자 보건복지 수첩소지자(명)
2004	5,903	966	458
2005	8,385	1,359	640
2006	8,568	1,421	687
2007	8,536	1,462	688
2008	8,730	1,541	817

• 주: 각년 3월말현재. 2004년은 구 마츠에시만, 2005년은 합병전 구 마츠에시와 구 정촌의합계수치, 2006년 이후는 합병신시의 수치.
• 자료출처: 마츠에시 장해자복지과.

[도표 7-6] 연령별 장해자 수

(2007년 3월 말)	18세 미만	18~64세	65세 이상	합계
신체장해자	156	2,383	5,997	8,536
지적장해자	264	1,058	140	1,462
합계	420	3,441	6,137	9,998

• 출처: 『모두가 온화하게 복지로 지역만들기: 마츠에시 지역복지계획·지역복지활동계획』(2008년3월).

[도표 7-7] 시설입소 및 재택 장해자 현황(2007년 3월 말)

<table>
<tr><th></th><th colspan="3">항목</th><th>명 수</th></tr>
<tr><td rowspan="12">입소</td><td colspan="3">공동생활간호(케어홈)</td><td>55</td></tr>
<tr><td colspan="3">공동생활원조(그룹홈)</td><td>44</td></tr>
<tr><td colspan="3">시설입소지원</td><td>1</td></tr>
<tr><td rowspan="8">구법시설지원</td><td rowspan="4">신체장해자</td><td>갱생입소</td><td>16</td></tr>
<tr><td>療護입소</td><td>75</td></tr>
<tr><td>授産입소</td><td>24</td></tr>
<tr><td>(소계)</td><td>(115)</td></tr>
<tr><td rowspan="4">지적장해자</td><td>갱생입소</td><td>159</td></tr>
<tr><td>療護입소</td><td>69</td></tr>
<tr><td>授産입소</td><td>10</td></tr>
<tr><td>(소계)</td><td>(238)</td></tr>
<tr><td colspan="3">(중계)</td><td>(453)</td></tr>
<tr><td colspan="4">재택생활</td><td>9,545</td></tr>
<tr><td colspan="4">합 계</td><td>9,998</td></tr>
</table>

• 출처: 『모두가 온화하게 복지로 지역만들기: 마츠에시 지역복지계획·지역복지활동계획』(2008년3월).

5) 생활보호

마츠에시의 보호세대수와 보호율은 모두 상승경향이다. 2005년도 말에는 169세대(8.3%)였던 보호세대가 2006년도 말에는 1,242세대(8.8%)로 증가하였다. 2006년도 말의 데이터로 세대유형별 구성을 보면 고령자세대(425세대) 34.2%, 모자세대(100세대) 8.0%, 장해자세대(72세대) 5.8%, 상병자세대(428세대) 34.5%, 기타세대(217세대) 17.5%이다.

[도표 7-8] 생활보호 현황

연도	연 세대수 (연간)	연 인원 (연간)	보호비 지급 총액(천 엔)	1인당 급부액(엔)	보호율(%)		
					마츠에시	시마네현	전국
2003	10,311	14,235	2,198,212	154,423	8.2	5.0	10.7
2004	11,037	15,420	2,304,890	149,474	7.6	5.2	11.1
2005	13,333	18,468	2,891,647	156,576	8.3	5.6	11.7
2006	14,666	20,047	2,954,245	147,366	8.8	5.9	12.0
2007	15,352	21,009	3,043,833	144,882	9.3	6.2	12.3

• 주: 2003년, 2004년은 구 마츠에시의 수치. 2005년 이후는 합병후 마츠에시 수치.
• 자료출처: 시 생활복지과.

3. 공설자주운영방식의 마츠에시 공민관과 사회복지협의회의 협력

마츠에시의 지역복지 기반은 '마츠에 방식'이라고 하는 공설자주운영방식의 공민관 활동과 지역복지의 추진모체인 지구사회복지협의회가 연계하여 지역사회의 복지수요 발굴과 조직화를 추진해온 것이 특징이다. 본절에서는 공설자주운영방식의 공민관 활동 개요, 지구사회복지협의회와 공민관의 연계활동을 정리한다.

1) 공설자주운영방식의 마츠에시 공민관 활동

(1) 공설자주운영방식의 역사

구 마츠에시 공민관은 1952년에 치쿠야竹矢공민관, 카와츠川津공민관이 시청의 지소에 병설되는 형태로 시작되어 1966년까지는 출장소와 학교 공민관 등에 공설공영방식으로 설치·운영되고, 81년에 21번째인 고시바라古志原공민관이 설립되었다.

마츠에시가 1964년부터 71년에 지방재정재건추진특별조치법 준용단체로 지정되자 공민관 운영을 재검토, 1966년부터 1972년까지 공설공영이었던 공민관을 재정재건의 일환으로 각각의 지역주민이 공민관 운영에 참여하는 공설자주운영방식으로 바꾸게 되었다. 그 후, 2006년 9월에는 각 공민관 운영협의회를 지정관리자로 하는 지정관리자제도가 도입되었다.

2005년의 시정촌 합병에 따라 신 마츠에시를 구성하는 구舊 마츠에시 이외의 정촌에는 공민관과 지구공민관, 분관 등을 공설공영방식으로 설치하였으나, 나중에 '공민관제도검토위원회'가 개최되어 구舊 정촌에 공민관을 각 하나씩 설치, 구 마츠에시와 같이 공민관 운영협의회를 조직하여 11년도까지 공설자주운영방식으로 변경할 것을 결정하였다.

2009년 7월 현재, 구 마츠에시의 21개 공민관, 구 정촌의 4개 공민관이 공설자주운영방식을 채용하였다.

(2) 공설자주운영방식에 의한 공민관 관리운영

각각의 공민관 운영은 각 지구의 공민관 운영협의회가 지정관리자가 되는 자주운영방식이다. 운영협의회는 정내회町內會·자치회, 지역 각종단체의 대표, 학식경험자 등 20~30명의 위원으로 구성된다.

공민관 직원은 관장(1명)과 사무직원(3명) 등 총 4명이다.[11] 관장은 교

---

11) 다만, 합병전 구 정촌의 공민관은 그렇지 않다.

육위원회가 임명하는 비상근 특별직으로 공민관 운영협의회의 구성원이다. 사무직원[12)]은 주임 1명, 주사 1명, 지역보건복지 추진 직원 1명으로 구성된다. 지역보건복지 추진 직원은 1997년부터 채용하기 시작하였다. 사무직원은 마츠에시 공민관 운영협의회 연합회 회장 및 교육위원회가 채용을 승인하면 각 지구 공민관 운영협의회가 채용하는 형태로 이루어진다. 공민관에 따라서는 바쁠 때 임시직원을 고용하기도 한다.

공민관 운영비용은 인건비와 시설설비비를 전액 시가 부담한다. 관리비는 약 70%를 시가 부담하고 나머지 약 30%를 지역의 각 세대가 부담한다(지역비). 각 세대당 지역비 부담액은 지역에 따라 다른데 연 350엔에서 2,500엔 정도이다. 사업비는 일부 시가 부담하기도 하지만 균등할, 세대할 등 각각의 사업비가 지역에서 조달된다.

지역의 공민관은 지구 공민관 운영협의회가 중심이 되어 매일의 활동을 지원하고 있는데, 각 공민관의 정보교환과 연대를 위해 마츠에시 공민관 운영협의회 연합회가 구성되어 있다. 이 외에 마츠에시 공민관협의회와 마츠에시 공민관 관장회의가 조직되어 각종 연수 및 연대가 필요한 활동을 조정하고 있다. 이와 같은 공민관 네트워크는 마츠에시 교육위원회 생애학습과가 중심이 되어 관리한다.

지구 공민관 운영협의회 차원의 공민관 운영에 대해 마츠에시 건강복지부가 관여하고 있는 것이 마츠에시의 특징이라 할 수 있다. 건강복지부는 각각의 공민관에 배치된 지역보건복지 추진 직원의 인건비를 총괄하고 있다.

각각의 공민관은 연말연시를 제외하고는 상시 개관하며, 토·일·공휴일에 직원들은 쉬지만 공민관은 사용할 수 있다. 개관시간은 오전 9시부터 오후 10시까지이다.

---

12) 주임, 주사는 정규직원, 지역보건복지 추진 직원은 1년 유기 촉탁직원이다. 지역보건복지 추진 직원은 앞으로 정규직원으로 할 계획이다.

[도표 7-9] 마츠에시 공민관의 운영조직 흐름도

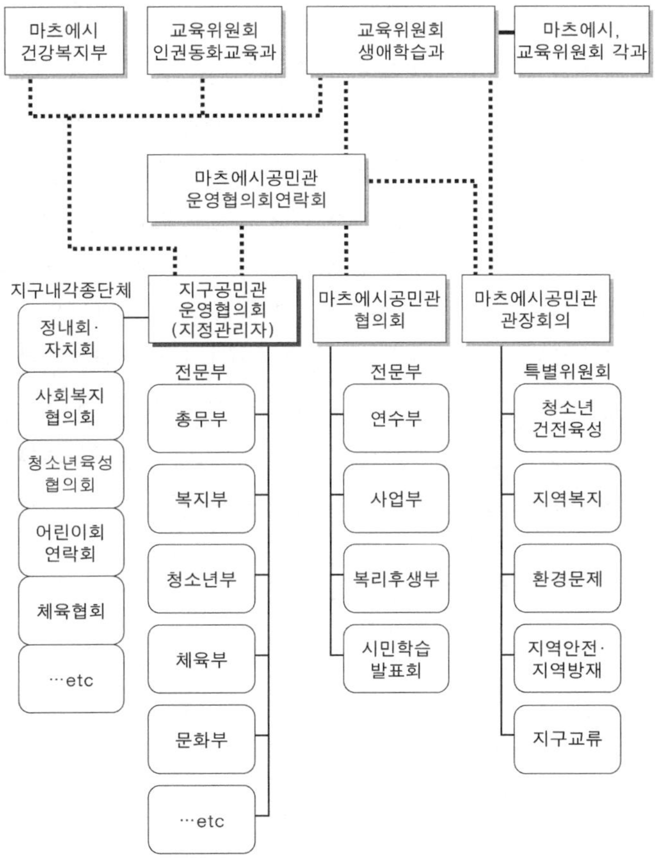

• 출처: 마츠에시 건강복지부 작성(내부자료).

(3) 공설자주운영방식의 특징

공설자주운영방식의 첫 번째 특징은 각 지구별로 조직된 공민관 운영협의회를 통하여 주민이 직접 공민관 운영에 참여하는 것이다.

공민관 설치 및 평상의 관리운영을 자치단체(직원)가 담당하는 것이 공민관의 일반적인 설치·관리·운영 스타일이며, 대부분의 공민관은 공설공영으로 사업을 실시한다. '마츠에 방식'이라 불리는 공설자주운영방식은 공민관의 설치를 시가 부담하지만, 관리운영은 지역주민이 구성하는 공민관 운영협의회가 담당함으로써 공민관 활동을 추진하는 것이 특징적이다.

각각의 공민관 운영협의회에는 독자적인 전문부가 조직되어 자주적으로 실시 사업을 기획하고 지역의 관련 단체와 협력을 통해 운영하고 있다. 전문부의 명칭과 사업내용은 각 지역별로 다른데 지구 자치회나 정내회와 협력하면서 홍보계발활동을 하며, 지역 만들기 추진계획을 실시하거나 지역 내 각 단체와의 연계와 조정을 담당하는 '총무부', 지구 사회복지협의회와의 연계와 저출산·고령화에 대응한 사업을 추진하거나 노멀라이제이션normalization(일상화·보편화·정상화·상태화) 보급계발을 담당하는 '복지부', 지구 청소년육성협의회와의 연계나 청소년육성사업 추진, 가정지원 등 청소년 육성을 위한 환경정비를 담당하는 '청소년부', 지구 체육협회와의 연계, 스포츠대회 개최 등을 담당하는 '체육부', 각종 서클

[도표 7-10] 지역조직과 공민관의 관계

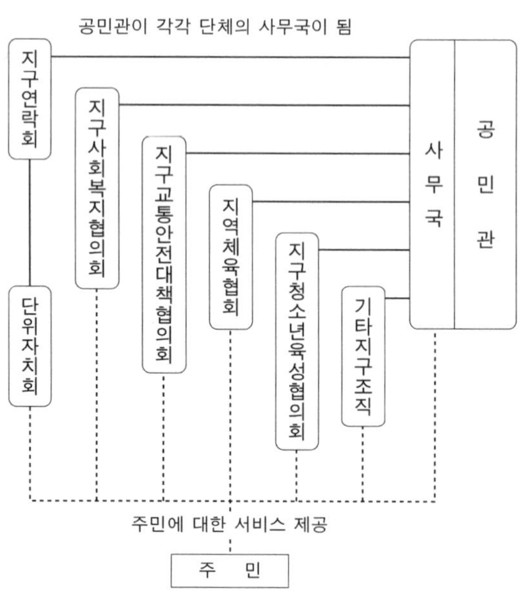

• 출처: 마츠우라 마사타카(松浦正敬), 「지방분권·지방자치와 지역복지 (활동)계획」, 우에노 야(上野谷) 外(2006), 『마츠에시의 지역복지계획』, ミネルヴァ書房.
• 자료출처: 마츠에시 작성자료에 필자가 일부 가필.

과의 연계와 문화제 개최를 담당하는 '문화부' 등이 있다.

두 번째 특징은 지구별 관리운영이 독립되고 각각에 조직된 공민관 운영협의회가 중심이 되어 사업을 추진함으로써 21개 공민관의 지역 특성에 따라 주민생활에 밀착된 운영이 가능하다는 것이다.

또한, 지역활동을 담당하는 주요 단체의 사무국을 공민관 직원이 담당하며 각 단체의 대표가 공민관 운영협의회 멤버이기도 한 탓에 사업운영에서 각 단체와의 연락조정이 용이하고 필요에 따라 공민관 활동에 단체의 협조를 얻을 수 있다.

세 번째 특징은 자치회에 가입한 모든 주민이 공민관의 관리비, 운영비 일부를 부담하는 것이다. 각 세대별 부담액은 지구에 따라 다른데 연 350엔에서 2,500엔 정도이다. 이러한 비용부담은 지역주민에게 공민관의 운영에 참여한다는 의식을 높여주게 된다.

주요 단체의 사무국 기능담당과 공민관 운영협의회에의 참가 및 지역주민의 공민관 운영참여 등에 의해 지구별 특유의 지역과제나 생활수요를 세심하게 파악할 수 있으며 공민관 사업 활동에 직접 반영시킬 수도 있다.

네 번째 특징은 공민관이 본래 지니고 있는 사회교육의 틀을 넘어 지역생활에 관련된 폭넓은 테마의 사업추진이 가능하다는 것이다.

앞서 지적한 세 가지 특징과 중복되는데, 지역의 과제와 생활수요를 기초로 공민관의 사업이 추진되면 그것은 공민관 본래의 기능인 생애학습과 사회교육의 영역을 초월하여 진행될 수밖에 없다. 저출산·고령화의 추세 속에서 대부분의 지역과제는 고령자의 재택생활을 어떻게 지역사회에서 지탱해 줄 수 있을까 하는 문제로 수렴된다. 마츠에시의 공민관은 일찍이 이런 지역과제를 발굴하고 지원하는데 적극적으로 대응해왔다. 그것을 가능하게 한 것은 공설자주운영방식의 공민관 운영이었다고 해도 과언이 아닐 것이다.

(4) 마츠에시 공민관의 역할과 기능

마츠에시 공민관에서는 ① 지역 만들기와 자치활동, 방재나 방범을 테마로 하는 사업, ② 지역사회의 상호부조를 견인할 인재육성과 자원봉사활동의 조직화, ③ 동화교육 등의 인간문제나 장해를 가진 사람의 지역생활을 지원하는 노말리제이션 연수나 강좌, ④ 고령자나 장해자 복지교실, ⑤ 자연보호와 환경리사이클 학습, ⑥ 청소년 육성 관련 사업, ⑦ 심신 건강과 식생활 등 지역사회의 건강강좌, ⑧ 저출산·고령화 사회에서 남녀공동참여 추진, ⑨ 지역사회의 전통문화와 역사 강좌, ⑩ 스포츠 활동을 통한 통합형 지역스포츠클럽 기능, ⑪ 지역사회의 국제화와 정보화를 위한 행사활동 등이 공민관의 사업으로 추진되고 있다.

이와 같은 구체적인 노력을 정리하면, 마츠에시의 공민관 활동은 첫째, 사회교육 시설로서의 기능, 둘째, 지역의 거점시설로서의 기능을 가지면서 다음 일곱 가지로 크게 분류되는 역할을 수행하고 있다고 생각할 수 있다.

① 사회교육의 거점으로서 사회교육, 생애학습기회 제공.
② 지역 내 각 단체에게 활동거점을 제공하여 지역 활동을 지원함.
③ 복지활동의 거점을 제공함으로써 지역의 복지활동 추진.
④ 어린이 육성과 육아지원의 거점으로써 청소년 건전육성 추진.
⑤ 지역정보의 전달, 수집 거점으로써 시와 관련 단체·기관 사업 등의 홍보.
⑥ 학습활동의 거점으로써 회의장 임대 등.
⑦ 안전·안심 지역 만들기, 환경문제 등 지역과제에 대응한 거점역할 수행.

2) 마츠에시의 공민관 활동과 지구 사회복지협의회의 연계

(1) 지구 사회복지협의회 활동

1951년에 발족한 마츠에시 사회복지협의회는 전후 부흥기의 원조활동, 사회복지시설의 정비촉진관련 운동, 공동모금과 연말이웃돕기운동을 중심으로 한 모금활동, 복지활동의 계발사업을 담당해 왔다. 1960년대부터 1970년대에 걸쳐, 각 지역별로 이와 같은 활동을 추진하기 위한 주체로서 소학교별로 설치된 분회를 '지구사회복지협의회'로 개편하고 그 사무국을 지구 공민관 내에 조직하게 되었다.[13)]

1980년대에는 행정과 시 사회복지협의회에 의한 장수사회대책 지역추진 모델사업이 시작되어 약 1,000명의 복지협력원제도[14)] 실시, 배식·급식서비스 대응, 간호예방·치매예방을 목적으로 한 미니 데이 서비스(친목회사업) 등 지역주민에 의한 재택서비스 개발보급이 지구사회복지협의회를 단위로 추진되었다.

(2) 지역보건복지 추진 직원의 배치

지구사회복지협의회의 설립 당초부터 공민관과 사회복지협의회의 활동은 연계되어 있었는데 그 관계가 더욱 강화된 것은 1997년 '4번째 공민관 직원'으로 각 공민관에 지역보건복지 추진 직원이 배치되면서 부터이다. 아울러 공민관장이 지구사회복지협의회의 임원을 겸하게 되어 '지구사회활동지침'이 수립되었다.

마츠에시에서는 1980년대부터 '사회교육과 사회복지의 융합'[15)]을 깊이 인식하여 공민관과 지구사회복지협의회의 지역복지활동 연계를 지향해왔다. 시 교육위원회 산하 사회교육을 담당하는 모든 공민관에 시 복지부의 예산으로 지역보건복지 추진 직원을 배치한다는 것은 달리 예를 찾아볼 수 없는 마츠에시의 독자적인 조치였다고 할 수 있다.

---

13) 마츠에시 사회복지협의회의 역사는『마츠에 복지미래21플랜(마츠에시 지역복지계획·지역복지활동계획)』마츠에시 복지부 생활복지과·마츠에시 사회복지협의회 지역복지과, 2004; 스다 케이이치(須田敬一),「21地区における『地域福祉活動計画』: 公民館活動と地区社協活動の総合化」, 2006; 우에노 야카요코(上野谷加代子)·스기사키 치히로(杉崎千洋)·마츠노하나 카츠후미(松端克文) 編,『松江市の地域福祉計画: 住民主体形成とコミュニティソーシャルワークの展開』, ミネルヴァ書房, 2006 참조.

14) 복지협력원은 지역사회의 고령자 등에 대한 케어활동을 주로 담당한다.

15) 이도 우치쇼우(井戸内正, 전 마츠에시사회복지협의회장),「에필로그 대담: 시민이 만드는 지역복지」, 우에노 야(上野谷) 외, 앞의 책.

마츠에시가 이렇게 독자 시책을 추진한 배경은 공민관 활동에 대한 행정의 사업평가 때문이다.[16)]

시 교육위원회 생애학습과는 공민관의 활동·사업의 분석을 통하여, 지역에서 필요로 하는 대부분의 수요가 보건복지에 관한 것이며 공민관 활동의 상당한 부분을 보건복지 활동이 차지하고 있음을 밝혀냈다.

이미 몇몇 공민관에서는 1980년대에 행정당국과 시 사회복지협의회에 의한 장수사회대책 지역추진 모델사업을 계기로 공민관을 거점으로 한 미니 데이 서비스와 자원봉사 양성강좌를 선구적으로 추진해왔다. 그러나 한편으로는, '공민관 활동은 어디까지나 사회교육'이라는 자세로 사업을 추진하는 지구도 있었다고 한다. 이러한 인식차이가 존재하는 가운데 공민관장회의에서 공민관 활동과 복지활동의 연계를 검토하기위

[도표 7-11] 공민관과 지구사회복지협의회 관련도

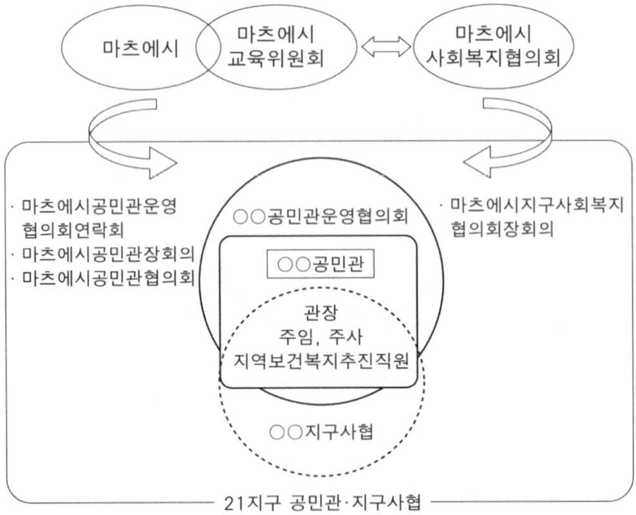

• 출처: 스다 케이이치(須田敬一), 「21지구의 『지역복지활동계획』」, 우에노 야(上野谷) 外(2006), 앞의 책.

16) 谷正次, 「『마츠에 복지미래21플랜』의 수립과정과 그 내용: 유연한 복지지역 만들기」, 우에노 야(上野谷) 외, 앞의 책, 2006 수록. 谷씨는 1997년부터 교육위원회 생애교육과장으로서 공민관을 담당하였다. 이하 사실관계의 정리는 谷씨의 논문 및 청취조사(2009.7.14 실시)에 의함.

한 연수회를 기획하여, 사회교육 기법을 통한 각 지역의 정보교류와 공동인식을 형성하였다. 이후 지구사회복지협의회장을 포함한 합동연수와 자치회·정내회와의 연수를 거듭하면서 아래와 같은 방향성을 설정하게 되었다.[17)]

① 지구사회복지협의회의 사무국은 공민관에 둔다.
② 공민관장은 지구사회복지협의회의 임원이 된다.
③ 공민관장은 보건복지추진직원을 지휘명령하고 보건복지 사업에 대해서도 다른 직원을 포함하여 총력적으로 대응한다.

여기서 설정된 방향성은 다음 세 가지 선구적 의미를 가진다.

첫째, 공민관 활동(사회교육), 지구사회복지협의회 활동(지역복지), 보건복지 활동(사회복지)이 지역을 거점으로 일체화되어 추진된다는 방향이 확인된 것이다. 지금까지 '수직행정' 속에서 분할되기 쉬웠던 지역생활 지원부서가 공민관을 거점으로 지역사회 차원의 연계가 가능하게 되었다.

둘째, 시 차원에서 공민관을 지구사회복지협의회의 지역거점으로 확립하였다는 것이다. 지구사회복지협의회의 사무국은 이전부터 공민관 직원이 담당해 왔으나, 그 활동에는 다소 차이가 있었다. 1997년 공민관장 회의에서의 연수와 의견교환, 지역보건복지 추진 직원의 배치는 모든 공민관 활동에 지역복지가 포함되었다는 것을 의미한다. 다시 말하면, 사회복지협의회에 의한 지역복지화는 공민관의 축적된 노하우를 활용하면서 추진할 수 있게 된 것이다.

셋째, 공민관이 보건복지사업의 지역거점이 되었다는 것이다. 가장 가까운 생활과제가 주민자치의 거점인 공민관에서 취급되는 테마가 된 것이다. 여기에는 지역의 생활과제를 해결함에 있어 사회교육, 지역복지, 사회복지 등과 관련된 민관협동이 기대 된다. 그와 동시에 지역복

---

17) 위의 글.

지, 사회복지에 관한 생활과제를 해결함에 있어서는 지역주민이 주체적으로 관여할 것이 요구되기도 하는 것이다.

4. 사회교육과 지역복지 융합의 실제 : 마츠에시 고시바라공민관 사례

1) 고시바라지구의 개요와 공민관 관리운영

마츠에시 남부의 구릉지에 펼쳐진 고시바라古志原지구는 일찍이 구릉지를 활용한 밭농사가 중심으로, 야채와 과수를 재배하였다. 제2차 세계대전 당시까지는 구 육군의 주둔지가 있었고, 전후에 들어서면서 주택지화가 추진되었다. 급격한 도시화의 영향으로 소위 구 주민으로 불리는 계층이 적어 공동체 의식이 희박한 토지였다.

주요 간선도로로 국도 432호(히로시마현広島県 타케하라시竹原市~시마네현 마츠에시), 우회도로로 국도 9호가 있어 교통편이 좋은 지역이다.

2009년 7월 현재 인구는 약 1만 3,000명, 약 5,800세대가 살고 있다. 65세 이상 인구는 약 3,400명, 65세 이상의 고령자가 있는 세대는 약 2,500세대, 지구의 고령화율은 26.1%로 고령화가 진행된 지역이다.

이곳의 고시바라공민관은 구 마츠에시에서 21번째로 설치된 가장 최근의 공민관이다.

고시바라지구 공민관 운영협의회는 지역주민 31명으로 구성되어 있다. 고시바라지구 9개의 구장區長, 각종 단체의 대표자, 학교 등 기관대표자, 학식경험자와 공민관장이 구성멤버이며 회장 1명, 부회장 2명, 감사 2명이 선출되어 있다. 운영협의회는 연4회 개최되며 예산, 결산, 사업, 임원 등에 대해 협의한다. 또, 운영협의회에서는 연1회 시찰연수를 기획한다.

공민관 직원은 타 지구와 같이 교육위원회가 임명하는 비상근 특별직인 공민관장 외에 3명의 사무직원이 배치되어 있다. 3명의 사무직원 중 주임과 주사는 정규직원이지만 지역보건복지 추진 직원은 촉탁직원이다. 고시바라공민관은 항상 일손이 부족하여 월평균 6~7일은 임시직원을 고용한다. 또, 보통의 관리운영은 이들 직원 외에 각종 자원봉사자들의 도움을 받는다. 공민관의 개관일수는 354일(2007년도)이며, 토·일·공휴일과 야간은 공민관에 설치된 단체를 중심으로 직원 없이 사무국을 이용한다.

2) 고시바라공민관의 사업내용과 예산규모

고시바라공민관의 주요 사업은 아래와 같다.

① 청소년 건전육성, 양육 지원 사업: 방과후 교실, 유아교실, 양육 상담, 양육서클지원 등
② 사회교육 추진사업: 헝겊 책 만들기, 건강 체조, 영어회화, 교양교실(遊友大人塾), 서클육성 등
③ 복지활동계획 추진: 고령자 교실, 영유아 육아상담, 장애우 모임지원 등
④ 건강사업: 건강체조, 스포츠 활동, 건강마츠에21, 조리교실 등
⑤ 마을 만들기 추진사업: 마을 만들기 심포지움, 청년 볼런티어 활동 등
⑥ 인권·동화교육추진사업: 강연회, 연수회, 연수시찰, 교류회 등
⑦ 도서대출사업: 매주 1회 도서 볼런티어로 운영
⑧ 안전·안심지역 만들기 사업: 안전안심고시바라네트와 연계
⑨ 대관사업: 각종단체, 서클 등에 대관

또, 고시바라공민관의 9개 전문부 주요활동은 아래와 같다.

① 총무부: 공민관보·공민관 소식 편집, 세대간 교류 등
② 문화교양부: 공민관만들기(문화제), 문화교실 등

③ 체육·레저부: 주민체육제 등 각종 지역스포츠 등 추진사업

④ 복지추진부: 복지 만들기 등 지역복지활동 추진사업

⑤ 인권동화교육부: 강연회, 연수회, 교류회, 선진지 시찰 등

⑥ 유아교육부: 개구쟁이교실, 양육 상담(싱글벙글 광장) 등

⑦ 청소년부: 어린이 광장, 어린이 교실, 환경학교 등

⑧ 여성부: 여성강좌, 환경강좌, 시찰연수, 요리교실 등

⑨ 고령자부: 꽃 만들기 활동, 활력강좌(상쾌한 살롱, 남자 요리교실) 등

고시바라공민관에서는 연 총액 약 2,150만 엔의 예산규모[18]로 이와

[도표 7-12] 고시바라공민관 활동 실적

사업	사업 수	참가자 수			이용단체	이용단체 수	이용횟수	이용자 수
		남성	여성	합계				
양육·교육관계	10	1,644	3,836	5,480	청소년단체	23	167	3,682
지역예능·문화활동	3	625	888	1,513	여성단체	35	519	8,380
환경	3	37	93	130	성인단체	47	332	6,800
인권·동화교육	5	45	109	154	고령자단체	4	39	623
건강·스포츠	3	693	321	1,014	기타	39	179	4,554
문화·역사	3	85	46	131	(합계 수)	148	1,236	24,039
세대간교류	7	48	83	131				
고향	3	932	790	1,722	어린이광장	·매회 20~40명 ·연간 3,000~3,500명 ·3개소(토미하라, 후타고, 카오리노키) 공민관 주최		
자원봉사·복지	12	1,343	917	2,260				
취미	3	25	287	312				
IT(컴퓨터)	8	65	58	123				
기타	12	784	121	905				
(합계 수)	72	6,272	7,549	13,821				

• 출처: 「2009년 마츠에시 고시바라공민관 개요」(고시바라공민관 작성자료).

18) 2009년도 사업기준. 예산규모 2,150만 엔에는 공민관장 급여 미포함.

같은 사업을 실시하고 있다.

수입내역은 시비 약 1,550만 엔, 지역비가 약 600만 엔이다. 지역비는 세대가 부담하는 공민관비 300만 엔(세대당 연 800엔×3,700세대)과 회의장 사용실비 등 잡수입 220만 엔, 각종 수강료 30만 엔 등이다. 지출내역은 직원 3명의 급여 외에 관리비 약 570만 엔, 사업비 약 590만 엔이다. 고시바라공민관이 독자사업으로 지출 가능한 590만 엔의 예산규모는 '공민관으로서는 대규모'로 인식되고 있다.[19)]

이 외에 보조·수탁사업으로 방과 후 아동교실 170만 엔, 인권·동화교육 30만 엔, 청소년 건전육성 등 공민관에서는 연간 약 1,000만 엔 규모의 사업을 실시하고 있다.

공민관을 이용하는 단체는 약 50개 단체로 각각 월 20회 이상 이용하고 있다. 오전, 오후, 야간 등 3코마별로 대관되며 매일 약 10개 단체가 이용하고 있다.

고시바라공민관에서는 사무대행을 하지 않는 지역단체에 대해서도 일상적인 연락업무를 공민관이 지원하거나 회계업무 일부를 대행함으로써 거의 모든 단체의 활동에 관여하고 있다. 지역단체 사무의 대행 업무는 진작에 폐지를 염두에 두고 논의가 있었으나, 지역의 각종 사업 활동을 원활히 실시하기 위해서는 미리 지역단체와의 관계 형성이 필요하다

[도표 7-13] 고시바라지구의 주요 지역단체(밑줄은 공민관이 사무국인 단체)

① 자치단체연합회(9구, 가입자치단체 66, 가입세대 3,700호)

② 사회복지협의회	③ 방범대책협의회	④ 청소년육성협의회	⑤ 소방협회
⑥ 교육후원회	⑦ 자주방재회	⑧ 인권·동화교육추진협의회	
⑨ 체육협회	⑩ 시민헌장추진협의회	⑪ 안전안심네트고시바라	
⑫ 지역안전추진원회	⑬ 민생아동위원협의회	⑭ 활동하는 시민그룹(녹색회)	
⑮ 패트롤 마마회	⑯ 고시바라자원봉사회	⑰ NPO법인 자원봉사센터고시바라	
⑱ 보호사회			

• 출처: 「2009년 마츠에시 고시바라공민관 개요」(고시바라공민관 작성자료).

19) 2009년 7월 14일 고시바라공민관장 인터뷰.

는 일선의 인식을 수용하여 현재와 같은 형태로 정착되었다고 한다.

3) 고시바라공민관의 지구사회복지협의회 활동

고시바라 지구사회복지협의회장은 공민관장이 겸하고 있다.
지구사회복지협의회 단위에서 일상적으로 실시되는 지역복지활동의

[도표 7-14] 공민관을 중심으로 활동하는 고시바라지구 주요 자원봉사단체

(인원 수는 개략적인 수치임)

① 공민관여성부 (18명) ·공민관주최행사네 자원봉사자 참가 ·매월 리사이클스테이션 청소	② 도서자원봉사 (12명) ·매주월요일 15시~17시 ·도서축제개최 ·도서배달 등
③ 민들레(영유아활동지원) (15명) ·개구쟁이교실(매월 1회 이상 개최)	④ 해바라기(육아상담·영유아활동지원) (10명) ·싱글벙글광장(격월 1회)
⑤ 육아상담자원봉사 '마마' (10명) ·시끌시끌살롱(마츠에시 영유아진단지원)	⑥ 방과후 아동교실 '어린이광장' 지원 자원봉사 ·코디네이터 4명, 지도원 20명, 자원봉사 약 50명
⑦ 꽃 만들기 자원봉사(꽃 만들기 동호회) (18명) ·공민관 화단, 분재 가꾸기 등	⑧ 고시바라 자원 봉사자회 (20명) ·공민관, 지역활동, 학교, 유치원, 보육원 등 활동지원
⑨ NPO법인 '자원봉사센터 고시바라' (회원 약 20명) ·이송서비스 ·복지축제 등 서비스	⑩ 고시바라 대북(太鼓)회 (15명) ·대북연주에 자원봉사자 출연 ·초등학생, 고교생 등에게 지도
⑪ 고시바라 드림회 ·어린이~어른 약 40명(거의 젊은이)	⑫ 안전·안심네트 고시바라 ·지역단체·기관 약 30단체가 가맹 ·등하교 지킴이 (회원 약 250명)
⑬ 지역안전추진원회 ·청색 회전등 패트롤카 6대	⑭ 패트롤 마마회 (회원 25명) ·어린이 안전지킴이, 선도활동
⑮ 영 볼런티어 ·중고생 중심 모집	

• 출처: 「2009년 마츠에시 고시바라공민관 개요」(고시바라공민관 작성자료)를 기초로 작성.

하나는 지킴이 활동이다. 마츠에시에서는 민생아동위원(시내 약 460명)과 복지추진원(시내 약 1,400명)이 주로 활동하고 있다. 복지추진원은 1980년대에 추진된 소지역복지활동지원 관련 보조금으로 배치된 복지협력원(당시 약 1,000명) 제도가 그 시초였다.

민생아동위원 및 복지추진원은 지역에 사는 고령자 세대와 장해자 세대 등 소위 요간호자要援護者를 위해 안부확인과 정보수집 등 지킴이 활동을 실시하고 있다. 복지추진원은 자원봉사자인데, 고령자 세대의 급증과 고독사가 사회문제화되는 가운데 책임감을 가지고 역할을 수행하려는 사람이 줄어드는 등의 문제가 대두되고 있다. 고시바라지구 복지추진원은 45명이다(2009. 7).

지구사회복지협의회의 지역복지활동에는 살롱활동도 중요한 위치를 차지한다. 살롱활동은 허약한 재택 고령자, 단신생활 고령자, 사회 부적응 독거 고령자를 대상으로 한 삶의 보람 창출, 고립감 해소, 심신기능 유지·향상 도모가 목적으로 간호예방과 치매예방, 지역 만들기 등의 기능을 가진 미니 데이 서비스이다.

마츠에시에서는 2000년 간호보험법 시행과 함께 '친목회 사업'(마츠에시 고령복지과)을 실시하여 고시바라지구에서도 淞南台나고야카회なごやか会(1구 淞南台), 해바라기회ひまわり会(2구 富原), 떡잎회ふたば会(4구), 달인회おたっしゃな会(6구), 건강회お元気かい(6구), 상록회あすなろ会(7구 矢の原), 오차노마카이お茶のまかい(9구)가 개최되고 2009년 현재 신규 1개소 발족을 기획하고 있다.

이외에 75세 이상 고령자 1,500명에 대한 경로회와 고령자를 대상으로 한 체조 등 건강강좌 실시, 공민관 축제와 공동으로 하는 복지축제 등의 이벤트 개최가 있다. 또, 전문부회별로 정보기획부는 연 2~3회 정도 '사협社協소식'을 발행하고 CATV 등에 홍보활동을 한다. 복지교류부는 아동과 고령자의 세대 간 교류사업, 지킴이 안전부에서는 안전·안심네트 고시바라와 연계한 연수회를 진행한다. 양육지원부에서는 양육에 관한 연수회나 장해를 가진 어린이 교류를 실시한다. 복지추진원부에서는 앞의 지킴이 이외에 연 5~6회 정도 복지에 관한 연수를 실시한다.

4) 사회교육과 지역복지의 융합

고시바라공민관에서 지구사회복지협의회의 복지활동이 활발하게 전개된 것은 1997년 지역보건복지 추진 직원을 배치하면서부터였다. 이를 잘 아는 고시바라공민관장은 다음과 같이 말한다.[20]

> 이전에는 경로회와 공동모금을 하는 정도로만 연계활동을 하였습니다. 예전에는 지구사협의 존재가 지역에 별로 인식되지 않았었습니다. 당시는 '명칭'만 있고 거점이 없었습니다.

이전부터 지구사회복지협의회 사무국은 공민관에 있었는데, 1997년 공민관과의 지역복지추진 합의를 통해 공민관이 지역복지에 관여할 수 있도록 명기함으로써 공민관이 지역의 거점이 되어 구체적인 활동을 할 수 있게 되었던 것이다.

> 공민관과 연계하여 지구사협이 거점을 확보하게 됩니다. 그 거점이 결국 공민관이므로 그동안의 지역 만들기 자산을 활용할 수 있게 되고 주민이 공민관에 모임으로써 지구사협의 활동도 가능하게 되었습니다. 사협활동은 '공민관이 관련되고, 공민관이 활동하니까 나온다(참가한다)'는 측면이 강하다고 생각합니다.

마츠에시는 공민관을 지역복지추진의 거점으로 새롭게 재편함으로써 저출산·고령화 시대의 지역 조직화를 추진할 수 있었다. 공민관이 지역에서 이벤트를 개최할 때 지구사회복지협의회에서도 적극 참가함으로써 지역에서의 인지도도 높아졌다. 고시바라 공민관의 그동안 노력에서는 지역복지를 추진하는 과정에 공민관이 수동적으로 참여한 것이 아니라,

---

20) 2009년 7월 14일 고시바라공민관장 인터뷰. 이하 같음.

공민관의 자주적인 활동을 통해 지역사회의 생활과제를 발굴하면서 자연스럽게 지역의 복지문제 해결에도 관여해왔다는 것을 알 수 있다.

공민관을 자주 이용하는 주민의 대부분은 생산 분야의 일선에서 일하는 사람이 없다. 영유아를 키우는 엄마, 초등학생, 고령자, 장해자 같은 사람들이 많다. 이들의 활동 속에서 부각되는 생활관련 수요가 소위 상품시장이나 사회복지로부터는 공급되기 어려운 복지수요로 수렴된다. 마츠에시 공민관의 사회교육과 지역복지의 융합은 지역생활에서 간과하기 쉬운 복지수요를 파악한다는 중요성과 함께 그 해결 방법의 유형, 과정에의 주민참여, 전문가 지원 등과 같은 복지 거버넌스의 실제를 보여주는 것이다.

5) 지역복지의 과제

지구별로 설치된 공민관이라는 거점, 사회교육과 지역복지의 융합, 실천과정의 주민참여와 같은 마츠에시의 선구적인 지역복지 시책에도 몇 가지의 과제가 있다.

첫째는, 공민관 활동의 지원자가 적다는 것이다. 최근에는 마츠에시에도 아파트나 맨션에 사는 사람이 적지 않은데, 세대가 중심이 되어 공민관 활동을 지원하는 자치회에 가입하지 않는 세대가 증가하고 있다. 고시바라지구도 총 세대수는 약 5,800세대인데 공민관비를 납부하는 세대는 약 3,700세대로 총 세대의 60% 수준이다.

둘째는, 공민관 활동을 위한 적극적인 역할자의 문제이다. 공민관 활동이나 지역복지활동의 역할자로 기대되는 '단카이 세대'의 참여가 생각보다 진전되지 않고 있다. 현역을 은퇴하고도 계속적으로 회사에 남거나 다른 일을 하고 있는 사람이 적지 않다. 새로운 역할자의 증가를 기대할 수 없는 것이 현실이다. 또, 지역 활동에 대한 남성의 참여 장벽이 높다는 것이다. 특히 단카이 세대는 '회사형 인간'으로서의 삶을 살아온 사람이 많다. 이는 갑작스럽게 일로부터 지역 활동으로 이동하는 것이

간단하지 않음을 의미한다.

지역 만들기와 지역복지가 생활의 터전인 지역사회와 관련을 맺는다는 것이 예상외로 어렵다는 사실을 우리는 위의 두 과제로부터 교훈으로 얻을 수 있다. 지역사회에서 인간관계가 구축되는 계기는 내 집을 마련하거나 자녀가 학령기를 맞이하는 경우이다. 이와 같은 계기를 통해 30~40대 때부터 계속적으로 지역 활동과 관련을 맺을 수 있도록 공민관 사업을 준비할 필요가 있다. 인생의 초기에 지역 만들기에 참여할 수 있는 세대 순환형 지역 만들기 활동을 검토하는 것이 중요하다. 이와 함께 새로운 계층의 역할자를 발굴하면서 임차주택 거주, 자녀가 없는 가정 등 쉽게 지역사회와 관계를 맺기 어려운 계층의 참여방법도 모색하여야 할 것이다.

세 번째 과제는 지역 만들기 전문가의 문제이다. 지역을 자유롭게 한다고 저절로 지역의 조직화가 진행되고 소셜 캐피탈이 재생될 수 있는 것은 아니다. 공민관의 사회교육 활동이나 지역복지 역할자 양성은 그 계기를 만들고 보다 전문적인 대응을 위해 일정한 연수를 이수하고 현장경험이 축적된 인재의 조언과 관여가 필요하다. 현재는 지역사회와 일정하게 거리를 두면서 생활할 수 있는 사람이라 하더라도 장래에 도우미나 지역의 상호부조에 의존할 가능성이 많다. 이와 같이 장래생활을 예측한 지역 만들기 참여를 촉진할 필요가 있다.

개별 공민관의 직원이 평소에도 연수를 이수하고 사회교육주사 등 자격을 취득하거나, 또는 사회교육과 공민관 활동에 관련된 학회와 연구보고회 등에 적극적으로 참여하고 있다는 데에서 마츠에시의 역량을 느낄 수 있다. 이와 같이 전문직의 능력을 높일 수 있도록 환경을 정비하고 그들에게 적정한 처우와 업무를 부여할 필요가 있을 것이다. 이를 위해 지역사회에서는, 전문가 육성을 포함한 시 전체의 질적 향상 도모, 공민관과 관련 지역단체, 경우에 따라서는 지역주민을 고용하는 개별기업을 포함한 세대 순환형 지역 만들기, 그리고 지역복지를 조직화하는 힘을 양성할 필요가 있다고 생각된다.

네 번째 과제는 지역사회와 행정의 연계 문제이다. 사회복지, 지역복지, 가족의 관계는 사회보장과 상호부조에 있어 보완성의 원리가 작용되는 영역이다. 이와 같은 보완성의 원리 하에 자조와 상호부조에 따른 협력, 공조共助에 의한 제도적 지원, 공조公助에 의한 최종지원과 같은 단계적 생활지원 시스템을 만들기 위해서는 지역사회와 행정의 연계가 거듭 요구되는 바이다.

이런 연계를 위해서는 지역 만들기 전문가의 도움을 받아 지역사회의 수요포착과 조직화를 통해 지역과제를 독자적으로 추출할 필요가 있다. 한편, 행정은 지역사회가 독자적인 과제를 추출할 수 있도록 환경을 조성하면서, 지역사회의 한계에 대해 지역의 실정에 따라 지원할 수 있도록 준비할 필요가 있다. 지역사회와 행정의 연계가 때로는 책임주체를 모호하게 할지도 모른다. 이와 같은 사태를 방지하고 거듭 지역사회가 감당할 수 있는 책임을 지면서 그 한계를 초과하는 부분에 대해 행정이 해결 방법을 강구 할 수 있는 예산배분 구조 및 자치단체 내의 합의형성 방법을 다시 한 번 확립할 필요가 있을 것이다.

5. 민관협동 및 사회복지와 지역복지의 체계적 전개

1) 『마츠에 복지미래21플랜: 유연한 복지지역 만들기』[21]의 특징

2000년에 개정된 사회복지법에서는 '지역복지의 추진'이 법률목적의 하나로 규정되어(동법 1조), 시정촌에서 지역복지계획을 수립하도록 함(동법 107조)에 따라 마츠에시에서도 지역복지계획을 수립하게 되었다. 마츠에시 사회복지협의회가 중심이 되어 21개 지구의 지구지역복지활동계

21) 마츠에시 지역복지계획·지역복지활동계획이 정리된 2004년 3월은 마츠에시가 합병전이다. 이하, 본절에서는 특별한 사정이 없는 한 합병 전의 21개 지구를 전제로 논의한다.

획을 수립하고, 이후 3년에 걸쳐 마츠에시의 지역복지계획인 『마츠에 복지미래21플랜: 유연한 복지지역 만들기』가 2004년 3월에 완성되었다. 이 계획의 특징은 무엇보다도 사회복지협의회가 수립한 '마츠에시 지역복지활동계획'과 행정기관이 수립한 '마츠에시 지역복지계획'을 일체화된 계획으로 정리한 것이다.

지역복지활동계획'이란 지역복지를 추진하는 민간단체로 조직된 시정촌 사회복지협의회가 중심이 되어 주민 상호간의 지역생활지원을 위해 지역주민과 자원봉사, NPO법인 등을 조직화하고 협력하는 방법을 정리한 것이다. '지역복지계획'이 사회복지법상 행정기관이 수립하는 지역복지 추진 대책을 정리한 것이므로 양자는 지역복지의 이념과 목적이 동일한데 그 수립과정상 민간 내지 행정기관에서 다른 계획으로 간주되고 있다.[22)]

그러나 실제로는, 모든 사람이 지역사회에서 자신의 능력에 따라 자립하여 생활하며 사회참여를 실현한다는 사회복지의 이념상, 시정촌이 제공하는 행정서비스(지역복지계획)와 민간이 제공하는 민간서비스(지역복

[도표 7-15] 지역복지계획과 지역복지활동계획의 관계

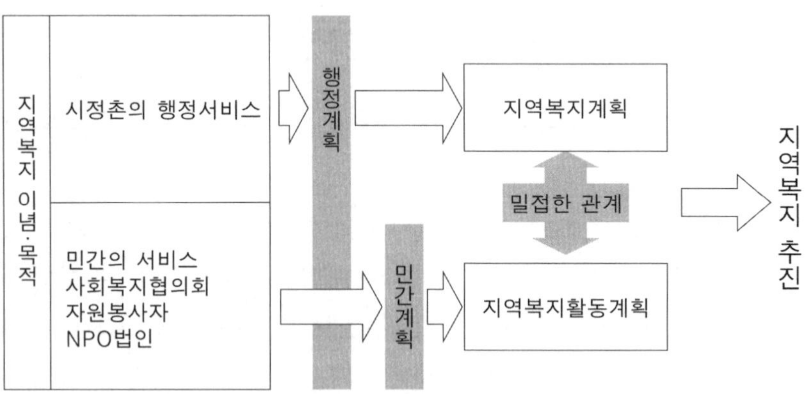

• 출처: 코사카 젠지로 「지역복지계획과 관련계획」, 타케가와쇼고 편(2005), 『지역복지계획:거버넌스시대의 사회복지계획』, 有斐閣을 기초로 일부 가필

22) 코사카 젠지로(小坂善治郎), 「地域福祉計画と関連計画」, 타케가와 쇼고(武川正吾), 編, 『地域福祉計画: ガバナンス時代の社会福祉計画』, 2005, 제3장 참조.

지활동계획)를 각각 독립하여 수립할 수는 없다. 각각의 계획수립과정상 지역복지계획이 지역복지활동계획을 참조하여 민간서비스와 행정서비스의 연계를 도모하는 것은 지역복지의 추진을 위해 필요한 작업이다.

2) 민관협동에 의한 수립 프로세스

마츠에시에서는 2000년도 말, 사회복지협의회 직원 등이 자체 연구회를 거듭하는 가운데 두 가지 계획의 성격과 관련성을 고려하여 21개 지구 사회복지협의회를 중심으로 각각의 지역특성을 결합한 '지구사회복지활동계획'을 수립하였고, 거기에 반영된 지역과제와 복지수요를 기초로 '마츠에시 지역복지활동계획'을 정리, '마츠에시 지역복지계획'으로의 반영 필요성을 느꼈다.[23]

[도표 7-16] 마츠에시 지역복지계획·지역복지활동계획 수립 작업 흐름도

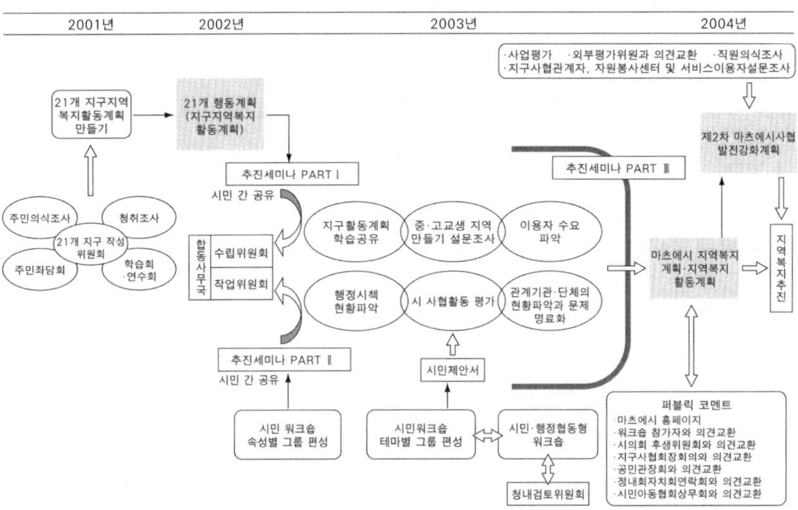

• 출처: 스다 케이이치(須田敬一), 앞의 글, 2006; 우에노 야카요코(上野谷加代子) 외, 앞의 책, 2006 참조.

23) 스다 케이이치(須田敬一), 앞의 글, 2006; 우에노 야카요코(上野谷加代子) 외, 앞의 책, 2006 참조.

'지구사회복지활동계획'의 수립에 있어 마츠에시 사회복지협의회 4명의 지구담당직원(커뮤니티 워커)이 각각의 지구에 편입되어 공민관을 거점으로 지역주민에 의한 간담회와 학습회를 반복하는 방법을 채택하였다. 이들 지구차원의 계획을 기초로 「마츠에시 지역복지계획·지역복지활동계획」의 수립에는 워크숍 방식을 도입하여 시민참가와 제안을 토대로 '시민·행정 협동형 워크숍'을 반복하였다.[24]

이렇게 정리된 「마츠에시 지역복지계획·지역복지활동계획」은 수립 후 3년이 경과한 2007년에, 이전 계획의 실시상황 검증과 시정촌 합병 후 구 정촌 지역을 포함하는 체제를 검토하였으며, 시내 5개 블록의 공민관 좌담회를 거쳐 3년간(2007~2009)의 실시계획을 정리하였다.

3) 사회복지와 지역복지의 체계적 대응

지역복지활동계획 및 지역복지계획의 수립에서 마츠에시 사회복지협의회와 마츠에시가 채택한 방법은 보완성 원리에 기초한 사회복지와 지역복지의 전략적 체계화 실천이라는 점에서도 흥미롭다. 여기서는 지역복지와 관련하여 두 가지 계획을 정리한 마츠에시 노력의 특징을 정리해 둔다.

첫 번째 특징은, 수립 과정이 사회교육이자 복지교육이라는 것이다. 21개 지구의 지역복지활동계획 수립과정은 공민관이 배양해온 사회교육의 기법과 지역복지의 커뮤니티 워크 기법으로 정리해가는 프로세스였다. 1년 6개월, 384명의 작성위원회 멤버에 의해 약 280회 개최된 미팅과 작업은 지역주민에게도 지역과제를 상호 확인하는 기회가 되었다.[25] 지역에 어떤 사람이 살고 있는지, 요간호자要援護者의 생활은 어떤 것인지, 거기에 필요한 원조나 지원은 무엇인지, 그것이 어떻게 공급되

24) 수립 과정은 「마츠에시 지역복지계획·지역복지활동계획」인 『마츠에 복지미래21플랜』(2004)도 참조하였다.

25) 스다 케이이치(須田敬一), 앞의 글 참조.

[도표 7-17] 복지과제의 발굴(발견·파악) 구조

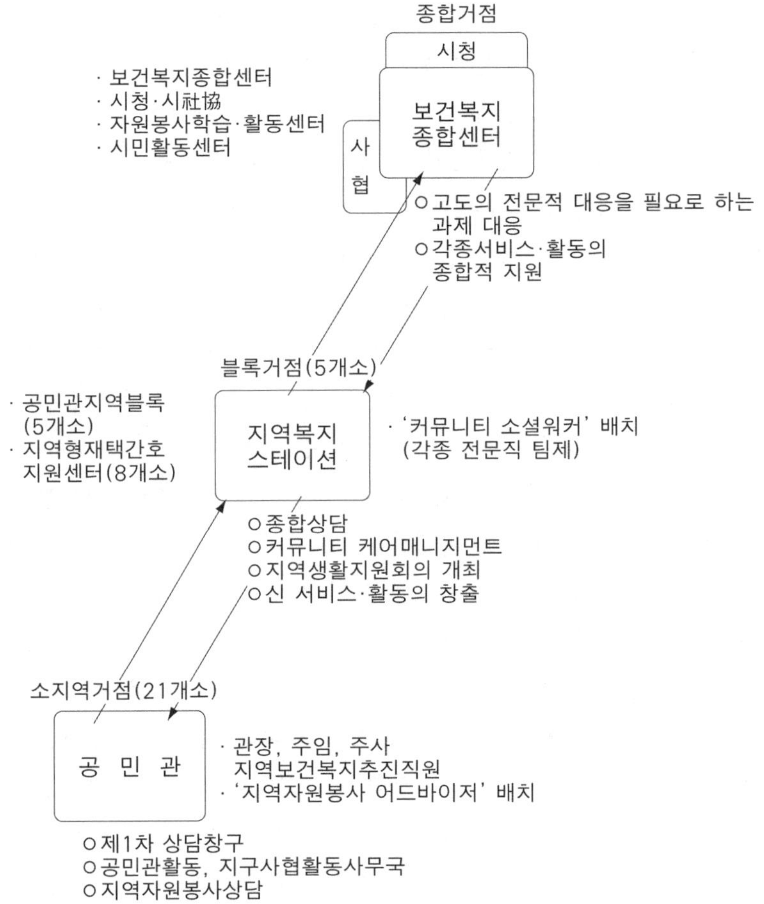

• 출처: 마츠노하나 카츠후미(松端克文), 「커뮤니티 소셜 워크 실천의 기반 만들기: 지역복지계획의 '방법'의 시스템화」, 우에노야 외, 앞의 책, 2006.
• 자료출처: 『마츠에 복지미래 21플랜』(2004년).

고 얼마나 부족한지 등 일련의 노력으로 지금까지 지역에서 간과되기 쉬웠던 사람들의 문제뿐 아니라 고령화를 맞이함에 있어 언제든지 자신도 해당될 수 있는 지역과제임을 많은 사람들이 깨닫게 되었다.

두 번째 특징은, 첫 번째 특징과 깊은 관련을 가지는 것으로 지역과제의 도출과 분석이 지극히 생활자의 시점과 언어로 기술되었다는 것이다. 2004년 3월에 정리된 『마츠에 복지미래21플랜』에서는 '유연한 복지 지역 만들기'를 계획의 기본이념으로 하여 '사람 만들기', '커뮤니티 육성', '복지수요 해결', '생활환경 정비' 등 4가지를 지역복지의 기본목표로 삼고 12개 항목에 이르는 구체적인 지역복지추진 대책을 세우고 있다.

지역복지추진대책은 지구에서 올라온 지역과제의 분석을 시작으로 보다 구체적인 대책의 각각에 대해 실시주체를 명확히 하고 행정, 시 사회복지협의회, 지구사회복지협의회, 민간, 시민과 같은 모든 주체가 과제해결을 위해 노력할 것을 명기하고 있는 것도 특징적이다.

이와 같은 작업순서와 추진상의 책임주체의 확인은 지역사회가 담당하는 영역을 분명히 하고 지역복지에 대한 행정책임을 명확히 한다는 점에서 지역복지 추진에 공헌하는 바가 크다.

세 번째 특징은, 요간호자要援護者에 한정하지 않고 지역주민의 복지수요를 주변 사람들이 초기에 파악하여 다음 지원으로 연결되도록 하는 것을 이웃이나 지역주민의 책임으로만 하지 않고 시스템으로 발견·파악할 수 있는 구체적인 구조 만들기를 염두에 둔 것이다.

요원호자 지원에는 생활과제의 조기발견, 조기지원이 필요하다. 이를 위해서는 복합적인 과제발견 구조와 케이스 매니지먼트를 통한 공식/비공식 쌍방의 지원이 필요하다. 민관협동의 지역복지추진 구조가 필요하게 되는 이유이다. 이런 시스템 만들기에 대해 마츠에시는 소학교구와 중복되는 21개소의 공민관을 지역복지추진의 소지역 거점으로 정하고, 시청과 시 사회복지협의회, 보건복지종합센터를 종합거점으로 하는 중간영역에, 시내를 5개 블록으로 나누는 블록거점으로서 「지역복지스테이션」설치를 계획하고 있다.

지역복지스테이션에서는 5개의 공민관 지구블록을 전제로 커뮤니티 소셜 워커를 배치하여 종합상담업무와 커뮤니티 케어 매니지먼트를 실시하며, 고령자 복지를 중심으로 지역형 재택간호지원센터가 연계하여 전문적으로 지원하는 지역생활지원회의 개최 구상이 만들어 졌다. 스테이션에서는 고령자, 장해자, 양육과 같은 지원과목의 세션화를 배제하고

원 스톱형 종합상담·종합지원체제가 기대된다.

지역복지스테이션 구상은 2006년 개정 간호보험법에 따라 약간의 변경이 불가피해졌다. 마츠에시에서는 시정촌 합병을 거쳐 2006년에 지역포괄지원센터가 설치 되었을 때, 그 위탁처를 마츠에시 사회복지협의회로 일괄하여 공민관 블록과 정합성을 꾀하며 5개의 일상생활 권역을 설정하여 각각에 지역포괄센터를 설치하였다.

지역포괄지원센터는 공민관 블록 간사관幹事館과 연계하면서 주로 고령

[도표 7-18] 마츠에시 지역포괄지원센터와 일상생활 권역

지역포괄지원센터 일람		
장소	센터명	대상지역
A	쇼우토우지역 포괄지원센터	아사쿠미·카와츠·혼조·모치다공민관구·시마네쵸·미호노세키쵸·야츠카쵸
B	중앙지역포괄 지원센터	죠호쿠·죠사이·죠토·시라카타·아사히·사이카 공민관구
C	쇼우호쿠지역 포괄지원센터	호키·이쿠마·후루에·아키시카·오오노공민관구, 카시마쵸
D	쇼우난지역포괄 지원센터	다케야·츠다·오오바·고시바라공민관구, 야쿠모쵸
E	코난지역포괄 지원센터	노기·인베공민관구, 다마유쵸, 신지쵸

• 출처: 마츠에시 『고령자복지계획·간호보험사업계획(2009년~2011년)』(2009년3월).

자 간호·복지의 종합지원 업무를 인수하고 대상지역의 공민관으로 부터 상담을 받거나 과제해결을 위해 지원을 실시하고 있다.

2009년 7월 현재, 마츠에시의 지역스테이션 구상이 완전하게 실시되고 있는 것은 아니다. 그러나 소지역을 거점으로 하는 공민관을 기반으로, 공민관 블록 간사관幹事館과 지역포괄지원센터가 연계하여 5개의 블록거점을 활용하는 것은 지역스테이션 구상의 싹을 틔우고 있는 단계라 할 수 있을 것이다.

지역복지스테이션 구상이 아직은 진행 중이지만, 이러한 구상을 지역복지계획·지역복지활동계획에 포함하여 구체화 방법을 모색하는 마츠에시의 노력은 평가받을 만하다. 마츠에시의 지역 만들기는 사회복지와 지역복지의 체계적 전개노력을 통하여 지역생활의 독자적인 모습을 찾으려는 시도이다.

6. 정리

이 장에서는 공설자주운영방식에 의한 시마네현 마츠에시 공민관의

[도표 7-19] 생활과제의 파악 및 해결 구조

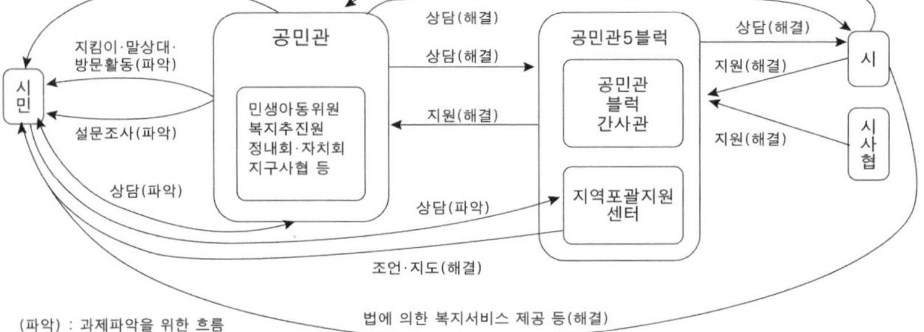

• 출처: 마츠에시·마츠에시사회복지협의회, 『모두에게 친숙한 복지만들기: 마츠에시 지역복지계획·지역복지활동계획』(2008년 3월)

노력에 주목하여 사회교육과 지역복지의 융합에 의한 복지지역 만들기 모습을 살펴보았다. 이는 지역의 주민이 주체가 되는 지역 만들기와 그것을 지원하는 지역조직의 모습 및 기초자치단체의 역할 등, 지속가능한 지역 만들기의 기저에 민관협동의 경험이 축적되어 있을 것이라 판단했기 때문이다.

마지막으로 마츠에시의 복지지역 만들기 내용을 정리하면서 남겨진 과제와 민관협동에 있어서 주체의 역할, 기초자치단체의 역할을 간단히 언급해 두고자 한다.

1) 마츠에시의 민관협동에 의한 복지지역 만들기

(1) 지역사회의 조직화

마츠에시의 민관협동에 의한 복지지역 만들기는 「마츠에 방식」으로 불리는 공설자주운영방식의 공민관 활동과 지역복지의 추진모체인 지구사회복지협의회가 연계하여, 지역사회의 복지수요를 발굴하고 지역조직화를 추진해온 것에 특징이 있었다. 지역복지를 테마로 하는 지역조직화에 대한 노력은 많은 부분에서 거듭 실천되고 있다. 그 중에서도 사회교육을 담당하는 공민관이 지역주민과의 네트워크를 활용하면서 지역복지를 추진하고 있는 마츠에시의 노력에 독자성이 있다.

(2) 지역복지를 성립시키는 소셜 캐피탈

공민관 활동과 지역복지를 연결시킨 것은 1980년대부터 지역사회에 적용된 지역복지관련 모델사업에 대한 경험이었다. 이 시기는 고령화의 진전과 가족에 의한 케어시스템이 흔들리면서 각지에서 복지에 관한 지역과제가 발견되어 문제시된 시기와 겹친다. 지역주민과 공민관, 혹은 그러한 사업을 담당하는 지구사회복지협의회가 상호 연계하여 공민관구라는 친숙한 권역 내에서 사업실시 경험을 '지역사회의 경험'으로 승화시켜 온 것은 매우 중요하다.

(3) 공민관과 복지의 연결구조 만들기

마츠에시에서는 이런 지역사회의 경험에 기반 하여 다음 단계를 생각하게 된다. 공민관이 가지고 있는 지역과제의 대부분이 고령화의 진전과 가족에 의한 케어 곤란에 기인하는 것으로, 지역사회에서의 공조共助를 가능하게 하면서 자조와 상호부조를 보완하는 시스템의 필요성을 느끼게 되었다. 선구적인 활동을 하고 있던 몇몇 공민관이 그런 시스템 구축의 필요성을 행정기관에 전달하였고, 행정당국에서는 공민관을 총괄하는 시 교육위원회와 지역복지를 총괄하는 시 복지부가 연계하여 지역을 지원하는 대책(지역 보건복지 추진 직원의 배치, 1997)을 수립하게 된 것이다.

지역보건복지 추진 직원을 배치함으로써 공민관과 지구사회복지협의회의 연계 밀도는 지금까지 이상으로 높아졌다. 공민관 활동과 지역복지활동을 연결하는 것이 사회적으로 인정되고 이를 적극적으로 지원하기 위해 시 복지부가 전문직원을 배치함으로써 공민관 활동과 지역복지의 연계는 더욱 견고해졌다. 다른 지역단체와의 연계를 어려움 없이 추진할 수 있는 인프라를 갖추고 있던 공민관에서는, 대부분의 주민단체가 지역복지의 추진단위를 공민관구로 인식하게 되자 어떻게 하면 지역복지수요와의 관계형성이 가능한지에 대해 검토할 수 있게 되었다.

(4) '새로운 공공公共'의 구축

사회교육 기법을 토대로 구 마츠에시의 21개 지구에서 지역의 복지과제를 추출하여 지구지역복지활동계획을 수립하고, 그것을 통일적으로 정리하는 가운데 지역복지계획과 지역복지활동계획 양자를 혼합한『마츠에 복지미래21플랜』은 사회복지와 지역복지의 체계적 대응지침을 나타낸 것으로 평가된다.

이는 지역의 과제를 발굴하여 아래로부터 작성하였다는 계획수립의 과정은 물론, 계획의 내용에서도 주목할 만한 성과를 볼 수 있다. 지역주민이 중심이 되어 생활과제를 조기 발견하는 요간호자要援護者 지원체제에서 전문직과 행정기관이 참여하는 공민관구 중심의 지역 활동을 고려한 지원체제 확보 및 시스템 구축을 시 차원에서 추진하도록 한 것이 마츠에시의 특징적인 시책이라고 이해할 수 있다.

2) 보완성의 원리와 마츠에시의 대응

1990년대 이후 복지국가의 한계가 확인되면서 사회복지의 구체적인 시책 수준에 대해 새삼 보완성의 원리가 자주 강조되고 있다. 이러한 논의에는 비용 삭감과 재정적자에 대한 대응이라는 관점에서 "민간(시장)에서 가능한 것은 민간(시장)으로"라는 민간 활력의 적극적 이용을 주장하는 논의가 적지 않다. 원래, EU의 사회통합 원칙으로 적용되었던 보완성 원리의 기본은, 인간의 존엄을 개인의 자립에서 구한다는 이념을 기초로 개인(또는 기초공동체)의 자립생활에 필요한 일을 상위 공동체가 박탈해서는 안 된다는 권리로서의 자치보전을 도모하는 것으로 공적서비스의 재사유화reprivatization와는 구분되는 개념이다. 보완성의 원리는 사회보장제도에 있어 개인의 자립을 인간존엄의 기반으로 삼는다는 이념과 함께 '자조-상호부조-공조共助-공조公助의 지원 순서'로써 재해석 된다.[26)]

마츠에시의 민관협동에 의한 복지지역 만들기 사례를 다시 한 번 살펴보면, 보완성 원리의 이념이 지역복지 추진에 내포되어 있는 대응자세가 보인다. 그 시초가 재정재건단체가 된 마츠에시의 공설자주운영방식에 의한 공민관 활동사례였다. 공민관의 '자주운영' 노력 속에서 지역의 과제를 도출하고 공민관구 내에서 지역의 복지수요가 발견된다. 지역단체를 결속하는 지구 공민관 운영협의회에서는 지역과제의 해결 대책을 검토한다. 또 행정당국은 시범사업을 포함한 국고보조사업 등의 서비스 거점으로써 공민관을 활용한다. 여기에 참여했던 지역주민의 경험이 다음 활동으로 이어진다. 지역복지에 관한 계획수립 과정에서는

---

26) 보완성 원리에 대한 기본적인 틀은 이케다 쇼조(池田省三), 「サブシディアリティ原則と介護保険」, 国立社会保障·人口問題研究所 『季刊社会保障研究』 36-2, 2000 참조. 패러그래프 중의 인용도 같은 논문임.

지금껏 대상별로 관할하던 보건사를 지역 담당제로 하자는 의견을 지역에서 제시하고 행정당국은 전면적으로 그것을 채택하기로 한다. 이러한 일련의 활동을 통해 주민자치를 보완하는 형태로 행정제도가 확충되고 있음을 거듭 확인할 수 있다.

3) 마츠에시의 향후 과제

마츠에시의 민관협동에 의한 복지지역 만들기는 구 마츠에시 21개 지구를 중심으로 하는 시책이다. 21개 지구 내에서도 공민관과 지역복지를 융합하려는 노력에는 다소 온도차가 있다. 이런 상황 속에서 구 마츠에시와 구 정촌부와의 격차를 조정하는 것이 2005년 3월 합병한 마츠에시가 안고 있는 과제다.

구 마츠에시의 일련의 시책 특징은 공설자주운영방식으로 운영되는 공민관을 거점으로 삼는 기존 주민조직의 지역 활동을 기반으로 하고 있다. 지구사회복지협의회는 지역복지서비스제공과 조직화를 추진하기 위해 공민관의 활동에 합류함으로써 자연스럽게 지역사회에 안착할 수 있었다. 지구지역복지활동계획의 수립과 지역복지를 추진하면서 각각의 프로세스에서 축적된 '지역사회의 경험지식'이 기본이 되고 있다. 공민관의 체제는 이미 구 마츠에 방식을 채택하기로 결정하였으나 실질적인 내용으로 연결되기까지는 다소 시간이 걸릴 것으로 예상된다.

이런 상황 속에서 마츠에시는 공민관 활동의 평준화를 위해 5개의 공민관 지역블록을 설정하였으며, 각각의 공민관을 기초로 하면서도 기존의 공민관 지역범위를 뛰어넘는 광범위한 연계체제를 구축하려고 한다. 학습과 활동을 위해 필요한 자원을 공유하여 유효하게 활용하면서 광역적 지역과제 해결 시스템을 만들기 시작하였다. 그리고 이와 같은 업무를 전담하는 커뮤니티 소셜 워커로 '공민관 지역활동 코디네이터'를 블록별로 1명씩 배치하였다.

『마츠에 복지미래21플랜』에서도 소지역 거점으로 공민관, 시 차원의 거점으로 시청 그리고 보건복지종합센터의 중간조직인 '지역복지스테이션' 설치가 계획되었다. 5개소의 지역복지스테이션 설치가 예정되어 있었으나, 2006년 간호보험법 개정에 따라 시내 5개소에 전문직 연계를 담당하는 지역포괄지원센터가 설치되어 결과적으로 5개의 공민관 블록과 영역이 중복되게 되었다. 따라서 공민관 블록별로 커뮤니티 소셜 워커가 배치되어 시책의 큰 틀에서는 '지역복지스테이션'과 유사한 중간조직의 기초가 마련되었지만, 아직 '지역복지스테이션'으로서 통일적인 역할을 수행할 정도는 아니다. 예를 들어 고령자 간호의 경우 지역포괄케어시스템을 지향하기 때문에 타 직종과의 협력 시스템이 강구되어야 하는데, 마츠에시 역시도 의료와 간호, 복지의 연계에 어려움을 겪고 있다. 앞으로 마츠에시가 해결해야 할 과제 중 하나이다.

4) 지속가능한 지역 만들기와 행정의 역할

본서의 서장에서 논한 바와 같이 지속가능한 지역 만들기를 위해서는 산업과 고용 양면에서의 생활기반 집적의 장으로 지역사회를 파악할 필요가 있다. 동시에, 생활기반 집적의 장으로 지역사회를 보는 경우 '산업과 고용 양면'의 외적 측면에 있는 지역생활, 특히 지역사회의 '케어'에 관한 카테고리에 관심을 가질 필요가 있다. 여기서 지역사회의 '케어'에 관한 카테고리에는 고령자 간호와 장해자, 요간호자要援護者에 대한 지원과 같은 사회복지와 지역복지, 차세대육성 환경 만들기 등의 과제가 포함된다.

이와 같은 문제 구제構制는, 2008년 가을 이후의 경제위기에서 대규모 기업유치를 통한 고용창출과 같이 경제적 효과가 큰 지역개발의 공과를 지적하면서도, 지역사회의 복지수요를 기반으로 고용을 창출하고 농산촌 지역의 새로운 산업기반을 개발하는 등 지역사회의 내발적 발전과 병행하여 지속 가능한 지역 만들기를 시도하려는 움직임이 나타나고 있다.

지역사회의 '케어'를 테마로 한 지역 만들기가 기존의 대규모 기업유치형 지역 만들기의 대안이 되기 위해서는 즉흥적으로 대응하거나 '지역의 복지력'을 기대하는 것만으로는 불충분하다. 여기서 필요한 것은 지역사회의 구성주체가 자각적이며 체계적으로 지속가능한 지역 만들기 시나리오를 작성하여 그 프로세스에 합의하고 전략적으로 지역 만들기를 추진하려는 자세이다.[27]

지역사회의 '케어'를 염두에 둔 지역 만들기는 일률적인 해결 방법으로 전국에 적용할 문제가 아니다. 고령자 간호이든 요간호자要援護者 지원이든 당사자를 둘러싼 생활환경과 지역특성이 문제의 성격을 강하게 특징짓기 때문이다. 이것이 '케어'의 실천에 있어서 지역사회의 고유성을 고려한 지원 방법을 찾는 이유이며 보완성의 원리가 필요하게 되는 배경이다.

그러나 소셜 캐피탈이 취약한 상황에서 지역사회의 '케어' 실천은 지극히 어려운 과제가 아닐 수 없다. 개별지원 전문직뿐만이 아니라 소셜 커뮤니티 워커로 대표되는 지역지원 전문가에 의한 지역사회 지원(매니지먼트)이 절실하게 필요하다. 또, 이와 같은 역할자들을 새로운 고용창출로 연결시키기 위해서는 각 지역의 정치적 판단과 행정지원이 필요하다. 이런 의미에서 지역사회의 '케어'를 테마로 한 지속가능한 지역 만들기에는 각 주체간의 조정과 각종 매니지먼트 역할자가 필요하다. 이와 같은 매니지먼트의 역할자로 몇몇 지역사회에서는 제3섹터[28]가 육성되고 있는데, 제3섹터의 대두와 함께 기초자치단체의 행정역할이 매우 크다고 하지 않을 수 없다.

---

27) 농산촌재생의 문맥에서 이러한 문제제기를 적확하게 언급한 것은 오다기리 토쿠미(小田切徳美), 『農山村再生: 「限界集落」問題を越えて』 岩波ブックレット 768, 岩波書店, 2009이다. 지역사회에서 지역조직화와 지역복지의 실천, 혹은 지역 만들기나 지역재생을 위한 노력은 다양한 방법으로 진행되며 일정부분 성과를 거둔 곳도 적지 않다. 이러한 노력은 '선진사례'로 각종 조사보고에도 정리되어 있다. 향후의 과제는 이러한 노력을 참고하면서 기초자치단체와 지역사회가 어떻게 종합적 지역 만들기 추진을 위한 시나리오를 만들어 내는가이다.

28) Pestoff, Victor A., 『福祉社会と市民民主主義: 協同組合と社会的企業の役割』, 후지타 아키오(藤田暁男) 외 역, 日本経済評論社, 1998=2000.

참고문헌

池田省三(2000), 「サブシディアリティ原則と介護保険」, 国立社会保障·人口問題研究所, 『季刊社会保障研究』 36-2.

井上信宏(2005), 「地域包括ケアシステムの担い手とケアマネジメント·ネットワークの構築」, 『信州大學經濟學論集』 第53號.

________(2008), 「高齢者介護システムへの市民のアクセス」, 『月刊自治研』 2008年 8月號(第587號).

________(2009), 「地域社会で高齢者を孤立させないとりくみと地域生活システムづくりのポイント」, 『高齢者が孤立することなく暮せる地域生活システムの構築に関する調査研究報告書』, (社)生活福祉研究機構.

小田切徳美(2009), 『農山村再生: 「限界集落」問題を越えて』(岩波ブックレット768), 岩波書店.

Pestoff, Victor A.(1998=2000), 藤田暁男 外 訳, 『福祉社会と市民民主主義: 協同組合と社会的企業の役割』, 日本経済評論社.

武川正吾 編(2005), 『地域福祉計画: ガバナンス時代の社会福祉計画』, 有斐閣.

上野谷加代子·杉崎千洋·松端克文 編(2006), 『松江市の地域福祉計画: 住民主体形成とコミュニティソーシャルワークの展開』, ミネルヴァ書房.

【청취조사 일정】

방문처	일시
마츠에시 건강복지부에서 청취조사 외	2008년 9월 1일, 2일
마츠에시 건강복지부, 마츠에시 사회복지협의회, 마츠에시 고시바라공민관(공민관장), 마츠에시 교육위원회 생애학습과에서 청취조사 외	2009년 7월 14일

※ 각각의 청취조사 및 메일 등 문의에 협조해주신 모든 분들에게 깊이 감사드립니다.

제8장

고용위기와 지방노동행정의 역할

야마시타 이사무 山下勇

기타야마 키요시 北山潔

고마이 타쿠 駒井卓

자치로(전일본자치단체노동조합) : 자치단체직원 외에 공기업, 공익단체, 위생·의료, 사회복지, 국민건강보험연합회 및 공영경기 노동자 등이 가입하고 있다. 조직 통합에 따라 합동노동조합의 역할도 하고 있으며 '10년 현재 2,737개 단위조합, 83만 2,814명이 가입되어 있다.

제8장
고용위기와 지방노동행정의 역할

야마시타 이사무(山下勇)*

기타야마 키요시(北山潔)**

고마이 타쿠(駒井卓)***

1. 고용상황의 급속한 악화와 그 배경

2008년 9월 리먼 브라더스 파산 이후 미국의 금융위기가 전 세계로 확산되고 그 영향이 고용상황의 급속한 악화로 나타났다.

그로부터 1년이 지난 2009년 9월에는 미국 연방준비제도이사회 의장이 "경기후퇴의 종료 가능성이 아주 높다"고 하였고, 일본의 9월 월례 경제보고에서도 전월과 같이 경기의 기조판단을 "최근 회복기미가 보인다"고 하였다.

그러나 자동차 등 일부산업은 회복된다고 하지만 고용관계 지표는 회복되지 않고 있다. 7월의 완전실업률(계절 조정치)은 5.7%로 전월대비 0.3 포인트 상승한 과거 최고치이고, 월례 경제보고에서도 "실업률이 과거 최고수준"이라는 이례적인 표현이 사용되었다. 그 후, 완전실업률은 11월 현재 5.2%로 약간 낮아졌으나, 과거 최악이라고 불리는 고용상황은

* 自治勞全國勞政·勞委連絡會

** 自治勞全國職業訓鍊協議會

*** 自治勞政府關係勞動組合評議會

여전하다.

그동안 고용상황은 비정규노동자에게 희생을 강요하는 형태로 악화되었다. 전기나 자동차 등 수출관련 제조업을 중심으로 파견노동자와 기간공의 계약중단 등이 사회문제화하였다.

후생노동성은 파견 또는 하청계약의 기간만료, 중도해제에 의한 고용조정 및 유기계약 비정규 노동자의 계약만료, 해고에 의한 고용조정(2008년 10월부터 2010년 3월까지 실시완료 또는 예정)등에 대한 통계를 냈다. 2010년 1월 29일 보고에서 고용조정 등이 진행된 사업장은 전국에서 4,653개 사업장, 대상인원 256,731명으로 이 중 '파견' 146.5천 명(57.1%), '계약(기간공 등)' 58.5천 명(22.8%), '하청'이 19.8천 명(7.7%)이다.

한편, 총무성이 2009년 11월 17일에 발표한 7~9월 노동력조사 세부집계(속보)에 의하면, 파견노동자가 전년 동월대비 38만 명 감소하여 비교기준인 2003년 이후 최대의 감소폭이었다. 비정규고용자 전체를 보더라도 36만 명이 감소하여 파트나 아르바이트가 4~6월보다 약간 증가하였다고는 하나 전체적으로는 3사분기 연속 감소하였다.

이들 조사결과는 비정규 노동자가 고용의 조정판이 되고 있는 실태를 나타내준다. 그 배경에는 그동안 진행 되어온 고용의 비정규화가 있다. 파트, 파견, 계약사원 등 정규종업원 이외의 고용자 비율은 1987년에 19.5%였으나 2003년 이후 전 고용자의 30%를 초과하고, 2007년에는 32.6%가 되었다. 취업형태별 인원 수를 보면 파트는 1997년에 638만 명, 2007년에 822만 명으로 증가, 파견사원은 2002년에 230만 명, 2007년에 298만 명으로 증가하고 있다. 또, 상용노동자에서 차지하는 비정규노동자 비율이 증가하고 있고 비정규노동자=가계보조적인 임시고용이라는 이미지에서 생계의 중심을 담당하는 사람으로 크게 변화하고 있다는 것이 특징이다.

2008년 말에 개최된 '실업자 지원행사'가 매스컴 등에 크게 보도 되는 등 비정규노동자 문제는 커다란 사회문제가 되었다. 그 배경에는 ① 비정규 노동자는 기간을 정한 노동계약으로 일하는 경우가 대부분으로 정규노동자에 비해 간단히 고용조정 대상이 된다는 것(단기 계약기간 도중에 해고되는 경우도 많음), ② 고용보험 수급 불가능 등 사회안전망의 빈약, ③ 주거상실 등의 상황에 빠질 가능성이 높고, 그것을 탈출하기 어렵다는 점, ④ 최후의 사회안전망인 생활보호제도는 취업가능자에 대해 '노동력 활용'을 요구하여, 고용보험을 수급할 수 없는 비정규노동자의 보호수단으로 기능하지 않는 등의 상황이 있다.

한편으로, 정규노동자의 상황도 악화되고 있다. 고용과 임금보전을 대신하여 동료와의 가혹한 경쟁과 조직에 대한 과도한 기여를 요구받고 현장에서의 눈치·퇴직강요 등의 트러블, 정신건강·장시간 근로 등의 문제가 심각해지고 있다.

후생노동성이 실시한 '2007년 노동자 건강상태 조사'에 의하면, 직업생활에 있어 강한 불안감, 스트레스 등을 느끼는 노동자는 58.0%이고, 정신건강상의 이유로 인해 1개월 이상 휴업 또는 퇴직한 노동자가 있는 사업장이 7.6%나 된다고 한다.

또, 도민都民들의 노동 상담을 담당하는 동경도 노동상담정보센터가 불면이나 우울증 등 '심적 부조화' 상태와 상담내용과의 관계를 집계한 바 '퇴직강요' 상담 2,077건 중 심적 부조화를 호소한 경우가 738건(33.4%)이나 되었다.

2008년도 자치단체 노동상담 현황을 보면, 동경도는 2006·2007년에 9%·14%로 급증한 뒤, 연간 약 5만 5,000건의 높은 수준에서 안정을 유지하고 있다. 이 중 비정규 노동자의 상담은 30%를 초과하며 내용적으로는 직장의 눈치와 '심적 부조화'를 호소하는 상담의 증가가 눈에 띈다. 한편, 가나가와(1만 2,955건)·오사카(1만 4,088건)·후쿠오카(8,194건) 등 대도시권에서는 과거 최고의 상담건수가 접수되었다.

정부의 지방노동국이 실시하는 '민사상 개별분쟁상담' 건수에서도 고용상황의 악화 등 비정규 노동자의 상담내용에 '이지메·눈치' 등이 증가하는 것도 특기할만하다. 특히 '도도부현 노동국장의 조언·지도'상의 '이지메·눈치' 상담 건수는 30% 이상 증가하였다.

상담결과를 보면, 정부나 지방이나 상담과 분쟁 처리 등에 있어 대증요법적 시책만이 아니라 쾌적한 직장 만들기나 분쟁 예방 등에 더욱 힘을 쏟아야 하는 상황이다.

2. 고용위기에 대한 정부의 대응

1) '경제위기대책'(2009. 4. 10)상의 고용대책

정부는 작년 말부터 고용상황의 악화에 대응하기 위해 2009년도 추경예산만 약 2.5조 엔이라는 이례적인 예산규모로 고용대책을 실시하였다. 그 내용은 크게 4가지로 나뉜다.

(1) 고용유지대책

여기서의 주된 정책은 고용조정조성금 중소기업긴급 고용안정조성금이다. 이것은 사업 활동의 축소가 불가피한 사업주가 종업원을 해고하지 않고 휴업이나 교육훈련·파견 등으로 고용을 유지하는 경우 임금의 2/3(대기업)에서 4/5(중소기업)를 지원하는 것이다.

고용조정조성금은 1974년부터 존속되어 온 전형적인 고용유지제도인데, 노동이동을 전제로 한 정책전환에 따라 매년 대상이 축소되어 최근에는 특별한 사정이 있는 사업장에 대해 특례적으로만 지급하였다. 이것이 2008년 12월 이후 대상 노동자의 확대(고용기간 6개월 미만 노동자나 신규 졸업자도 대상)와 지급요건 완화 및 신청사무의 간소화에 의해 이용대상이 큰 폭으로 확대되었다. 2009년 10월 현재 신청 사업장 수는 8만 4,672개, 대상자 수는 197만 2,568명이다.

특히, 6월 이후, 파견노동자 등을 해고하지 않는 경우 지원율 인상(대기업 3/4에서 중소기업 9/10)과 잔업시간 감축으로 고용을 유지하는 경우의 지원이 신설되었다. 또, 12월에는 기업의 경영상태에 대해 한층 요건을 완화(생산량 요건 완화)하였다.

지원 조건을 대폭 완화한 결과 이용이 급격히 확대되어, 10년도 말에는 재원부족의 염려도 나온다.

(2) 고용창출

각 지역의 고용기회 창출을 위해 도도부현에 '고향 고용재생 특별교부금'(2,500억 엔), '긴급고용창출사업'(1,500억 엔)의 기금을 신설하였다.

'고향 고용재생 특별교부금'은 장기고용을 전제로 한 것으로 지역 브랜드 상품의 개발이나 복지·보육·환경 등의 사업을 기금을 이용, 민간기업 등에 위탁하여 실시하는 것이다. 조건은 사업비에서 차지하는 신규고용 실업자의 인건비 비율이 위탁비의 1/2 이상으로 노동자와 원칙적으로 1년의 고용계약을 체결(필요에 따라 갱신가능)하는 것이다. '긴급고용창출사업'은 보다 일시적인 고용이 전제가 되고 지방공공단체의 직접 실시도 가능하다. 실시규모는 '긴급고용창출사업' 45만 명(전국), '고향 고용재생 특별교부금' 10만 명(전국)이다.

이들 기금창출을 위한 교부금은 당초 민주당이 문제시 하였으나 자민당 정권이었던 3월 중에 모든 도도부현에 대해 교부가 완료되고 사업도 이미 실시되었으며, 오히려 간호·복지·교육 등 분야를 중심으로 요건이 완화되었다.

이 외에 수요확대를 목적으로 하는 자치단체에 대한 교부로 국가 공공사업의 자치단체 부담 분을 대신하는 '지역 활성화·공공투자임시교부금'이 1조 4천억 엔, 지구 온난화와 저출산·고령화 등에 대한 대책으로 '지역활성화·경제위기대책 임시교부금' 약 1조 엔이 있다.

(3) 사회안전망, 생활·재취업지원

이직 시의 사회안전망으로 먼저, 고용보험제도가 개정되었다. 그 내용은 비정규노동자의 적용범위를 고용예정 1년 이상에서 6개월 이상으로 확대(2010년 4월 이후는 31일 이상), 고용 중단된 비정규 노동자에 대한 기본수당 수급자격요건 완화와 소정 급부일수의 확충, 도산이나 해고 등의 이직자나 노동계약 갱신을 거부당하여 특별히 재취직이 곤란한 사람에 대한 급부일수의 연장, 육아휴업 급부의 통합과 급부율 인상조치의 연장, 고용보험 요율인하 등이다.

'실업자 지원행사'에서 문제가 되었던 주택·생활지원에 대해서는 공공직업안정소에 의한 주거제공가능 구인소개, 전국의 고용촉진주택에 입주알선, 노동금고에서 최대 186만 엔의 주택확보·생활지원대출, 이직 후에도 사택·기숙사 등에 계속하여 노동자를 거주시키는 사업주에 대한 지원이 이루어진다.

2009년 10월부터, 고용보험과 생활보장의 차이를 메우는 '신 사회안정망'으로 취업활동 중인 실업자에게 월세를 보조하는 '주택수당', 취로지원·가계지도와 세트로 생활재건 지원금을 월 20만 엔(단신자 15만 엔)까지 최장 1년간 융자하는 '종합지원자금', 상용고용 구직활동의 경우 받을 수 있는 '직업안정자금융자', 공적지원의 지급 결정시까지 생활비를(지급액은 10만 엔 이내) 대출하는 '임시특례연결자금' 등의 시책이 실시되고 있다.

이번 시책은 공공직업훈련을 중시하고 직업훈련과 생활보장 급부를 링크시킨 것이 특징이다.

연도 초부터 이·전직자 훈련의 확대(15만 837명에서 19만 2,271명), IT·간호 분야 등의 장기훈련, 훈련기간 중 생활자금 대출 제도의 확충은 이미 실시되고 있었으며 추가로, 정부는 3년간 '긴급인재육성·취업지원기금(7,000억 엔)'을 마련하여 고용보험을 수급할 수 없는 사람(비정규이직자, 장기실업자 등) 등에 대한 신 사회안전망으로서 직업훈련과 생활보장을 링크시킨 급부제도를 신설하였다.

구체적으로는 ① 신규성장과 고용흡수가 예정되는 분야(의료, 간호·복지 등)의 기본능력 습득을 위한 장기훈련과, 재취직에 필수인 IT기술 습득을 위한 훈련 등 직업훈련의 확충(35만 명), ② 훈련을 수강하는 주된 생계자(소득기준 등 있음)에 대한 훈련기간 중의 생활비(월 10만 엔에서 12만 엔) 급부(30만 명) 등이 있다.

이 사업은 실시주체가 후생노동성 관련 법인인 '중앙직업능력개발협회'이고, 게다가 직업훈련을 실시하는 전문학교의 선정 등을 폐지가 예정되어 있는 '고용·능력개발기구'에 재위탁 하고 있기 때문에 민주당은 '낙하산 법인에 대한 예산낭비'라 하여 2011년도 이후의 실시를 동결하였다. 또, 2010년 1월 현재 훈련수강자 4만 7,708명, 급부금 자격 인정 1만 7,853건으로, 실적이 늘어나지 않고 필요한 사람에게 서비스가 도달되는지 여부가 의문시되고 있다.

그러나 민주당 정권도 전 정권 이상으로 직업훈련을 중시하고 있는 것은 틀림없다. 매니페스토에서는 고용보험과 생활보호와의 사이를 연결하는 제2의 사회안전망으로 '구직자지원법'을 제정하고, 실업급부가 종료된 사람과 자영업을 폐업한 사람에게 직업능력훈련을 받은 일수에 따라 능력개발수당을 지급(소요액 5,000억)하도록 하며, 일부는 긴급고용대책에도 반영되었다. 향후 중요한 고용대책으로 급부금부 직업훈련제도는 계속 실시 될 것으로 생각된다.

(4) 내정취소 대책 등

파견기관·파견처 지침을 개정하여 파견계약의 중도해제 시 파견기관의 고용유지와, 파견처의 파견기관에 대한 배상을 명기하였다. 또, 내정취소 대책으로 기업명 공개제도를 실시하고 있다.

신규졸업자 지원에 대해서도 제2의 '잃어버린 세대'를 만들지 않으려는 시책으로 긴급고용대책에 반영되어 있다.

2) 금회 고용대책의 특징

(1) '워크페어' 정책의 본격 실시

2009년 8월에 내각회의에 보고된 「2009년판 후생노동백서」는 전년도 가을의 고용위기 영향을 받아, "생활이 어려워지기 전에 자신이 스스로 일어설 수 있도록 손을 뻗는 것이 중요"하다며 고용과 복지의 양면에서 사회안전망 정비 필요성을 강조하고 있다.

고용조정조성금과 고용보험·긴급고용창출 등 기존 시책의 확대에 대응하는 부분도 있지만, 이번 대책의 최대 특징은 소위 '새로운 사회안전망', 생활보호와 통상적인 고용정책의 중간에서 취업가능한 사람을 직업적으로 자립시키는 형태의 시책이며, 그 중에서도 고용과 복지의 가교로서 주목받고 있는 것이 직업훈련이다.

이 배경에는 1990년대 이후 각국에서 전개된 워크페어workfare(노동복지제도, 노동을 장려하는 복지정책)적인 복지정책이 있다.

워크 페어는 "무엇인가 방법을 통하여 각종 사회보장·복지급부(실업급부나 공적부조, 혹은 장해급부, 노령급부, 한 부모 수당 등)를 받는 사람들의 노동·사회참여를 촉진하기 위한 일련의 정책"(우즈하시 다카후미埋橋孝文, 『ワークフェア: 排除から包摂へ?』, 法律文化社, 2007)으로 정의되는데, 크게는 취업이나 취업에 대한 의욕을 사회적 급부의 조건으로 하는 것과 같은 정책이라 할 수 있다.

미국에서는 클린턴 정부시대에 해당하는 1992년 선거 후, 취로 가능자가 부조를 받는 조건으로 직업훈련 프로그램 등에의 참여를 의무화하였는데, 워크페어의 흐름은 그 후 영국노동당 정권의 정책과 유럽 각 국가 등에도 확산되고 있다.

일본에서도 2005년부터 '자립지원프로그램'을 시작하여 취로지원으로의 정책전환이 이루어지고 있는데, 그 규모는 현재와 비교가 되지 않는다. 계획대로 실시된다면 일본에서의 본격적인 워크페어정책이 전개된다고 할 수 있다.

이에 대해 현장에서는 직업훈련이 취직을 위해 유효한 훈련이 되지 않는다는 비판이 있다(제8장 4절 참조). 또, 취로를 강제하지 말고 생활보호제도에 대한 접근을 용이하게 하여야 한다는 논의도 있으므로, 향후의 복지 방향성 전체의 문제로 논의할 필요가 있다.

(2) '고용의 비정규화'에 대한 불명확한 생각

고용위기의 배경에는 '고용의 비정규화'가 있으며, 이것이 비정규 노동자에 대한 혹독한 고용조정과 정규노동자의 근로환경악화의 구조적 원인이 되고 있음은 명확하다.

후생노동성은 「2009년도판 노동경제백서」에서 특히, 청년층의 불안정 고용화를 우려하여 "장기고용과 인재육성, 불안정 취업자의 정규 고용화, 질 높은 고용 실현"을 주창하였다. 그러나 실제 정책에서는 정규노동자를 고용하는 기업에 대한 조성금 지급 등 정규고용 사용자에 대한 인센티브는 주면서 비정규 고용의 제한 등 보다 깊이 있는 법적규제 등은 반영되어 있지 않다. 아직까지 비정규 노동문제에 대한 적극적인 처방전이 제시되지 않고 있다고 할 수 있다.

분명한 것은 '파견 중단' 등으로 사회문제화된 파견노동에 대해 현재 검토가 진행되고 있다는 것이다. 중의원 선거 후인 2009년 9월 9일, 민주, 사민, 국민신당 등 야 3당은 정책합의에서 노동자파견법의 개정방향성을 확인하였다. 내용적으로는 ① 등록형 파견 금지 및 안정고용, ② 제조업 파견에 대한 전문 직종 배제 금지, ③ 일용파견금지·2개월 이하 파견금지, ④ '직접고용 간주규정' 신설, ⑤ 법률명을 '파견노동자보호법'으로 하는 것 등이다.

이에 따라 정권교체 후인 10월 7일, 후생노동성은 노동정책심의회에 대해 파견법 개정에 대한 자문을 받았다. 공로사公勞使의 논의에 따라 12월 28일 정리된 보고에서는 ① 등록형 파견의 원칙금지, ② 제조업무 파견의 원칙금지(예외적으로 상용고용노동자 파견), ③ 위법파견 시 파견처에 의한 고용계약신청 간주제도 신설, ④ 원칙적으로 금지되는 일용파견의 고용기간 확대('30일 이내'에서 '2개월 이내'), ⑤ '파견노동자 보호'를 법률명칭·목적에 명기, ⑥ 대우의 형평성 추가 등이 반영되었다. 향후 법안은 국회에서 논의될 예정이다.

자문내용에 대해서는 "규제가 불충분하다"는 비판이 많다. 그러나 가령 파견노동을 법적으로 강하게 규제한다 해도 위탁·하청화하거나 직접

고용을 하더라도 파견 이외의 비정규 고용으로 이행할 가능성이 높고, 파견법 논의만으로는 문제가 해결되지 않는다.

비정규 노동에 대해서는 "유기고용을 어떻게 규제할 것인가?"라는 문제가 보다 본질적인 것이라고 생각된다. 후생노동성은 2009년 2월에 연구자 중심의 '유기노동계약연구회'를 발족, 실태조사를 포함하여 2010년 여름 보고서 정리를 목적으로 검토하고 있다. 검토항목은 유기노동계약 관련 시책의 방향으로, 구체적으로는 계약기간의 상한제한, 유기노동계약의 범위·직종별 기간제한, 계약체결시의 노동조건 등의 명시, 처우의 균형 등, 계약의 갱신·고용 중단 등이다.

10년 1월 현재, 노사 의견청취, 외국의 실태보고를 마치고 중간보고를 위한 논의가 진행되고 있다.

또, 2009년 9월 30일에는 연구회에서 '유기노동계약에 관한 실태조사' 결과가 보고되었다. 노동자 5,000명을 조사한 결과, 직무내용에 대해서는 정사원과 비교하여 ①'정사원과 같음', ②'보다 고도의 기능 활용', ③'직무는 다르지만 같은 수준', ④'보다 간단', ⑤'직장에 정사원이 없음'으로 분류한 결과, ① 36.4%, ④ 39.0%가 많았다. 임금을 보면, 연수입 200만 엔 이하가 계 57.3%로 반수를 초과하고 200만 엔 초과 300만 엔 이하는 25.2%로 ①의 직무내용을 가진 사람 중 40% 이상이 200만 엔 이하의 연수입으로 생활하고 있다. 유기고용으로 일하는 이유(복수응답)에 대해서는 '정사원 일자리가 없다'(38.7%)가 가장 많았다. 계약종료에 대해서는 해고·고용 중단을 50.2%가 체험하고, 이 중 41.4%가 '트러블이 있었다'고 답하였다.

유기고용자의 고용 불안정성과 열악한 노동조건 등이 심각한 상태임을 조사로부터 알 수 있다. 그러나 우려스러운 것은, 앞으로의 법제도 설계에 있어 유기고용 자체를 규제할 것이 아니라 유기고용자의 업무내용과 노동조건에 따라 노동자를 그룹별로 나누어 각각을 규제하는 흐름이다. 이것은 2008년 파트노동법 개정에서 직무내용과 인재활용의 구조 등이 정사원과 동일하고, 기간의 정함이 없는 노동계약을 체결하는 경우에만 파트타임 노동자와 정사원의 균등대우를 의무화하는 패턴이다. 이 결과 대부분의 노동자 처우개선은 '노력의무'가 되어버렸다.

결국, 비정규 노동자의 처우개선과 장기 고용화에 대한 논의가 거꾸로 정사원과 같은 고도·전문적인 일부 노동자만을 보호하고, 업무하청과 위탁을 포함한 많은 유기고용노동자의 낮은 처우를 추인하게 될 가능성도 있다.

경영의 관점에서 소수의 핵심인재와 다수의 주변인재로 노동자를 구분하고, 처우에 대해서도 큰 차이를 둔다는 것이 1995년의 '신시대 일본적 경영' 이후 비정규화의 흐름이었다. 앞으로 발표될 유기고용연구회의 '보고'가 이러한 흐름을 바꿀 수 있을지 매우 의문이다.

3. 勞政현장으로부터의 제언: 중장기적인 고용시스템의 방향

自治勞全國勞政·勞委連絡會는 도도부현의 노정행정·노동위원회에서 근무하는 직원으로 조직된 自治勞県職員共鬪內의 직능조직이다. 도도부현의 노정행정은 주로 중소기업의 노사관계를 관장하며 그 외에도 노동 상담(집단·개별 노동분쟁의 해결), 노동법 보급, 남녀평등·취업추진 등 다양한 사업을 추진하고 집단노사관계(노동조합)를 관장하는 유일의 행정기관이기도하다.

자치단체에 따라 조직명칭은 다르지만 본청은 노정과·노동복지과·노동환경과, 사업소에서는 노정사무소·노동센터·노동상담센터·노동복지사무소 등이 사업을 실시하고 있다.

본절에서는 노동 상담과 임금 등 노동조사를 실시하고 있는 현장의 입장에서, 이번 고용위기에 대해 지방노동행정이 취하여야 할 시책에 대해 간단한 의견을 말하고자 한다.

전절에서도 언급한 바와 같이 비정규 노동자를 위한 사회안전망 정비가 긴급한 과제인 한편, 노동 상담의 현장에서는 눈치·퇴직강요·정신적

스트레스 문제 등이 빈발하고 있다. 그 배경은 정규·비정규에 관계없이 노동조건·직장환경의 악화나 장래에 대한 불안감 때문이 아닌가 생각된다.

1) 기간고용에 대한 법 규제

먼저, 필요한 것은 고용의 비정규화 흐름에 일정한 제한을 두는 것이다. 지나친 비정규화는 사회 전체의 고용을 불안정하게 하고 노동조건을 저하시킨다. '합리적 이유'의 존재를 유기계약의 체결조건으로 하든지, 노동조건의 균등대우, 유기계약의 갱신에 대해 제한을 두는 방향으로의 법 정비가 필요하다.

2) 안심하고 생활할 수 있는 임금수준의 확보

또 하나는 정규·비정규 노동자 양자가 적정한 노동조건에서 일할 수 있도록 직장에서의 노동조건 결정시스템을 재구축하는 것이다.

(1) 최저임금과 디센트 워크 (decent work: 일하는 보람이 있는 인간다운 일)

최소한의 생계유지 차원이 아닌 인간다운 생활, 가족을 부양하고 아이를 양육할 수 있는 수준의 임금을 실현할 수 있는 시책의 하나는 최저임금 향상이다. 작년 이후, 생활보호비와의 괴리해소 차원에서 최저임금액이 인상되고, 민주당 역시 매니페스트에서 최저 임금을 전국 평균 1,000엔으로 목표 삼겠다고 하는 등 최저임금이 주목받고 있다. 빈곤실태와 생계비 관계의 조사를 보다 충실히 하여 적정한 임금수준의 지표를 만들 필요가 있다.

(2) 정규·비정규를 포함한 집단노사관계·노동조건 결정시스템 재구축

그러나 최저임금법은 어디까지나 최저기준을 정한 것으로 그것을 초과하는 임금결정은 전부 노사교섭에 맡겨지게 된다.

현 상태에서는 비정규 노동자의 임금이 사실상 당시의 노동시장에서 결정되기 때문에 고용계약을 갱신하더라도 임금은 원칙적으로 오르지 않는다. 또, 경제성장이 부진한 최근의 정규노동자는 노동조합이 있어도 기준이 상향되지 않고 오히려 연공적 임금제도가 성과주의 임금제도로 바뀌는 등 엄격한 경쟁체제에 노출되고 있다. 그리고 비정규 노동자의 증가가 정규사원의 임금을 '기득권'으로 보는 풍조를 만들게 되므로 가일층 임금삭감의 압력으로 작용한다. 정규노동자와 비정규 노동자의 업무 동질성이 높은 직장에서는 더욱 그렇다.

이와 같이 비정규 노동자의 임금은 최저임금 수준에서 크게 오르지 않고, 정규노동자의 임금은 항상 임금삭감 압력에 시달리는 결과가 된다. 이를 피하기 위해서는 각각의 기업에서 정규·비정규 노동자의 임금을 노사교섭의 장에서 양자가 납득할 수 있는 수준으로 결정할 필요가 있다.

후생노동성의 '2008년도 노동조합 실태조사'에서는 노동조합의 추정 조직율이 18.1%이고, 파트 조직율에서는 5.0%이다. 조직화는 조금씩 진전되고 있으나, 대부분의 노동자 특히, 비정규 노동자는 노동조합에 가입하지 않은 상태이다.

여기서 고려할 수 있는 시책은 노동조합을 직장 내에서 다양한 노동자의 대표로서 교섭할 수 있도록 지원하는 것이다. 이는 일찍이 노정행정이 추진해온 시책이기도 한데, 조합이 없는 직장의 노동자 대표제나 노사위원회의 실효화를 포함하여 검토할 필요가 있다.

이는 노동조건의 문제만이 아니라 다양한 개별 노사분쟁의 기업 내 해결과 사전예방, 안전위생의 충실화와도 관련된다.

3) 청년노동대책

정부는 8월 13일에 「청년층에 대한 중점고용대책(요지)」을 발표하였는데, 청년고용문제의 배경으로 '신규졸업자 일괄채용'이라는 채용·취직 상의 관행을 거론하였다. 이 관행은 고용상황이 어려워질 경우, 한번 취직기회를 잃어버린 세대에게는 재도전이 어렵다는 구조적인 문제를 안고 있다. 또, 경력형성 상 중요한 시기에 직업교육이나 기업 내 OJT 대상에서 제외된 사람은 그 후의 능력형성에 중대한 지장이 생기고 負의 스파이럴spiral에 빠지는 경향이 강하다고 한다.

이에 대해 후생노동성은 취직빙하기에 정사원이 되지 못한 연장年長 프리타 등(25~39세)에 대한 일관된 지원과 정규직을 고용한 사업주에 대한 장려금, 직업훈련과 같은 '프리타(구속을 싫어해 아르바이트 등으로만 생활하는 젊은 사람) 등의 정규고용화 플랜'을 실시하였다.

이번 고용위기에서는 내정취소는 물론이고 2010년 이후 기업이 채용을 급격히 축소하는 것이 문제이다. 졸업시기가 다르다는 이유만으로 정사원 취직이 불가능한 세대가 다시 생겨나기 때문이다.

지방노동행정도 종래의 정책에서 한발 나아가 학교 현장에서의 직업·노동법교육, 기업의 신규채용 규모 확대를 위한 노사에 대한 압력, 공공직업훈련과 상공행정이 연계하여 취업을 추진하는 등 정책적 접근을 확대하여야 한다.

4. 직업훈련 현장으로부터의 제언
: 공공직업훈련의 지방분권을 위해

여기서는 국가와 도도부현이 실시하고 있는 공공직업훈련의 현황과 과제에 대해 언급하고 自治勞의 대응을 소개한다.

1) 공공직업훈련 실시현황

일본에서는 직업능력개발촉진법(이하 '능개법'이라 함)에 의해 직업훈련이 실시되고 있다. 직업훈련의 역사적 경위는 생략하기로 한다.

능개법은 제3조에서 "직업에 필요한 노동자의 능력을 개발하고 향상시키는 것이 직업안정 및 노동자 지위향상을 위해 불가결함과 동시에 경제 및 사회발전의 기초를 이루는 것"이기 때문에, "직업생활의 전 기간을 통하여 단계적이고 체계적으로 진행할 것을 기본 이념으로 한다"고 정하고 있다. 그리고 제4조에서 "사업주는 고용하고 있는 노동자에 대해 필요한 직업훈련을 실시", "국가 및 도도부현은 사업주 기타 관계자의 자주적인 노력을 존중하면서 그 실정에 따라 필요한 원조 등을 실시"하고 "직업을 전환하려는 노동자 기타 직업능력개발 및 향상에 대해

[도표 8-1] 2008년도 공공직업훈련 실시현황

	합 계		고용·능력개발기구		도도부현	
	수강자 수	취직율	수강자 수	취직율	수강자 수	취직율
이직자훈련	131,800	–	102,368	–	29,432	–
시설내	40,102	74.5% (▲4.9)	27,144	78.5% (▲3.5)	12,958	66.0% (▲7.6)
위 탁	91,698	68.3% (▲2.6)	75,224	69.5% (▲1.9)	16,474	62.5% (▲5.2)
재직자훈련	102,369	–	43,803	–	58,566	–
졸업자훈련	21,006	89.1% (▲4.1)	7,303	96.8% (▲1.6)	13,703	86.5% (▲5.2)
합 계	255,175	–	153,474	–	101,701	–

- 주1: 이직자 훈련 취직율(1개월 이하 코스 제외)은 훈련수료 3개월 후의 취직상황.
- 주2: 위탁훈련에는 위탁훈련활용형 듀얼이 포함됨.
- 주3: 졸업자훈련 취직율에는 전문과정·보통과정활용형 듀얼이 포함되지 않은 훈련수료 1개월 후의 취직상황임.
- 주4: 장해자 훈련은 제외.
- 주5: 이직자 훈련 수강자 수는 '입교자 수'이며, 1개월 이하 코스도 포함.
- 주6: 졸업자 훈련 수강자 수는 '당해년도 입교자+전년도 이월자'이며 보통·전문과정 활용형 듀얼 시스템이 포함됨.
- 주7: 취직율의 괄호안 수치는 전년도와의 차이임.
- 주8: 정례업무통계보고조사.

특히 원조를 필요로하는 사람에 대한 직업훈련의 실시"에 노력하여야 한다고 각각의 책무를 규정하고 있다.

국가와 도도부현의 공공직업훈련은, 국가를 대행하는 독립행정법인 고용·능력개발기구와 도도부현의 각 공공능력개발시설(명칭은 직업훈련교, 직업능력개발단기대학교, 직업능력개발대학교, 직업능력개발촉진센터 등)에서 실시되며, 그 규모는 [도표 8-1](후생노동성 자료)과 같다.

공공직업훈련은 도도부현의 자치사무로 능개법 제15조의6 및 제16조에서 직업능력개발학교를 설치·운영하며 직업훈련을 실시할 것이 의무화되어 있다. 그러나 도도부현의 재정압박과 민관 역할분담이라는 명분의 민간 활력화 방침에 따라 그동안 직업능력개발교의 통폐합이 진행되어 왔다. 능개법으로 개정되기 이전의 직업훈련법이 제정된 69년에는 전 현에서 330개교였던 것이, 2009년에는 187개교까지 감축되고, 현 내에 1개교 밖에 설치되지 않은 현도 3개현(미에三重, 나라奈良, 사가佐賀)이나 되며 앞으로도 학교 통폐합은 계속될 것으로 생각된다.

최근의 도도부현 공공직업훈련은 민간 활력화 방침을 계속 추진한 결과, 직업훈련실시과목에 대한 시장화테스트 실시(동경)뿐 아니라 직업능력개발교의 관리운영에 대해서도 후단에서 언급하는 지정관리자 제도를 도입하는 경향이 있고, 사무계열 직종 등의 직업훈련실시과목 폐지와 직업능력개발교 시설 내에서 실시하는 직업훈련보다 민간교육훈련기관에 위탁하여 실시하는 직업훈련(3~6개월의 단기간 훈련)의 실시규모가 확대되어 온 것이 특징이다.

특히, 2009년도에는 국가의 긴급고용대책과 독립행정법인정리합리화 계획에 의해 고용·능력개발기구의 폐지(10년도 말 목표)가 결정됨에 따라, [도표 8-2](후생노동성 자료)와 같이 도도부현에서는 이직자 훈련의 민간위탁훈련이 대폭 확대되어, 도도부현 차원의 직업훈련은 커다란 전환점을 맞이하고 있다.

[도표 8-2] 2009년도 이직자 훈련 계획 수

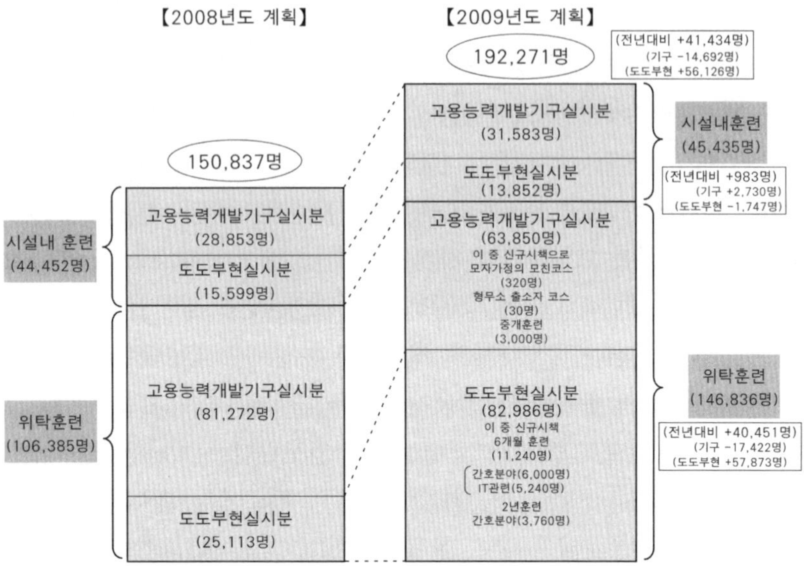

2) 지방분권개혁추진위원회 권고와 전국 지사회의 요망

지방분권개혁추진위원회는 2008년 5월의 제1차 권고(생활자 시점에서의 '지방정부' 확립)에서 독립행정법인 고용·능력개발기구가 추진하는 이직자 훈련은 도도부현과의 역할분담이 명확하지 않다는 점을 지적하고, 동 기구와 도도부현과의 역할분담 관계를 명확히 한 뒤 도도부현으로의 이양 검토를 권고하였다.

나아가, 2009년 10월에는 제3차 권고(자치입법권 확대에 의한 '지방정부' 실현)에서는 능개법 제15조의6에서 정하는 직업능력개발교의 설치 및 관리의무와 보통과정 직업훈련(훈련기간이 1~2년인 훈련과목)의 시설 내 실시 의무(훈련기간이 6개월 이하인 단기과정의 직업훈련은 민간위탁 가능)는 '폐지 또는 조례위임'할 것을 권고하였다.

이들 권고는 전국지사회가 2007년 7월에 제출한 「제2기 지방분권개혁에 대한 제언」에서 요청한 다음 3가지 항목에 대한 응답이었다.

① 도도부현 직업능력개발교의 관리운영을 외부위탁 등이 가능하도록 국가에 의한 설치 및 관리의무는 폐지하고 조언 및 권고 등의 관여는 최소화할 것.
② 국가와 도도부현의 단기직업훈련에서 중복 행정이 발생하므로, 국가가 직업능력개발촉진센터에서 실시하는 단기훈련은 폐지.
③ 보통과정의 보통직업훈련은 단기과정과 달리 민간시설에서 실시(민간위탁)하는 것이 불가능 하여 행정의 탄력화·효율화를 저해하므로 도도부현의 독자적인 판단에 따른 실시가 가능하도록 국가의 의무를 폐지.

이와 같은 전국지사회의 요청은 국가와 도도부현의 중복 행정 해소는 별도로 하더라도 직업능력개발교의 관리운영에 지정관리자제도를 도입하고 모든 직업훈련을 민간위탁하려는 목적에서 나온 것이다.

한편, 전국지사회의 요청에 대해 후생노동성은 지방분권개혁추진위원회에 다음과 같이 회신하였다.

① 적절한 직업훈련의 실시를 담보하기 위해서는 공공성과 계속성에 비추어 도도부현에 의해 직업능력개발교가 설치 및 관리될 필요가 있다.
② 고용에 대한 사회안전망으로써 이직자 훈련은 고용대책의 관점에서 국가가 주체적으로 실시하도록 되어있으므로 국가의 이직자 훈련을 폐지하는 것은 곤란함.

(③에 대해서는 추가요청 된 것이기 때문에 후생노동성의 회신은 불명)

상술한 바와 같이 능개법에서는 국가와 도도부현이 공공직업능력개발시설을 설치하여 운영하도록 하고, 그 역할분담은 재검토 하더라도 도도부현은 지역의 수요에 따라 양질의 직업훈련을 제공할 책무가 있다. 때문에, 자치로·전국직업훈련협의회는 도도부현의 직업능력개발교를 민간에 위탁하는 지정관리자제도 도입과 모든 직업훈련의 실시를 민간위탁 가능하도록 하는 것에 반대한다.

또한, 후생노동성에서는 구조개혁특구로서 "공공직업능력개발시설의 관리운영을 외부위탁이 가능하도록 조치를 강구한다"는 도쿄·효고·후쿠이 3도현으로부터의 제안에 대해, 외부위탁에 의한 '도도부현 직업능력개발교 관리운영의 방향에 관한 검토회'를 설치하여 논의를 진행하였으나, 아직 이에 대한 보고는 나와 있지 않다. 현재, 후생노동성은 고용·능력개발기구의 폐지에 따른 도도부현과의 역할분담을 재검토 하고 있다.

3) 독립행정법인 고용·능력개발기구와 도도부현의 역할분담

국가를 대행하여 공공직업훈련을 실시하는 독립행정법인 고용·능력개발기구는 독립행정법인정리합리화계획에서 "법인자체의 존폐를 포함한 방향성에 대해 검토한다"고 명기하여, 2008년 12월 내각회의에서 폐지가 결정되었다. 그러나 후생노동대신과 행정개혁담당대신의 합의에 의해, 직업훈련기능에 대해서는 후생노동성 소관 독립행정법인 고령·장해자 고용지원 기구로 통합하게 하고 2010년 말까지 법을 개정하기로 하였다.

고용·능력개발기구와 도도부현의 역할분담에 대해서는 1978년에 다음과 같이 직업훈렵법이 개정되었다.

> 양성훈련(주: 신규졸업자 대상) 실시에 대해서는 도도부현이 분담하고, 국가(고용촉진사업단, 주: 고용·능력개발기구의 전신)에 대해서는 종래 실시하던 양성훈련을 폐지하며, 능력재개발훈련(주: 이직자훈련), 향상훈련(주: 재직자훈련) 및 고도양성훈련(주: 단기대학교, 대학교에서 하는 훈련)을 분담하기로 한다.
>
> (노동성 편, 「노동법해석·개정판 직업능력개발촉진법」, 213쪽, 주는 필자 기입)

후생노동성은 이와 같은 입장을 현재까지 고수하고 있다. 상술한 지방분권개혁추진위원회에 대한 전국지사회의 요청에 대해서도 국가는 "고용대책의 관점에서 사회안전망으로서의 이직자훈련과 고도·선도적인 직업훈련을 실시한다. 도도부현은 지역의 실정에 따른 직업훈련을 실시한다"고 회신하였다.

자치로·전국직업훈련협의회는, 1985년 결성이후 일관하여 지방의 이직자훈련과 재직자훈련 실시 등 직업능력개발행정의 확충·강화를 위해 각 도도부현 당국에 대한 예산·인원·정책요구사항의 실현을 위해 노력해 왔다. 아울러 국가는 직업능력개발대학교 등 현을 초월한 광역적 직업훈련과 고도직업훈련을 실시하고, 지역의 산업정책이나 복지정책과 연계한 효과적인 고용대책으로서의 직업능력개발(이직자훈련·재직자훈련)은 원칙적으로 도도부현이 실시하도록 공공직업훈련의 지방분권을 후생노동성에 요구하였다.

고용·능력개발기구와 도도부현의 역할분담과 관련한 또 한 가지 문제는 재원이다. 능개법에서는 제94조 및 제95조에서 도도부현 직업능력개발교의 시설, 설비 및 운영경비를 부담·교부하도록 정하고 있다. 이의 주요 재원은 특별회계의 고용보험 2대사업 중 하나인 능력개발사업이다. 고용보험 2대 사업은 사업주의 보험료(고용자 임금총액의 0.3%분)를 재원으로 하고, 2008년 능력개발사업 예산은 1,296억 엔이다. 이 중, 고용·능력개발기구에는 1,000억 엔이 교부되고, 도도부현에는 170억 엔밖에 교부되지 않았다. 고용·능력개발기구는 실질적으로 특별회계로 운영되고 있는 것이다.

따라서, 자치로·전국직업훈련협의회에서는 2010년도 후생노동성 예산편성에 관한 요구사항으로 고용·능력개발기구의 폐지에 따른 도도부현의 직업능력개발에 요하는 경비를 고용보험특별회계에서 증액 계상하도록 요청하였다.

고용·능력개발기구의 교부금에 대해서는 신 정권의 행정쇄신회의가 '사업 분류'에서, "직업훈련은 실시 가능한 도도부현으로 사업을 이관하는 것이 타당"하다는 의견도 있어 '검토'하기로 하였으며, 후생노동성도 2010년도 예산에서 감액하기로 회신하였다.

4) 후생노동성 긴급인재육성지원사업의 문제점

글로벌 경기의 악화는 일본의 고용상황에도 큰 영향을 미치고, 7월의 완전 실업률은 과거 최악인 5.7%로 고용조정조성금 신청자 수를 실업자로 가정하면 실업률은 실질적으로 9%를 넘는다고 한다. 이와 같은 상황에 정부는 2009년 5월, 14조 엔 규모의 대형 추경예산으로 경제대책을 강구하였다. 그 중, 고용대책으로 긴급인재육성·취직지원사업에 7,000억 엔을 충당하였다.

이 사업의 개요는 [도표 8-3](후생노동성 자료)과 같은데, 4,820억 엔의 직업훈련에 대해 후생노동성은 능개법에 따라 설립된 중앙직업능력개발

[도표 8-3] 긴급인재육성·취직지원기금 개요

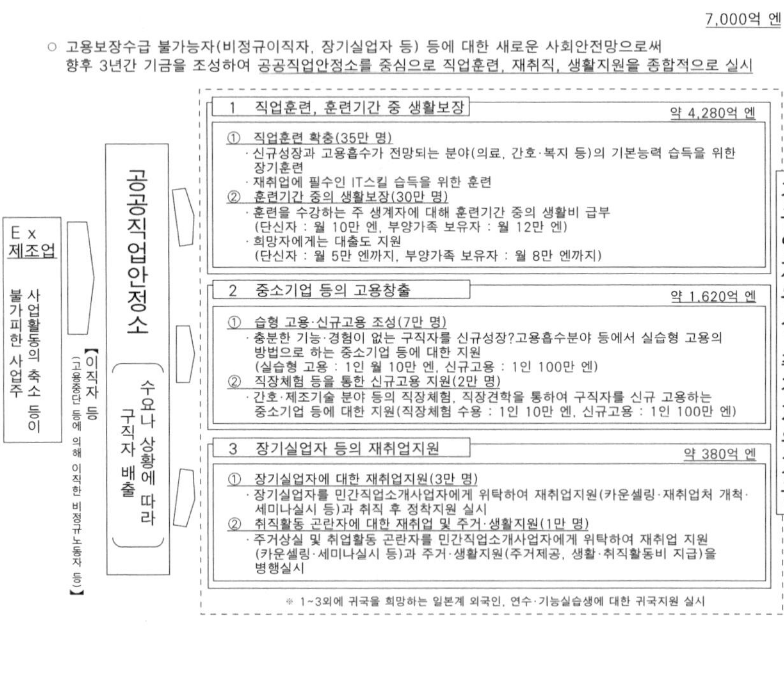

협회에 기금을 교부하고 사업을 실시하도록 하였다. 나아가, 중앙직업능력개발협회는 직업훈련 실시경험이 없었기 때문에 그 코디네이트를 이미 폐지가 결정된 고용·능력개발기구에 위탁하여 실시하도록 하였다. 마치 후생노동성의 의도대로 되는 듯한 구도였다. 신 정권에서는 "낙하산 단체에서 실시하는 예산낭비"라 하여 이 기금의 11년도 실시분을 집행정지하고, '구직자지원제도'를 신설하였다.

3년간 100만 명(2009년 예산기준으로 3년간 실시하는 65만 명 포함)을 대상으로 직업훈련을 실시하기로 한 이 기금사업은 공공직업훈련이 아니라 기초적인 직업훈련을 3개월~1년간, 민간교육훈련기관에 위탁하여 실시하는 것이다.(전문학교 등의 수용체제가 정비되지 않아 업계단체에 위탁하여 시작하였으며, 12월 현재 1만 6,750명 정원에 수강자는 1만 2,440명이다.)

문제는, 이 직업훈련에 도도부현은 전혀 관련되어 있지 않을 뿐만 아니라 무엇보다도 도도부현 직업능력개발교에서조차 급속히 확대되고 있는 민간위탁훈련과 같은 단기간 직업훈련으로는 취직이 가능한 기술습득이 곤란하고 효과를 별로 기대할 수 없는 훈련으로 인식한다는 것이다.

효과적인 직업훈련 실시를 위해서는 양보다 질의 측면에서 재검토하고 공공직업훈련에 대한 재원확충(2007년도 일본의 공적 직업훈련경비는 1,700억 엔, 국내총생산에서 차지하는 비율은 0.04%로 OECD 가맹국 평균의 4분의 1)과 도도부현 직업능력개발교에서 실시하는 시설 내 취업직결 6개월~2년간 훈련을 충실히 할 필요가 있다. 아울러, 이미 구주각국이 직업훈련을 고용정책의 중심에 두고 추진하고 있듯이 지역에서 자치단체와 기업, 비영리조직 등이 연계하여 고용창출과 직업훈련이 일체화되도록 노력하지 않으면 안 되는 과제이다.

5. 직업안정행정(헬로워크: hellowork)의 역할과 규제완화

이 절에서는 직업안정행정의 역할과 주변상황에 대해 검토한다.

1) 自治勞의 직업안정조직

自治勞는 동경, 오사카에 가맹조직이 있고 오키나와를 포함한 3현의 연계조직으로부터 현장의 의견이 반영되고 있다.

자치로 정부관계노동조합평의회(자치로정노평自治勞政勞評)는 2002년 자치로 제73회 정기대회에서 자치로정노평 직업안정위원회를 설치하고, 직업안정행정관계 노동자의 활동 및 조직강화를 위해 노력하고 있다. 매년 "노동을 중심으로 한 복지형 사회실현 / '시장중심주의'에 의한 고용노동정책을 전환하여 실효 있는 고용정책 실현"을 슬로건으로 '학습교류집회'를 봄에 개최하며, 2009년에는 9회 대회가 개최되었다.

자치로의 직업안정행정에 관한 운동은 동경직업안정행정직원노동조합과 오사카노동국직업안정행정직원노동조합 등 두 조직이 자치로정노평 직업안정위원회를 구성하였다. 또, 오키나와國公勞노동지부와 全勞動오사카職安支部가 연계·협력하여 '정노평직업안정위원회연락협의회' 활동을 추진하였다.

2) 정노평 직업안정위원회의 기본 대응

'규제완화' 정책은 직업안정행정(헬로워크)의 '민간개방'을 촉진하는 논의였다. 제 일선의 직업안정행정 조합원으로부터 "고용노동 분야의 '규제완화'는 일하는 사람에게 중대한 영향을 미친다", "고용파괴가 진행되고 있다", "노동력의 질이 저하된다", "일하는 룰이 지켜지지 않고 있다", "가일층 규제개혁이 주장되고 있다"는 목소리가 들려왔다. 고용·노동 분야의 규제완화는 불안정고용의 증대와 격차확대를 가져오는 것이 분명하였다.

(1) '시장화 테스트'에 의한 직업안정행정의 포괄적 '민간개방'의 문제점

직업안정행정이 수행하고 있는 공공의 역할인 ① 구직자의 개인정보 보호를 토대로 공정한 채용선발, ② Age-free 사회실현을 위한 고령자 고용촉진, ③ 장해자에 대한 고용차별 방지와 고용촉진, ④ 남녀공동참여 사회의 실현을 위한 고용기회의 평등, ⑤ 공계약으로서 공정노동기준의 실현에 대해, 시장화 테스트(민관경쟁입찰제도) 도입에 의한 '민간개방'은 제도적으로 담보되지 않음을 지적해 왔다.

(2) 직업안정위원회의 주장

노동시장 현황을 제 일선의 창구에서 검토한 바 직업안정위원회는 ① 직업소개사업을 국가가 책임질 것, ② 일본정부는 ILO88조약을 비준하고 있다는 점, ③ 고용보험은 국가가 보험자로 사회안전망으로써 유지되어야 함, ④ 고용보험제도는 직업소개사업과 일체 불가분이며 분리 불가능하므로 전부 또는 일부를 민간개방 하는 것은 절대 안 됨, ⑤ 전국의 직업안정행정을 국가가 직접 운영함으로써 각종 고용대책을 추진할 수 있음. 또, 경제상황의 급변에 대해 기동적으로 대응할 수 있음. 이상과 같은 이유로 "직업안정행정의 무원칙한 민간개방은 노동행정의 해체로 연결되므로 반대한다"는 것을 강력히 주장해 왔다.

또, 일본정부는 ILO 제111호 조약(고용과 직업의 차별철폐조항)을 비준하고 있지 않다. 이 조약은 정부에 대해 차별대우 폐지를 위한 정책·법 정비를 의무화하고 있는데, 이것이 비준되어 있지 않다는 것은 사용자의 채용차별에 대해 법규제가 거의 미치지 못하고 있음을 나타낸다. 이 역시 과제로 제기해 왔다.

3) 직업안정행정의 주변 현황

직업안정조직의 구성에 관한 조약 ILO 88호 조약에서는 "이 조약의 적용을 받는 국제노동기관 가맹국은 무료 공공직업안정조직을 유지하고, 또는 그 유지를 확보하여야 한다"고 되어 있다. 영리를 목적으로 하는 민영화로 노동시장의 사회안전망이 희생될 위기에 처해 있다.

직업안정행정의 분기점

첫째, 1999년 직업안정법 개정에서는 민영직업소개사업이 취급할 수 있는 직업을 원칙적으로 자유화하고 허가의 유효기간이 연장되었다. 노동자파견법 개정에서는 노동자 파견사업의 대상이 되는 업무를 원칙적으로 자유화하였다.

둘째, 2000년의 지방분권일괄법은 지방분권에 역행한 행정기구의 중앙집권화이자, 직업안정행정을 국가로 일원화함으로써 도도부현의 노동행정을 차단하여 지역의 종합적 산업고용시책이 현저하게 저해되었다. 지역공공서비스사업이 중앙관청의 일원적 사업으로 기능할 수 있을지가 지적되어 왔다.

4) 직업안정행정의 민간개방 촉진에 대한 논의의 흐름

시장중심주의 정책에 따라 경제재정자문회의를 정점으로 한 노동법제 및 노동행정의 규제완화가 촉진되었다. 직업안정행정의 민간개방 촉진에 대한 논의의 흐름을 살펴보고, 향후의 제도정책에 대한 대응방향에 참고하고자 한다.

(1) 2003년

「경제재정 운영과 구조개혁에 관한 기본방침 2003」(핵심방침, 2003년 6월 27일 내각회의 결정), 「핵심방침 2004」(2004년 6월4일 내각회의 결정)에서 직업안정행정업무에 민간의 노하우를 효율적·효과적으로 활용하기 위한 대책이 수립되었다.

(2) 2004년

「규제개혁·민간개방의 추진에 관한 제1차 회신」(2004. 12. 24)에서는, ① 직업안정행정 관련사업의 근본적인 민간개방 추진, ② 시장화 테스트의 본격적 도입을 위한 검토 심화, ③ 직업안정행정의 '공설민영' 등 3가지 항목이 제시되어, ①, ②에 대해서는 '공공서비스개혁법'의 성립에 따라 민관 경쟁 입찰 등 감리위원회 '기본방침'이 수립되었다.

(3) 2007년

민관경쟁입찰에 의해 4월부터, ① 인재은행사업(관리직과 전문·기술직에 특화된 무료직업소개서비스, 전국 12개소 중 3개소에서 실시), ② 경력교류플라자사업(구직자에 대한 경력 컨설팅과 세미나 등의 취직지원업무, 전국 15개소 중 8개소에서 실시), ③ 구인개척사업(고용실업현황이 심각한 지역에서 구인을 개척하는 업무, 전국 5개소에서 실시. 그러나 2지역은 응찰 불가하여 국가가 직접실시)의 3분야에서 시장화 테스트가 실시되었다.

5) 직업안정행정의 '공설민영'론에 대한 공방

「규제개혁·민간개방의 추진에 관한 제1차 회신」(2004. 12. 24)에서는 직업안정행정의 '공설민영'에 대해 찬반양론이었다. 직업안정행정의 '공설민영'이란, '원칙적으로 특정 공공직업안정소가 실시하고 있는 모든 사업에 대해 계약상 비밀엄수 의무를 부과한 후, 식견·노하우를 가진 민간사업자 등에게 일괄하여 개방(포괄적 위탁)'하는 것이다. 이것을 시장화 테스트의 대상으로 하여 '민관경쟁입찰에 의해 어느 쪽이 서비스의 질·비용 면에서 월등한지 국민이 알기 쉽게 객관적으로 검증하여 직업소개사업 등의 실시주체를 결정'한다는 것이 회신의 내용이다. 민간사업자로부터는 "장해자, 생활보호자의 취업촉진 등에 대한 문제를 제외하면, 공공직업안정소의 모든 사업을 수탁하여도 문제가 없다"(주식회사 파소나, 파소나 캐리어 어세트)는 요청이 있었다.

이와 같은 민간업자의 요청에 대해 공공직업안정소를 관장하는 후생노동성은, 사회적 약자인 장해자, 생활보호자 등이 포괄적 민간위탁에 의해 배제될 염려가 있고, 사회안전망으로서의 직업안정행정기능을 고려하면 큰 문제가 있으며, 사회안전망으로서의 직업안정행정기능의 상실 및 민간개방은 ILO 88호 조약에 위반할 염려가 있다며 강하게 반발하였다.

2006년 11월 30일 개최된 「경제재정자문회의」에서 민간위원으로부터 공공직업안정소의 시장화 테스트 도입을 위해 다음과 같은 제안이 있었다. 이는 전술한 민간업자의 요청을 받아들인 것으로 생각된다.

> ILO 조약의 규정은 현 상태에서 다음과 같이 구체적인 해석이 가능하다.
> ① 현행, 관에 의한 공공직업안정소를 유지하면서 기타 운영을 민간에 포괄적으로 위탁한다(예를 들어, 동경 23구에서 20개 직업안정소와 그 지부가 있는데 그 일부를 민간개방).
> ② 민간개방한 공공직업안정소를 관이 감독하는 체제를 정비하여 관의 네트워크는 유지함.

6) 공공직업안정소의 포괄적 민간위탁과 ILO 88호 조약

후생노동성은 「ILO 88호 조약에서는 국가의 지휘감독 하에 공무원이 종사하는 전국적 체계의 직업안정조직을 설치하는 것이 의무이고, 동 조약을 비준한 일본으로서는 이를 민간에 위탁하는 것이 불가능」하다는 견해를 일관하여 주장해 왔다.

한편, 경제재정자문회의의 민간위원은 다음과 같이 후생노동성의 견해를 반박하였다.

최근의 ILO에서는 민간직업소개사업의 평가와 민관협력의 필요성이 인정되어 민간의 보완이 부정되고 있지 않다. 관의 공공직업안정소 네트워크가 유지되고, 그것을 민간이 보완하는 체제가 확립되면 동 조약을 위반하지 않는다는 해석도 가능하다. 비준국 중에도 민간의 지혜를 활용하려고 검토중인 국가가 있다(호주에서는 공무원이 민간에 의한 서비스를 받으면 충분하다고 해석하여 민간으로의 포괄위탁을 실시하고 있다.)

(경제재정자문회의 제출문서 「공공직업안정소의 시장화 테스트 도입에 대해」, 2006. 11. 30)

2006년 12월, 오오타 히로코大田弘子 대신大臣(경제재정담당)의 사적 간담회인 '공공직업안정소와 ILO 조약에 관한 간담회'(좌장 하나미 타다시花見忠 죠우치대上智大명예교수)가 설치되어, 3월 30일 오오타 대신에게 보고가 이루어졌다. 대신의 의도대로 결론이 나지 않았던 간담회의 토의과정은 매우 중요하다.

ILO 88호 조약의 내용(요지)

제1조 가맹국은, 무료 공공직업안정조직을 유지하고, 또는 그 유지를 확보하여야 한다.

제2조 직업안정조직은 국가기관의 지휘감독 하에 있는 직업안정기관의 전국적 체계로 구성된다.

제3조 그 체계는, 당해국의 각 지리적 구역에 대해 충분한 숫자로써 사용자 및 노동자에게 편리한 위치에 있는 직업안정기관의 계선조직으로 한다.

제4조 직업안정조직의 구성 및 운영과 직업안정업무에 관련된 정책의 입안에 대해 사용자 및 노동자의 협력을 얻기 위해서는 심의회를 통하여 적당한 결론을 내려야 한다.

제6조 직업안정조직은 효과적인 모집 및 알선을 확보할 수 있도록 구성하여야 하고, 또 그 목적을 위해

(a) 노동자가 적당한 직업을 찾고 사용자가 적당한 노동자를 찾도록 지원하며 특히, 전국적으로 적용되는 규정에 따라 다음 사항을 추진하여야 한다.

(i) 구직자 등록 및 직업상 기능, 경험 및 희망의 기록, 직업소개를 위한 면접, 필요한 경우 육체적·직업적 능력을 평가하며, 적당한 경우에는 직업지도 및 직업훈련 혹은 직업 재훈련을 받도록 지원할 것.

(ii) 직업안정기관에 통지하는 사용자의 구인 및 요구하는 노동자가 구비하여야 할 요건에 관한 정확한 정보를 사용자로부터 받아둘 것.

(iii) 직업적 및 육체적 능력을 가진 구직자를 적당한 직업에 소개할 것.

(iv) 최초의 직업안정기관이 구직자를 적당한 직업에 알선할 수 없을 경우 또는 다른 적당한 사유가 있는 경우에는 구직자 및 구인을 다른 직업안정기관에 연락할 것.

제9조 직업안정조직의 직원은 신분 및 근무조건에 있어 정부의 경질 및 부당한 외부로부터의 영향과 관계없으며, 동시에 당해 조직상 필요에 의한 경우를 제외하고, 신분이 보장되는 공무원이어야 한다.

'공공직업안정소와 ILO 조약에 관한 간담회' 보고

'공공직업안정소와 ILO 조약에 관한 간담회'에서 구체적인 논점이었던 것은, ① 88호 조약의 목적, ILO 조약의 위상 등(1조), ② 직업소개업무의 담당자(9조), 공무원이어야 하는 '직원staff'의 범위, ③ 무료직업안정조직(1조)에서 '무료'의 정의(국가로부터 위탁비를 받는 것도 무료라 할 수 있는지), ④ 직업안정기관의 수 및 배치(3조), '충분한 숫자', '편리한 위치'를 누가 어떻게 판단하는지, ⑤ 직업안정기관의 네트워크성(2·3·6조) 등이다.

간담회 보고는 통일적인 견해를 정리한 것이 아니고 각 위원이 해석한 것을 나타내어, 견해가 일치된 것에 대해서는 그 취지를 기재하며 견해가 다른 것은 각 위원의 개인 책임으로 견해를 표시하는 방법을 취하였다.

ILO 간담회 보고의 결론부분(해석 1~4를 나타내는 부분)에 해당하는 '견해의 정리'는, 각국에 인정되는 '일차적' 해석권에 관한 해석가능성을 나타낸 것에 지나지 않는다.

보고서는 ① ILO가 감시기구를 가지고 그 견해가 실질적으로 '준사법

[도표 8-4] ILO 간담회 보고 '견해의 정리'

	직원(영:staff, 프:personnel)의 공무원성(9조 관련)	공공직업안정소의 수 및 배치 최저기준(3조관련)	국가기관의 네트워크조직구성 (2,3조 관련)	위탁비에 관한 해석 (1조 관련)
해석1 【고데라, 하나미, 야마모토 위원】 • 포괄적 민간위탁은 가능 * 심의회절차 불필요(4, 5조)	지휘감독에 종사하는 직원	있음 (적정수·배치)	—	무료
해석2 【고데라 위원】 • 포괄적 민간위탁은 가능 * 심의회절차 불필요(4, 5조)	국가의 직업소개에 종사하는 전직원	있음 (각국의 합리적 판단에 따른 수·배치)	민간사업자의 네트워크 조직에 편입가능	무료
해석3 【아고 위원】 • 포괄적 민간위탁은 실질불가 * 심의회절차 필요 (4, 5조)	국가의 직업소개에 종사하는 전직원	있음 (충분한 수·편리한 위치)	민간사업자의 네트워크 조직에 편입불가	무료
해석4 【오우미 위원】 • 포괄적 민간위탁은 불가 * 심의회절차 필요 (4, 5조)	국가의 직업소개에 종사하는 전직원	있음 (충분한 수·편리한 위치)	민간사업자의 네트워크 조직에 편입불가	유료

적 기능'을 가지며, ② 각국의 법제도가 실질적으로 그 견해를 따른 것이라는 사실에 대해서는 언급하고 있지 않다. 이는, 예를 들어 일본 정부가 가령, 해석 1의 입장을 취한다 해도 ILO조약 권고적용 전문가 위원회로부터 일본정부에 대해 '직접청구'나 '의견' 등의 대응을 요구받을 가능성이 있다는 것이다.

7) 노동조합의 '고용전략' 합의를 위해

(1) 노동빅뱅과 규제개혁회의

경제재정자문회의의 민간위원 중 한 사람이었던 야시로 나오히로八代尚宏 국제기독교대학 교수(경제학)는 "노동자 전체의 20%에도 미치지 않는 노동조합이 '노동자의 대표'로 노동심의회 등의 장소에서 고용규제의 유지·강화를 주장하고 있다. 노동시장의 개혁은 일본경제의 활성화에 있어 큰 의미를 가지며, 노사간의 이해조정에 일관하는 노동심의회만이 심의하는 시대는 이미 끝나지 않았는가?"(≪주간 동양경제≫, 2006. 10. 14)라고 주장한다.

또, '규제개혁회의', '재도전 워킹그룹 노동 태스크포스'(主査·후쿠이 히데오福井秀夫 정책연구대학원대학 교수)는 "노동자의 권리를 강하게 하면 그 노동자가 보호된다는 생각은 잘못된 것이다", "이상한 최저임금 인상, 과도한 여성권리 강화, 정규사원 해고의 엄격한 규제, 사용자의 파견노동자에 대한 고용신청 의무화, 획일적인 노동시간 상한규제 등은 자유로운 의사로 일하는 노동자에게 이익이 되지 않는다"며, 노동법제에 대한 심의회의 3자구성에 대해서도 '타협의 산물'로 보고하였다.

오늘날의 정치경제 상황에서 이들 논의가 정책결정의 주류를 이룬다고는 생각할 수 없지만, 사회정책 분야에서 시장원리가 당당히 자리 잡고 있다는 것이 새로우며, 노동행정의 기본이념이 경시되어 왔다는 것은 틀림없는 사실이다.

(2) 노동조합의 '고용전략'

법 제도의 과제는 새로운 직업안정행정의 실현이다. 그리고 균등대우의 제도화와 함께 인권과 노동의 존엄Decent work이라는 시각에서의 대응이 요구된다. 또, 자치단체의 공계약과 지역고용·취업대책의 조속 확립도 급선무이다. 고용대책법의 개정으로 고용에 대한 행정의 책무가 기초자치단체에 있다는 것도 중시할 만하다.

직업안정행정 본래의 역할을 다하기 위한 기능강화가 요구되는데, 道州制 논의나 지방분권개혁이 매우 중요한 단계에 와있다.

ILO 제144호 조약(일본은 2002년에 비준) 「국제노동기준의 실시를 촉진하기 위한 3자 협의에 관한 협약」은 노동정책 분야의 독자성: 정책입안에는 노사의 참가가 필요 불가결하다고 한다. 노동정책의 입안이 현재와는 거꾸로 된 환경에 있는데, 노동정책심의회(회장 스게노 카즈오)는 2007년 12월 21일에 「향후의 고용노동 정책의 기본 사고에 대해: 일하는 사람을 소중히 하는 정책 실현을 위해」라는 제목의 건의를 하였다. 새로운 정책형성에 있어서도 ILO 3자 구성의 원칙 준수가 필요함은 말할 것도 없다.

【注】

1. 본장은 민주당이 '긴급고용대책'을 발표한 2009년 10월 23일 이전에 집필된 것이다. 집필 후의 상황변화에 대해서도 가능한 한 반영하려고 노력하였으나 '새로운 사회안전망'의 평가와, 공공직업안정소의 '원스톱 서비스 데이'(11월 30일 실시) 등은 논하지 못하였다.
2. 1~3절은 야마시타, 4절은 키타야마, 5절은 코마이가 집필하였다.

역자 **권영석**(權永錫)

• 학력: 청주대학교 행정학과 학사(1993)
충북대학교 행정대학원 행정학석사(1996)
일본 도시샤(同志社)대학 종합정책과학연구과 정책과학박사(2009)
• 경력: 충청북도 음성군 도시과, 재무과
충청북도 가정복지과, 국제통상과, 지방공무원교육원 교수부
행정자치부 재정과, 지역경제과, 지방행정연수원
현 행정안전부 국제행정발전지원센터

감수자 **강재호**(姜再鎬)

• 학력: 일본 도쿄(東京)대학 대학원 법학정치학연구과 법학석사(1992)
일본 도쿄(東京)대학 대학원 법학정치학연구과 법학박사(1999)
• 경력: 일본 도쿄(東京)대학 대학원 법학정치학연구과 전임강사(1995~1997)
현 부산대학교 사회과학대학 행정학과 조교수, 부교수, 교수(2001~현재)
현 지방행정체제개편추진위원회 자문위원(2011~현재)

지역 일자리 창출의 미래 전략

1판 1쇄 인쇄 ‖ 2011년 07월 20일
1판 1쇄 발행 ‖ 2011년 07월 30일

편저자 ‖ 사구치 카즈로(佐口和郎)
역　자 ‖ 권영석
감수자 ‖ 강재호
발행인 ‖ 한표환 / 박길성

발행처 ‖ 한국지방행정연구원 / 한국행정DB센타
주　　소 ‖ 서울특별시 서초구 반포대로30길 12-6
서울특별시 영등포구 국회대로68길 23 정원빌딩 6층
홈페이지 ‖ www.krila.re.kr
www.admindb.co.kr
전　　화 ‖ 한국지방행정연구원 02-3488-7300
한국행정DB센타 02-2269-7206
이 메 일 ‖ dbcenter@paran.com
출판등록 ‖ 2000년 6월 14일(제2011-000078호)

공급처 ‖ (주)글로벌콘텐츠출판그룹
대　　표 ‖ 홍정표
주　　소 ‖ 서울특별시 강동구 길동 349-6 정일빌딩 401호
전　　화 ‖ 02-488-3280　　팩　　스 ‖ 02-488-3281
홈페이지 ‖ www.gcbook.co.kr
이 메 일 ‖ edit@gcbook.co.kr

값 22,000원
ISBN 978-89-92072-11-3 93350